LA CARTA A LOS GÁLATAS

LIBERADOS DE LA ESCLAVITUD, LLAMADOS A SERVIR

RODOLFO BLANK

EDITORIAL CONCORDIA • SAINT LOUIS

Propiedad literaria © 2015 Editorial Concordia
3558 South Jefferson Avenue, Saint Louis, Missouri, 63118-3968 U.S.A.
1-877-450-8694 • editorial.cph.org

Editor: Rev. Héctor E. Hoppe

Foto de la tapa: © iStockphoto.com

Editorial Concordia es la división hispana de Concordia Publishing House.

Impreso en los Estados Unidos de América

1 2 3 4 5 6 7 8 9 10 24 23 22 21 20 19 18 17 16 15

DEDICATORIA

A Rodolfo (hijo), nuestra querida nuera Tara
y nuestras tres nietas Aubrey, Laura, y Marianne

Los hijos son un regalo del Señor.
Salmo 127:3

Los nietos son la corona de los ancianos.
Proverbios 17:6

SOBRE EL AUTOR

Rodolfo Blank, hijo de inmigrantes alemanes, nació en 1934 en la ciudad de Chicago. Realizó sus estudios teológicos en el Seminario Concordia de Saint Louis, Missouri, donde se graduó en 1959 después de haber realizado su pasantía (vicariato) en Caracas, Venezuela en 1957-1958.

Desde 1959 hasta 1962 sirvió como el primer pastor de la Iglesia Luterana la Resurrección en Cambridge, Inglaterra. En enero de 1963 regresó a Venezuela para servir como misionero y educador.

Fue co-fundador y primer director del Instituto Teológico Juan de Frías, el programa que prepara pastores, diáconos, y líderes laicos para la Iglesia Luterana de Venezuela. En los años 1989-1990 realizó estudios de postgrado en el Seminario Fuller de Pasadena, California, donde se graduó con el título MTh en Misiología. Durante los años 1990-91 sirvió como profesor en el Instituto Hispano de Teología en Chicago. En 1991 regresó a Venezuela.

Durante los años 1997-1999 prestó sus servicios como profesor de Misiones en el Seminario Concordia de Saint Louis, Missouri. En 1990 se radicó en la ciudad de Caracas, donde sirvió como profesor tanto en el Instituto Teológico Juan de Frías como en el Seminario Evangélico de Caracas. Desde 2007 vive en Saint Louis, Missouri desde donde hace diversos ministerios para la iglesia hispana en los EE.UU. En 1970 el Dr. Blank se casó con Ramona Rivero, hija de uno de los primeros pastores luteranos venezolanos. Tienen dos hijos, Rodolfo e Irene, y tres nietas.

Es autor de *Juan, un comentario pastoral y teológico al cuarto evangelio; Teología y misión en América Latina; Hermenéutica; Salmos, una ventana al Antiguo Testamento y al Mesías*; y *Primera Carta a los Corintios*, publicados por Editorial Concordia.

CONTENIDO

INTRODUCCIÓN

Hace ya de esto unos cuantos años, cuando nuestros hijos todavía eran pequeños, que compramos un terreno, no muy grande, en un sector rural de Venezuela. Estaba ubicado a la vera de la carretera que une la ciudad de San Félix con la de Upata. Nuestra idea era tener ahí unos chivos y criar aves de corral. No lejos de nuestro terreno había una pequeña Iglesia Pentecostal en el caserío de Las Rosas. La habían plantado unos años antes. Entablamos amistad con el pastor de la congregación, el que nos invitó en varias oportunidades a proyectar en su iglesia algunas películas de las que teníamos acerca de la Biblia y de la Reforma protestante. Años más tarde unos hermanos de otra denominación cristiana pasaron por la zona. Ellos también traían un proyector de 35mm, y ofrecieron proyectar películas en la iglesia del pastor pentecostal. Las películas trataban temas que tenían que ver con problemas sociales como las drogas y el alcoholismo, además de otros relacionados con la salud. Mediante las proyecciones de sus películas los visitantes lograron convencer a la mayoría de los miembros de la congregación de la necesidad de guardar el séptimo día como día de reposo, y de cumplir con ciertas reglas de la ley de Moisés que trataban del consumo de la carne de cerdo y otros alimentos; todo para asegurarse la salvación. Fue así como el pastor pentecostal perdió a casi todos los miembros de su congregación, y se quedó con un templo vacío.

Lo que le pasó al pastor del pequeño caserío de Las Rosas en Venezuela, se parece a lo que por poco le sucedió al apóstol Pablo en el interior de la provincia romana de Galacia, unos veinte años después de la resurrección de nuestro Señor. De no ser por la carta que hoy día llamamos *La Epístola a los Gálatas,* el apóstol habría perdido no una, sino por lo menos cuatro congregaciones que con la ayuda de Bernabé había fundado en aquel territorio tan apartado de Tierra Santa. Después de haber fundado las congregaciones, el apóstol, según su costumbre, preparó un grupo de ancianos o presbíteros para pastorear a los nuevos creyentes, que en su mayoría eran gentiles. Después de salir de Galacia para proclamar el evangelio en otros lugares, un grupo de fuera, aparentemente de judíos o prosélitos cristianos, se presentó ante las congregaciones fundadas por Pablo en Galacia, proclamando un evangelio diferente. El grupo trató de convencer a los creyentes gentiles de las iglesias de Pablo, de la necesidad de asegurarse la incorporación al pueblo de Dios mediante la circuncisión y la observancia de ciertos días santos.

Existe un gran número de excelentes comentarios sobre Gálatas en castellano, los que el estudiante puede consultar con provecho. Entre éstos están los dos comentarios de Lutero, además de las obras de Lenkersdorf, Schlier, Tamez, Tenney, Barclay, y las partes del comentario de Betz traducidas al castellano por el Dr. Roberto Huebner. La idea de presentar este nuevo comentario no es la de reemplazar lo que han escrito Lutero y otros autores, sino la de proveer a pastores, líderes, y estudiantes del mundo hispano de un material adicional para estudiar, junto con las excelentes obras sobre Gálatas antes mencionadas. Por esta razón, en la obra no dedicaremos mucho tiempo a citar los comentarios de Lutero, porque queremos que quienes estudian tengan a mano los dos comentarios de Lutero sobre Gálatas. La Carta de Pablo a los Gálatas fue de tanta importancia y aprecio para el Reformador, que la llamaba su Katy von Bora, el nombre de su querida esposa. El primer comentario lo escribió Lutero en 1519, con el fin de presentar con toda la claridad posible la doctrina de la justificación. En su segundo comentario, de 1535, puso todo su empeño en defender la doctrina de la justificación contra los ataques lanzados en oposición a la doctrina considerada por él y sus seguidores como la enseñanza central de la Biblia (Westerholm 2004:22).

Además de ambos comentarios de Lutero, que bien vale la pena estudiar, hay otras obras clásicas que me ayudaron mucho para entender el pensamiento del apóstol y del Reformador. Las obras aludidas son: *Ley y Evangelio* de C. F. W. Walther, y *La doctrina de la ley y la gracia* de Juan Bunyan, autor de la conocida alegoría cristiana *El Progreso del Peregrino,* un libro que también podría considerarse un comentario sobre Gálatas.

En la mayoría de los comentarios y estudios especializados sobre Gálatas, hay bastante información respecto al trasfondo judío y grecorromano de la epístola. Es una información de gran valor para nuestra comprensión de su mensaje. Hasta ahora muy poco se escribió sobre el trasfondo religioso de los destinatarios de la carta. En nuestro comentario procuraremos llegar a conocer algo más acerca del contexto folclórico de Gálatas, o sea, de la religiosidad popular de los habitantes de Galacia y de otras partes de la Anatolia del tiempo del Nuevo Testamento.

Esperamos que tal estudio nos ayude a:

1. Conocer mejor a los destinatarios de la epístola, al entender sus raíces partiendo de la perspectiva de las religiones paganas de Anatolia.
2. Conocer las características de la religiosidad popular en general, ya que muchos teólogos modernos buscan en ésta evidencias de la presencia de Dios y del Espíritu. En su trabajo misionero, Pablo tuvo contacto con diferentes manifestaciones de la religiosidad popular de Anatolia, porque habla de los rudimentos, de los elementos y de dioses que no son dioses. ¿Cómo evaluar, a partir de una perspectiva cristiana, las diferentes expresiones de la religiosidad popular de Galacia y también de nuestro propio contexto hispano? ¿Hasta qué punto es capaz de enseñarnos algo acerca de Dios el estudio de la religiosidad popular, y en qué nos ayuda en nuestra vida cotidiana? Son preguntas interesantes que podemos discutir.
3. Incitarnos a investigar cómo influyó la religiosidad popular sobre el modo en que las personas de nuestro medio entienden, o malentienden, el mensaje del evangelio.
4. Evaluar, a base de las Escrituras y las Confesiones de la Iglesia, las interpretaciones de un movimiento moderno conocido como "La nueva perspectiva paulina". El punto de vista del movimiento consiste en que el problema que se presenta en la Epístola a los Gálatas y los demás escritos de Pablo, no se refiere a una diferencia de opinión entre el judaísmo y la igle-

sia cristiana emergente acerca del tema de la gracia. Más bien, sugiere, es una cuestión de un imperialismo cultural en torno a la misión del movimiento cristiano.

5. Entender, en nuestro estudio de la Epístola a los Gálatas, el mensaje de ésta partiendo del punto de vista de la misiología, o sea, el estudio de la misión de la iglesia cristiana a la luz de las Sagradas Escrituras y la historia de la salvación, además de la historia de las misiones y las ciencias sociales.

6. Ver que en su Epístola a los Gálatas Pablo no sólo defiende lo que se ha llamado "el evangelio de la gracia justificante", sino también su autoridad apostólica, acerbamente atacada por los agitadores causantes de problemas y divisiones en las congregaciones. Hoy día han surgido, de diferentes lugares, muchas nuevas acometidas que cuestionan la autoridad apostólica de Pablo. Están los que intentan desacreditar a Pablo como apóstol por lo que escribe acerca del papel de la mujer en la iglesia, la orientación sexual de los cristianos y el papel de los judíos en la historia de la salvación. En lo que hemos escrito en nuestro comentario sobre 1 Corintios y esta obra, tomamos en cuenta éstas y otras críticas.

En nuestro comentario trataremos de mantenernos en comunicación con otros autores, tanto antiguos como modernos, los que dedicaron mucho tiempo y esfuerzo al estudio de esta carta del apóstol Pablo. Según San Jerónimo, una de las funciones de los comentarios sobre la Biblia es preservar las opiniones de los padres de la iglesia. Los demás miembros de la comunión de los santos tienen mucho que enseñarnos. Y no solamente los hombres y mujeres en las universidades, seminarios, monasterios, y escuelas bíblicas del llamado "Primer Mundo", sino también los santos, mártires, y testigos de Cristo del "Mundo Mayoritario", particularmente en el campo misionero, donde es más patente la lucha entre los poderes de las tinieblas y los de la luz, entre esta generación maligna y adúltera en vías de perecer, y la nueva creación que ya está a las puertas. San Jerónimo creía que la función de los comentarios no era sólo la de preservar las opiniones de los padres de la iglesia, sino también la de refutar la herejía (Levy

2011:28). Es precisamente lo que procuró hacer Pablo al redactar su Carta a los Gálatas, la Carta Magna de la libertad cristiana. Siendo que hoy día nuestra libertad en Cristo tiene más enemigos que nunca, una finalidad de esta obra será señalar las nuevas amenazas para el mensaje de la cruz, mensaje que con tanta pasión proclamó Pablo en sus viajes misioneros y en sus escritos.

De paso, tengo que admitir que nunca encontré un escrito bíblico, cual el de Gálatas, que haya generado tanta discusión, debate y diferencias de opinión. Aunque sólo consta de seis capítulos, sobre Gálatas se tejieron incontables teorías, hipótesis, y suposiciones sobrepuestas profusamente una encima de la otra. Mucho se puede aprender del estudio de tantos puntos de vista, pero también es real el peligro de pasarse más tiempo estudiando las opiniones de los eruditos, en lugar de escuchar la voz del Espíritu que nos habla en su Palabra. El contexto, si bien de suma importancia, siempre está al asecho para tragarse el texto. Al estudiar una de las cartas de Pablo, tenemos que recordar que no estamos leyendo la correspondencia de otra persona, sino la nuestra.

Mi costumbre ha sido, desde siempre, dar a conocer las opiniones de otros estudiosos de la Palabra, aunque no comparta todas sus ideas. Podemos aprender de los puntos de vista de otros, los que nos ayuden a comprender la Palabra, y dejar de lado los que no cuadran con el testimonio del resto de la Biblia ni con las Confesiones de la iglesia universal. Al trajinar con el texto y lidiar con las ideas e interpretaciones de otros, así como Pablo en Gálatas, que el Espíritu (con *oratio, meditatio* y *tentatio*) nos guíe en el conocimiento de la verdad. Mi intención al preparar este comentario ha sido, que no sea para los miembros del gremio académico, sino para ayudar a los miles de pastores, evangelizadores, diáconos, maestros, y estudiantes de la Palabra, empeñados, como el apóstol Pablo, en la magna tarea de hacer discípulos en todas las naciones.

PRIMERA PARTE

CAPÍTULOS 1 Y 2

PABLO DEFIENDE SU APOSTOLADO

GÁLATAS 1

1:1 Yo, Pablo, apóstol (y no de los hombres ni por medio de los hombres, sino por Jesucristo y por Dios el Padre que lo resucitó de los muertos),

En una de sus celebradas novelas, *El coronel no tiene quien le escriba,* Gabriel García Márquez relata la trágica historia de un hombre que pasó años y años esperando una carta que nunca llegó. En esta obra nuestra queremos estudiar una carta que sí llegó, inesperadamente. La carta tiene que haber provocado el dolor y la consternación de sus primeros lectores porque, en vez de seguir las convenciones y fórmulas acostumbradas de los que llenan sus misivas de palabras bonitas, el autor de la carta se atreve a mencionar verdades no tan gratas, verdades chocantes, verdades que lastiman. Los destinatarios de la carta, sin embargo, debían tomar muy a pecho todo lo que el autor de ésta les escribió, porque verdaderamente son palabras de vida, cuyo propósito no es destruir, sino rescatar, restaurar, recapacitar, y reanimar. El autor es el apóstol Pablo, y los destinatarios los miembros de varias comunidades de nuevos cristianos del interior del territorio que en la actualidad se llama Turquía. La carta a la que aludimos es la Carta de Pablo a los Gálatas.

El apóstol comienza su carta dando su nombre conforme a la práctica de los escritores helenistas de la época. Al presentarse como el autor del escrito, Pablo pone enseguida el énfasis en su oficio como apóstol de Jesucristo. Quiere dejar aclarado que su autoridad de apóstol tiene su base tanto en Dios el Padre como en el Cristo divino resucitado de los muertos. La aposición o yuxtaposición de Cristo con Dios el Padre, indica que para el autor de la carta Cristo y el Padre comparten el mismo estatus e identidad (Fee 2007:226). Solamente aquí, en el primer versículo de su carta, Pablo menciona sin ambages la resurrección de Jesucristo, lo cual indica que no había entre los gálatas personas que cuestionaran, o que tuviesen dudas, acerca de la resurrección en cuerpo y alma de los creyentes fallecidos, como fue el caso en la congregación de Corinto. Aunque en lo que resta de la carta el apóstol no se refiere directamente a la resurrección de Cristo, la resurrección del Señor constituye, sin embargo, la base de casi todos sus argumentos. Es así porque la resurrección es el evento que hace posible la transición de la esclavitud a la libertad que tanto defiende el apóstol en la epístola, llamada por muchos "la carta de la libertad cristiana" (Silva 2001:171). La resurrección de Jesucristo indica, además, que los destinatarios originales de la carta, lo mismo que nosotros, vivimos en la nueva era del Espíritu Santo, en la cual muchas instituciones, ceremonias y tradiciones de la vieja era han caducado y ya no ejercen autoridad sobre los lectores de la carta (Schreiner 2010:75).

Ya en el primer versículo Pablo da a entender que recibió su llamamiento de ser apóstol directamente del Cristo resucitado en el camino a Damasco, y no por una elección llevada a cabo por alguna asamblea, o por echar suertes como en el caso de Matías, quien de este modo fue escogido para tomar el lugar de Judas Iscariote (Hechos 1:16). En la frase "y no de los hombres" notamos cierto tono polémico, porque procura distanciarse de los falsos apóstoles, o de cualquier apóstol que es sólo un apóstol de los hombres y no de Jesucristo. De esta manera se nos comunica que uno de los temas que serán tratados tendrá que ver con el apostolado y la cuestión de quién es un verdadero apóstol de Jesucristo y de Dios el Padre.

Recordamos que uno de los temas principales tratados en la literatura profética del AT tenía que ver con la distinción entre los falsos profetas y los verdaderos profetas del Señor, que habían recibido un llamamiento legítimo y proclamaban un auténtico mensaje divino. Podría ser que Pablo trata el tema de su apostolicidad ya al principio de la Carta porque entre los destinatarios de ésta había quienes cuestionaban su autoridad como verdadero apóstol del Señor. En realidad, Pablo utiliza el título de apóstol para sí, sólo en contextos en los que se pone en tela de juicio su estatus como tal. Cuando escribe a sus conversos, Pablo prefiere hacerlo como lo haría un padre amoroso al dirigirse a sus hijos espirituales, y no como un jefe o cacique que trata con sus súbditos.

Es bien sabido que en el Nuevo Testamento el término apóstol tiene un significado específico y limitado, y otro más amplio. Cuando Lucas, escritor sagrado, habla de los apóstoles, tiene en la mira solamente al grupo de los Doce que fueron escogidos por Jesucristo. Matías fue elegido para tomar el lugar de Judas Iscariote dentro de este grupo selecto. Poco después el Señor resucitado se le apareció a Pablo en el camino a Damasco para el llamamiento de ser "apóstol a los gentiles", si bien Lucas nunca utiliza el término apóstol al referirse a Pablo. Pero queda claro que cuando Pablo habla de sí mismo como apóstol, da a entender que es un apóstol en el mismo sentido restringido como lo es Pedro. Es interesante notar que incluso cuando Pablo se ve en la obligación de amonestar a una persona, nunca lo hace a base o en virtud de su autoridad apostólica, sino a base de la verdad del evangelio. En la iglesia de Jesucristo la base de toda autoridad reside en el evangelio y no en el oficio del apóstol, profeta, obispo, pastor o papa. Como hemos dicho, en el Nuevo Testamento encontramos también el uso del título apóstol en el sentido más amplio de uno que ha sido comisionado para llevar a cabo una misión en el nombre de la persona que lo envía. El sentido más amplio del término apóstol se utiliza para designar un misionero, embajador o emisario. En sus cartas Pablo emplea a veces el sentido más amplio de apóstol al designar como apóstoles a personas de la índole de Silas y Timoteo (1 Ts 2:6-7), Epafrodito (Flp 2:25), Tito (2 Co 8:23), Andrónico y Junias (Ro 16:7) y Bernabé (1 Co 9:6) [Best 1986:3-25].

En casi todas las cartas del período del Nuevo Testamento se espera hasta llegar al cuerpo del escrito para tratar asuntos polémicos. El hecho de que, al escribir esta carta, ya en el primer versículo Pablo se ve en la necesidad de defender su apostolado con la antitética frase "no de hombres ni por hombre", no sólo es algo muy excepcional sino también un indicio de su estado de ánimo. De esta manera se les hace saber a los destinatarios de la carta que el mensaje que les espera en el cuerpo de la epístola no será muy grato (Van Voorst 2010:167).

EL LLAMAMIENTO PARA SER APÓSTOL, PASTOR O MISIONERO

En sus comentarios sobre la Carta a los Gálatas, tanto Lutero (2009:7-8) como Calvino tratan de aclarar la cuestión de quién tiene un llamamiento legítimo para proclamar el evangelio de Jesucristo y celebrar los sacramentos. Tanto en el tiempo de la Reforma como en los días de la iglesia primitiva, hubo quienes se nombraban a sí mismos predicadores, profetas, y pastores. En Juan 10:8-10 Jesús habla de los falsos pastores que vienen como ladrones o lobos para hurtar, matar y destruir las ovejas de su redil. También en América Latina, al igual que en otras partes del mundo, hemos visto una proliferación de personas que reclaman para sí el oficio de pastor, misionero o apóstol, sin haber sido llamados por Dios. Las buenas nuevas que tales profetas y apóstoles proclaman no son, por lo general, el evangelio que anunciaba Pablo y los Doce, sino una nueva forma de legalismo. Baste mencionar el caso de José Smith y sus supuestas visiones de un ángel del cielo que le mostró las planchas de oro en las que se encontraba –según Smith– el mensaje del Libro de Mormón.

Dios puede llamar a alguien para ser pastor, misionero o apóstol directa o indirectamente. Los doce apóstoles fueron llamados directamente por Jesucristo durante su ministerio en Galilea. Pablo también fue llamado directamente por el Cristo resucitado en el camino a Damasco. Sin embargo, este llamamiento directo fue confirmado años más tarde por la congregación cristiana de Antioquía. Leemos en la historia de la iglesia cristiana de personas como Raimundo Lulio (1232-1315) y Sadhu Sundar Singh (1889-1929) que fueron llamados directamente por Jesucristo para proclamar el evangelio. En el caso de estos dos grandes misioneros, y de otros, el llamado divino fue confirmado por la iglesia, la cual reconoció en la persona llamada los dones espirituales necesarios para ejercer su vocación misionera. Tal confirmación de parte de la iglesia es de suma importancia, porque no todos los sueños y visiones provienen de Dios. Bien podría uno engañarse a sí mismo, o dejarse engañar por un espíritu que no sea de Dios y, de esta manera, llegar a creer que recibió un llamamiento divino, siendo que en realidad no hubo tal cosa. Recordemos que el padre de Martín Lutero creyó que el diablo había engañado a su hijo cuando éste abandonó sus estudios de derecho para entrar en la orden de San Agustín.

Dios también puede llamar a alguien al ministerio indirectamente. Se da cuando, reconociendo los dones espirituales y el buen testimonio de un cristiano, la iglesia decide llamar a esa persona a desempeñar el oficio de pastor, misionero o apóstol. Es el mismo Dios quien actúa tanto en los llamamientos directos como en los indirectos. Tanto Timoteo como Tito, discípulos de Pablo, recibieron su llamamiento de esta forma. Los llamamientos fueron confirmados por la imposición de manos de parte de Pablo ante la congregación.

LOS DESTINATARIOS DE LA CARTA

Al comenzar nuestro estudio de la Carta a los Gálatas, notamos que el apóstol escribió en griego. No lo hizo ni en arameo ni en latín, ni en ninguna de las lenguas indígenas o tribales de Anatolia (la actual Turquía), o sea, la parte del mundo en la cual se encuentra la provincia romana de Galacia. Este dato nos indica que la mayoría de los hombres que pertenecían a las congregaciones de Galacia hablaban griego, y que probablemente vivían en una ciudad y no en el campo. Decimos hombres, porque en muchas de las sociedades tradicionales las mujeres tardan más en aprender el idioma utilizado por los comerciantes, los oficiales del gobierno y los misioneros. Según Barclay, en las áreas rurales de Anatolia predominaban los idiomas indígenas (Barclay 1988:8). Por lo que sabemos, los primeros misioneros cristianos de Anatolia no intentaron traducir las Escrituras al idioma frigio o a uno de los dialectos galos. Dieron por sentado que en las ciudades por lo menos los hombres entenderían el griego, aunque en las zonas rurales predominaba el frigio o celta. Aún hoy día, en América Latina, la mayoría de las mujeres indígenas prefieren usar su dialecto natal, en tanto que los hombres, que pasan el día en la calle, se ven obligados a comunicarse en el idioma del gobernante o del conquistador. El misionero Kenneth E. Bailey (2011:416-417), que ejerció la mayor parte de su ministerio en Siria, Egipto, y el Líbano, cree que las palabras del apóstol de 1 Corintios 14:34 se refieren a las esposas que no entendían bien lo que el predicador o profeta decía en las reuniones de la congregación. Por lo tanto, se les aconseja mantener silencio en la iglesia y después preguntar a sus esposos el significado del mensaje en el hogar. Los pueblos del sur y centro de Anatolia habían sido incorporados recientemente al Imperio Romano. La ciudad de Antioquía de Pisidia, donde Pablo predicó su primer sermón en Galacia, llegó a ser parte del Imperio en el año 25 aC. En el tiempo en que Pablo escribió la Carta a los Gálatas, Roma había puesto en marcha un programa de romanización o helenización de los territorios anexados. A fin de preservar su vasto imperio compuesto de personas de tan diferentes lenguas, culturas, tradiciones, y religiones, a Roma le convenía unificar estos pueblos alrededor de la figura del emperador, de las leyes, las formas de gobierno, el comercio, las costumbres y la educación romanos. Se procuraba promover la estructura de la familia romana patriarcal y del matrimonio legítimo entre los ciudadanos, como normas para toda la sociedad.

En este programa de globalización romana hubo la intención de suprimir muchas de las costumbres consideradas bárbaras e incivilizadas de los habitantes de Anatolia. Se procuró además la supresión de las lenguas y dialectos de los pueblos y tribus del interior de la región, y también algunas prácticas religiosas consideradas demasiado violentas e inmorales. Con este fin, se promovió el culto imperial en todas las ciudades importantes del imperio. Un pueblo con la misma cultura, la misma lengua y la misma religión se mantendría unido, sin el resurgimiento de movimientos nacionalistas, revolucionarios, religiosos e independentistas, como los que provocaron el desmembramiento de la ex Unión Soviética y de Yugoslavia. En el tiempo de la conquista del Nuevo Mundo los españoles también procuraron suprimir las costumbres, lenguas y religiones de los pueblos indígenas, para consolidar su hegemonía sobre los territorios conquistados. Con esta finalidad emplearon el Catecismo Romano y la Gramática de Nebrija como instrumentos de su programa de globalización ibérica. William Ramsay opina que, al escribir sus cartas y evangelios en griego, Pablo y los otros autores del Nuevo Testamento hicieron más por la promoción del helenismo en Anatolia con el fin de civilizar las tribus indígenas, que lo que hicieron los romanos (1960:132).

Cuando Pablo escribió Gálatas, el programa imperial de helenización y romanización ya había tenido cierto éxito. En toda la región se encontraba en pleno auge el culto imperial, que consideraba como seres divinos al César y a los miembros fallecidos de la familia real. Se habían construido nuevos templos dedicados al culto imperial a lo largo y ancho del territorio. Aunque en los pueblos rurales y otras partes aisladas de Galacia y Frigia se hablaban otros idiomas, como el galo o la lengua licaónica (Hch 14:11), en la ciudades más grandes se hablaba griego, que en esos momentos era el idioma internacional que todavía se hablaba en Roma. De ahí que se supone que en las comunidades cristianas a las que Pablo escribió en Gálatas, había miembros del sector medio educados en la cultura griega, comerciantes, artesanos, y veteranos de guerra (Tamez 2003:898), es decir, personas capaces de entender el uso de la retórica empleada en la carta. En sus ilustrados tomos sobre Anatolia, Stephen Mitchell opina que Pablo procuró aprovechar su amistad con el gobernador romano de Chipre, Sergio Paulo, para proclamar las buenas nuevas de Cristo a los familiares y amigos italianos del gobernador, que vivían en los alrededores de Antioquía de Pisidia. Por supuesto, había también muchos creyentes pobres y hasta esclavos, que hubieran apreciado la metáfora de la liberación de la esclavitud empleada con gran efectividad por el apóstol en su carta.

Entre los destinatarios de la Carta a los Gálatas debían encontrarse miembros de las diferentes tribus y grupos étnicos que se encontraban en la provincia romana de Galacia, y que fueron muchos. Entre estos grupos encontramos a los galos de los cuales la provincia romana toma su nombre. Los galos fueron originalmente invasores de origen celta que migraron desde lo que hoy día es Francia a Anatolia, unos trescientos años antes de que Pablo escribiera su carta a los gálatas. Los escritores griegos y romanos calificaron a los galos como amantes de la guerra, salvajes y supersticiosos. Al principio muchos de ellos se dedicaron al pillaje, servicios mercenarios y tráfico de esclavos. Después de establecerse en el centro de Anatolia, los invasores galos, en su mayoría, se dedicaron a trabajar la agricultura y la ganadería y se mezclaron con los demás habitantes de la Anatolia central, adaptándose a la cultura y religión de sus vecinos. Sin embargo, aun 400 años después de Cristo había galos de Anatolia que aún hablaban la lengua gala. Finalmente los galos fueron sometidos por los romanos, y sus territorios anexados al Imperio. Durante el yugo romano los campesinos y ganaderos gálatas sufrieron mucho como consecuencia de los elevados impuestos que debían pagar, y la imposición de sostener a los soldados romanos asignados a la provincia. Se dice que la venta de esclavos fue algo común en Galacia (Tamez 2003:896).

Uno de los grupos étnicos más grandes de la provincia romana de Galacia fue el de los frigios. El Imperio de los Frigios (725-675 aC) dominó por un tiempo el centro de Anatolia. El legendario rey Midas fue la figura más prominente de este imperio. Después, los frigios y sus territorios fueron incorporados dentro de las fronteras de otros invasores e imperios. Muchas de las poblaciones en las que el apóstol Pablo y sus discípulos establecieron congregaciones, se encontraban dentro de las regiones dominadas por los descendientes de los antiguos frigios, incluyendo Laodicea y la ciudad de Antioquía de Pisidia. En varios lugares los frigios dejaron monumentos dedicados a la Madre de las Montañas. Esta "madre" llegó a ser identificada con Cibeles. Para los griegos el nombre frigio equivalía a esclavo. La vieja capital del imperio frigio fue la ciudad de Gordium. Según los antiguos historiadores, los frigios no fueron guerreros de renombre, aunque el famoso gorro frigio fue adoptado por los partidarios de la revolución francesa muchos siglos después, y hasta aparece en los símbolos de varios países sudamericanos. Los frigios tuvieron merecida fama de músicos. Se dice que sus melodías tenían el poder de encantar y hasta de embrujar a los oyentes. Hasta hoy en día los guitarristas emplean la escala o modalidad frigia, especialmente para interpretar la música árabe, turca, flamenca, y judía.

1:2 y todos los hermanos que están conmigo, deseamos a las iglesias de Galacia

Pablo no menciona el lugar donde se encontraba al escribir la carta, ni la identidad de los hermanos que estaban con él. El apóstol nunca viajaba ni trabajaba solo, sino que siempre lo hacía en compañía de colaboradores como Tito, Timoteo, Lucas, Bernabé, y Silas. En 2:13 se menciona el nombre de Bernabé, el compañero de Pablo en su primer viaje misionero, quizá porque los gálatas lo conocían. De ser así, entonces los hermanos a quienes Pablo escribe esta carta llegaron a conocer a Bernabé en ese primer viaje, porque en los demás viajes de Pablo Bernabé no lo acompañó. Se sobreentiende que Pablo menciona a los hermanos y hermanas que están con él, porque están de acuerdo con el mensaje que el apóstol escribe a los gálatas (Van Voorst 2010:170; Dunn 1993:29).

El apóstol se atiene a las convenciones de las cartas helenistas al mencionar los destinatarios de su misiva. Pero en ninguna parte de su carta menciona los nombres de las congregaciones a las cuales va dirigida. Ni tampoco se mencionan los nombres de los pastores de las congregaciones, ni los de algunos de los miembros de éstas, según la costumbre del apóstol en sus demás epístolas. La falta de información concreta acerca de la ubicación de las "iglesias de Galacia" ha sido durante largo tiempo la causa de mucha discusión, controversia, y diferencias de opinión entre los historiadores y estudiosos del NT. Por más de cien años ha habido dos teorías principales en cuanto a la identidad de los destinatarios originales de la carta. Las dos teorías se llaman: teoría de la Galacia del Sur, y teoría de la Galacia del Norte (o central). La cuestión de la identidad de los destinatarios originales de la carta es sumamente complicada, pero a la vez muy importante para nuestra interpretación de la epístola. Para no complicar nuestra exposición del texto aquí, hemos incluido una extensa nota sobre los destinatarios de la Carta a los Gálatas al final de la exposición del primer capítulo. Otra cuestión muy discutida tiene que ver con la fecha en la que Pablo envió su carta a las congregaciones de Galacia. La cuestión está relacionada con la identidad de los destinatarios. Consecuentemente, hemos añadido otra extensa nota acerca de la fecha de Gálatas al final de nuestra exposición del primer capítulo.

Los que opinan que las iglesias para las que Pablo escribió su Carta a los Gálatas se encuentran en el norte de la provincia romana de Galacia, creen que las ciudades en las cuales el apóstol estableció congregaciones fueron Ancira (la moderna Ankara), Pessino, ubicada unos 128 km al suroeste de Ancira y probablemente Tavia, unos 140 km al este. Pocas inscripciones cristianas del tiempo anterior a Constantino se hallaron en Ancira. La falta de evidencia acerca de la existencia de sinagogas judías o de comunidades cristianas en el norte de Galacia, y ninguna mención en los Hechos de los Apóstoles, motivaron a Eckhard Schnabel a que en su monumental obra sobre la misión en la iglesia primitiva, apoyara la teoría que identifica a las iglesias de la Carta a los Gálatas con las que Pablo estableció en Frigia, durante su primer viaje misionero. De todos modos, la palabra iglesias tiene la connotación de una asamblea de fieles que se reúne regularmente para proclamar las buenas nuevas y celebrar los sacramentos, y no simplemente un grupo desorganizado de novicios o catecúmenos. Para que la Palabra se proclame y se celebren los sacramentos, se da por sentado que cada congregación cuente además con presbíteros o ancianos responsables de la enseñanza de la palabra de Dios y el buen orden en las actividades de la congregación.

En nuestro estudio de la Carta de Pablo a las iglesias de Galacia, veremos que el apóstol no hace distinción entre una iglesia y otra. Asume que sus palabras y sus argumentos serán entendidos por todos sus lectores, y que los problemas tratados son los mismos en todas las congregaciones. Esta homogeneidad entre los destinatarios de la carta sugiere que las congregaciones estaban relacionadas entre sí, y que las diferencias sociales, lingüísticas, y culturales no habrán sido demasiado grandes. Además, es digno de notar que la Carta a los Gálatas fue preservada, que no se perdió o destruyó. Esto indica que los destinatarios la llegaron a valorar al punto de querer preservarla, porque produjo un impacto significativo en sus vidas. Cuando, muchos años después, se formó una colección de las epístolas de Pablo, los encargados de recopilar y publicar estos escritos encontraron más de una copia de la Carta a los Gálatas guardada en Galacia. Esto nos lleva a rechazar la opinión de los eruditos que creen que se frustró el esfuerzo de Pablo por corregir los problemas que demandaron la redacción de esta epístola. Si la Carta a los Gálatas no logró su propósito y fracasó, entonces ¿para qué guardarla y atesorarla?

1:3 que tengan gracia y paz de Dios el Padre y de nuestro Señor Jesucristo,

En casi todas las miles de cartas helenistas que se encontraron y coleccionaron en bibliotecas universitarias y museos, los autores, después de identificarse y de identificar a los destinatarios, envían un saludo. Típicamente el saludo consta de una sola palabra: (χάιρειν) saludos. Pablo ofrece su saludo en la forma de una bendición: "tengan gracia y paz" (χάριν καὶ ἐιρήνη). La primera cosa que Pablo desea para los gálatas es gracia. La gracia es uno de los principales conceptos de toda esta carta. La gracia de la cual habla el apóstol no es una virtud o característica humana, sino la bondad inmerecida de Dios para con sus criaturas. La gracia es el amor de Dios por nosotros, no porque hayamos hecho algo para merecer el perdón y la misericordia de Dios, sino porque Dios es amor. Los gálatas habían sido llamados por la gracia de Dios en Cristo Jesús, al igual que Pablo, quien fue llamado a ser apóstol por la misma gracia. La gracia es el gran amor que Dios muestra a hombres indignos y rebeldes que solamente merecen ser echados fuera de su presencia santa. Como veremos en lo que sigue (1:6-10; 5:4), los gálatas se encontraban en peligro de caer de la gracia, o de abandonar la gracia, en un vano intento por asegurarse la salvación mediante la observancia de ceremonias. En su saludo, Pablo insta a los gálatas a recibir nuevamente la gracia de Cristo como la única manera de tener paz con Dios (Van Voorst 2010:169). Se menciona primero la gracia de Dios y después la paz, puesto que la paz que tenemos con Dios es el resultado de la gracia divina (Schreiner 2010:75).

La paz que Pablo desea para los destinatarios de su carta es algo más que la ausencia de tribulación, pues representa la palabra hebrea *shalom*, que significa "todo aquello que es para el bien supremo del hombre, todo aquello que torna pura su mente, osada su voluntad, y gozoso su corazón" (Barclay1984:19). Notamos nuevamente que el apóstol habla de Dios el Padre y el Señor Jesucristo como iguales. Ambos son la fuente de la gracia que Pablo desea para sus oyentes. La yuxtaposición de Cristo junto al Padre es un indicio de cristología suprema, una de las características de las epístolas de Pablo en general y de esta carta en particular (Fee 2007:227).

La combinación de gracia y paz en el saludo de la carta parece anticipar la bendición del final de Gálatas (6:16), en que el apóstol desea que la paz y la misericordia sean derramadas sobre el Israel de Dios. El sustantivo paz aparece 29 veces en Isaías (LXX), libro del cual encontramos muchas alusiones y citas en la Carta a los Gálatas. Al hablar de la paz en este pasaje, Pablo probablemente pensaba en muchos de estos textos citados (Harmon 2010:52-53). En Isaías 9:5-6 al Mesías prometido se lo llama "Príncipe de paz". En Isaías 52:7 se declara: "¡Cuán hermosos son, sobre los montes, los pies del que trae buenas nuevas! Los pies del que anuncia la paz." La paz que anuncian los mensajeros de Dios es el resultado del sufrimiento y la muerte del Siervo del Señor, porque Isaías 53:5 anuncia: "Sobre él vendrá el castigo de nuestra paz, y por su llaga seremos sanados." La misma paz de la que habla Isaías se describe como un gran río que fluye para llevar bendición, no solamente a los judíos, sino a todas las naciones: "¡Miren! Voy a extender sobre ella la paz y la riqueza de las naciones, como si fueran un río desbordado" (66:12). Y al describir la paz escatológica que será establecida por el Mesías, Isaías 11:6 declara: "El lobo convivirá con el cordero; el leopardo se acostará junto al cabrito; el becerro, el león y el animal engordado andarán juntos, y un chiquillo los pastoreará." No es difícil entender que las fieras descritas en esta profecía son símbolos de los imperios de los gentiles, y que el cordero y el cabrito representan a Israel. Isaías vislumbra el establecimiento de un reino apacible, una nueva creación en la cual judíos y gentiles vivirán en paz como hermanos. Por medio de la proclamación de las buenas nuevas, de las que Pablo es mensajero, el reino apacible de Isaías ya está tomando forma. El futuro reino de paz ha comenzado a invadir el presente siglo malo. Así pues, la paz de la cual habla Pablo en Gálatas tiene una dimensión presente y otra futura. En el presente, los creyentes son librados de la condenación y justificados por la gracia y misericordia de Dios en Jesucristo. Esta paz quiere decir que el Señor no es el enemigo de los que confían en Cristo y su cruz, sino que es el Padre bondadoso que derrama el Espíritu y produce en ellos el fruto del Espíritu. Pero la paz del Mesías también tiene una dimensión futura porque los creyentes esperan su retorno, ya que vendrá para destruir a la muerte y enjugar toda lágrima de los ojos de sus queridos hijos.

1:4 el cual se dio a sí mismo por nuestros pecados para librarnos del presente siglo malo, conforme a la voluntad de nuestro Dios y Padre,

Lo que llama la atención en la larga introducción a la carta es la afirmación de que el Señor se dio a sí mismo para librarnos del presente siglo (ἀιώνον) o eón malo. El presente eón malo es la esfera en la que los seres humanos se encuentran esclavizados, sometidos al dominio de los principados y potestades y los que gobiernan las tinieblas, según se menciona en Efesios 6:12; es decir, sometidos al poder de las huestes espirituales de maldad en las regiones celestes. En 2 Corintios 4:4 dice que el dios de este siglo o eón (Satanás), "les ha cegado el entendimiento para que no resplandezca en ellos la luz del evangelio de la gloria de Cristo, el cual es la imagen de Dios". El dominio de Satanás no será totalmente destruido sino hasta la segunda venida de Cristo (1 Co 15:23-24).

La liberación de los seres humanos del dominio de los ángeles caídos, o demonios, es uno de los temas principales de la Carta a los Gálatas. En vez de emplear el verbo salvar o rescatar, Pablo utiliza aquí un verbo que significa liberar, ἐξαιρέομαι. Es la única vez que este verbo se utiliza en los escritos del apóstol (Silva 2001:171). El temor de quedar sujetados a los poderes malignos parece haber sido una de las preocupaciones principales de los destinatarios de la carta. Probablemente un grupo de maestros recién llegados a Galacia logró explotar este temor de los gálatas a los poderes ocultos, y emplearlo para desviar a muchos miembros de la iglesia del evangelio que Pablo les había anunciado en sus visitas a Galacia. Seguidamente el apóstol intenta convencer a los gálatas de que las enseñanzas de los nuevos maestros los podrán someter nuevamente al dominio de los mismos poderes ocultos que tanto temen.

Al señalar el tema de la libertad y la esclavitud como uno de los enfoques principales de la Carta, es menester remarcar que el apóstol no escribió esta epístola para hablar de la necesidad de librarse de la esfera de las cosas materiales para entrar en la esfera de las realidades espirituales. De esto solían hablar los gnósticos y los discípulos de Platón, quienes procuraban la liberación de la parte divina del espíritu del ser humano que, según creían, había quedado encarcelada en su cuerpo. Para Pablo, la liberación no significaba la liberación del espíritu de la esfera de la materia, como creían los gnósticos. San Agustín hace hincapié en el hecho de que el mundo es malo, no por sí mismo, sino porque en él habitan hombres malos (Plumer 2003:129). Nuestro Señor es Dios, que se preocupa no sólo por el bienestar espiritual de los seres humanos, sino también por sus necesidades físicas y materiales. Jesús alivió los sufrimientos físicos de los enfermos, los marginados, y los oprimidos.

Todo esto, sin embargo, no quiere decir que la liberación por la cual luchaba el apóstol era primordialmente una liberación política, como la que esperaban muchos judíos en el tiempo del Nuevo Testamento. Se creía que tal liberación sería inaugurada por un Mesías político, enviado por Dios para guiarles en una revuelta en contra del poder del Imperio Romano. Pero, según veremos en nuestro estudio, al escribir a los gálatas Pablo no puso la mira en una liberación de los sistemas políticos, económicos, y sociales como inquietud principal, sino en una lucha en contra del dominio de los principados y potestades que se jactan de ser los dioses del presente eón malo (Pastor 1977:296). Claro, hay un vínculo íntimo entre los poderes ocultos de la oscuridad y los sistemas políticos, económicos, y sociales que oprimen a los seres humanos. De acuerdo con el apóstol Pablo, el primer paso hacia la liberación de toda la creación que gime y espera ser libertada de la esclavitud de la corrupción, es la libertad gloriosa de los hijos de Dios (Ro 8:19-23). La liberación de los hijos de Dios comienza con la llegada del Espíritu (Gl 4:6). La llegada del Espíritu señala la inauguración, no la consumación, de la nueva creación. De este modo el apóstol anima a los lectores de la carta, que ya experimentaron la inauguración de la nueva era del Espíritu, a tener cuidado de no volver a la esfera de la vieja era y sus instituciones, y de esta manera, perder su libertad.

La manera en que se realizó la liberación de los seres humanos del presente siglo malo fue por medio de la entrega de Dios de sí mismo por nuestros pecados: "el cual se dio a sí mismo por nuestros pecados". Sin duda, al hablar el apóstol de la entrega de Dios por nuestros pecados, alude a Isaías 53, en que el profeta habla del Siervo Sufriente que llevó sobre sí nuestros males, sufrió nuestros dolores y fue molido por nuestras rebeliones; "pero el Señor descargará sobre él todo el peso de nuestros pecados". Isaías 53 fue uno de los pasajes principales empleados por los primeros creyentes en Cristo para explicar el porqué de la pasión y muerte de Jesús en la cruz (1 P 2:19-25; Hch 2:23; 8:32-35). Su muerte no fue un accidente trágico o un martirio innecesario, sino parte del plan de Dios para librar a los seres humanos de las consecuencias de su rebelión en contra de su creador. Pablo les asegura a sus lectores que lo que le pasó a Jesús fue "conforme a la voluntad de nuestro Dios y Padre" (Ciampa 1998:65; Harmon 2010:115).

1:5 a quien sea dada la gloria por los siglos de los siglos. Amén.

El autor de la carta no puede hablar de la obra salvadora de Dios Padre en Jesucristo sin elevar al cielo una doxología. En las Escrituras se eleva con frecuencia una doxología a Dios después de un pasaje en el cual se habla de la redención (2 Ti 4:18; Heb 13:21; 4 Mac 18:24; Flp 4:20; Ef 3:2). La redención y la gloria van juntas, porque la gloria de Dios se manifiesta en su salvación (Ciampa 1998:64). Se atribuye gloria a Dios por los siglos de los siglos, porque la liberación de los poderes esclavizadores del presente eón malo no procede del esfuerzo de los seres humanos ni de su santidad y espiritualidad. La liberación del presente eón malo no se produce tampoco por la observancia de ritos y ceremonias religiosas, tales como ayunos, vigilias, mortificaciones de la carne, peregrinaciones, circuncisión o indulgencias. De otra manera, se podría dar la gloria a la ley o a los que observan la ley. Pero la gloria es para Dios, el autor de nuestra liberación.

Casi todos los comentaristas e intérpretes de Gálatas destacan el hecho de que a diferencia de casi todas las demás epístolas de Pablo, el apóstol no incluyó en su Carta a los Gálatas una acción de gracias en la cual agradece y glorifica al Señor por todas las bendiciones derramadas sobre los destinatarios de la carta por medio del evangelio. Se dice que el apóstol omitió su acostumbrada acción de gracias como un llamado de atención a los gálatas, los que se encontraban en el proceso de abandonar el evangelio de Cristo. No era cosa de felicitarlos por su fe en Cristo si ya le estaban dando la espalda al mensaje del evangelio. En vez de una acción de gracias, nos encontramos con la maldición que el apóstol pronuncia sobre todos los que proclaman un evangelio diferente (1:6-11). La omisión de una acción de gracias debe haberles caído a los gálatas como un balde de agua helada.

Una opinión contraria la ofrece Robert van Voorst, quien señala que los gálatas no se hubieran dado cuenta de la falta de una acción de gracias en la carta, porque la mayoría de los *papyri* encontrados hasta ahora carecen de una acción de gracias. Si Gálatas fue la primera epístola escrita por Pablo, como creen muchos eruditos, los gálatas no hubiesen notado la diferencia entre ésta y las epístolas que serían escritas en el futuro (2010:172). A pesar de la opinión de Van Voorst, creemos que los gálatas se hubieran dado cuenta del estado de ánimo de Pablo al dictar su carta.

En la introducción de la Carta hay ciertos términos y frases que le dan un sabor apocalíptico y escatológico al argumento del apóstol. Se habla, por ejemplo, de los "siglos de los siglos" y del "presente siglo malo" o "presente eón". Tales frases revelan que Pablo tiene en mente el concepto judío de los dos eones, según el cual el propósito eterno de Dios de traer liberación, restauración, y salvación será realizado con la inauguración de un eón futuro, en el que los seres humanos sujetados a la esclavitud y a los rudimentos del mundo presente, serán libertados por la manifestación del Mesías y su reino. Pablo había sido escogido para desempeñar un papel importante en el plan de Dios para la liberación de la creación, porque fue llamado para ser el apóstol enviado a las naciones, el hombre cuya misión especial era la de enseñar al pueblo de Israel que desde siempre los gentiles habían estado incluidos en el plan de salvación de Dios. Por esto Pablo tiene que defender con tanta energía su apostolado en la Carta a los Gálatas, pues una de las señales escatológicas de la inauguración de la nueva era de salvación es la proclamación del evangelio a todas las naciones.

1:6 Me asombra que tan pronto se hayan alejado ustedes del que los llamó por la gracia de Cristo, para seguir un evangelio diferente.

Sin lugar a duda, el sustantivo evangelio (εὐαγγέλιον) y el verbo evangelizar (εὐαγγελίζω) son términos clave en la Carta a los Gálatas. Tanto el verbo como el sustantivo se emplean siete veces. Al utilizar aquí la palabra evangelio, el apóstol le da un sentido muy diferente al que la mayoría de los habitantes del mundo grecorromano estaban acostumbrados. En primer lugar, utiliza la palabra en singular, no en plural. Para sus contemporáneos había muchas clases de buenas nuevas: una victoria sobre los enemigos del pueblo, una buena cosecha, prosperidad, el nacimiento de un hijo, la paz establecida por el emperador, todo eso puede considerarse buenas nuevas. Para muchos habitantes del Imperio Romano la palabra evangelio podrá haber significado la *Pax Romana,* establecida por Augusto César. Esta paz significaba el establecimiento del orden público, la conquista de los bárbaros, un gobierno estable, beneficios (para algunos) y buenas obras, en la forma de espectáculos, procesiones, y combates entre gladiadores, para el pueblo (Kahl 2010:225).

De la siguiente cita de una inscripción con fecha año 9 aC puede apreciarse lo que podría haber sido el modo de entender la palabra evangelio para un ciudadano romano:

> La Providencia, que ha ordenado la totalidad de nuestra vida, al mostrar preocupación y celo, ha ordenado la más perfecta consumación de la vida humana dándole a Augusto, a quien colmó de virtudes para llevar a cabo la tarea de un benefactor entre los hombres, y a quien envió como salvador para nosotros y los que vendrán después de nosotros, para hacer que cese la guerra, para crear orden en todo lugar... el nacimiento de dios (Augusto), fue el principio para el mundo de las buenas noticias que han llegado a los hombres por medio de él... (Wright 2006:5).

La palabra evangelio solía utilizarse en la antigüedad con referencia a una noticia traída por un mensajero, o a la recompensa que recibía el mensajero por traer la noticia. De las nueve veces que ocurren las palabras *evangelio/evangelizar* en la versión griega del AT (la Septuaginta), seis se encuentran en Isaías 40-66. La buena nueva que se anuncia en estos capítulos, y especialmente en Isaías 40:1-9 es, que el Señor actuó para librar y salvar a los cautivos de Babilonia perdonando sus pecados y llevándolos en un nuevo éxodo de liberación a la Tierra Prometida, a fin de reconstruir la ciudad santa de Jerusalén y su templo. La redención de Israel proclamada en Isaías es consecuencia del sufrimiento y muerte de una misteriosa figura llamada el Siervo del Señor, cuya misión se describe en cuatro cantos conocidos como los "Cánticos del Siervo del Señor (42:1-4; 49:1-6; 50:4-9; 52:13-53:12). Algunos autores consideran a Isaías 61:1-3a un quinto cántico del Siervo (Pagán 2000:138).

Centenares de libros, artículos y monografías se han escrito sobre la identidad y misión del Siervo en estos cánticos. Entre los estudiosos del AT, el Siervo de los cánticos ha sido identificado como Israel, el remanente fiel de Israel, los profetas en conjunto, el profeta Isaías, Ciro el Grande, el rey Joaquín, Jesucristo y otros. Hay quienes concluyeron que el Siervo del Señor es una figura representativa, y que puede ser identificado a la vez como Israel, el Remanente y el emperador Ciro. O sea, la misión del Siervo para traer salvación a Israel y luz a los gentiles, se cumplió parcialmente en todos éstos. Sin embargo, es en Jesucristo que encontramos la realización y culminación definitivas de la misión del Siervo del Señor. Israel, el Remanente, los profetas y Ciro cumplieron en parte algo de la obra del Siervo de los cánticos, pero el Siervo definitivo es Jesucristo (Harmon 2010:71). Consecuentemente, para Pablo el evangelio es, sobre todo, la grata noticia acerca de la persona y misión de Jesucristo, e incluye todo lo que los cristianos confiesan en el segundo artículo del Credo Apostólico. Tanto en la Carta a los Gálatas como en los Cánticos del Siervo, la proclamación del evangelio tiene como objeto no sólo a los judíos, sino también a los gentiles (Is 52:10), y requiere una respuesta de fe tanto de judíos como de gentiles (Isaías 53:1). Tanto en Gálatas (2:10; 6:2; 9-10) como en Isaías (58:1-12) se insta a los seguidores del Siervo a acordarse de los pobres.

A diferencia de los otros autores de su época, para Pablo el evangelio es singular, único, algo que no se repite, algo que sucedió una sola vez. El evangelio tiene que ver con la muerte de un hombre que fue condenado como criminal y clavado en un madero. La ley mosaica dice que quien muere así es maldito, pero Pablo proclama que el evangelio de Jesucristo es la buena noticia que opaca a todos los demás anuncios de buenas nuevas. Al utilizar la palabra evangelio, tiene en mente una proclamación de contenido específico que lo distingue de otros mensajes llamados "buenas nuevas". Las buenas nuevas constituyen un mensaje acerca de Jesús, quien es el Siervo de Dios y además el Mesías crucificado por los hombres, pero resucitado por Dios para ser entronizado como rey de los judíos y de todas las naciones. Sí, Jesús es el rey del universo; el César no lo es. Confrontado con el evangelio de Jesús, el culto imperial queda desenmascarado como idolatría. Viendo las cosas de esta manera, entendemos la proclamación del evangelio como una convocatoria, para judíos y gentiles, a reconocer a Jesús como su verdadero soberano, entregarse a él y ser parte de su nueva creación. Con razón muchos romanos llegaron a creer que en las buenas nuevas acerca de Jesucristo había un elemento en sumo grado subversivo.

En Gálatas el apóstol no procura un diálogo con las personas o los grupos para descubrir qué revelaciones divinas experimentaron en sus tradiciones místicas. El evangelio al cual se refiere el apóstol no es una experiencia mística, sino la proclamación de un evento que tuvo lugar en el tiempo y el espacio, a saber, la redención de los seres humanos efectuada mediante la muerte, resurrección, y ascensión de Jesucristo (Mackenzie 2012:318). Lo que el apóstol declara en el versículo cuatro, se parece a un credo con un contenido bien definido y útil como base de la enseñanza y difusión en beneficio de otros (Gerhardsson 1998:265). Es un mensaje que excluye toda proclamación alternativa o contraria.

Una pregunta que se origina con la declaración de Pablo en este versículo es: ¿De dónde o por medio de quién supo Pablo lo que pasaba entre los gálatas? Parece ser que el apóstol estaba muy bien informado de la llegada de unos agitadores que intentaban arrimarse a las iglesias de Galacia proclamando un evangelio diferente. Pablo no dice haber recibido una carta de los gálatas detallando lo que sucedía, lo que hace suponer que había recibido un informe oral de una persona de confianza. Hace años el historiador y arqueólogo William Ramsay sugirió que el informante fue Timoteo, oriundo de Listra, una de las cuatro ciudades de Galacia del Sur donde había una congregación fundada por Pablo y Bernabé durante el primer viaje misionero del apóstol, y visitada nuevamente por él y Silas durante el segundo viaje. Tal identificación depende, desde luego, de la hipótesis de Ramsay de que Pablo escribió su Carta a los Gálatas después de su segundo viaje, y no después del primero. Según lo manifestado por Ramsay, después de su segundo viaje Pablo regresó a Antioquía de Siria por barco, mientras que Timoteo viajó por tierra a Galacia para visitar a su familia en Listra. Al llegar a Galacia, Timoteo se enteró de la llegada de los agitadores judaizantes y del evangelio diferente que anunciaban. En seguida llevó las noticias a Pablo en Antioquía donde éste, prestamente, escribió su epístola y se la envió a las iglesias de Galacia por medio de Timoteo. Poco después, en ruta hacia Éfeso (Hch 19:1), Pablo visitó las congregaciones de Galacia para apagar el fuego de la herejía personalmente. Al menos así opina Ramsay.

¿SIGUE EL APÓSTOL PABLO UN ESQUEMA RETÓRICO EN SU CARTA A LOS GÁLATAS?

Uno de los comentarios modernos más respetados e influyentes es el del profesor americano/alemán, Hans Dieter Betz, publicado en 1979. Un carácter distintivo de su comentario es el empleo de la crítica retórica para entender la organización y la estructura de la carta. De acuerdo con el análisis de Betz, la Carta a los Gálatas puede entenderse como un ejemplo de la retórica apologética empleada por los filósofos, escritores, y oradores del tiempo de Pablo. La retórica apologética o forense tiene que ver con la presentación pública, ya sea en defensa o en contra, de un acusado ante un jurado o grupo de jueces. Betz cree que debemos entender la Carta a los Gálatas como la apología hecha por el acusado (Pablo) ante el jurado (los mismos gálatas) frente a las acusaciones que cuestionaban su autoridad apostólica y el evangelio de la gracia justificadora. Se sobrentiende que en dicho escenario los acusadores son los agitadores. De este modo, siguiendo la estructura de un discurso forense grecorromano, Betz ofrece el siguiente bosquejo de la carta:

Exordium (exordio) – introducción al discurso, Gálatas 1:6-11.
Narratio (narración) – explicación de los hechos, Gálatas 1:12-2:14.
Propósito – el asunto principal del discurso, Gálatas 2:15-21
Probatio (confirmación) – el desarrollo del argumento, Gálatas 3:1-4:31
Exhortatio (exhortación) – una exhortación a una acción, Gálatas 5:1-6:10

Si bien puede observarse la influencia de la retórica apologética en algunas partes de Gálatas, la mayoría de los comentaristas cree que el apóstol no siguió al pie de la letra las reglas sobre la elaboración de un discurso tal como se encuentran en los manuales de retórica escritos por autores como Aristóteles, Quintiliano, y Cicerón. Pablo nunca menciona haber estudiado a los pies de uno de los filósofos y maestros griegos de su tiempo. Incluso en los primeros capítulos de 1 Corintios, hace hincapié en las grandes diferencias entre su manera de hablar y actuar y la de los sofistas y filósofos populares de sus días. Sin embargo, los innumerables debates y discursos que el apóstol habrá oído y leído, tienen que haber dejado su huella en él. En nuestra opinión, las normas de la retórica no deben entenderse, en el caso de Pablo, como una camisa de fuerza a la cual tenían que conformarse los argumentos del apóstol, sino como una ayuda en la proclamación de un mensaje demasiado sublime para cualquier sistema elaborado por la sabiduría humana. Si en lo que sigue de nuestro comentario hacemos referencia al uso de una figura retórica por parte del apóstol, no implica una aceptación desprovista de toda crítica de la posición de Betz.

¿QUÉ CLASE DE HEREJÍA ENSEÑABAN LOS AGITADORES?

Entre los estudiosos de Gálatas se debate respecto a qué enseñaban puntualmente los agitadores. Se debe esto a que no existe ningún documento escrito por los agitadores, en el que especifiquen y defiendan sus ideas. No es posible entrevistar a uno de los llamados "agitadores", para que nos dé su versión de los acontecimientos. Lo que sabemos de ellos es lo que se ve reflejado en la impugnación de Pablo de los argumentos de sus adversarios. Así vemos, en cierto sentido, oscuramente como por un espejo (Barclay 1987:73-93). Al tratar de deducir cuáles fueron las enseñanzas de los opositores, será casi imposible no quedar influidos, en mayor o menor grado, por las experiencias que podamos haber tenido con agitadores en nuestras propias vidas y comunidades. En otras palabras, es probable que en el espejo oscuro en que procuramos ver un reflejo de los opositores de Pablo, veamos también un reflejo de quienes han sido, o son, nuestros opositores. Al respecto, hay investigadores modernos que aseveran que lo que vemos al leer los comentarios de Lutero sobre Gálatas, es más bien un reflejo de la lucha que el Reformador sostuvo con sus antagonistas, antes que un reflejo de la disputa de Pablo con los agitadores de Galacia.

Como corolario a esta observación podríamos añadir que en los comentarios escritos por los teólogos de la liberación en América Latina, se nota un vivo reflejo de la lucha que han sostenido con los sistemas de opresión que operan en nuestro continente y en el llamado mundo mayoritario. Pero antes de desechar tales reflejos en nuestro estudio de Gálatas, debemos preguntarnos si no será la voluntad del Espíritu Santo que apliquemos el mensaje de Pablo a las luchas que sostenemos en contra de los "evangelios diferentes" con los que tenemos que lidiar. La opinión del autor de este comentario es, que un "evangelio diferente" es en esencia cualquiera proclamación de ley disfrazada de evangelio. La tarea que nos encomienda Pablo en su comentario a los Gálatas es la de examinar todo lo que se llama "evangelio", para ver si en verdad son las buenas nuevas de liberación en Cristo.

Basándose en lo que el apóstol escribe en Gálatas, la mayoría de los eruditos llegó a la conclusión de que el evangelio diferente consistió en la enseñanza de que para ser miembros del pueblo de Dios, los gentiles tenían que ser bautizados y creer en Cristo, y observar también lo que la ley mosaica ordena en cuanto a leyes alimenticias, la celebración de las fiestas y días especiales del calendario judío y, sobre todo, la circuncisión. La enseñanza del Nuevo Testamento dice que tales ordenanzas, juntamente con los sacrificios descritos en el libro de Levítico, son ordenanzas provisionales que servían para preparar al pueblo judío para la venida de Cristo. Los agitadores que alborotaban a las comunidades cristianas de Galacia opinaban, en cambio, que tales ordenanzas todavía seguían vigentes.

En el transcurso de los siglos surgieron, en el seno del cristianismo, otros grupos con ideas similares a las de los agitadores de Galacia. A éstos se los llamó judaizantes, porque creían que los creyentes en Cristo tenían la obligación de guardar muchas de las leyes y ordenanzas del AT en cuestiones de dieta, vestimenta, la necesidad de guardar el séptimo día como día de reposo, y la circuncisión. Las enseñanzas de algunos de estos grupos tuvieron impacto en muchas partes de América Latina. La Iglesia de los Adventistas del Séptimo Día tiene congregaciones en todos los países de nuestro hemisferio. Esta denominación y otras similares, como Los Bautistas del Séptimo Día, creen que los cristianos que observan el día Domingo como día de reposo han sido engañados por Satanás.

Durante muchos años otro grupo, conocido como La Iglesia de Dios Universal, enseñó sus doctrinas judaizantes en América Latina mediante un programa radial llamado *El Mundo de Mañana*, y un periódico conocido como *La Pura Verdad*. Esta denominación y la Universidad Embajador de Pasadena, California, las fundó Herbert W. Armstrong (1892-1986), un orador sumamente carismático, conocido en todo el mundo por sus buenas acciones en beneficio del prójimo y por patrocinar la música y el arte. Armstrong, al igual que los judaizantes de Galacia, enseñaba la observancia de las fiestas y leyes dietéticas del AT, además de la circuncisión y la sanación divina. Recuerdo que cuando mi maestra de música y su esposo se afiliaron a la Iglesia de Dios Universal, el esposo fue circuncidado. Cuando murió Herbert Armstrong, el movimiento que había fundado se fragmentó. Un grupo, liderado por Joseph Tkach padre y Joseph Tkach hijo, llegó a rechazar las enseñanzas judaizantes del movimiento después de un profundo estudio de las Escrituras. Asumieron una postura claramente bíblica y evangélica en cuanto a la distinción entre ley y evangelio. En el barrio de la ciudad donde vivimos actualmente, hay muchas personas que pertenecieron a la Iglesia de Dios Universal. Nuestros vecinos Gregorio y Elena, me contaron cuán grande fue su gozo cuando descubrieron que somos salvos por pura gracia y no, en parte, por observar ciertos ritos y ceremonias de la ley mosaica. El gozo que vivieron nuestros vecinos es lo que el apóstol Pablo quería para todos los gálatas. En cuanto a la Iglesia de Dios Universal, no todos volvieron a la verdad del evangelio. Otro grupo que hoy en día sigue las enseñanzas de Herbert Armstrong se llama "La Iglesia de Dios de Filadelfia". Debemos orar por todos los integrantes de estos movimientos judaizantes, para que el mensaje de Gálatas les haga conocer la gracia de Dios en Cristo Jesús.

Lo que dejó tan consternado al apóstol fue el hecho de que los gálatas habían conocido la gracia de Dios, pero que en ese momento estaban en peligro de perderse por procurar la seguridad de su salvación en la ley mosaica. Pablo se asombra de que tan pronto se hubieran alejado de Cristo, del evangelio, y del apóstol que les proclamó las buenas nuevas. La expresión "tan pronto" (ταχέως μετατιθέναι) nos recuerda la apostasía del pueblo de Israel, que a poco de haber sido liberado del yugo egipcio, se apartó del Señor para rendirle culto a un becerro de oro (Ciampa 1998:73). "Muy pronto se han apartado del camino que yo les señalé" (Ex 32:8). En las Escrituras, apartarse del camino de Dios se considera como apostasía, o sea, la adoración de otros dioses, un pecado que desencadena la ira de Dios (Ro 1:18-26). O, dicho de otra manera, al apartarse los gálatas "tan pronto" del evangelio para seguir otro evangelio, se expusieron al peligro de imitar el pecado original de Israel de apartarse del Señor y rendir culto a los dioses extraños a los que les rendían culto antes del llamamiento divino. Quizá sea significativo que el verbo griego traducido como "se hayan alejado" ("han apartado" RVR; "estén dejando" NVI) es μετατιθέναι, un término de poco uso en el Nuevo Testamento, pero que en el libro deuterocanónico de 2 Macabeos se emplea para describir a los judíos que en el tiempo de Antíoco Epífanes (el anticristo del AT) abandonaron el pacto y la fe de sus antepasados, con el fin de rendir culto a un ser humano que se creía divino (Dunn 1993:39).

Al utilizar la voz llamó, el apóstol les recuerda a los gálatas que no fueron ellos los que buscaron al Señor, sino que fue Dios mismo quien se les acercó mientras aún adoraban a los ídolos y servían a las fuerzas ocultas de las tinieblas. Por el llamamiento de Dios salieron de las tinieblas y entraron en la esfera de la luz. Ahora ellos, los gálatas, están en peligro de volver a las mismas tinieblas de las cuales habían salido.

A base de la discusión de arriba observamos que uno se desvía del evangelio de la gracia justificadora cuando añade a las buenas nuevas cualquier ceremonia, rito, obra o experiencia, como requisito para obtener la salvación. Lo que exigieron los agitadores de Galacia fue la circuncisión, tanto de los creyentes judíos como de los conversos gentiles. A lo largo de la historia de la iglesia y su misión, ha habido agitadores que intentaron imponer otras ceremonias y experiencias, como condiciones para recibir el perdón de los pecados y el don del Espíritu. Pero añadir estos elementos como condiciones para la salvación, no sólo distorsiona las buenas nuevas sino que las convierte en otro evangelio y nuevas maneras de circuncidar al pueblo de Dios. Entre las nuevas formas de circuncisión mencionamos : (1) la necesidad de ser bautizado solamente por inmersión plena; (2) haber subido al cielo en el espíritu y visto a Cristo en su gloria (la visión beatífica); (3) haber hablado en lenguas; (4) haber hecho un voto monástico y vivido de acuerdo con una regla monástica; (5) ayunar con frecuencia y practicar diversas formas de mortificación de la carne; (6) practicar el celibato; (7) renunciar por completo al consumo de la carne y bebidas alcohólicas; (8) haber danzado en el espíritu o manifestado otra forma de éxtasis; (9) tener parte en una procesión o peregrinación; (10) rezar diariamente el rosario o cualquier otra oración especial; (11) haber alcanzado la perfección (santificación total); (12) llevar el velo; (13) pertenecer a cualquier estado, reino terrenal, raza, casta, movimiento político o institución eclesiástica terrenal. Muchas de estas cosas pueden, por sí mismas, ser buenas o provechosas para el creyente. Se vuelven problemáticas, sin embargo, cuando se las exige para recibir el perdón de los pecados y el don del Espíritu Santo, o sea, una exigencia necesaria para complementar el sacrificio de Cristo.

1:7 No que haya otro evangelio, sino que hay algunos que los perturban y quieren pervertir el evangelio de Cristo.

A fin de evitar todo malentendido, Pablo les asegura a sus lectores que en realidad no hay otro evangelio. El evangelio es uno solo, tal como se afirma también en Efesios 4:4-6: "...un Señor, una fe, un bautismo, y un Dios y Padre de todos." Lo que muchas veces se hace pasar por evangelio es en realidad una forma de la ley disfrazada de evangelio. Cuando se proclama una salvación que se obtiene por medio de las obras de justicia realizadas por el ser humano o por el cumplimiento de ciertos ritos y ceremonias, se proclama una perversión del evangelio y no las buenas nuevas. Los que anunciaban este falso evangelio entre los gálatas, invitaban, en efecto, a los creyentes a confiar en lo que ellos mismos hacían y no en lo que sufrió Cristo en la cruz.

Pablo no identifica, con nombre y apellido, a los que están causando los problemas entre los gálatas. Habla solamente de algunos que perturban y quieren pervertir el evangelio de Cristo. La palabra griega empleada por el apóstol es ταράσσοντσες̂, que se traduce como <u>perturban</u> (perturbando: RVR; BJ; Dhh), <u>causando confusión</u> (NVI), <u>turbando</u> (BP). El término se emplea con frecuencia para describir un mar agitado por el viento y las olas embravecidas. Así podemos describir a los intrusos de Galacia, como agitadores (Dunn 1993:43). Al emplear un derivado del verbo ταράσσω el apóstol compara a los maestros intrusos con ciertos individuos que en el AT perturbaron al pueblo de Dios y trajeron sobre sí mismos el anatema divino. Uno de ellos fue Acán hijo de Carmi, quien en la ocupación de la ciudad de Jericó tomó para sí dinero, un manto y un lingote de oro, pese a que Josué había prohibido a los israelitas tomar de lo que había sido destinado a la destrucción. Antes de apedrear a Acán, Josué le dijo: "¿Por qué nos has traído confusión? ¡Que el Señor te confunda en este día!" (Josué 7:25). Recordemos que el pecado de Acán trajo desgracia sobre todo el pueblo, pues por su culpa los israelitas sufrieron una derrota al intentar tomar la ciudad de Hai. De igual manera, los que con sus enseñanzas perturbaban a los gálatas atraían sobre sí y sobre toda la congregación el anatema de Dios.

Acán no fue la única persona en el AT calificada como alguien que perturba a Israel. El verbo perturbar resalta en el notorio encuentro entre el rey Ajab y el profeta Elías en 1 Reyes 18:17-18: "Cuando lo vio, dijo: '¿Qué, no eres tú el que anda perturbando a Israel?' Y Elías le respondió: 'Yo no ando perturbando a Israel. Lo perturban tú y la familia de tu padre, al apartarse de los mandamientos del Señor y seguir a las imágenes de Baal'". Los que perturban al pueblo de Dios son los que tratan de apartar a los creyentes del Señor para ir a servir a dioses ajenos. Las palabras del apóstol en los versículos 6 a 10 nos indican que los maestros intrusos incitan al pueblo de Dios a la idolatría al llamarlo a seguir un evangelio que no es un mensaje de salvación centrado en el Cristo crucificado, sino en lo que hace el ser humano. El rechazo de las buenas nuevas proclamadas por Pablo es, en realidad, la negación de la fe de Jesucristo, porque Cristo es el centro y el contenido del evangelio. Al emplear la frase evangelio de Cristo, el apóstol pone de relieve que Jesucristo es el evangelio, las buenas nuevas en persona. Cuando se proclama el evangelio de Jesucristo, él mismo, está presente en el mensaje que se proclama (Bring 1961:31). Cuando se proclaman las buenas nuevas, es Jesucristo quien convida a todos a venir y recibir el perdón de los pecados y el don del Espíritu Santo.

1:8 Pero si aun nosotros, o un ángel del cielo, les anuncia otro evangelio diferente del que les hemos anunciado, quede bajo maldición.

Llama la atención la mención de un ángel del cielo que anuncie un evangelio diferente. ¿Será que los maestros que llegaron a Galacia con nuevas y extrañas enseñanzas, dijeron a los gálatas que las habían recibido mediante visiones angelicales? Ya hemos mencionado que el presente eón malo del cual Cristo vino a librarnos, está bajo el dominio de ángeles caídos. Al seguir un evangelio diferente, los gálatas corren el peligro de volver a quedar esclavizados por los poderes ocultos.

La voz griega anatema (quede bajo maldición) [ανάθεμα] proviene del hebreo; pero la idea que la palabra representa era bien conocida por todos los habitantes del mundo antiguo. La palabra anatema tiene que ver con algo o alguien que se separa de lo común y lo ordinario y se lo pone delante de Dios. Un anatema es algo dedicado, consagrado y entregado a Dios, sea para su servicio o para ser totalmente destruido. En Lucas 21:5 se usa la palabra anatema para designar las ofrendas votivas dedicadas a Dios en el templo. En todos los demás textos del NT se la emplea para designar el objeto de una maldición, algo que se entrega a la ira divina para ser destruido, así como un criminal se entrega a la justicia para ser ejecutado.

Como vimos del libro de Josué, Dios había decretado la destrucción total de la ciudad de Jericó. Todo tenía que ser destruido, los israelitas no debían tomar nada del botín para sí mismos. Sin embargo, como ya se mencionó, un tal Acán, hijo de Carmi, de la tribu de Judá, tomó de lo que estaba bajo maldición (anatema) y lo escondió bajo la tierra en medio de su tienda: doscientas monedas de plata y un lingote de oro. Por codiciar y robar lo que estaba bajo maldición (anatema), y que había sido designado para ser destruido, Acán se convirtió en anatema y fue entregado para ser apedreado y quemado juntamente con todas sus pertenencias. En Romanos 9:3 Pablo declaró que estaría dispuesto a ser maldecido (ser anatema), separado de Cristo, si de esta manera fuese posible llevar a la fe en Cristo a los judíos incrédulos (Behm 1964:354-356).

Todos los que anuncian un evangelio falso, distorsionado o incompleto, sean hombres, apóstoles o ángeles, son tan culpables como Acán y merecen una condena igualmente severa. Con esta advertencia el apóstol subraya la gravedad de adulterar las buenas nuevas; porque quienes lo hacen quedan bajo una doble maldición. Los historiadores y arqueólogos que han hecho investigaciones, y además excavaciones, en el antiguo territorio de los gálatas, hablan del tremendo miedo que los antiguos gálatas y frigios le tenían a las maldiciones, y de cómo procuraban protegerse de éstas, especialmente de maldiciones proferidas por seres divinos. Hablaremos más de esto en nuestra discusión de Gálatas 3:1; 3:10 y 3:13.

1:9 Como antes lo hemos dicho, también ahora lo repito: Si alguno les predica un evangelio diferente del que han recibido, quede bajo maldición.

La repetición de la maldición sirve como una actualización de la primera, proferida en el versículo anterior. Aparentemente, en una de sus visitas a Galacia o en un escrito anterior, Pablo había pronunciado una maldición sobre cualquiera que anunciara un evangelio falso. Puesto que ahora habían llegado unos intrusos que trataban de inducir a los gálatas a recibir un evangelio adulterado, el apóstol hace constar que su imprecación es para ellos. No es la única vez que el apóstol Pablo pronuncia una maldición en una de sus cartas. Al final de su primera Carta a los Corintios (16:22) encontramos las siguientes palabras: "Si alguno no ama al Señor, quede bajo maldición. ¡El Señor viene! (*maran-ata*)". Debemos tener en cuenta que los anatemas del apóstol, tanto en Gálatas como en 1 Corintios, no tienen como motivación un espíritu de odio, celos o venganza, sino el profundo amor del apóstol, tanto para Cristo como para sus lectores y oyentes. Quien verdaderamente ama a su prójimo empleará, a veces, palabras bien duras para despertar a un hermano del sueño espiritual en el que está sumido, con la intención de llamarle la atención respecto al tremendo peligro en que se encuentra. Para salvar a una persona de la condenación eterna, es preciso restaurarle no sólo con un espíritu de mansedumbre, como el apóstol nos aconseja en Gálatas 6:1, sino también con palabras directas y duras. En la carta de Judas (22-23) leemos: "A otros, arrebátenlos del fuego."

Hay quienes han visto en Gálatas 1:7-9 una alusión al texto clásico del AT sobre la maldición, (Dt 13:13-14), en que se pronuncia una maldición sobre los que instigan a los israelitas a apartarse del Señor para ir en pos de dioses ajenos. En el pasaje de Deuteronomio, los que instigan a los israelitas a apostatar deben ser matados a filo de espada. En los tiempos rabínicos se sustituyó la sentencia de muerte a filo de espada por exclusión de la sinagoga (Ciampa 1998:83). De manera que es posible que Pablo pida aquí que los maestros judaizantes sean excomulgados.

Así como Pablo pronunció una maldición sobre los que proclamaban a los gálatas un evangelio distorsionado, en su primer comentario sobre la epístola (1519) también Lutero invoca el mismo anatema sobre los que en su día publicaban decretos y doctrinas papales, que instigaban a la gente a ganarse el favor de Dios mediante los méritos de los seres humanos (1964:178) y no los de Cristo. En su segundo comentario (1535) el Reformador invoca la imprecación, anatema y excomunión del apóstol sobre todos los maestros que confunden la ley con las buenas nuevas, o ponen lo que enseña la iglesia y sus guías, por encima de lo que proclaman las Escrituras (2009:26-27).

1:10 ¿Busco acaso el favor de la gente, o el favor de Dios? ¿O trato acaso de agradar a la gente? ¡Si todavía buscara yo agradar a la gente, no sería siervo de Cristo!

Llamar adulador (ἀρέσκω) o uno que procura agradar a los hombres, era considerado un término despectivo por los contemporáneos del apóstol Pablo. Fue un término utilizado por los filósofos para denigrar a los demagogos, sofistas, hipócritas, y políticos populistas. Si los antagonistas de Pablo en Galacia acusaron al apóstol de ser adulador, no lo sabemos. Según muchos comentaristas, los maestros judaizantes contaron a los gálatas que Pablo realmente no estaba convencido de la necesidad de la circuncisión para los nuevos conversos gentiles, y que antes lo había practicado, pero después no actuó de acuerdo con sus convicciones. Durante su tiempo entre los gálatas dejó de insistir acerca de la circuncisión de los nuevos conversos paganos, no por convicción, sino para agradar a los hombres. Se convirtió en adulador para agradar a los gentiles y procurar que no fuera tan difícil su transición del paganismo a la familia de Dios. De esta manera, según los maestros judaizantes, Pablo anunciaba un evangelio parcial, incompleto, mocho, y no el evangelio completo, porque no enseñó nada acerca de la necesidad de la circuncisión. Para refutar el argumento, Pablo declara enfáticamente que no actuó para agradar a los hombres sino a Cristo, de quien es siervo (Longenecker 1990:18).

Si observamos atentamente el argumento del apóstol en los primeros dos capítulos, veremos que al hablar de adulación, Pablo en realidad emite una indirecta en contra de sus enemigos, quienes predican un evangelio diferente para evitar la persecución. En 2:11-17 leemos que Simón Pedro, a fin de no entrar en conflicto con los emisarios de Santiago que habían llegado de Jerusalén, dejó de comer con los creyentes gentiles de Antioquía, aunque antes sí comió. Tal proceder sí fue considerado por Pablo un caso de hipocresía, o sea, actuar en contra de las propias convicciones con el fin de agradar a los hombres. Al no anunciar un evangelio libre de los requisitos ceremoniales de la ley de Moisés, fueron en realidad los nuevos maestros judaizantes quienes proclamaron un evangelio incompleto, un evangelio diferente (Dodd 1996:90-104).

Llama la atención que Pablo dice de sí mismo ser esclavo (δοῦλος) de Cristo. La cuestión de la esclavitud y la libertad es uno de los temas más importantes tratados por el apóstol en su Carta a los Gálatas, especialmente en los capítulos 3 a 5. Para entender los argumentos en torno a la esclavitud y la libertad en Gálatas, tenemos que tener en cuenta que hay tres maneras diferentes de estudiar el uso de la metáfora de la esclavitud en esta carta. <u>En primer lugar</u>, la esclavitud puede entenderse negativamente, como un símbolo del dominio que ejercen los poderes del pecado, la muerte, la ley, y las fuerzas ocultas sobre los seres humanos. Los convierten así en sus títeres, cegando sus ojos a la verdad e induciéndolos a adorar dioses falsos y a toda clase de acciones antisociales. <u>En segundo lugar</u>, la esclavitud puede entenderse como una metáfora de la salvación en Cristo. Se da cuando el ser humano deja de ser esclavo de un dueño malévolo y cruel y pasa a ser el esclavo de un amo justo, amoroso, y misericordioso. Al ser comprado por la sangre de Cristo, el creyente deja de ser esclavo del pecado, la muerte, y el diablo, y llega a ser esclavo de Cristo. Más adelante hablaremos extensamente de este uso de la metáfora. <u>En tercer lugar</u>, la esclavitud puede entenderse como una designación de liderazgo. Es la función que cumple la metáfora en Gálatas 1:10. Al llamarse un esclavo de Cristo, Pablo quiere enfatizar su independencia del control de otros seres humanos. Siendo que es un esclavo de Cristo, el apóstol vive, no para servirse a sí mismo, ni a los hombres, sino tan sólo al amoroso amo que lo rescató. Como los profetas del AT (mis esclavos [siervos] los profetas), Pablo lleva a cabo su ministerio con la autoridad y el poder que le fueron otorgados por su amo; actúa como agente y representante de Cristo. En el mundo antiguo, no a todos los esclavos se los consideraba seres despreciables y miserables sin derechos y sin autoridad. Algunos gozaron de gran autoridad, como José cuando sirvió de mayordomo en la casa de Potifar. Ser esclavo de un rey o emperador poderoso, pero benigno, se consideraba una posición de considerable importancia y prestigio. Pablo insiste aquí que en ningún momento se considera como alguien subordinado a la autoridad de los maestros judaizantes llegados a Galacia, o de cualquier otra persona que se considere a sí misma una autoridad en asuntos de fe.

El apóstol no es un esclavo de los hombres, sino de Cristo. El evangelio que proclama es el evangelio de Cristo y, por lo tanto, no se cambia o modifica para agradar a los hombres o ganarse su favor (Martin 1990:51-52). En tal sentido todos nosotros somos esclavos de Cristo, como se asevera en 1 Tesalonicenses 1:9, donde leemos que todos fuimos convertidos y nos apartamos de los ídolos y nos volvimos al Dios vivo y verdadero, para servirlo. En el contexto de los cultos celebrados por los gálatas antes de la llegada del evangelio a Galacia, muchos de los habitantes de Anatolia se convirtieron en esclavos de la Gran Madre de Anatolia, mediante ritos sumamente sangrientos y extravagantes. De esta manera, quedaron esclavizados a los elementos de este mundo y a ídolos que no son dioses.

1:11 Pero les hago saber, hermanos que el evangelio anunciado por mí no sigue criterios humanos,

Aquí hay que tener en cuenta que el apóstol se dirige a sus lectores/oyentes como hermanos, lo que indica que no los considera perdidos irremediablemente. Su propósito al escribirles es el de afirmarlos en el evangelio que él recibió de Cristo.

Cuando el joven Saulo de Tarso comenzó sus estudios rabínicos en Jerusalén, tuvo que aprender las tradiciones orales de los fariseos de su maestro Gamaliel. Gamaliel, por su parte, había recibido las mismas tradiciones de su maestro, el gran Hillel de Babilonia. Hillel había recibido sus enseñanzas de toda una cadena de maestros, sabios y escribas que se remontaban, según se creía, hasta Moisés. Las enseñanzas eran conocidas como la ley oral o las tradiciones de los ancianos (Mc 7:3, 8). Más tarde se las recopiló y preservó en un libro conocido como la Mishná, publicado por el afamado líder rabínico Judas el Patriarca, por el año 200 dC. Los fariseos solían censurar a Jesús y sus discípulos por no conducirse conforme a la tradición de los ancianos. Jesús, por su parte, rechazó estas tradiciones como elucubraciones de los hombres: "No tiene sentido que me honren, si sus enseñanzas son mandamientos humanos" (Mc 7:7). Al afirmar que el evangelio que anunciaba no seguía criterios humanos, Pablo quiere destacar el origen divino de las buenas nuevas. Siendo que el evangelio no surge de la iniciativa de sínodo, conferencia, seminario o concilio alguno convocado por hombres, sino que es revelación de Dios, no puede ni debe ser alterado, modificado, adulterado, cambiado o anulado por ningún ser humano. Ningún apóstol, misionero o maestro tiene autoridad sobre las buenas nuevas; más bien todo maestro verdadero es, como Pablo, un siervo o esclavo del evangelio. Es la Palabra la que ejerce autoridad sobre el predicador de la Palabra (Gerhardsson 1998:268).

NOTA RESPECTO A LA ESTRUCTURA

Como indicamos más arriba, para Betz y sus seguidores, con este pasaje concluye el *exordium* o introducción de la carta (Gl 1:6-11). Con Gálatas 1:12 comienza la *narratio,* o sea, la parte del discurso del apóstol en que se presentan los datos más importantes del caso en discusión entre Pablo y sus acusadores. La narración termina con Gálatas 2:14.

1:12 pues yo no lo recibí ni lo aprendí de nadie, sino que Jesucristo me lo reveló.

La afirmación Jesucristo me lo reveló puede entenderse de dos maneras distintas. Puede significar la revelación acerca de Jesucristo, o la revelación que se recibe de parte de Jesucristo. Siendo que el apóstol señala un contraste entre una revelación de procedencia humana y la revelación que él recibió, es, según Gordon Fee, más lógico entender la frase en términos de una revelación que procede de Jesucristo y dada al apóstol. En otras palabras, a Jesucristo se lo designa como el revelador (Longenecker 1990:24; Flor 2009:39). Siendo que en el AT se designa al Padre como la fuente de toda revelación, tenemos aquí otro caso en que un atributo del Padre se asigna a Cristo, una patente identificación entre el Padre y el Hijo. Además, debe señalarse que, si bien Cristo es la fuente de la revelación, constituye también el contenido de la revelación. El revelador es a la vez la revelación (Fee 2007:228-229; Schlier 1975:59). Según el relato de Mateo 16:17-19, Jesús le dijo a Simón Pedro que su confesión de fe se basó en una revelación directa del cielo, "porque no te lo reveló ningún mortal, sino mi Padre que está en los cielos". Al declarar Pablo que recibió su revelación del evangelio directamente de Cristo, afirma que su apostolado es de origen divino, igual que el apostolado del más eminente de los Doce (Hengel 2010:16). Muchos creen que Pablo insiste en haber recibido su revelación directamente de Cristo, igual que los otros apóstoles, porque los maestros judaizantes afirmaban que él había recibido la tradición que proclamaba de los apóstoles de Jerusalén, pero que no la enseñaba correctamente.

De acuerdo con otro erudito, Moisés Silva, es preferible entender la frase Jesucristo me lo reveló como un genitivo objetivo, o sea, que Cristo es el contenido de la revelación suministrada por el Padre. Silva (2001:68) asevera que en las cartas de Pablo el Padre siempre es el sujeto, la fuente de la revelación, mientras que Cristo es el objeto de la revelación (1 Co 2:10, Flp 3:15 y Gl 1:16), o sea, que no se trata de una revelación que viene de Cristo, sino de una revelación acerca de Cristo o que revela a Cristo (1 Co 1:7; 2 Ts 1:7).

Sea la frase Jesucristo me lo reveló un genitivo objetivo o un genitivo subjetivo, o los dos a la vez, lo importante es que no se trata de un evangelio humano sino divino. Habiendo afirmado esto, el argumento del apóstol nos obliga ahora a formular la siguiente pregunta: Al afirmar Jesucristo me lo reveló, ¿recibió Pablo algo diferente, o algo adicional a lo que recibieron los doce apóstoles? Respondemos con un NO, pero cualificamos nuestro no con la observación de que Pablo, en su misión como apóstol a los gentiles, se vio inducido a apreciar mejor que los demás apóstoles las implicaciones de la comisión de proclamar las buenas nuevas a todas las naciones. La más importante de estas implicaciones estriba en el hecho de que desde el principio la voluntad de Dios fue la de quitar las barreras que separaban al judío y al gentil, y hacer de los dos pueblos una nueva creación, un nuevo templo en el cual morara el Espíritu de Dios. Para ser parte de este nuevo templo escatológico son innecesarias la circuncisión y las ceremonias, ritos, y ordenanzas de la ley de Moisés.

Las consecuencias o implicaciones de la revelación de Cristo para la tarea misionera del pueblo de Dios, tenía una importancia singular para el hombre que Cristo había llamado para ser el apóstol a los gentiles. Y éstas fueron, simultáneamente, la causa del choque entre Pablo y los maestros judaizantes. En Efesios 3:3-7, Romanos 16:25-26 y Colosenses 1:26-27 Pablo califica al proyecto de Dios de hacer a los gentiles coherederos y miembros del mismo cuerpo que los judíos un gran misterio, "misterio que se ha mantenido oculto desde tiempos eternos". La comisión de hacer conocer este misterio y de ponerlo en práctica se la encomendó Cristo a Pablo directamente, sin intermediario, en el camino a Damasco.

La palabra griega que se traduce como revelación en la mayoría de nuestras versiones castellanas es ἀποκαλύψεως, de la que se origina nuestra palabra apocalipsis. La idea que apoya la palabra es la de quitar el velo con el fin de hacer visible lo que estaba oculto. El verbo griego ἀποκαλψύπτως que procede de la misma raíz, quiere decir hacer visible lo invisible (de Boer 2011:78-80). De esta manera, una revelación consiste en ver lo invisible. En la transfiguración de Jesús, Pedro, Jacobo, y Juan vieron la gloria oculta de Jesús, gloria que vieron en la resurrección y que será vista en la segunda venida del Señor. Saulo de Tarso también vio la gloria apocalíptica de Jesús en el camino a Damasco; vio que el crucificado, el hombre más sufrido, era en realidad el Rey de Gloria. A la vez, a la luz de la gloria apocalíptica de Jesús, Saulo de Tarso se vio a sí mismo como en realidad era, no como un respetado fariseo, sino como el primero de los pecadores. La revelación de la gloria apocalíptica de Jesús tuvo como consecuencia el arrepentimiento de Saulo. En algunas traducciones del NT la palabra griega para arrepentimiento es cambio de actitud. En su conversión Saulo experimentó tal cambio de actitud, porque su actitud en cuanto a sí mismo y a Jesús, cambió. Romanos 1:17 declara que "en el evangelio se revela la justicia de Dios, que de principio a fin es por medio de la fe, tal como está escrito: 'El justo por la fe vivirá'". Dicho de otra manera, la justicia de Dios se hace visible en el evangelio, y es por medio de la proclamación de ese evangelio que el Espíritu Santo crea la fe en el corazón (de Boer 2011:81).

1:13 Porque ya han oído ustedes hablar de cuál era mi conducta antes, en el judaísmo, cuando perseguía y asolaba sobremanera a la iglesia de Dios.

Pablo recuerda aquí que en otro tiempo perseguía y asolaba a la iglesia de Dios (ἐκκλησίαν τοῦ Θεοῦ). Existen varias teorías que tratan de explicar porqué el apóstol utiliza la frase ἐκκλησίαν τοῦ Θεου en este pasaje y en sus otras epístolas.

LA COMUNIDAD DE LOS CREYENTES: LA IGLESIA DE DIOS

En el griego que se hablaba en tiempos del NT el sustantivo ἐκκλῆ σία podía emplearse para indicar una asamblea, una asociación, una reunión o una comunidad. Desde el quinto siglo antes de Cristo se empleó el término para designar una reunión de ciudadanos de la polis con la finalidad de tomar decisiones que afectaban su conducta ciudadana. En la Septuaginta (LXX) se emplea a veces la palabra ἐκκλησία para nombrar la asamblea del pueblo de Israel en el desierto para escuchar la Palabra del Señor. También se utiliza para designar la asamblea de los profetas (Sal 25:2) o la del pueblo de Judá (2 Cr 23:3; 30:24-25). Sin embargo, el término que más utiliza la LXX para señalar la reunión o asamblea de Israel, además del lugar de tal reunión o asamblea, es συναγωγή que se traduce como sinagoga. Algunos eruditos, como Paul Trebilco, por ejemplo, creen que fueron los helenistas, es decir los creyentes judíos de habla griega, quienes comenzaron a emplear la palabra ἐκκλησία como una designación propia de la comunidad cristiana. Según Trebilco, los helenistas no escogieron la palabra sinagoga para designar las asambleas cristianas, porque quisieron enfatizar, con la palabra ἐκκλησία, su pertenencia a un movimiento nuevo, diferente de la sinagoga judía, un movimiento más orientado hacia el futuro que al pasado. Porque con la resurrección y ascensión de Cristo había comenzado la nueva era del Espíritu Santo. La iglesia de Cristo, y no la sinagoga judía, era ahora el pueblo escatológico de Dios en la nueva era del Espíritu. Trebilco cree que los primeros cristianos decidieron no utilizar la palabra sinagoga para denominar sus asambleas, con la finalidad de evitar una identificación con las sinagogas de los judíos, esenios, y samaritanos que aún no confesaban la fe en Cristo (Trebilco 2011:440-460).

En desacuerdo con Trebilco, George van Kooten asevera que el contraste que quiso enfatizar Pablo al utilizar la frase ἐκκλησίαν τοῦ Θεοῦ era el que existe y debe existir entre las asambleas o reuniones de los cristianos y las asambleas cívicas y políticas celebradas por los gentiles en la mayoría de las ciudades del Imperio Romano. Autores de la época, como Séneca, Dio Crisóstomo, Filostrato, Apolonio de Tiana, se quejaban de las contiendas, desórdenes, rivalidades, intrigas, y facciones que caracterizaban las asambleas públicas. Se quejaban también de que con frecuencia tales asambleas se celebraban en los mismos estadios en los que el aire aún estaba impregnado de las emanaciones de la sangre derramada por los gladiadores en sus luchas a muerte. Las asambleas públicas, en vez de ser reuniones de los ciudadanos para ejercer sus derechos cívicos en una forma democrática, estaban dominadas por la gritería y las groserías de la chusma, que acostumbraba insultar y abuchear a los oradores e incluso a las autoridades municipales. Y sucedía con demasiada frecuencia. Tenemos varios ejemplos de asambleas políticas en el libro de los Hechos, por ejemplo, con la descripción del alboroto en Éfeso (19:23-41). Así, se desarrollaban las asambleas cívicas en muchas partes del imperio, pero, según Pablo, es diferente en la asamblea de Dios (ἐκκλησίαν τοῦ Θεοῦ), en que todo se debe hacer decentemente y con orden (1 Co 14:40).

Al marcar el contraste entre la asamblea política de la polis y la asamblea de Dios, Pablo no abogó en favor de un movimiento subversivo de parte de las diferentes asambleas cristianas. Porque hay autores modernos que aseveran que ésta fue la intención: socavar las instituciones del imperio. Un cristiano podía participar, al mismo tiempo, en las asambleas de Dios y las asambleas de la polis. La participación en una no militaba en contra de la participación en la otra. Al marcar las diferencias entre la asamblea de Dios y la asamblea política de la polis grecorromana, deben mencionarse simultáneamente sus semejanzas. Ambas podían celebrarse en cualquier sito: un teatro, un estadio, la plaza, un templo, o en el mercado. En ambas se prohibían los chistes, la epilepsia o la manía, o sea, hablar o actuar estando poseídos por los espíritus. Todo el mundo podía entrar tanto a las asambleas cristianas como a las cívicas, hasta las mujeres; pero normalmente sólo los hombres tenían el derecho de hablar en público. No fue así en las reuniones de la sinagoga judía, pues no se permitía la entrada a los incrédulos, rameras, e hijos de prostitutas. A fin de cuentas, el término asamblea de Dios tiene como finalidad enfatizar la diferencia entre las reuniones de la comunidad cristiana y las asambleas políticas de la ciudad grecorromana (van Kooten 2012:522-548).

PABLO, PERSEGUIDOR DE LA IGLESIA

En el relato de Hechos 7:58 se menciona la participación de Saulo de Tarso en la lapidación del primer mártir cristiano. Los que apedrearon a Esteban le pidieron a Saulo que guardara sus ropas durante la lapidación. Los asesinos de Esteban eran miembros de una sinagoga de habla griega de Jerusalén. Estaba formada por judíos de la diáspora que venían de Cirene, Alejandría, y Cilicia. El hecho de que Tarso, la ciudad natal de Saulo, fuera la ciudad principal de la provincia romana de Cilicia, indica que probablemente éste asistía a la misma sinagoga, y que estuvo presente cuando Esteban dio su testimonio y fue acusado de hablar en contra del templo y la ley de Moisés. Esto explicaría por qué los asesinos de Esteban entregaron sus ropas a Saulo para cuidarlas: Saulo era su amigo y miembro de la misma sinagoga a la cual ellos pertenecían. Hechos 6:9 dice que la sinagoga se llamaba la de los libertos, o sea, la sinagoga de judíos, como Pablo, que nacieron ciudadanos romanos libres. Sus padres o abuelos habían sido esclavos judíos, emancipados por sus amos romanos. El estudioso Peter van Minnen cree que los antepasados de estos judíos fueron hombres esclavizados por el general romano Pompeyo, cuando conquistó Jerusalén en el año 63 aC, y que después los envió a lugares como Alejandría, Antioquía de Siria, y Tarso de Cilicia (1994:51).

En su defensa ante el rey Agripa y el gobernador Festo, Pablo habló también de sus procedimientos como perseguidor de la iglesia: "Con la autoridad que me dieron los principales sacerdotes, puse en la cárcel a muchos de esos santos, y hasta llegué a aprobar su muerte. En las sinagogas, muchas veces los castigué y los forcé a blasfemar. Tan furioso estaba yo contra ellos, que los perseguí aun en las ciudades extranjeras" (Hch 26:10-11).

¿Por qué menciona el apóstol aquí el hecho de que fue enemigo de la iglesia antes de su llamamiento a anunciar el evangelio? A lo mejor, recordar su historia como perseguidor de los cristianos fue algo que le daba mucha pena y vergüenza. El propósito de Pablo al narrarlo fue mostrar a los gálatas la imposibilidad de que hubiera aprendido el evangelio de la iglesia primitiva de Jerusalén, Damasco u otra ciudad, pues los miembros del movimiento cristiano le temían y procuraban huir de su presencia, ya que querían evitar todo contacto con su enemigo declarado. Además, como fariseo celoso de la Tora y las tradiciones de los ancianos, Saulo de Tarso se hubiera pasado el tiempo estudiando las Escrituras y las interpretaciones de los escribas, y no las enseñanzas de Jesús de Nazaret.

La segunda razón para incluir este testimonio en su Carta a los Gálatas fue para enfatizar que el llamamiento que recibió no dependía de ninguna cualidad admirable en él. No se debe atribuir el llamamiento a algo que hubo en Pablo; todo fue por gracia. Es una de las características del ágape de Dios, tan discutido en 1 Corintios; es un amor no merecido. De esta manera, el apóstol les recuerda a los gálatas que el Dios que los había llamado lo había hecho por su gran misericordia, porque él es Dios que envió a su Hijo para buscar y salvar lo que se había perdido.

En tercer lugar, los agitadores judaizantes que se acercaron a los gálatas eran personas que se jactaban de su celo por la ley. Pablo les recuerda a los gálatas que él fue una persona mucho más celosa por la ley que los nuevos maestros. Como fariseo que había estudiado con el gran Gamaliel, Saulo de Tarso sabía mucho más que ellos acerca de esa ley y las técnicas que empleaban los escribas para interpretarla. Sin embargo, lo abandonó todo y llegó a considerarlo basura porque le fue revelado un camino mejor. No es que estuviera descontento con el camino de la ley y por tanto buscaba otro. No fue Pablo quien buscó a Cristo, sino que el evangelio le fue revelado. La revelación que tuvo Saulo de Tarso en el camino de Damasco fue una inclusión del futuro en el presente, del eón venidero en este siglo perverso y rebelde. Fue a la vez un acto del Dios creador que crea de la nada por medio de su Palabra. En el principio no había nada. Todo estaba desordenado y vacío, y así estaban las cosas con Pablo. Pero el Señor de la vida pronunció su Palabra, la que lleva en sí el poder para engendrar la fe y la nueva vida. Así Saulo, quien en su rebeldía era menos que nada, llegó a ser una nueva creación en Cristo por medio de la Palabra; y esta Palabra no fue la ley sino el evangelio.

Al hablar el apóstol de su diligencia como perseguidor de la iglesia, emplea dos verbos imperfectos que denotan acciones que comenzaron en el pasado y que estaban en proceso de realizarse, pero no lograron su realización debido a la intervención de Dios (Silva 2001:71). Según el texto que estamos estudiando, Saulo de Tarso no sólo perseguía a la iglesia, la perseguía sobremanera. El vocablo griego traducido sobremanera, es ὑπερβολὴν, originario de nuestra palabra hipérbole. La palabra ὑπερβολὴν se forma de dos palabras griegas. Una es el verbo que significa tirar y la otra es la preposición que indica más allá. En combinación con el verbo perseguir, ὑπερβολὴν quiere decir exceder, sobrepasar, ir al extremo (Bailey 2011:357). Se da a entender entonces que Saulo no sólo perseguía a la iglesia, sino que lo hizo con fanatismo.

1:14 En el judaísmo, yo aventajaba en mi nación a muchos de mis contemporáneos, y era mucho más celoso de las tradiciones de mis padres.

El hecho de que Pablo había sobrepasado a sus compatriotas contemporáneos en el estudio de la ley de Moisés y en su celo por perseguir a la iglesia, tuvo el efecto de levantar una gran barrera entre él y los apóstoles y los demás líderes de la secta de los nazarenos. Debido a ello, Saulo de Tarso no tuvo la oportunidad de aprender el evangelio sentado a los pies de los apóstoles, del modo en que aprendió la ley de Moisés a los pies de Gamaliel en Jerusalén. Al decir esto, quiere enfatizar que aprendió el evangelio directamente de Jesucristo.

Aquí, en Filipenses 3:4-6, y 2 Corintios 11:22-33, Pablo brinda más información acerca de su vida antes de su conversión. Sabemos que el apóstol había nacido en Tarso de Cilicia (Hch 21:39 y 22:3), una ciudad famosa por sus escuelas de filosofía, retórica, y medicina. De joven, Pablo se mudó a la ciudad de Jerusalén, donde recibió su educación. En su comentario sobre la Epístola a los Filipenses, Jerónimo menciona que los padres de Pablo nacieron in Gischala (Gush Halav), un pueblo al norte de Galilea, donde había una fortaleza formidable para defender la frontera entre Tiro y Galilea. Cuando Gischala, la fortaleza y los alrededores fueron devastados por los romanos, sus padres –según Jerónimo– fueron trasladados a Tarso. Años más tarde, la fortaleza fue reconstruida por Juan de Gischala, uno de los más destacados líderes del movimiento zelote y de la revuelta en contra de Roma.

El hecho de que el pueblo de Gischala fuera uno de centros del movimiento zelote y que Pablo se identifica como "mucho más celoso de las tradiciones de mis padres", motivó a algunos investigadores a sugerir que antes de su conversión Saulo de Tarso podría ser considerado un seguidor de la Cuarta Filosofía. El término lo acuñó el historiador Josefo para designar a los zelotes. De los escritos de historiadores como Josefo, nos enteramos que los zelotes estaban preparados para usar la violencia en contra de los judíos que habían comprometido su fe y las tradiciones de los padres al establecer alianzas con los gentiles. Los zelotes procuraban imitar el ejemplo de Elías, quien mató a los 400 profetas de Baal, y también el ejemplo de Finees, el hijo de Eleazar, quien después del incidente de Baal Pegor (Nm 25) se levantó y dio muerte a los culpables de idolatría y fornicación. Matatías y sus hijos, conocidos como los Macabeos, también se hicieron célebres por su celo por la ley y las tradiciones del judaísmo. La revuelta de los Macabeos comenzó cuando el sacerdote Matatías mató a un judío que estaba por ofrecer un sacrificio idólatra e ilegítimo en Modín, el pueblo ancestral de Matatías (1 Mac 2:23-25). Schreiner cree que al iniciar la persecución contra los cristianos, Saulo de Tarso se consideraba a sí mismo como un nuevo Finees, Elías o Matatías (2010:100). Calvino comenta que el mismo afán de perseguir y hasta matar en el nombre de Dios a los que se consideraba herejes, podía observarse entre los papistas de su tiempo (2005:20).

Con la calificación de Saulo de Tarso como partidario de los zelotes, historiadores como J. B. Lightfoot y Mark Fairchild intentaron explicar el celo con el que Saulo persiguió a los seguidores de Jesús después de la muerte de Esteban, y además explicar la furia con la que el apóstol fue perseguido como traidor al movimiento después de su conversión (Fairchild 1999:514-532). Contrapuesto a la hipótesis de Fairchild se podría mencionar el hecho de que Pablo se identifica también como exalumno y discípulo del gran rabino Gamaliel. Sabemos que Gamaliel no fue partidario de ningún movimiento subversivo, pues en Hechos 5:34-39 sus palabras revelan su desaprobación de los movimientos revolucionarios y sus líderes. Por lo demás, Pablo demuestra, en varios pasajes de sus escritos, su orgullo de ser ciudadano romano por nacimiento. Una lectura cuidadosa de sus cartas y de los relatos acerca de Pablo en el libro de los Hechos, nos revela que un porcentaje sumamente alto de sus amigos y compañeros en el ministerio fueron también ciudadanos romanos o personas con nombres romanos. Es mejor interpretar ζηλωτής no como zelote, sino como un observador fervoroso de la Tora (Longenecker 1990:30).

En la Carta a los Gálatas se observan unas cuantas referencias que provienen del campo semántico de los celos (ζῆλος) (principalmente 4:17-18). El verbo ζηλοῦσθαι se traduce emular, tener envidia, o enamorar (Lappenga 2012:776). Aristóteles calificaba el celo como una emoción positiva cuando tenía como objeto algo bueno, como la virtud, el honor, el poder o la valentía. Hay que emular las vidas y las virtudes de personas nobles y no de personas deshonestas, viles, débiles, y despreciables. Así, el valor del celo se define por su objeto. Los celos llegan a causar problemas cuando apuntan a fines innobles. En su Carta a los Gálatas el apóstol procura redefinir el concepto de cuál debe ser el fin de los celos. Al hablar del tiempo antes de su conversión, se autodefine como un zelote que procuraba honor y renombre entre los poderosos dirigentes de su pueblo, al perseguir a los despreciables seguidores de un hereje y falso profeta. Todo terminó en el camino a Damasco, en que los ojos de Saulo de Tarso fueron abiertos para ver que los verdaderos celos que agradan a Dios son los que tienen por objeto a las personas y las cosas consideradas por el mundo débiles y despreciables, a saber, los pobres, los oprimidos, y los esclavos, pero sobre todo al Cristo crucificado y su cruz.

1:15 Pero Dios me apartó desde el vientre de mi madre y me llamó por su gracia, y cuando a él le agradó

Al igual que el profeta Jeremías, el Siervo Sufriente (Isaías 49:5), y Juan el Bautista, Dios escogió a Pablo antes de su nacimiento para llevar a cabo una misión muy especial de acuerdo con el plan secreto de Dios. Como fue el caso de Isaías y Moisés, Pablo también recibió su llamamiento por medio de una manifestación o epifanía de la gloria de Dios. Isaías vio la *shekinah*, la gloria de Dios, en el templo de Jerusalén (Isaías 6:1-6), mientras que Moisés vio la gloria de Dios en la zarza ardiente (Ex 3:1-6). Pero Saulo de Tarso vio la gloria del Cristo resucitado en el camino a Damasco (Hch 9:3) cuando recibió su llamamiento para ser apóstol a las naciones. La manifestación visible de la gloria de Cristo fue como una autorización divina de su llamamiento. Al igual que el Siervo del Señor en la segunda parte del libro de Isaías, Pablo recibió el llamamiento de proclamar la luz a los gentiles.

La designación <u>Siervo del Señor</u> se aplica, en el libro de Isaías, a varias personas o entidades, incluyendo el pueblo de Isráel, Ciro el Grande (Is 45), los profetas, y un siervo individual que es entregado por los pecados de su pueblo (Is 53). Desde la perspectiva del NT, Jesucristo es reconocido por los autores sagrados como el <u>Siervo definitivo del Señor</u>, el que vino a cumplir con la misión que los otros siervos del Señor cumplieron sólo en parte, pues ningún ser humano era capaz de llevar nuestras enfermedades, sufrir nuestros dolores y cargar con el pecado de todos nosotros (Is 53:5-8). Según Isaías, la misión del Siervo del Señor no fue solamente la de redimir a su pueblo, sino también la de llevar el mensaje o evangelio de salvación a los gentiles. En una monografía escrita en 2010, Matthew Harmon presentó una serie de argumentos bien elaborados para demostrar que por medio de Pablo, Cristo llevaba a cabo su misión de ser luz para los gentiles. El llamamiento que recibió Pablo fue ser el siervo del Siervo del Señor en la proclamación del evangelio a las naciones. Según Harmon, es el motivo por el que Pablo se designa a sí mismo siervo o esclavo de Cristo (2010:75-76).

El llamamiento que recibió Pablo fue, como afirma él mismo, por gracia. No correspondía a su ordenación como rabino o a su estatus como fariseo o alumno de uno de los más renombrados maestros de Jerusalén. No correspondía tampoco a la ley de karma o a su horóscopo. No tuvo nada que ver con la piedad de sus padres o antepasados, o algo en sus genes, sino que tuvo que ver con el agrado y el amor de Dios. La expresión cuando a él le agradó indica que la decisión de Dios de llamar a Pablo fue tomada sin tomar en consideración los méritos o faltas de Pablo o de sus antepasados. Ningún ser humano participó en la decisión, o fue el consejero de Dios. Fue un acto "libre, independiente e incompresible de Dios" (Lenkersdorf 1960:21). El llamamiento o predestinación de Pablo tuvo que ver con una misión especial. El llamamiento es para servicio, para poner por obra un ministerio. En otras palabras, la predestinación de la cual habla el apóstol no es para la salvación o la reprobación, sino para un ministerio especial. El verbo que se traduce agradó se encuentra también en 1 Corintios 1:21, en que el apóstol declara que "Dios... dispuso salvar a los creyentes por la locura de la predicación". Por lo tanto, la salvación tanto de Pablo como de los miembros de las comunidades por él organizadas, depende por completo de la buena voluntad de Dios y no de las cualidades de los seres humanos.

Antes de su conversión Saulo de Tarso se enorgullecía de su estatus o vocación como fariseo, es decir, de uno que había sido separado de la gente común, la gentuza que daba poca importancia al estudio y al cumplimiento de la ley. La mayoría de los lingüistas están de acuerdo con que la raíz de la cual deriva la palabra fariseo tiene que ver con la acción de separar. Literalmente, los fariseos son los separados o los que han sido separados. Pero ahora, después de su conversión, Pablo comprende que por pura gracia Dios lo había separado para proclamar, no la ley de Moisés, sino las buenas nuevas de Jesucristo (Riches 2008:93). Siendo fariseo, Pablo se sintió llamado a mantenerse separado de los pecadores y gentiles. Ahora, después de su conversión, se siente llamado a ser el apóstol a los gentiles.

1:16 revelar a su Hijo en mí para que yo lo anunciara entre los no judíos, no me apresuré a consultar a nadie,

Es significativo notar que, según el apóstol, el Hijo no fue revelado a Pablo sino en Pablo. Dicho de otra manera, lo que impresionó a sus contemporáneos no fueron solamente las palabras de Pablo, sino la transformación obrada en él por medio de Cristo. La conversión tan radical de quien había sido el mayor enemigo de la nueva fe, convenció a sus conocidos de que Pablo había sido llamado y comisionado como apóstol por Cristo mismo, y no por uno de sus apóstoles, los que al principio le tuvieron mucho miedo. Después de su conversión, Pablo no buscó la compañía de los apóstoles para aprender de ellos más a fondo el evangelio de Cristo. Más bien, obedeciendo la dirección del Espíritu, se fue a Arabia. En realidad, la revelación de Cristo en Pablo constituyó un evento de suma importancia en el proceso de la historia de la salvación, pues el apóstol dice que el propósito de su llamamiento fue la evangelización de las naciones. Recordamos que Jesús profetizó en Mateo 24:14 que la evangelización de las naciones sería una de las señales escatológicas que tenía que ocurrir antes del fin.

La misión de predicar las buenas nuevas a los gentiles es, según Isaías 49:6, parte de la misión del Siervo del Señor: "Muy poca cosa es para mí que tú seas mi siervo, y que levantes las tribus de Jacob y restaures al remanente de Israel. Te he puesto también como luz de las naciones, para que seas mi salvación hasta los confines de la tierra." Jesucristo, el verdadero Siervo del Señor, vive ahora en Pablo (Gl 2:20), y por medio del siervo del Siervo llevará a cabo su misión de ser luz para las naciones (Harmon 2010:82-83).

La expresión consultar a nadie (carne y sangre RV 1977) da a entender que ningún ser humano le enseñó a Saulo de Tarso que el Cristo crucificado realmente es su Señor y su Mesías. La misma manera de expresarse de un ser humano la encontramos en Mateo 16:17 en que Jesús, habiendo escuchado la confesión de fe de Simón Pedro, le dice: "Bienaventurado eres, Simón, hijo de Jonás, porque no te lo reveló ningún mortal, sino mi Padre que está en los cielos." Quizá sea significativo que los dos grandes apóstoles de la iglesia primitiva, Pedro y Pablo, hicieron su confesión de fe en Jesús a base de una revelación divina, y no conforme con el estudio de la filosofía o los argumentos humanos. Pablo no dice que fue enviado a proclamar el evangelio acerca de Cristo, pero se sobrentiende que Cristo es el contenido del evangelio.

Al enfatizar Pablo que no recibió de los hombres su llamamiento de proclamar a Cristo, debe señalarse que en la mayoría de los casos los pastores, diáconos, evangelizadores, y otros líderes del pueblo de Dios, reciben su llamamiento de servir al Señor de parte de una congregación de creyentes, o sea, de los hombres. Dios puede llamar a uno a servir mediante un llamamiento directo, como fue el caso de Pablo, los doce apóstoles y muchos de los profetas del AT. Pero Dios también puede llamar a una persona indirectamente. En ambos casos se trata de un llamamiento divino y legítimo. Lo que no es legítimo es que alguien se nombre a sí mismo como pastor, profeta, apóstol o superior de una congregación. No tiene validez tampoco ante Dios y la santa iglesia cristiana, la práctica de la simonía, o sea, ofrecer dinero para comprar un oficio eclesiástico. La palabra simonía proviene de Simón Mago, el falso profeta de Samaria, que ofreció dinero a Simón Pedro a fin de que por la imposición de manos de los apóstoles recibiese el Espíritu Santo (Hch 8:14-22).

Existen casos en que una persona, como Samuel, del AT, es llamada por Dios en su juventud, pero no comienza a ejercer el ministerio público hasta que su llamamiento sea reconocido y confirmado por una congregación de creyentes. Leemos en Hechos 13:2-3 que el Espíritu Santo, hablando por medio de la congregación de Antioquía de Siria, dijo: "Apártenme a Bernabé y a Saulo, porque los he llamado para un importante trabajo. Y así, después de que todos ayunaron y oraron, les impusieron las manos y los despidieron." Así es como comenzó lo que se conoce como el primer viaje misionero de Pablo. Pablo ya había sido llamado años antes en el camino a Damasco, pero en Hechos 13 ese llamado directo de parte de Dios es reconocido por la congregación, y ratificado y confirmado mediante la imposición de manos. Debido a la gran confusión que todavía existe en muchas iglesias acerca de la ordenación y la imposición de manos, vale recalcar que la validez y autenticidad del ministerio de un pastor, profeta o misionero, no consiste en la imposición de manos, sino en el llamado directo o indirecto que haya recibido de Dios. La imposición de manos actúa como la declaración pública de una congregación de que una persona ha sido llamada legítimamente, y que se debe orar al Señor a fin de que el poder del Espíritu Santo descanse sobre dicha persona y el ministerio al cual ha sido llamado. Calvino recalca que, en tanto que los pastores por regla general son llamados indirectamente, un apóstol en el sentido estricto de la palabra, por definición, tendrá que ser llamado directamente por el Cristo resucitado (2005:13). Es lo que sucedió en el camino a Damasco, cuando Saulo de Tarso fue llamado por la gracia de Dios para ser cristiano y apóstol a las naciones.

1:17 ni subí a Jerusalén para hablar con los que eran apóstoles antes que yo; sino que fui a Arabia, y volví de nuevo a Damasco.

En ninguna parte del NT dice a qué parte de Arabia se dirigió Pablo después de su encuentro con Cristo en el camino a Damasco.

El apóstol menciona que después de su conversión pasó un tiempo en Arabia, probablemente en el reino de los nabateos, o sea, el territorio al este del Jordán, que incluía los antiguos reinos de Edom y Moab y llegaba hasta el golfo de Aqaba. Muy poco sabemos de las actividades de Pablo en la región. Durante ese tiempo el reino de Nabatea estuvo gobernado por el rey Aretas IV. Los habitantes de la región estaban constituidos en su mayoría por grupos que hablaban una forma de arameo precursor del árabe moderno. Las inscripciones encontradas por los investigadores revelan que muchos habitantes de la región también hablaban griego. Los nabateos adoraban a muchos dioses; el principal de ellos se llamaba Dusares, que llegó a ser identificado con Zeus. Los judíos creían que los nabateos eran descendientes de Nabaioth, el primero de los doce hijos de Ismael. Kypros, la madre de Herodes el Grande, fue una princesa de la familia real de Nabatea. Fasaelis, la hija de Aretas IV, fue la primera esposa de Herodes Antipas, el tetrarca de Galilea y Perea en el tiempo del NT. Cuando Herodes Antipas se divorció de Fasaelis para casarse con Herodías, Aretas IV le declaró la guerra a Herodes Antipas.

En el siglo II aC los nabateos establecieron un reino al estilo helénico en Petra. Durante el tiempo del rey Aretas III en el 63 aC, el reino de Nabatea llegó a ser un reino vasallo autónomo de Roma. Fue en la región de Arabia / Nabatea donde Pablo quiso comenzar su trabajo de evangelización entre los gentiles. Según 2 Corintios 11:32-33 el rey Aretas intentaba arrestar al apóstol por sus actividades evangelizadoras. Schnabel cree que los judíos de Damasco colaboraron con Aretas en el intento de arrestar a Pablo. A lo mejor, Pablo visitaba y predicaba en las sinagogas judías que se encontraban en las ciudades principales del reino, especialmente en las ciudades de lo que hoy en día es el Reino de Jordania, al sur de Damasco (Schnabel 2004:1032-1037). No existe evidencia histórica de congregaciones cristianas fundadas por Pablo en Arabia. Sin embargo, las actividades evangelizadoras de Pablo en la región provocaron la oposición que obligó al apóstol a regresar a Damasco, probablemente en el año 36 ó 37 dC (Thiselton 2009:21).

Según el obispo anglicano N. T. Wright, Pablo, al igual que Elías después de su encuentro con los profetas de Baal, se dirigió al monte Sinaí. Elías supuestamente fue al monte Horeb para renunciar a su llamamiento como profeta. Según Wright, en el Monte Horeb Elías aprendió que la lucha contra la idolatría se gana no tanto con la violencia, sino mediante la proclamación de la Palabra. Saulo también intentó llevar a cabo la voluntad de Dios mediante la violencia, pero fracasó. En el Sinaí renunció a su vocación de zelote, y se dedicó a cumplir con su nueva vocación de apóstol por medio de la proclamación de las buenas nuevas.

1:18 Después, pasados tres años, subí a Jerusalén para ver a Pedro, y permanecí con él quince días;

La forma literaria que consiste en narrar los viajes en primera persona singular la encontramos por primera vez en los libros de Esdras y Jeremías en el AT. Allí los protagonistas relatan sus viajes y aventuras en beneficio del pueblo de Dios (Martyn 1997:160). La función del relato de los viajes de Pablo es enfatizar que después de su conversión el experseguidor de la iglesia no tuvo contacto con los demás apóstoles ni con las iglesias de Jerusalén. Los agitadores que fueron a Galacia dijeron a los hermanos que Pablo había aprendido el evangelio como alumno de Pedro, Santiago y Juan y de los otros líderes de la iglesia en Jerusalén. Después –según los agitadores– Pablo renegó de lo que le habían enseñado. El apóstol recalca aquí que fue Jesucristo, él mismo, quién le enseñó el evangelio. En su breve visita a Jerusalén, que duró solamente 15 días, Pablo compartió con Pedro y Santiago el milagro que Dios había obrado en su vida. El apóstol no estudió teología a los pies de Pedro y Santiago, cual lo había hecho a los pies de Gamaliel. Su único maestro fue el Señor.

Pablo no relata la razón de su salida, o más bien huida, de la ciudad de Damasco. Lucas relata lo que pasó en Hechos 9:23-25: "Después de algún tiempo, los judíos se reunieron en consejo y resolvieron matarlo, así que día y noche hacían guarida a la entrada de la ciudad para matarlo. Pero Pablo se enteró de sus planes, y una noche los discípulos lo pusieron dentro de una canasta y lo bajaron por el muro de la ciudad." Según el testimonio de Pablo, hasta el gobernador de la ciudad se había confabulado con los judíos para asesinarlo. En 2 Corintios 11:32 escribe: "En Damasco, el gobernador de la provincia del rey Aretas vigilaba la ciudad de los damascenos para arrestarme, pero fui descolgado en un canasto por una ventana, y así me libré de caer en sus manos." Ambos relatos dan a entender que Saulo tuvo discípulos en Damasco, lo que indica que había estado evangelizando en la ciudad el tiempo suficiente como para formar una congregación. También indican que las actividades de Saulo en Damasco y en el reino de Nabatea habían provocado entre los judíos disturbios suficientemente serios como para dar lugar a la intervención del gobernador. Hay que entender que en el tiempo en que Pablo estuvo en el reino de Nabatea (34-36 dC), estaban tensas las relaciones entre el rey Herodes Antipas de Galilea y Aretas IV. Herodes Felipe, tetrarca de Iturea, había fallecido, y tanto Aretas IV como Antipas procuraban el modo de anexar el territorio de Felipe a sus dominios. Se hizo necesaria la intervención del emperador Tiberio y los romanos para poner fin a las mutuas acciones bélicas de ambos (Hengel 1997:130-132). Dos años más tarde Herodes Antipas (20 aC-39 dC) y Herodías fueron depuestos y exilados a Galia por el emperador Calígula. Según el historiador Josefo, más de diez mil judíos y un número aún más grande de árabes vivían en Damasco en el tiempo de Pablo. Muchos de los judíos de Damasco fueron masacrados por los otros habitantes de la ciudad durante la guerra entre Judea y Roma de los años 66-70 dC (Longenecker 1990:35).

Saulo huyó de Damasco y llegó de incógnito a Jerusalén. Su vida corría peligro, no sólo de parte de los zelotes judíos, sino también de parte de familiares de creyentes víctimas de las persecuciones de años anteriores. Con toda seguridad fue a la casa de su hermana en Jerusalén. Sabemos que allí tenía un sobrino simpatizante de la causa cristiana, y que veinte años más tarde salvó la vida del apóstol (Hch 23:16-22). Saulo llegó a Jerusalén sin haber sido invitado por Pedro o alguno de los otros apóstoles. El viaje fue de su propia iniciativa. Su propósito era llegar a conocer a Pedro personalmente como hermano en Cristo y colaborador que también había sido escogido y llamado por el Señor para proclamar las buenas nuevas. Los creyentes de Jerusalén habían oído relatos y rumores de su conversión y de su actividad en Damasco, pero muchos de ellos temían que todo no fuese sino un truco ideado para atrapar a los seguidores de Jesús. La mayoría aún le tenía miedo. En Hechos 9:26-31 Lucas relata lo que pasó cuando Saulo quiso juntarse con los discípulos en Jerusalén: "Pero todos le tenían miedo porque no creían que fuera uno de ellos. Entonces Bernabé se encargó de llevar a Saulo ante los apóstoles, y allí les contó cómo Saulo había visto al Señor en el camino, cómo había hablado con él, y con qué valor había predicado en Damasco en el nombre de Jesús." De esta manera Pedro y Santiago acordaron conversar con Saulo durante los pocos días que estuvo en la Ciudad Santa. Barclay comenta que al presentarse ante los apóstoles, Pablo tuvo el valor de enfrentar su pasado, pues "nunca nos libraremos de nuestro pasado huyendo de él, sino enfrentándolo, admitiéndolo, y venciéndolo (1984:25).

1:19 pero no vi a ningún otro apóstol, sino a Jacobo el hermano del Señor.

Lo que Pablo, Pedro, y Jacobo discutieron tuvo que ver con la obra de anunciar el evangelio a todas las naciones. ¿Quién se haría responsable de llevar el mensaje de Jesús a los judíos de la diáspora, y quién a los gentiles? Pablo debe haber contado a los otros cómo el Cristo resucitado le había encomendado particularmente a él la misión de proclamar la palabra de la cruz a los gentiles. Los apóstoles de Jerusalén, en cambio, sintieron la responsabilidad de proclamar el camino de Cristo a los miles y miles de judíos que vivían en la diáspora, alejados de Jerusalén y su templo. Gracias a los descubrimientos arqueológicos sabemos que hubo grupos de judíos que llegaron hasta Persia, India, y China. En la China de hoy todavía hay descendientes de estos judíos.

Jacobo, el que se menciona aquí, no es el hermano de Juan, ni el Jacobo de los doce apóstoles de origen, el cual fue decapitado por el rey Herodes Agripa I, sino Jacobo, uno de los cuatro hermanos de Jesús mencionados en Mateo 13:55 y Marcos 6:1-6. Este Jacobo y los otros tres hermanos de Jesús no creyeron en el Señor hasta después de su resurrección. Pablo relata en 1 Corintios 15:7: "Luego se apareció a Jacobo, después a todos los apóstoles." Lucas escribe en Hechos 1:14 que María y los hermanos de Jesús estuvieron presentes cuando Matías fue escogido para reemplazar a Judas como apóstol. Y nuevamente estuvieron presentes Jacobo y los hermanos de Jesús en Jerusalén, en el lugar en que 120 fieles reunidos ese primer día del Pentecostés cristiano fueron llenos del Espíritu Santo. Por lo que se relata en este versículo y en 1 Corintios 9:5 y 15:7, Pablo y otros de la iglesia primitiva consideraban a Jacobo (Santiago) y sus hermanos como apóstoles. La iglesia primitiva consideró a Santiago, el hermano de Jesús, autor de la Carta Universal que lleva su nombre. También identificó a Judas, otro de los cuatro hermanos de Jesús, como el autor de la Carta Universal de San Judas.

Con la muerte y dispersión de los doce apóstoles a otras partes del mundo, Jacobo el hermano de Jesús llegó a ser líder de creyentes en Jerusalén, especialmente de los que conservaban muchas de las tradiciones y ceremonias de la ley de Moisés. Lo que importa es que Jacobo, a pesar de su conservadurismo, apoyó a Pablo y su trabajo misionero entre los gentiles. Jacobo no cedió a las presiones de los miembros de la congregación que demandaban la circuncisión de Tito y de los demás creyentes gentiles. A diferencia de los otros hermanos de Jesús, nunca se casó. Por su piedad y fiel observancia de la ley, se lo conoció como Jacobo el justo. El historiador Eusebio relata que murió como mártir en el año 62 dC., cuando el sumo sacerdote saduceo Anás II, aprovechando la ausencia de un gobernador romano en Judea, mandó lapidarlo (tras la muerte de Festo y antes de la llegada de Albino). El nuevo procurador romano amenazó enjuiciar a Anás II por el asesinato de Jacobo y la persecución de otros líderes de la iglesia cristiana (Hengel 1997:225). Después de la muerte de Jacobo, los cristianos de Jerusalén escogieron a Simón, hijo de Cleofas, como nuevo líder.

En el año 2002 se encontró en una tienda de antigüedades en Jerusalén un osario muy antiguo con una inscripción que decía: "Jacobo, hijo de José, hermano de Jesús." El descubrimiento provocó gran controversia entre los arqueólogos, paleógrafos y autoridades del departamento de antigüedades del gobierno de Israel. Algunos, como Hershel Shanks, editor de la revista "*Biblical Archaeology Review*", creyeron que el osario era auténtico, y que era el lugar en el que en algún momento descansaron los huesos de Jacobo, el hermano de Jesús. Otros insistían en que se trataba de una falsificación; pero después de una investigación oficial, el juez israelí asignado a la investigación declaró sin fundamento las acusaciones de falsificación (Shanks 2012:26-33). Fotografías del "osario de Santiago" pueden verse en INTERNET.

1:20 En esto que les escribo, pueden ver delante de Dios que no miento.

El hecho de que Pablo se vio obligado a hacer un juramento asertorio y declarar ante Dios que no miente, da a entender que los agitadores judaizantes habían acusado a Pablo de mentiroso, alegando que todo lo que sabía de Cristo lo había aprendido a los pies de los apóstoles, como Pedro, Juan, y Jacobo, durante su primer viaje a Jerusalén posterior a su conversión. El juramento de Pablo indica que estaba dispuesto a defenderse ante un tribunal romano frente a la calumnia de sus detractores (Longenecker 1990:40).

1:21 Después fui a las regiones de Siria y de Cilicia,

Después de su breve vista a Jerusalén, Pablo se abocó a llevar a cabo un ministerio en las regiones de Siria y Cilicia. Ambas regiones o territorios fueron parte de la misma provincia romana en el tiempo en que se escribió la Carta a los Gálatas, o sea, la provincia de Siria-Cilicia (Schreiner 2010:111). En esta provincia se encontraban las ciudades de Antioquía de Siria y de Tarso, la ciudad natal de Saulo. Hay quienes creen que durante este período de su vida, el apóstol ayudó a plantar nuevas congregaciones cristianas en esa región. Es posible que algunas de las dificultades del apóstol mencionadas en 2 Corintios 11:23-29 se dieran durante este período de su vida, pues no se mencionan en el libro de los Hechos.

No se mencionan tampoco los nombres de las congregaciones establecidas por el apóstol, porque lo que quiere enfatizar al darnos estos datos es que su estancia en Jerusalén fue de muy corta duración. No se quedó en la Ciudad Santa estudiando con los apóstoles. Durante esos quince días Saulo no contó con el tiempo suficiente para estudiar con los apóstoles y recibir de ellos las enseñanzas básicas de la fe cristiana. Después de los quince días en Jerusalén, salió para emprender un nuevo ministerio en Cilicia. Tarso, la ciudad natal de Pablo, fue la más importante de Cilicia, y después de Antioquía de Siria, cultural y económicamente la urbe más importante de toda la provincia romana de Siria-Cilicia. Augusto César hizo mucho para promocionar la ciudad de Tarso, pueblo natal de su maestro, el estoico Atenodoro Cananita, (74 aC-7 dC). Tarso estuvo bien ubicada geográficamente, con caminos importantes que salían de la ciudad hacia el norte, el oeste, el sur y por la costa. Además, a diferencia, de Antioquía de Siria, Tarso tenía acceso al mar.

Desde la época del Imperio Persa la provincia de Cilicia ya contaba con una población considerable de judíos, de modo que la literatura rabínica habla de la presencia en Jerusalén de una sinagoga fundada por judíos de Tarso. Hay autores paganos que dicen que muchos habitantes de la región, tanto judíos como gentiles, guardaban celosamente el séptimo día como día de reposo y veneraban a los ángeles. Aparentemente, muchas de las ideas y prácticas de los judíos ejercieron su influencia sobre los habitantes originarios de la región. Así pues, había en Tarso y las otras ciudades de Cilicia, mucha tierra fértil en que sembrar la semilla del evangelio, tanto entre judíos como gentiles (Hengel 1997:158-160). Aunque Pablo no menciona el establecimiento de iglesias cristianas en Tarso y Cilicia, leemos en Hechos 15:41 que, después del Concilio Apostólico de Jerusalén (49 dC), Pablo y Silas pasaron por Siria y <u>Cilicia</u>, confirmando a las iglesias. Si las iglesias de Cilicia no fueron plantadas por Pablo durante sus 11 o 14 años en Cilicia, ¿por quién, entonces?

La declaración de Pablo en Gálatas 1:21 no se refiere por lo tanto al primer viaje misionero relatado en Hechos 13 y 14, sino al intervalo entre Hechos 9:31 y Hechos 11:13, o sea, a la actividad de Pablo en Tarso, Cilicia y su ministerio en Antioquía de Siria (Schnabel 2004:I.1077). Schnabel opina que la visita de Pablo a Jerusalén, relatada en Hechos 11:27-30, debe identificarse con la visita de Gálatas 2:1-10. De acuerdo con la cronología de Schnabel, el primer viaje misionero debe ubicarse entre Gálatas 2:10 y 2:11.

1:22 y las iglesias de Judea, que eran en Cristo, no me conocían ni me habían visto;

Si Saulo hubiera quedado en Judea por más tiempo cultivándose con los apóstoles, las iglesias de Judea habrían llegado a conocerlo personalmente. La verdad es que nunca llegaron a conocerlo cara a cara. En lo que respecta a un contacto personal con las iglesias en Judea, Saulo era para ellas un desconocido.

1:23 solamente habían oído decir: "Aquel que antes nos perseguía, ahora predica la fe que en otro tiempo buscaba destruir."

Pablo emplea aquí el sustantivo fe (πίστις) en el sentido absoluto, como un sinónimo del contenido del evangelio o la doctrina de Cristo, tal como lo hace en 3:23, 25 y 6:10. Por lo general, al hablar de fe, Pablo se refiere a la confianza en Cristo y el perdón que el Señor obtuvo para nosotros por medio de su muerte y resurrección. La fe no es una obra humana sino una obra engendrada en nuestros corazones por el Espíritu Santo mediante el evangelio. Pero en 1:23, el término fe designa la tradición acerca de Cristo, que la iglesia recibió y proclama. La Carta de San Judas exhorta a los fieles a que luchen "ardientemente por la fe que una vez fue dada a los santos" (v 3). En la misma carta leemos también: "Pero ustedes, amados hermanos, sigan edificándose sobre la base de su santísima fe, oren en el Espíritu Santo" (v 20). Y así, mientras los oponentes de Pablo atacaban en Galacia el evangelio que él proclamaba, las iglesias de Judea se regocijaban por el hecho de que el temido enemigo de las buenas nuevas, ahora proclamaba el mismo evangelio que antes procuró destruir (Longenecker 1990:42).

1:24 Y glorificaban a Dios en mí.

El hecho de que las iglesias de Judea glorificaron y honraron a Dios por la conversión y el llamamiento de aquel que en otro tiempo las perseguía, es una prueba de que la misión de Pablo a los gentiles no la consideraron los creyentes judíos de la tierra santa como un problema o una equivocación, sino como un milagro de la gracia divina. Aunque en términos geográficos Pablo se encontraba separado de las iglesias de Judea, estaba unido a ellas en la común fe que profesaban y en la misión de hacer discípulos en todas las naciones (Koptak 1990:103). En vez de atacar a Pablo y cuestionar la autenticidad de su apostolado, sus adversarios de Galacia debían unir sus voces a las de los judíos creyentes de Palestina y los ángeles del cielo (Lucas 15:10), y glorificar a Dios que envió a su Hijo para buscar y salvar lo que se había perdido.

Saulo de Tarso no fue el único perseguidor del evangelio convertido por Cristo y llamado para proclamar las buenas nuevas al mundo. Durante los años 1916-1920 el más ferviente enemigo de la causa protestante en Venezuela fue el padre Eliécer Fernández de Cumaná, un hombre joven y carismático, que ganó mucha fama ante sus superiores por sus campañas en contra de los misioneros protestantes en Caracas y en los estados de Miranda y Sucre. En 1919 el padre Eliécer

Fernández recibió del arzobispo de Venezuela el título de "Misionero especial de la Santa Sede de Roma en contra del protestantismo en la isla Margarita". Sus acciones para destruir la congregación protestante de Puerto Fermín culminaron el 4 de julio de 1921, cuando una turba de unas 150 personas bajo el liderazgo del sacerdote destruyó y quemó completamente la capilla de la congregación. Dos días después el padre Eliécer Fernández fue arrestado y llevado al calabozo. Mientras estuvo en la cárcel, comenzó a leer la Biblia parcialmente dañada que había sido rescatada de la capilla quemada. El padre Eliécer Fernández leyó una y otra vez el relato de la conversión de Saulo de Tarso. El resultado fue que abandonó la Iglesia de Roma para abrazar la causa evangélica. Perseguido por causa de su nueva fe y obligado a abandonar el Estado de Sucre, el perseguidor de los protestantes llegó a ser uno de los más destacados evangelizadores de la temprana historia del movimiento protestante en Venezuela (Lewis 2005:85-93). Tanto la historia de la conversión de Saulo de Tarso como la de Eliécer Fernández, deben motivarnos a glorificar a Dios y a orar por la conversión de todos los que hoy en día persiguen a la iglesia de Cristo.

ANEXO I: HISTORIA DE LA PROVINCIA ROMANA DE GALACIA

Todos los historiadores e investigadores que comentaron la Carta a los Gálatas, concuerdan con que los destinatarios de la carta de Pablo se encontraban dentro de las fronteras de la provincia romana de Galacia en Anatolia, o sea, el territorio que hoy corresponde más o menos a la república de Turquía. La provincia romana de Galacia, como también el país de Gales y la parte de España que se llama Galicia, toman su nombre de la raza de los galos, un pueblo indoeuropeo que antes del 600 aC se encontraba en lo que hoy son los países de Austria, Suiza y Alemania. Consecuentemente, muchas tribus de los galos migraron a diferentes partes de Europa y Anatolia, donde lograron someter a los antiguos habitantes de aquellos territorios para establecer sus propios reinos. De esta manera, los galos entraron en conflicto tanto con los griegos como con los romanos. Las tribus de guerreros migratorios fueron llamadas galos por los romanos, y celtas por los griegos. San Jerónimo y varios otros comentaristas antiguos creían que los miembros de estas tribus se llamaban galos porque tenían cuerpos blancos como la leche. En griego la palabra para leche es γάλα (gala) (Levi 2011:207).

Los historiadores antiguos describen a los galos o celtas como tribus bárbaras, no civilizadas, que se encontraban esparcidas por gran parte del mundo antiguo, al igual que los judíos de la diáspora. Los autores grecorromanos describen a estas tribus como inferiores, brutales, bestiales y enemigos de la civilización. En el siglo V antes de Cristo los invasores celtas penetraron en el norte de Italia haciéndoles la guerra a los pueblos allí afincados (ligures, etruscos, vénetos). Los invasores iban armados de largas espadas y se protegían con enormes escudos. Los autores grecorromanos solían condenar a los galos por sus devastaciones, rapiñas, sus prácticas sexuales, sacrificios humanos, sacrificios de niños, y por pelear como salvajes con horrísonos gritos, y totalmente desnudos.

En el año 390 aC una horda de unos 30.000 galos de la tribu de los Senones, sitió la ciudad de Chuisi en el corazón del territorio etrusco. Los habitantes de Chuisi pidieron ayuda a Roma. Al enterarse, los galos comandados por Breno marcharon hacia Roma. La ciudad fue saqueada e incendiada. Durante el saqueo los ciudadanos romanos se refugiaron en la Roca Capitolina, donde resistieron las acometidas de los invasores durante meses. Los galos, después de obtener un cuantioso rescate de los romanos, se retiraron, llevando consigo los objetos sagrados de la ciudad y las vestales de Ceres. Fue el primer encuentro bélico entre galos y romanos que relatan los historiadores. El saqueo de Roma por los invasores galos el 18 de julio del 387 aC fue incluido entre los días *nefastos* del calendario romano. El saqueo y destrucción de Roma por parte de Breno y sus hordas, dio pie a los romanos para justificar su agresión en contra de los galos en todas partes del mundo (Livio 5:48:8). En muchas partes del mundo antiguo los galos ofrecían sus servicios como mercenarios a los reyes y caciques de otros pueblos. Catorce mil mercenarios galos combatieron en las filas de Aníbal contra los romanos en la batalla de Canna en el 216 aC. Otros mercenarios galos se rebelaron contra del rey Tolomeo II en Egipto en el año 275 aC. Dichos mercenarios quedaron atrapados en una isla en el río Nilo, donde murieron de hambre. Según Josefo (B. J. 1.672), hasta Herodes el Grande tuvo una guardia personal formada por 400 galos que antes habían servido como guardia personal de la recientemente derrotada reina Cleopatra de Egipto (Kahl 2010:236).

Los propagandistas romanos se valieron de la victoria de Roma sobre los galos en la batalla de Telamón en el 225 aC, para justificar tanto el papel de los romanos como salvadores de la civilización, como también la creación de su imperio como defensa en contra de la barbarie. A fin de obtener la ayuda de los dioses en la batalla de Telamón, los romanos sacrificaron una pareja gala y una pareja griega (algo que se hizo también en todas las batallas subsiguientes en contra de los bárbaros). Después de muchas batallas con los romanos, los galos occidentales de lo que hoy es Francia, fueron sometidos por Julio César en la Guerra de las Galias (58-51 aC). En esta guerra murieron dos terceras partes de los galos, o sea, más de un millón de hombres, mujeres y niños (Kahl 2010:70).

En el año 280 aC, aprovechando las guerras entre los sucesores de Alejandro Magno, otros grupos celtas invadieron Macedonia y Tracia. En la más famosa de sus hazañas, un cacique llamado Breno (no el Breno que saqueó Roma) atacó el renombrado santuario de Apolo en el año 279 aC, en una intentona por apoderarse de las supuestas riquezas guardadas en el templo. Los griegos lograron defender el santuario de Apolo y, según relata el historiador Pausanias, ningún invasor celta logró escapar con vida. El ataque a Delfos y su templo les valió a los celtas la reputación de saqueadores de templos y enemigos de la religión (Mitchell 1993:1:13).

Después de sufrir una serie de derrotas en Grecia y Macedonia (Kahl 2010:60), tres tribus celtas cruzaron el Helesponto y entraron en Asia Menor en el año 279/8 aC. Estas tribus, los tolstobogii, trosmi, y testosagi, se aliaron con el rey Nicomedes I de Bitinia y le sirvieron como mercenarios en la lucha de éste en contra de su hermano, y después en las guerras de Nicomedes en contra de los seléucidas, quienes quisieron imponer su dominio en todos los reinos de Anatolia (Kahl 2010:61). Los seléucidas fueron los descendientes de uno de los generales de Alejandro Magno (los diadocos), que dividieron entre sí los vastos territorios que había conquistado Alejandro en su corta vida. La parte del imperio que les tocó a los seléucidas fue Siria y Babilonia. Pero al igual que los demás diadocos, los seléucidas no estaban contentos con la parte del imperio que les tocó. De pronto se desencadenaron largas y confusas guerras, batallas, alianzas, y traiciones. El undécimo capítulo del libro del profeta Daniel habla de esto. Muchas de las batallas se libraron en la parte de Anatolia que después llegó a ser la provincia romana de Galacia.

Para recompensar a los celtas por su ayuda, Nicomedes I les entregó a sus nuevos aliados galos territorios en el norte y centro de Anatolia. Una vez establecidos en Anatolia, los galos o celtas comenzaron a acosar a otros pueblos de Anatolia y a exigirles el pago de un tributo anual a cambio de la no incursión en sus territorios. Hay inscripciones encontradas en muchas partes de Anatolia, en las que se lamentan las actividades vandálicas de los galos, a saber, el saqueo de santuarios, la quema de cosechas, la violación de mujeres, y la toma de rehenes (Mitchell 1993.1:17). Los historiadores relatan las incursiones de los galos en Ponto, Capadocia, Frigia, y en las ciudades de la Liga Jónica. Pero en la que se conoce como la batalla de los elefantes (275 aC), Antíoco I de Siria, hijo de Seleuco I, derrotó a los celtas y los obligó a alejarse de las zonas más pobladas y ricas de Anatolia, empujándolos hacia el norte de la Gran Frigia (Pijoan 1978:3:196). De acuerdo con 2 Macabeos 8:16-18, un gran número de mercenarios judíos tomaron parte en la batalla, ayudando a Antíoco a vencer a los galos (Hengel 1974:16). La ciudad principal del territorio que recibieron los tolstobogii fue Pessino. Allí se encontraba el templo de la Gran Madre de Asia. Ancyra (Ankara) llegó a ser la sede principal de los trosmi, y Tavio de los testosagi.

Después de reorganizarse, las tribus celtas de Anatolia comenzaron nuevamente a concertar alianzas y servir como mercenarios de las potencias que estaban en pugna por el control de los territorios que habían sido parte del gran imperio de Alejandro Magno. Con frecuencia cambiaron de lado, prestando sus servicios al mejor postor. Nuevamente comenzaron a amenazar a sus vecinos y a exigir tributo (lat. *stipendium*) a los gobernantes de otros pueblos y territorios. La amenaza de un resurgimiento de los galos y sus exigencias terminó en el año 239 aC cuando Átalo I, rey de Pérgamo, venció a los celtas en una serie de batallas. Por haber salvado a toda Anatolia del terror de los galos, Átalo I recibió el título de *Sóter*, o Salvador.

Para celebrar su victoria, Átalo I (269-197 aC) construyó un gran monumento conocido como el gran altar de Pérgamo. Una parte del enorme monumento fue desmantelada y llevada a Alemania, y ahora el monumento se encuentra reconstruido en el *Pergamon Museum* en Berlín. Se cree que el original de la famosa escultura del Galo moribundo era parte de este monumento. Las esculturas que forman el altar retratan la batalla mitológica de los dioses olímpicos y los titanes. Para los antiguos habitantes de Pérgamo y las ciudades griegas de Asia Menor, las esculturas simbolizaban la batalla de las fuerzas de la civilización occidental (romanos, griegos, pérgamos) en contra de las fuerzas del caos, o sea, los galos o celtas y otras tribus bárbaras. Los titanes eran los hijos de Gaia, diosa de la tierra. Según la interpretación de la teóloga feminista Brigitte Kahl, el mito de la victoria de los dioses olímpicos sobre la diosa de la tierra y su madre, ha sido utilizado por las civilizaciones occidentales para definirse a sí mismas como defensoras de la ley y el orden, y superiores a los pueblos y tribus orientales. De esta manera, conforme a las teorías del orientalista Edward Said, se justificaba la explotación de los pueblos inferiores por parte de los supuestos pueblos superiores de Occidente.

La historia de los galos en Anatolia, sin embargo, no terminó con su derrota ante Átalo I. Más tarde los galos orientales apoyaron a los seléucidas en su guerra contra los romanos. Ambos fueron derrotados en la batalla de Magnesia en el año 190 aC. Después de la victoria de la batalla de Magnesia, el general romano Manlio Vulso, sin permiso del senado romano, emprendió una campaña punitiva en contra de los galos orientales en el 189 aC, a fin de terminar de una vez por todas con la amenaza que representaban estas tribus salvajes y traicioneras para la civilización grecorromana. Más de 40.000 galos fueron apresados por los romanos y vendidos como esclavos. Para justificar su agresión ante el senado romano, Manlio Vulso citó las devastaciones, pillaje, sacrificios humanos y sacrificios de niños cometidos por los galos, hechos por los que eran conocidos.

Después de haber sido derrotados por Manlio Vulso, los galos vivieron apegados a los reyes de Pérgamo hasta el año 133 aC, cuando Átalo III, el último rey de Pérgamo, pidió a los romanos anexar sus territorios y su reino al Imperio Romano. El hecho no sólo involucró a los romanos en la confusa situación política de Anatolia, sino que sirvió a la vez para instalar a los galos en el ámbito político y cultural de Roma. Para defender sus nuevos territorios en Anatolia, los romanos se vieron mezclados en una prolongada lucha con las crecientes pretensiones imperialistas del rey Mitrídates del Ponto, quien pretendió convertirse en dueño de toda Anatolia. Al principio de las guerras entre los romanos y los reyes del Ponto, algunos galos eligieron servir como mercenarios en apoyo de Mitrídates, en tanto que otros optaron por apoyar a los romanos. Cuando en el año 86 aC Mitrídates traicionó a sus aliados galos, decapitando a 57 de sus 60 tetrarcas, la gran mayoría de ellos apoyó a los romanos, jugando un papel decisivo en las Guerras Mitridáticas y la derrota de Mitrídates IV en el año 63, con lo que quedó desmantelado el Imperio del Ponto. El más destacado líder de los galos de este tiempo fue el tetrarca Deiotaro, proveniente de la vieja aristocracia de los tolstobogii. Por medio de su astucia y el asesinato de sus rivales, Deiotaro se convirtió en el tetrarca de todos los galos de Anatolia. El general romano Pompeyo llamó al cacique galo un gran amigo de Roma, y lo nombró "Rey de los Galos", o sea, un tetrarca que gobernaba igual que Herodes el Grande, como rey cliente sometido a la autoridad de Roma. El título de Deiotaro fue ratificado por el senado romano en el año 59 aC. Gracias a Roma, la autoridad conferida a Deiotaro incluyó no solamente la región en la que se encontraban las ciudades principales de los galos, sino también regiones que antes pertenecían a los reyes del Ponto.

Más tarde los galos apoyaron a los romanos frente a las incursiones de los partos. Durante este tiempo la aristocracia de los galos se helenizó progresivamente. Los galos, en particular los que vivían en las ciudades, adoptaron como suyas las deidades principales de los griegos y los romanos. Los que vivían en el campo se sintieron atraídos a adorar a los antiguos dioses de Anatolia, especialmente la gran Madre de Anatolia, cuyo santuario se encontraba en Pessino. No contamos con información confiable para saber hasta qué punto se practicaba la antigua religión de los galos en Anatolia. Los historiadores no mencionan la presencia en Anatolia de los druidas, o sea, la vieja casta de sacerdotes galos que conocemos gracias a las obras de Julio César y otros autores romanos. Durante su tiempo en Anatolia como gobernador de Cicilia, el ilustre filósofo estoico Cicerón, entabló una estrecha amistad con Deiotaro, defendiéndolo de los ataques verbales hechos en su contra por otros tetrarcas celtas. Alrededor del año 50 aC se erigió una estatua de Deiotaro en la ciudad de Atenas, y una hija del tetrarca galo se casó con el rey de Armenia (Mitchell 1993:1.34-37). Después de la muerte de Deiotaro en el 40 aC, los territorios gobernados por él fueron asignados a su secretario Amyntas, y su yerno Castor. Castor murió en el 36 aC y Amyntas perdió la vida en una batalla en el 25 aC. Es interesante notar que el último rey de los galos o celtas, Amyntas, tenía un nombre macedonio, hecho que indica la creciente helenización de las tribus galas (Ramsay 1965:157).

Después de la muerte de Amyntas, el antiguo reino de Galacia, juntamente con otros territorios no galos, fueron incorporados a la nueva provincia romana de Galacia (Allan 1963:32; Longenecker 1990:lxiii). Con el paso de los años otros territorios se anexaron a la provincia de Galacia, incluyendo partes de Frigia, Pisidia, Paflagonia, Cilicia y Licaonia. La formación de Galacia como nueva provincia romana tuvo como uno de sus objetivos la romanización de sus habitantes por medio de la implantación de leyes, tradiciones y valores romanos, además del establecimiento del culto imperial. Dicho de otra manera, se estaba adelantando un proceso de globalización con sabor romano. Con el correr de los años se establecieron nuevas provincias romanas en Anatolia, y algunos de los territorios anexados a Galacia durante el primer siglo del imperio fueron separados de Galacia para anexarlos a las nuevas provincias. En el 74 dC el emperador Vespasiano separó a Frigia de la provincia de Galacia. En 137 dC Licaonia dejó de ser parte de Galacia y, juntamente con Isauria y Cilicia, formaron una nueva provincia de Cilicia. En el 297 dC se creó una nueva provincia de Pisidia con Antioquía de Pisidia como capital e Iconio como segunda ciudad (Longenecker 1990:lxiii).

De esta manera las fronteras de la provincia de Galacia estuvieron sujetadas a muchos cambios en los años antes de Constantino. En el tiempo en que Pablo evangelizó Galacia y redactó sus cartas a las iglesias de allí, la provincia era un popurrí de muchos pueblos, tribus y colonias, tanto de la misma Anatolia como de tierras más lejanas: Italia, Grecia, Macedonia, Persia, Siria, Tracia y Arabia. Todos ellos podían calificarse como gálatas, porque vivían en la provincia de Galacia. Pero no todos eran étnicamente celtas o galos. En nuestra exposición de la Carta a los Gálatas utilizamos el calificativo gálatas con referencia a todos los habitantes de Galacia, aunque en ella había más frigios que galos. Reservamos las palabras celtas o galos para los descendientes de las tribus celtas que invadieron Anatolia en los tres siglos antes de Cristo. El término galli, en cambio, designa a los sacerdotes dedicados al culto de la *Magna Mater* (Cibeles) de Anatolia.

ANEXO II: LOS DESTINATARIOS DE LA CARTA A LOS GÁLATAS

La identidad de los gálatas nombrados por Pablo en Gálatas 1:2 y 3:1 es un tema que ha provocado una acalorada discusión entre los historiadores, arqueólogos e intérpretes de la epístola. La discusión comenzó en el siglo XIX como un debate entre J. B. Lightfoot y William M. Ramsay, y tiene vigencia hoy día con la publicación de nuevas monografías casi todos los años. Los protagonistas de las dos principales teorías han aducido argumentos sólidos a favor de sus respectivas hipótesis. Sin embargo, cada hipótesis tiene también sus puntos débiles. Aunque nosotros sentimos inclinación por una de las dos teorías, admitimos, sin embargo, que podríamos estar equivocados. Presentaremos ahora un resumen de las dos principales teorías. El estudiante interesado en investigar con más detalle los argumentos a favor y en contra de ambas teorías, encontrará un resumen más extenso en el comentario de Tenney.

LA TEORÍA DE GALACIA DEL NORTE

Con desconocimiento de la compleja y confusa historia de Anatolia en los siglos antes y después de Cristo, la gran mayoría de los intérpretes de la Carta a los Gálatas, patrísticos y medievales, incluyendo a Martín Lutero y los reformadores, creyeron que los gálatas a quienes Pablo escribió su epístola debían ser étnicamente los descendientes de los antiguos galos o celtas que invadieron Anatolia unos tres siglos antes de Cristo. Tal identificación de los gálatas con los galos, motivó a intérpretes como J. B. Lightfoot a concluir que el apóstol Pablo escribió la carta a congregaciones cristianas de las ciudades de Ancira, Tavio y Pessino. Como indicamos arriba, las tres ciudades se encuentran en el norte de Anatolia. De modo que Lightfoot y sus seguidores entienden que cuando en Gálatas 1:2 y 3:1 Pablo habla de Galacia, se refiere a la región de los galos o celtas, y no a la provincia romana de Galacia que en el tiempo de Pablo estaba compuesta no solamente por galos o celtas, sino también por una gran variedad de grupos étnicos y lingüísticos.

El hecho de que se refiere a los destinatarios de su carta como supersticiosos, insensatos e inconstantes, indujo a Lightfoot, Moffatt, y otros a concluir que Pablo tuvo en la mira a los galos o celtas, puesto que a éstos se los describe como tales por muchos autores antiguos, incluyendo al gran Cicerón (Longenecker 1990:lxiv).

Los autores que creen que Pablo escribió su carta a congregaciones del norte de Anatolia, afirman que Hechos 16:6 y 18:23 se refieren al tiempo en que Pablo visitó esa región y estableció comunidades de creyentes entre los galos o celtas, aunque estos dos pasajes no dicen nada de la fundación de congregaciones. Los mismos autores también aseveran que Pablo escribió su Carta al final de su tercer viaje misionero, desde Éfeso o Corinto, puesto que muchos de los temas tratados en Gálatas se tratan de modo más completo en Romanos, epístola que sí se escribió desde Corinto.

Uno de los corolarios de la hipótesis de Galacia del Norte es que no había judíos étnicos en las congregaciones fundadas por Pablo en esa región. Las fuentes históricas de que disponemos no aluden a migraciones judías, ni a la existencia de sinagogas en las antiguas ciudades de los galos o celtas. Martyn expresa que en las congregaciones de Pablo en Galacia no había exjudíos (1997:40). Los agitadores, entonces, debían ser personas provenientes de otras partes y no oriundos del lugar. De acuerdo con mi propia lectura de Gálatas, los argumentos de Pablo en los cps 3 y 4 presuponen un conocimiento del rollo de Génesis y también de las profecías de Isaías. Si no había sinagogas en la región, ¿cómo habrán adquirido los nuevos conversos de Pablo el conocimiento acerca del contenido de Génesis y otras partes del AT? ¿Cómo habrían entendido las muchas alusiones a pasajes en Isaías, particularmente los que tratan de la persona y misión del Siervo del Señor? (Harmon 2010:34). Dudo que Pablo llevara consigo copias de la Tora para las nuevas iglesias en formación. Si no hubo sinagogas, entonces los destinatarios de sus cartas deben haber tenido contacto con las Escrituras de Israel en las sinagogas de otras regiones.

Siendo que no encontramos referencias a la existencia de congregaciones cristianas en las ciudades principales de los galos o celtas hasta mucho tiempo después de Pablo, algunos de los que proponen la teoría del Norte opinan que la Carta a los Gálatas no logró su objetivo. Según J. Louis Martyn y otros, los gálatas rechazaron los argumentos de Pablo y se dejaron seducir por los agitadores (1997:40). A base de 1 Corintios 16:1-2 Martyn cree que Pablo escribió una segunda carta a los gálatas, para nosotros extraviada, en la cual invita a los hermanos a participar en la colecta para los judíos pobres de Jerusalén. Martyn afirma que los agitadores persuadieron a los gálatas a no participar en la colecta (1997:30). Me resulta difícil dar crédito a esta opinión, porque no creo que la iglesia antigua hubiera preservado una copia de una carta que fracasó en su intento de comunicar en forma eficaz el argumento de su autor.

LA TEORÍA DE GALACIA DEL SUR

Según esta hipótesis, elaborada por el famoso historiador y arqueólogo, William M. Ramsay, Pablo escribió su Carta a los Gálatas a las congregaciones fundadas durante su primer viaje misionero, o sea, las congregaciones de Antioquía de Pisidia, Iconio, Listra, Derbe, y posiblemente Perge de Panfilia. De acuerdo con esta teoría la palabra gálatas no se refiere estrictamente a los galos o celtas que vivían en el norte de Anatolia, sino a todos los habitantes de la provincia romana de Galacia, sin tomar en cuenta su origen étnico.

En el tiempo del NT habitaban el Sur de la provincia romana de Galacia personas de muchos pueblos, tribus, y grupos étnicos: frigios, italianos, judíos, griegos, lidios y habitantes de licaonia, pero muy pocos galos (personas de origen celta). Aunque todos los habitantes de dichos pueblos no fueran de origen celta, se los puede describir como gálatas, porque vivían en una provincia que se llamaba Galacia. De igual manera, los habitantes de los estados de Dakota del Norte y Dakota del Sur en los Estados Unidos, pueden llamarse dakotas, aunque no sean miembros de la tribu indígena Dakota. Ni tampoco todos los venezolanos que viven en el estado de Portuguesa han de ser necesariamente de ascendencia portuguesa. En otras palabras, no todos los gálatas son galos, o sea, descendientes de los celtas que invadieron Anatolia tres siglos antes de Cristo. Que el libro de los Hechos de los Apóstoles no mencione en ninguna parte una evangelización de los territorios galos o celtas de Anatolia nos lleva a concluir que los gálatas a los que Pablo escribió su carta son los miembros de las iglesias que fundó en su primer viaje misionero.

En las ciudades del sur de la provincia romana de Galacia vivían muchos judíos que habían organizado sinagogas en casi todas las ciudades importantes de Frigia y Pisidia. Cuando leemos acerca de las actividades evangelizadoras de Pablo y Bernabé en Galacia, vemos que Pablo tenía la costumbre de visitar primero la sinagoga y anunciar las buenas nuevas de Jesús tanto a judíos como a prosélitos y temerosos de Dios. Los prosélitos fueron gentiles que se hicieron judíos por medio de la circuncisión y la observancia de las ordenanzas acerca de la alimentación, del calendario judío y reglamentos acerca de prendas de vestir. Los llamados temerosos de Dios (σεβόμενοι en Hechos) fueron gentiles atraídos a la sinagoga por el monoteísmo de los judíos, su estricto código moral, y su benevolencia hacia los pobres y necesitados. Sin embargo, los temerosos no estaban dispuestos a circuncidarse y guardar todas las ordenanzas de la ley de Moisés con el fin de hacerse judíos, ya que eso implicaría renunciar a muchas de sus tradiciones culturales. En Hechos 13 leemos que, después de anunciar el evangelio en la sinagoga de Antioquía de Pisidia, la mayoría de los judíos rechazó el mensaje de los apóstoles, rebatió lo que Pablo decía, y lo contradijo y maldijo (13:45).

Ante el rechazo de los judíos, Pablo y Bernabé se fueron a anunciar el mensaje de salvación a los gentiles, con el resultado de que muchos se regocijaron y glorificaron la palabra del Señor y creyeron. Los nuevos creyentes gentiles, muchos de los cuales eran de los llamados temerosos de Dios, fueron bautizados pero no circuncidados ni obligados a cumplir con todas las estipulaciones de la ley mosaica. Lo que pasó en Antioquía de Pisidia pasó también en Iconio, Listra, Tesalónica, y Corinto. Los historiadores y arqueológicos que se dedicaron al estudio de la Anatolia romana, descubrieron que un alto porcentaje de los que asistían a las sinagogas judías en Frigia, Pisidia, y Asia eran temerosos de Dios. En un registro encontrado en la ciudad de Afrodisias se encuentran los nombres de noventa judíos (incluyendo los prosélitos) y de 65 temerosos de Dios o *zeosebis*. Nueve de los temerosos de Dios del registro eran miembros del consejo municipal de la ciudad, y por definición, hombres de renombre. Si en las sinagogas de Antioquía de Pisidia, Iconio y Listra se encontraba un porcentaje igualmente grande de temerosos de Dios, se puede entender la desmedida pérdida para la sinagoga, tanto numérica como económica, con el establecimiento de una iglesia cristiana en la ciudad (Mitchell 1993: II.52). La evidencia nos sugiere que no todos los miembros de las iglesias de Pablo, de Galacia, fueron pobres o analfabetos, como creen algunos investigadores.

Otro argumento que favorece la tesis de Galacia del Sur de tiene que ver con la existencia de buenas carreteras romanas que conectaban las ciudades principales del sur de Galacia. En el norte de la provincia no se construyeron carreteras sino hasta el año 70 dC (Jervis 1999:14). En el tiempo de Pablo hubo una presencia romana más grande en las ciudades del sur de Galacia que en las del norte. Consecuentemente, en el sur se evidenció más el uso del griego como idioma preferido para la administración y el comercio. Fue el idioma que usó Pablo al escribir a los gálatas. Se presume entonces que los destinatarios de la carta entendían bien el griego. Tal no fue el caso en el norte, donde los dialectos celtas perduraron por mucho más tiempo.

La provincia romana de Galacia contó entre sus fronteras con una región que en un tiempo perteneció al antiguo reino de los frigios, un pueblo que inmigró a Anatolia desde lo que hoy es Bulgaria o Macedonia. El idioma de los frigios era una lengua indoeuropea con algunas semejanzas con el griego. El frigio se escribía con las mismas letras griegas, pero hasta ahora no se han podido interpretar las innumerables inscripciones frigias encontradas en Anatolia. El rey más famoso del antiguo reino de los frigios fue el legendario Midas. La deidad principal de los frigios era Cibeles, de la que hablaremos más en el desarrollo de esta obra.

LOS GÁLATAS SON LOS MARGINADOS

Hay una tercera manera de enfocar la identidad de los destinatarios de la carta. Algunos autores modernos, como Brigitte Kahl y Lavina López, que escriben desde una perspectiva feminista y antimperialista, interpretan la Carta a los Gálatas como un toque de atención del apóstol a los marginados y deshumanizados por el imperio a rechazar toda teología, filosofía o ideología que pretenda justificar cualquiera sistema de opresión. Hay que interpretar Gálatas como un llamamiento a los pobres de este mundo a vivir en la libertad que Dios quiere para todo ser humano, y a no sujetarse a sistemas esclavizadores inventados para justificar el dominio de los poderosos. Según Kahl, los galos o celtas o gálatas que vivían tanto en Anatolia como en el Occidente, habían sido señalados por los imperios de Roma, Grecia y Pérgamo como ignorantes, inmorales, y salvajes inconstantes, es decir, como medias personas, indignas de vivir en libertad. Siguiendo la interpretación, Kahl asevera que poco importa discutir si los gálatas vivían en el sur o norte de Anatolia, en la Galia, Gales o Galicia, porque los gálatas simbolizan y representan a la escoria de este mundo. Los gálatas son considerados como basura por los imperios de los poderosos. Los gálatas son los esclavos, los gladiadores, las personas de color, las mujeres, los orientales, los homosexuales, los mestizos, los samaritanos, los niños, los hispanos. Según Kahl, Lavina López, y Justin Hardin, la Carta a los Gálatas realmente fue escrita por el apóstol en un esfuerzo por sofocar y desestabilizar la autoridad no sólo del Imperio Romano, sino de todos los imperios antiguos y modernos que deben su existencia a la explotación y deshumanización de los que han sido calificados como inferiores, incivilizados, e indignos. Los que han criticado esta interpretación antimperialista, señalan que hay pocos indicios en la Carta a los Gálatas de que Pablo fuera un enemigo declarado del Imperio Romano y que su intento hubiese sido destruir las bases teológicas y filosóficas sobre las cuales se asentaba el imperio. Claro, el mensaje del evangelio y del reino de Dios llevó en sí la semilla que a la larga condujo a la caída del Imperio Romano. Esta misma semilla todavía amenaza con hacer caer cualquier sistema de opresión, sea del Occidente, Oriente, Norte, Sur o Centro. Habiendo dicho esto, queremos subrayar que en nuestra opinión los autores citados arriba impusieron al texto de Gálatas su propia agenda ideológica, y de esta manera opacaron el mensaje del apóstol para los gálatas y para nosotros.

Aunque no hubiera sido la intención del apóstol escribir su carta expresamente para desestabilizar y combatir la autoridad y legitimidad del Imperio Romano, creemos que el hecho de que Pablo, motivado por el Espíritu Santo, haya establecido comunidades cristianas en Galacia, tiene gran importancia misiológica y teológica. Pablo les dice a los gálatas que llegó hasta ellos debido a una enfermedad. El apóstol viajaba rumbo a otro destino, cuando enfermó y se vio obligado a cambiar su itinerario. De esta manera, el Espíritu Santo guió a Pablo y Bernabé a comenzar su ministerio entre los gálatas. Ya fueran los destinatarios de su carta galos o celtas, frigios parcialmente helenizados, habitantes de Licaonia, griegos, colonos italianos, esclavos, libertos, mestizos o indígenas, todos ellos fueron personas que lucharon para encontrar su lugar en la nueva sociedad que surgió de la intención de los romanos por recrear el mundo a su propia imagen. Dicho de otra manera, los habitantes de Anatolia se encontraban en el proceso de buscar y encontrar su identidad y su lugar en el nuevo mundo que nació con el advenimiento del divino César. En la Carta a los Gálatas se ofrece a todos los habitantes de Galacia una nueva identidad como herederos de Abrahán y miembros del Israel de Dios, parte de la nueva creación escatológica del futuro, en el que las barreras de separación se quitan y todos son declarados hermanos y hermanas en Cristo. La sociedad de Anatolia del primer siglo cristiano fue una sociedad fronteriza, mestiza, y marginada, cuya importancia consistía en servir como una valla entre el mundo civilizado de occidente y las hordas bárbaras del oriente. Para nosotros es revelador que el Espíritu Santo guiara a Pablo a proclamar las buenas nuevas no sólo en Roma, Corinto y Éfeso, sino también entre los pueblos fronterizos de Listra y Derbe, y quizá los pueblos galos o celtas del norte de la provincia. El mismo Espíritu todavía obra hoy para que la nueva creación del futuro se establezca tanto en los grandes centros de poder y autoridad, como entre los que se encuentran marginados y en la periferia.

ANEXO III: LA FECHA DE GÁLATAS

En cuanto a la fecha en que Pablo pudiera haber escrito su Carta a los Gálatas, existen tres posibilidades o posiciones, cada una con sus defensores. La cuestión de la fecha de Gálatas no puede separarse de la cuestión de quiénes fueron los destinatarios. Lo que hace la cuestión de los destinatarios tan compleja son los sucesos que ocurrieron en Anatolia en los siglos anteriores a los viajes misioneros de Pablo a la provincia romana de Galacia. Por esto dedicamos tanto espacio a la reseña de la historia de Anatolia en el Anexo I.

POSICIÓN I

Pablo escribió su Carta a los Gálatas aproximadamente por el año 49 dC desde Antioquía de Siria, después de regresar de su primer viaje misionero y antes del Concilio Apostólico de Jerusalén, el cual se menciona en Hechos 15. Los que sostienen esta hipótesis dicen que es la razón para afirmar que las visitas a Jerusalén mencionadas en Gálatas 2 ocurrieron antes de dicho Concilio. Y es también la razón por la que en Gálatas Pablo no se refiere a lo acordado por el Concilio, como un argumento para mostrar a los agitadores que los apóstoles no dieron su apoyo a los judaizantes que provocaron las dificultades en Antioquía. Según la mayoría de los defensores de la posición I, la cronología de las actividades de Pablo en Galacia y sus visitas a Jerusalén, siguen el siguiente esquema basado en la reconstrucción de los acontecimientos de Carson, Moo & Morris (1992:231); de Tenney (1954:284); y de Franzmann (1961b:60-61):

Conversión de Pablo	**entre 33-35 dC**
Ministerio en Damasco y Arabia	**35-37 dC**
Primera visita a Jerusalén (Hch 9:26-31)	**37 dC**
Ministerio en Tarso y Cilicia	**37-45 dC**
Segunda visita a Jerusalén para llevar ayuda (Hch 11:27-30 y Gl 2:1-10)	**entre 45-47 dC**
Primer viaje misionero (Hch 13-14)	**entre 46-48 dC**
Pablo escribe a los gálatas desde Antioquía	**49 dC**
Concilio Apostólico (Hch 15)	**48 o 49 dC**
Pablo reprende a Pedro (Gl 2:11-16)	**49 o 50 dC**
Segundo viaje misionero. Pablo visita con Silas las iglesias de Galacia por segunda vez	**49-51 dC**
Tercer viaje misionero, según Hechos 18	**53-57 dC**
Pablo visita las iglesias de Galacia por tercera vez	**entre 55-57 dC**

POSICIÓN II

Pablo escribió su Carta a los Gálatas a congregaciones que él fundó en el norte de la provincia romana de Galacia, aproximadamente en el año 56 dC. La historia de cómo fueron fundadas las congregaciones no se encuentra ni en los Hechos de los Apóstoles, ni en Gálatas, ni en ningún otro documento del NT o de la iglesia primitiva. Se dice que los miembros de estas congregaciones tienen que haber sido galos, o sea, descendientes de las tres tribus de celtas que invadieron Anatolia en el 279 dC. Según los que proponen esta teoría, los destinatarios de la carta tienen que haber vivido en las tres ciudades principales de los galos: Ancira, Pessino, y Tavium. Puesto que no hay evidencia de que había judíos en el norte de la provincia de Galacia, los defensores de la teoría de Galacia del Norte afirman que todos los destinatarios de la carta fueron gentiles. Un problema con la hipótesis en consideración es, ¿por qué los agitadores evitaron las congregaciones del sur de la provincia, para dirigirse solamente a las ciudades del norte, mucho más alejadas de Jerusalén o de Antioquía? (Franzmann 1961b:60). De acuerdo con los defensores de esta teoría, la cronología de las actividades de Pablo en Galacia y su visita a Jerusalén siguen el siguiente esquema, tomado del comentario de Martyn (1997:182) y de un ensayo de J. B. Lightfoot:

Conversión de Pablo	**34-35 dC**
Ministerio en Damasco y Arabia	**35-38 dC**
Primer visita a Jerusalén (Hch 9:26-31)	**38 dC**
Ministerio en Tarso y Cilicia	**38-48 dC**
Primer viaje misionero	**46-48 dC**
Concilio Apostólico (Hch 15)	**48 o 49 dC**
Pablo reprende a Pedro (Gl 2:11-16)	**48 o 49 dC**
Segundo viaje misionero, Pablo y Silas	**49-51 dC**
Tercer viaje misionero (Hch 18)	**52-57 dC**
Pablo establece iglesias entre los galos	**entre 55-57 dC**
Pablo escribe Gálatas desde Éfeso o Corinto	**56 o 57 dC**

POSICIÓN III

Pablo escribió su Carta a los Gálatas a las congregaciones que había fundado con Bernabé en su primer viaje misionero. Pero les escribió su carta no en el año 48/49 dC, sino algunos años más tarde, quizá cuando el apóstol estuvo encarcelado en Éfeso (55 o 56 dC), o en la casa de Gayo en Corinto al final de su tercer viaje misionero (57 dC).

GÁLATAS 2

2:1 Después de catorce años, subí otra vez a Jerusalén con Bernabé, y también llevé conmigo a Tito.

En el capítulo 2 el apóstol comienza a relatar su segundo viaje a Jerusalén como cristiano. No sabemos con certeza si hizo el viaje catorce años después de su conversión, o catorce años después de su primer viaje a Jerusalén. Existe también una diferencia de opinión entre los estudiosos del NT, en cuanto a la correlación de esta segunda visita a Jerusalén con el relato sobre las actividades de Pablo que encontramos en los Hechos de los Apóstoles. Hay quienes creen que la visita a Jerusalén, relatada aquí, es la misma de la cual se habla en Hechos 11:27-30, cuando Pablo y Bernabé llevaron la ofrenda de la iglesia de Antioquía de Siria para ayudar los hermanos necesitados de la Santa Ciudad (Schreiner 2010:120). Otros creen que Hechos 15:2-3 trata de la ocasión en que Pablo y Bernabé viajaron a Jerusalén para asistir al Concilio Apostólico, en representación de la congregación de Antioquía (Silva 2001:133).

Es notable que en su relato Pablo mencione que lo acompañó Bernabé. Muchos creen que es porque los hermanos de Galacia conocían a Bernabé. Según el libro de Hechos, Bernabé había ayudado a Pablo a plantar congregaciones en Antioquía de Pisidia, Listra, Iconio, y Derbe durante el primer viaje misionero. Tal coincidencia la citan muchos investigadores como evidencia en favor de la teoría de Galacia del Sur. Ya vimos que Bernabé testificó ante los apóstoles en Jerusalén acerca de la veracidad de la conversión de Saulo de Tarso, evitando así que los creyentes de la Santa Ciudad rechazaran al apóstol. Al actuar así Bernabé hizo honor a su sobrenombre: hijo de consolación. El verdadero nombre de Bernabé era José. Es interesante notar que en el texto occidental de Hechos (*Codex Bezae Cantabrigensis*) a Bernabé se lo identifica con José Barsabás, quien fue uno de los dos candidatos en la elección del sucesor de Judas Iscariote. Eligieron a Matías, quien llegó a ser contado con los once apóstoles (Hechos 1:23-26). Según la hipótesis del erudito catalán, Josep Ruis-Camps, no eligieron a Bernabé por ser un helenista, es decir, uno de habla griega nacido fuera de Tierra Santa (1989:63).

El libro de Hechos dice que Bernabé era levita, helenista, profeta, y natural de la isla de Chipre. Tenía una hermana y un sobrino, Juan Marcos, que vivían en Jerusalén. En Hechos 4:36-37 leemos que Bernabé también tenía una heredad que vendió para entregar a los apóstoles el dinero de la venta para ser repartido entre los creyentes pobres. Hechos 11:19-30 relata que durante la persecución desatada por Saulo, algunos creyentes de habla griega de Judea se refugiaron en Antioquía de Siria. Allí comenzaron a anunciar las buenas nuevas no sólo a judíos sino también a gentiles de habla griega, muchos de los cuales se convirtieron a Jesús. Cuando la noticia del establecimiento de una congregación mixta de judíos y gentiles llegó a Jerusalén, la iglesia escogió a Bernabé y lo envió a Antioquía para ayudar en la evangelización de los gentiles. La iglesia de Jerusalén ya se había dado cuenta de que Dios había preparado a Bernabé para ser misionero entre los gentiles. El Espíritu Santo bendijo la obra misionera de Bernabé en Antioquía de tal manera que Lucas escribe: "Bernabé era un hombre bueno, lleno de fe y del Espíritu Santo, así que una gran multitud se agregó para seguir al Señor" (Hch 11:24). Recordando que Saulo también había sido llamado por Cristo para ser misionero entre los gentiles, Bernabé fue a Tarso de Cilicia para buscarlo con el propósito de invitarle a ayudar en la evangelización de los gentiles en Antioquía. En Antioquía fue donde el Espíritu Santo, hablando por medio de los profetas en la congregación, dijo: "Apártenme a Bernabé y a Saulo, porque los he llamado para un importante trabajo. Y así, después de que todos ayunaron y oraron, les impusieron las manos y los despidieron" (Hch 13:2-3). De esta manera Bernabé y Saulo salieron de Antioquía para lo que se llamó el primer viaje misionero de Pablo. Durante los dos años que probablemente duró el viaje, se fundaron por lo menos cuatro congregaciones cristianas en el sur de la provincia romana de Galacia.

Poco antes del primer viaje misionero, la congregación de Antioquía había enviado a Bernabé a buscar a Saulo para otra misión, la de llevar socorro a los hermanos de Judea, que estaban sufriendo una gran hambruna. Muchos estudiosos del libro de Hechos y de las epístolas de Pablo creen que este viaje de socorro fue el mismo al cual Pablo se refiere en Gálatas 2 (Hemer 1990:183).

Pablo y Bernabé llevaron con ellos a Tito en su viaje a Jerusalén. Converso gentil, Tito fue uno de los más fieles y capacitados discípulos de Pablo. Fue la persona que Pablo escogió para ser su emisario ante la iglesia de Corinto, cuando las relaciones entre el apóstol y la congregación habían entrado en su fase más crítica, ocasión en que Pablo necesitaba que lo representara un hombre de carácter (2 Co 2:12-13). También fue Tito el discípulo escogido para organizar la colecta para los pobres de Judea y Jerusalén (2 Co 8:6-24; 9:35; 12:18). Años más tarde, fue enviado a Creta para supervisar las nuevas iglesias en la isla. Estuvo en Creta cuando Pablo le escribió la epístola pastoral conocida como la Carta a Tito. En 2 Timoteo 4:10 leemos que lo habían enviado a Dalmacia. El hecho de que Tito, un gentil no circuncidado, pudiera cumplir con tantas tareas difíciles y ser aceptado como líder por tantas congregaciones, es evidencia de la amplia aceptación del evangelio que predicaba Pablo, esto es, el evangelio de la gracia justificante, un evangelio que no exige la circuncisión.

Uno de los misterios que ha intrigado a los estudiosos del NT es: ¿Por qué Lucas, el autor de los Hechos de los Apóstoles, nunca menciona a Tito? Es de notar que Lucas no se menciona tampoco a sí mismo, ni en el evangelio que lleva su nombre ni en Hechos de los Apóstoles. Probablemente sea porque no procuraba renombre o gloria para sí mismo como escritor o fiel colaborador de Pablo. Por mí parte, comparto la sugerencia de Ramsay de que Tito fue hermano de Lucas, por lo que no se lo menciona por nombre en el libro de Hechos. Así como Lucas no procuraba honor o gloria para sí mismo, tampoco lo procuraba para su hermano.

2:2 Pero subí en obediencia a una revelación. Y para no correr, o para no haber corrido en vano, el evangelio que predico entre

los no judíos lo expuse en privado a los que tenían cierta reputación.

Según Tenney (1973:80), Longenecker 1990:47), Hemer 1990:278) y (Schreiner 2010:120), la revelación a la cual se refiere el apóstol bien puede haber sido la profecía del profeta cristiano Agabo, del cual leemos en Hechos 11:27-28: "Por aquellos días, unos profetas salieron de Jerusalén para visitar Antioquía. Uno de ellos, llamado Agabo, se levantó para anunciar la hambruna que estaba por llegar a toda la tierra, y que el Espíritu le había dado a saber. Esto sucedió en los días del emperador Claudio." Agabo fue el mismo profeta que años más tarde profetizó que Pablo sería atado de pies y manos en Jerusalén por los judíos (Hechos 21:10).

Es evidente que el apóstol Pablo daba gran importancia a las profecías y revelaciones. En sus epístolas y en el libro de Hechos se mencionan profecías recibidas por el apóstol en los momentos más críticos de su ministerio: 2 Corintios 12:1; Hechos 16:9; 18:9-10; 23:11; 27:23-24. Si la revelación a la cual se refiere Pablo en Gálatas 2:2 corresponde a la revelación recibida por Agabo, entonces las dos profecías pronunciadas por este profeta cristiano llegaron a cumplirse. Sin embargo, no todos los intérpretes concuerdan con Tenney en identificar la visita de Gálatas 2:2 con la misión de la iglesia de Antioquía de enviar socorro a los hermanos necesitados de Jerusalén por medio de Bernabé y Pablo. Hay intérpretes que creen que la entrevista de Pablo y Bernabé con los líderes de la iglesia de Jerusalén se celebró junto con el Concilio Apostólico mencionado en Hechos 15. Según nuestra opinión, sin embargo, relacionar la segunda visita de Pablo a Jerusalén con la visita relatada en Hechos 11:30 parece más factible, y se presta para resolver las muchas incógnitas respecto a una cronología de la vida del apóstol.

En cuanto a la revelación que Pablo recibió, estudiosos como Fee (1994:372-373) creen que fue una revelación especial dada a Pablo directamente, o en una asamblea en la cual tomó parte. Se sobrentiende que la revelación provino del Espíritu Santo, y es una evidencia de que el Espíritu seguía guiando a la iglesia primitiva y obraba señales milagrosas entre los creyentes. Pablo hace hincapié en esto para enfatizar que subió a Jerusalén con Bernabé y Tito, no por pedido de los apóstoles o de cualquier otro ser humano, sino guiado por el Espíritu. La reunión que se celebró no fue por iniciativa de los de Jerusalén, sino por la decisión y guía del Espíritu.

Muchos estudiosos de Gálatas se han preguntado por qué el Concilio Apostólico de Jerusalén no se menciona directamente o por nombre en Gálatas y las demás epístolas de Pablo. ¿Por qué? Según los que apoyan la teoría de Galacia del Sur, se debe a que la Carta a los Gálatas fue escrita antes del Concilio de Jerusalén. Según los que apoyan la teoría de Galacia del Norte, es porque Pablo supuestamente no estuvo del todo de acuerdo con las decisiones tomadas en el Concilio, o porque fue un acuerdo que involucraba sólo a las congregaciones de Antioquía y Jerusalén y no a otras no representadas en las deliberaciones del Concilio. A fin de cuentas, las decisiones tomadas por el Concilio Apostólico de Jerusalén representaban un compromiso elaborado para calmar los ánimos tanto de los del partido de la circuncisión como de los miembros de la comunidad cristiana de Antioquía de Siria. No fue una serie de edictos inmutables a los que tenían que sujetarse todos los cristianos de todos los tiempos. Fue una solución transitoria y provisional que difícilmente duraría mucho tiempo, y Pablo lo sabía. Tal vez, por esta razón, el apóstol no quiso poner en vigor las estipulaciones del Concilio en todas sus congregaciones. Hoy en día muchos cristianos gentiles comen, regularmente, la carne de animales estrangulados o que contienen sangre, aunque todavía hay cristianos, como mi querida suegra, que por razones de conciencia se abstienen de comer morcilla.

Están los que consideran que las palabras de Pablo de haber corrido en vano son una alusión a Isaías 49:4, en que el Siervo del Señor exclama: "De balde he trabajado. He gastado mis fuerzas sin ningún provecho. Pero el Señor me hará justicia; mi Dios me dará mi recompensa." Como veremos a lo largo de nuestro estudio de Gálatas, Pablo con frecuencia se identifica con el Siervo del Señor y su ministerio en la segunda parte de Isaías (40-55). El Siervo del Señor es, antes que nadie, Jesucristo; pero puesto que Cristo ahora vive, habla, trabaja, y sufre en Pablo, mucho de lo que Isaías escribe acerca del Siervo tiene aplicación tanto a Cristo como a su apóstol (Harmon 2010:197).

2:3 Pero ni siquiera Tito, que estaba conmigo, fue obligado a circuncidarse, aunque era griego;

Ésta es la primera vez que se menciona la circuncisión en la Carta a los Gálatas. Como veremos más adelante, los adversarios de Pablo daban mucha importancia a la circuncisión como requisito para todos los hombres que quisieran ser parte de la iglesia, fueran de origen judío o gentil. Pablo añadió el incidente acerca de Tito en su narración con la finalidad de mostrar a los gálatas que los líderes de la iglesia madre de Jerusalén estuvieron de acuerdo con su decisión de no circuncidar a Tito, a pesar de los reclamos de un grupo de personas de la iglesia que presionaba a Pablo y a los apóstoles a que lo hicieran. Aparentemente, abogaban a favor de un edicto de parte de los discípulos que hiciera obligatoria la circuncisión para todos los varones de la iglesia. Si los apóstoles hubieran emitido semejante edicto, los opositores de Pablo en Galacia habrían traído una copia para desacreditar a Pablo y el evangelio que proclamaba. El hecho de que no poseían tal documento y que Tito no fue circuncidado, demuestra que los apóstoles habían dado su apoyo a Pablo y no a los predicadores de la circuncisión y la ley de Moisés. Juan Calvino creía que los judaizantes habían planificado la circuncisión de Tito como una manera de desacreditar a Pablo y Bernabé. Si Pablo hubiera aceptado circuncidar a Tito como una medida para preservar la unidad de la iglesia y apaciguar a los judaizantes, éstos podrían decir después que el apóstol realmente no practicaba en Judea lo que predicaba en Galacia. Calvino cree que Pablo, conociendo las intenciones de los judaizantes, no cayó en la trampa que le habían armado (2005:37).

El hecho de que Pablo no permitió que Tito fuese circuncidado pese a los argumentos de los falsos hermanos, confirma que no procuraba agradar a los hombres sino ser fiel a su llamado divino (6:12). Tito no se dejó llevar tampoco por los argumentos de los falsos hermanos. Resistió los argumentos y la presión de los adversarios de Pablo. A lo mejor el apóstol incluyó, entre otras cosas, este relato en su carta con el fin de persuadir a los gálatas a mantenerse firmes ante la insistencia de los intrusos de practicar la circuncisión. Dicho de otra manera, Pablo les dice: "Mis queridos hermanos de Galacia, sigan el ejemplo que yo y Tito dimos frente a los adversarios en Jerusalén. Estén firmes y no procuren agradar a los hombres, sino sigan fieles a Dios. Pese a su negativa a circuncidarse, Tito fue aceptado como un hermano en Cristo por los apóstoles en Jerusalén, y ustedes también serán aceptados por los mismos apóstoles que nos dieron su diestra en reconocimiento de que proclamamos el mismo evangelio de Cristo" (Koptak 1990:105).

El verbo griego ἠναγκάσθη, traducido como obligar en la RVR y NVI, es utilizado otra vez por Pablo en Gálatas 6:12. También puede traducirse como presionar. Así, tanto Tito como Pablo y los líderes de la iglesia de Jerusalén se sintieron sumamente presionados por los falsos hermanos, quienes aparentemente sólo estaban interesados en mantener la unidad de la iglesia. Muchos siglos después, reformadores tales como Juan Hus, Martín Lutero, y Juan Wyclif, experimentaron una presión similar, al exigírseles que renunciaran a la verdad del evangelio. Pero con la asistencia del Espíritu Santo pudieron resistir la presión y mantenerse fieles a Cristo.

El hecho de que Tito haya podido resistir la imposición de circuncidarse, es una muestra de que el Espíritu Santo iluminó a Pablo y los apóstoles a entender que la circuncisión era para los conversos gentiles un caso de *adiáfora*, o sea, una cosa indiferente que Dios no exigía ni prohibía. Siendo la circuncisión algo así, no se puede argumentar que la no circuncisión es una herejía. Lo que sí es una herejía es la imposición de la circuncisión por ley, como intentaban hacerlo los falsos hermanos en Jerusalén. Por otra parte, también sería herejía considerar como *adiáfora* lo que había sido establecido por el Espíritu Santo, a saber, la unión de todos los creyentes en Jesucristo sentados a una sola mesa, tanto judíos como gentiles. Que la circuncisión fue para Pablo un caso de *adiáfora* se hace patente por el hecho de que el mismo apóstol que se rehusó a circuncidar a Tito, sí circuncidó a Timoteo (Hch 16:3), probablemente con el fin de permitirle, como hijo de madre judía, predicar en la sinagoga (Hengel 2010:61).

Con el transcurso de los siglos se hizo necesario hacer hincapié en el hecho de que la unidad de los cristianos no ha de considerase una *adiáfora*. Durante el tiempo del *apartheid* en África del Sur, la Iglesia Reformada Holandesa de ese país utilizó Hechos 2:1-11 ("porque los oían hablar en su propia lengua") y 17:26-27 ("les ha prefijado... sus límites para vivir"), para enseñar que Dios había decretado la separación de los cristianos en diferentes grupos étnicos, o sea, que cada uno viva dentro de un territorio definido y adore a Dios solamente con los de su mismo grupo racial o social (Walton 2013:212). El pasaje de Gálatas 2:3 nos insta a resistir todo intento de justificar cualquier sistema de *apartheid*, ya sea como *adiáfora* o como ley natural.

2:4 y esto a pesar de los falsos hermanos introducidos a escondidas, que entraban para espiar la libertad que tenemos en Cristo Jesús y para reducirnos a esclavitud,

Pablo no se refiere a estas personas como judaizantes o fariseos, sino como falsos hermanos (ψευδαδέλφους). Es el mismo término que emplea en 2 Corintios 11:26 para designar a un grupo de personas de fuera, que llegaron a la ciudad de Corinto y comenzaron a cuestionar la autoridad apostólica de Pablo y a causar problemas en la congregación. Según su costumbre, Pablo no identifica a estos falsos hermanos por nombre; no quiere darles el gusto de tener sus nombres registrados en un documento que más tarde será parte de las Sagradas Escrituras y leído por millones y millones de creyentes. Los falsos hermanos se colaron en la reunión celebrada entre Pablo y los líderes de la iglesia de Jerusalén, para espiar <u>nuestra libertad</u>. La libertad a la cual Pablo hace referencia aquí y en el resto de la carta, es la de saberse liberados de la necesitad de circuncidarse y cumplir con las exigencias rituales y ceremoniales de la ley de Moisés. El verbo griego κατασκοπῆσαι, que se traduce <u>espiar</u>, es un término militar que denota las actividades de espías y conspiradores que encubiertamente entran al campamento de uno como amigos, siendo que en realidad son intrusos y enemigos, al igual que los fariseos y saduceos que tantas veces se acercaron a Jesús como hermanos, aunque en realidad procuraban tenderle trampas. Según Longenecker (1990:51) los intrusos eran falsos hermanos, porque no estaban dispuestos a aceptar a los creyentes gentiles como verdaderos hermanos sin la circuncisión. De esta manera negaron la universalidad del evangelio.

Los estudiosos de gramática griega han notado que la oración del versículo 4 carece de una conclusión. Es como que le vino a Pablo un pensamiento nuevo antes de terminar lo que estaba diciendo, cosa que suele suceder cuando uno hace una presentación oral. Recordemos que Pablo no escribió cada palabra con su propia mano, sino que dictaba sus ideas a un escriba. Aparentemente, en el versículo 6 el apóstol vuelve al pensamiento no concluido y lo lleva a su conclusión. A esta clase de pensamiento interrumpido se le llama anacoluto. El contenido del versículo 5, insertado entre los versículos 4 y 6, hace las veces de un paréntesis en la secuencia del pensamiento del apóstol (Koehler 1957:37-39).

2:5 a los cuales ni por un momento accedimos a someternos, para que la verdad del evangelio permaneciera con ustedes.

A pesar de la presión desplegada por los falsos hermanos, Pablo y Bernabé se mantuvieron firmes en su defensa de la verdad del evangelio. Pablo lo menciona porque quiere que sus lectores y oyentes muestren la misma firmeza frente a la presión de los agitadores de Galacia. A veces nos conviene hacer concesiones a los que están en desacuerdo con nosotros, para llegar a un acuerdo y de esta manera evitar una pelea o una división en la iglesia. Y hay ocasiones en las que nuestros adversarios y el mundo en general interpretan toda concesión como una admisión de que el asunto en discusión es menos importante que una muestra de falsa unidad. El Señor nos llama a ser pacificadores (Mt 5:9), pero no a expensas de la verdad del evangelio. Jesús declara: "He venido para poner al hijo contra su padre, a la hija contra su madre, y a la nuera contra su suegra" (Mt 10:35). Si Pablo hubiera circuncidado a Tito para evitar un choque con otros que profesaban ser hermanos en Cristo, hubiera negado la verdad del evangelio afirmando con su acción que el ser humano no es justificado por la gracia de Dios sin las obras de la ley.

2:6 Los que tenían fama y reputación de ser algo (lo que hayan sido en otro tiempo nada me importa; Dios no hace acepción de personas), no me comunicaron nada nuevo.

Con estas palabras Pablo da a entender que aun si Pedro, Jacobo, y Juan hubieran demandado que circuncidara a Tito, no lo habría hecho. Así como la verdad del evangelio tiene precedencia frente a cualquier falsa muestra de paz y unidad, también la tiene frente a la supuesta autoridad de quienes son considerados los máximos líderes de la iglesia o del gobierno. Las autoridades eclesiásticas pueden equivocarse, un hecho que comprueba cualquier estudio serio de la historia eclesiástica, cosa que Pedro, uno de los columnas de la iglesia, había manifestado ante el Concilio Supremo de Israel, el Sanedrín: "Juzguen ustedes: ¿Es justo delante de Dios obedecerlos a ustedes antes que a él?" (Hch 4:19). Martín Lutero, a su vez, tuvo que enfrentarse al desafío de anteponer la verdad del evangelio al papa y al emperador.

Las palabras de Pablo no deben interpretarse como un intento de denigrar la reputación de Pedro, Jacobo, y Juan. El apóstol no tiene en la mira a los tres apóstoles, columnas de la iglesia madre, sino a los agitadores de Galacia, los cuales tenían un concepto muy exagerado de la autoridad eclesiástica, y que además se habían presentado ante los gálatas como discípulos íntimos de los tres pilares, o columnas, arriba mencionados. Como veremos, éstos no dieron su apoyo a los que demandaban la circuncisión de Tito, sino a Pablo y Bernabé. Según Schreiner, al hablar de "los que tenían fama y reputación de ser algo", Pablo no desea impugnar o poner en duda la autoridad de los pilares de la iglesia en Jerusalén, sino advertirles a sus lectores a no sobrestimarlos (2010:130), cosa que aparentemente hacían los agitadores. No fueron los apóstoles, los pilares, quienes se ufanaban de ser algo, sino que los agitadores les endosaron la fama (Witherington 1998:138). Lo que sí queda en claro es que los tres pilares de la iglesia de Jerusalén no les impusieron a Pablo y Bernabé ninguna exigencia; no añadieron ninguna nueva doctrina a lo que Pablo ya estaba enseñando en sus congregaciones.

La frase que se traduce como "Dios no hace acepción de personas", en griego quiere decir literalmente que Dios no acepta la cara o rostro (πρόσωπον) de las personas. O sea, Dios en su papel de juez de los seres humanos, no suele evaluar o parcializar a las personas a base de la apariencia de sus rostros, estatus, rango, autoridad, sexo, posesiones, o la honra obtenida entre sus semejantes. Dios, en vez de medir a las personas según tales cosas externas, más bien mira el corazón y ve lo que la gracia divina ha realizado en lo más íntimo del ser humano. Los antropólogos califican a la sociedad grecorromana como una cultura de honra y vergüenza, es decir, una cultura en la cual todos procuraban ganar honra, reconocimiento y gloria compitiendo con los demás y a expensas de éstos. En cambio, los que andan según el Espíritu de Dios, procuran servir a los demás, y de esta manera dar honra a Dios (Withrington 1998:139).

2:7 Por el contrario, como vieron que me había sido encomendado el evangelio de la incircuncisión, como a Pedro el de la circuncisión

El tema de la conferencia entre los representantes de la iglesia de Jerusalén y la iglesia de Antioquía tuvo que ver con la evangelización de todas las naciones. La palabra "vieron" indica que los informes presentados por Pablo y Bernabé les abrieron los ojos a los líderes de la iglesia de Jerusalén acerca del hecho de que el Espíritu Santo bendecía la evangelización entre los gentiles. A lo mejor Pablo y Bernabé contaron que el Espíritu vino sobre los nuevos creyentes, tal como sucedió cuando Pedro proclamó el evangelio en la casa de Cornelio en Cesarea. Además, la presencia de Tito lo expuso como ejemplo vivo de la transformación que la predicación de las buenas nuevas produce en la vida de un gentil.

Es instructivo notar que, en el tiempo de Pablo, los términos circuncisión y no circuncisión llegaron a caracterizar a judíos y gentiles, respectivamente. Sucede con frecuencia que en la historia de las religiones una enseñanza, práctica o idea importante, se convierte en un sobrenombre que caracteriza o define a los que las sostienen. Ejemplos de esto son los anabaptistas, cuáqueros, aleluyas, romanistas, etc. La designación de algunos como los de la circuncisión y otros de la no circuncisión proviene de un punto de visto judío, e ilustra cuán importante había llegado a ser para los judíos la circuncisión, pues definía para ellos lo que consideraban la diferencia principal entre los judíos y todos los demás grupos humanos del mundo. Esto permite apreciar el grado de resistencia de parte de los judíos en contra de todo intento por desbaratar el distintivo más importante de quienes consideraban que pertenecían a una nación especial y un pueblo santo (Dunn 1992:103). Visto desde la perspectiva judía, se puede apreciar que el término griego "no circuncisión" (ἀκροβυστίας) era un mote burlesco, pues proviene de la palabra griega para prepucio, y literalmente quiere decir "los que tienen prepucios". Tal designación más literal se preserva en la traducción de la Biblia al holandés, donde en Gálatas 2:7 se habla del "*Evangile der vorrhuid*", o sea "el evangelio del prepucio" (Kahl 2000:40).

El hecho de que Pedro y los demás apóstoles fueran designados misioneros para comunicar el evangelio a los judíos, debe dejar en claro que éstos, pese a ser descendientes de Abrahán y haber recibido la ley mosaica, también necesitan ser salvados de la ira venidera. En consonancia con la predicación de Juan el Bautista y de Jesús en los evangelios sinópticos, los judíos también deben arrepentirse para recibir el perdón de los pecados, el bautismo, y la fe en el evangelio. Juan el Bautista expresó: "y no comiencen a decirse: 'Tenemos a Abrahán por padre', porque yo les digo que aun de estas piedras Dios puede levantar hijos a Abrahán" (Lc 3:8). Como veremos más adelante, al establecer comunidades de creyentes en las ciudades de Galacia por medio de su siervo Pablo, Dios levantaba hijos a Abrahán aun de las piedras. No hay nada en las epístolas, ni en el libro de los Hechos ni en los evangelios, que indique que un miembro del pueblo de Israel podía entrar en el reino de Dios sin fe en Cristo.

De acuerdo con lo que leemos en el libro de los Hechos y el resto del NT, la decisión de encomendar a Pablo la evangelización de los gentiles y a Pedro la de los judíos de la diáspora, no duró mucho tiempo Los judíos de la diáspora y los gentiles de las regiones visitadas por los apóstoles, vivían tan próximos los unos a los otros, que era casi imposible proclamar el evangelio a unos y a los otros no. En Hechos leemos que Pablo proclamaba las buenas nuevas en las sinagogas judías, porque allí había muchos gentiles que necesitaban conocer a Cristo. Por otro lado, al leer los primeros versículos de1 Pedro, notamos que los destinatarios del escrito son casi todos gentiles y no judíos. De hecho, tanto Pedro como Pablo se sintieron obligados por las circunstancias y por las puertas abiertas para ellos por el Espíritu Santo, a proclamar el mensaje de Cristo tanto a judíos como a gentiles. Una y otra vez observamos en la historia de las misiones, que las decisiones tomadas por los hombres son modificadas o totalmente cambiadas por el Espíritu Santo.

2:8 (pues el que actuó en Pedro para el apostolado de los judíos, actuó también en mí para con los no judíos).

Del verbo griego *energeia* (ἐνέργεια), traducido como actuó, deriva nuestra palabra energía. En el NT se lo emplea, por lo general, para designar la operación de poderes divinos, o sea, acciones divinas (Mc 6:14; 1 Co 12:6; Gl 3:5). Lo que hizo que los apóstoles se convencieran de la autenticidad del evangelio que proclamaban Pablo y Bernabé fue el hecho de que, como en el caso de Pedro (Hch 10:44-48), la predicación de las buenas nuevas iba acompañada por el carisma del Espíritu Santo: lenguas, sanaciones, milagros. Los apóstoles no pudieron negar que el Espíritu Santo actuaba con poder y efectividad en el ministerio de Pablo y Bernabé. Llegaron a la conclusión de que el mismo Espíritu Santo, presente en el ministerio de Pedro, también actuaba efectivamente en el ministerio de los que no exigían la circuncisión (Dunn 1993:106). El hecho de que aquí se habla de un apostolado de la circuncisión y otro para con los gentiles, no implica que hubiera dos evangelios diferentes: uno para los gentiles y otro para los judíos. No hay dos evangelios, sino dos culturas distintas en las que se proclama el mismo evangelio (Schreiner 2010:128). En efecto, había dos apostolados pero un solo evangelio. En la iglesia primitiva, lo mismo que en la iglesia de hoy, existe diversidad en la unidad. No es necesario, como en el islam y otras religiones, que todos utilicen el mismo idioma de culto, la misma liturgia o la misma forma de gobierno eclesiástico.

2:9 y como reconocieron la gracia que me había sido dada, Jacobo, Cefas y Juan, que eran considerados como columnas, nos

dieron a mí y a Bernabé la diestra en señal de compañerismo, para que nosotros fuéramos a los no judíos, y ellos a los judíos.

Aunque Pablo recibió el evangelio que predicaba por una revelación directa de Jesucristo y no de los líderes de la iglesia de Jerusalén, este evangelio no fue diferente del que predicaban los demás apóstoles. Si los que tenían reputación de ser algo en Jerusalén le dieron su bendición, es porque tanto Pablo como los demás líderes de la iglesia proclamaban el mismo evangelio. Debe notarse que los llamados tres columnas no buscaron imponer su autoridad a Pablo y a Bernabé, sino que reconocieron que Pablo había recibido su autoridad directamente de Cristo. Y no sólo reconocieron esto, sino que también reconocieron que el apóstol había recibido gracia, o sea, la misericordia y el amor inmerecido de Jesús. Dicho de otra manera, reconocieron que Cristo lo había perdonado por lo que había sido y hecho cuando persiguió a su iglesia. Esto quiere decir que si los agitadores de Galacia proclamaban un evangelio diferente del que proclamaba Pablo, entonces proclamaban también un evangelio diferente del que anunciaban Jacobo, Pedro, Juan y los otros líderes de la iglesia de Jerusalén y Judea. En vez de contar con la bendición de los apóstoles, como quisieron hacerles creer a los gálatas, los agitadores en realidad estuvieron en desacuerdo con la iglesia de la Ciudad Santa (Fee 1994: 377).

No se menciona a los demás apóstoles y líderes de la iglesia de Jerusalén. No sabemos si en esa circunstancia se encontraban en Jerusalén, o no. Los que se mencionan son denominados columnas o pilares (στῦλοι en griego). Resulta interesante el uso del término pilares o columnas para referirse a Jacobo, Pedro, y Juan. En primer lugar, porque sugiere una construcción o edificio apoyado sobre pilares. El edificio parece ser un templo, pero no el gran templo de Herodes el Grande en Jerusalén, el que pronto, según la profecía de Jesús (Marcos 13:2), sería destruido y del que no quedaría piedra sobre piedra. El templo del cual Jacobo, Pedro, y Juan son pilares, es más bien el nuevo templo espiritual y escatológico, hecho sin manos y levantado por Jesús, la iglesia, la cual es a la vez el cuerpo de Cristo.

En su discurso durante el Concilio Apostólico, Jacobo hace referencia a este templo al citar la profecía de Amós 9:11-12: "Cuando llegue el día, yo volveré a levantar el tabernáculo de David, que ahora está derribado, y repararé sus grietas y reedificaré sus ruinas. Volveré a edificarlo, como en el pasado, para que todos aquellos sobre los que se invoca mi nombre tomen posesión del resto de Edom, y de todas las naciones. – Palabra del Señor, que así lo hará." Al citar Jacobo la profecía de Amós, reconoce que el templo hecho de piedras que excluía a los gentiles, sería reemplazado por un templo espiritual que los incluye. Varias tradiciones rabínicas se refieren a los tres patriarcas, Abrahán, Isaac, y Jacob, como los tres pilares de Israel y del mundo. Según Martin (1999:205), la designación de Pedro, Juan, y Jacobo, este último hermano carnal de Jesús, como pilares o columnas, demuestra que los miembros de la iglesia de Jerusalén los consideraban los tres patriarcas del nuevo Israel de los últimos tiempos y los tres pilares sobre los que estaba construido el nuevo templo espiritual hecho sin manos. Efesios 2:20 habla de los judíos y los gentiles creyentes, como que constituían el nuevo templo de Dios edificado "sobre el fundamento de los apóstoles y profetas, cuya principal piedra angular es Jesucristo mismo". En Apocalipsis 3:12 Jesús promete convertir al que salga vencedor "en columna del templo de mi Dios".

La designación de Jacobo, Pedro, y Juan como los tres pilares del templo es interesante, en segundo lugar, porque normalmente un edificio, como un templo, tendría cuatro pilares, uno en cada esquina. Puede ser que originalmente la iglesia de Jerusalén haya tenido cuatro pilares, pero que uno de ellos haya quedado descartado cuando Jacobo, el hijo de Zebedeo y hermano de Juan, fue decapitado por Herodes Agripa I (Hch 12:1-2). La importancia de los pilares radica en que los líderes le dieron la diestra a Pablo y Bernabé en señal de reconocimiento de su ministerio entre los no circuncidados, así como Pablo reconoció el ministerio entre los judíos de los llamados pilares y de los demás apóstoles. Es interesante observar que es la única vez que Pablo, en todos sus escritos, menciona al apóstol Juan, hijo de Zebedeo. En los primeros capítulos del libro de los Hechos se menciona a Juan como acompañante de Pedro, pero después no se habla más de él. Según los historiadores eclesiásticos, Juan pasó los últimos años de su largo ministerio en Éfeso y en la provincia romana de Asia. En nuestro comentario sobre el Evangelio según San Juan (1999:11-12) indicamos que muchos de los temas tratados por Pablo en Gálatas y Romanos, aparecen también en los escritos de Juan, y que Juan está en completo acuerdo con Pablo en lo que escribe sobre la justificación por la fe, el papel de la ley y del evangelio y el carácter provisional de las ceremonias e instituciones del AT. En lo que se refiere a la verdad del evangelio, no hemos encontrado al respecto ningún conflicto entre Pablo y Juan. Tanto el evangelio como las epístolas de Juan confirman el evangelio proclamado por Pablo en Galacia.

Hay dos maneras de entender la partición de trabajo que se acordó en esta convergencia. La primera es que a Pablo y a Bernabé les cupo la responsabilidad de evangelizar las regiones geográficas fuera de Judea y Jerusalén, y a los otros apóstoles la Tierra Santa. En otras palabras, una división geográfica. La segunda manera de entender el acuerdo es que Pablo y Bernabé tuvieron la responsabilidad de evangelizar gentiles dondequiera se encontraran, y los otros apóstoles a los judíos dondequiera vivieran. En otras palabras, una división étnica. En Hechos y las otras epístolas de Pablo y también de Pedro, vemos que tanto los unos como los otros predicaron el evangelio tanto a gentiles no circuncidados como a judíos. De todos modos, Pedro, Jacobo, y Juan, representantes de las iglesias de Jerusalén, se pusieron de acuerdo con Pablo y Bernabé, representantes de la iglesia de Antioquía, acerca de cómo repartir la responsabilidad de evangelizar tanto a judíos como a gentiles. Es un acuerdo entre dos partes, en que todos se comprometen a reconocer y respetar el trabajo evangelizador de cada una de las partes. El conocido teólogo James Dunn cree que si los apóstoles no hubieran concretado este acuerdo, la iglesia de Jerusalén y Judea probablemente habría quedado identificada como una secta mesiánica subordinada dentro del judaísmo, mientras que la misión de Pablo se habría convertido en un movimiento autónomo, emancipado de la vieja base de la fe (1993:105).

En su comentario sobre Gálatas, Calvino (2005:43) observa que el acuerdo entre Pablo y los otros apóstoles parece no concordar con la gran comisión de Mateo 28:19, en la cual se ordena a todos los apóstoles a hacer discípulos en todas las naciones. El hecho de que Pedro proclamó el evangelio en la casa de Cornelio y escribió una carta a creyentes gentiles que vivían en Ponto, Galacia, Capadocia, Asia, y Bitinia, es evidencia de que Pedro también se sintió llamado a ser apóstol de los gentiles. Lo cierto es que las tradiciones de la iglesia primitiva que hablan de los apóstoles que viajan a otras regiones para proclamar a Cristo, indican que el acuerdo entre Pablo y los demás apóstoles no cerró las puertas de la coyuntura que el Espíritu abrió para los apóstoles. Según las tradiciones de la iglesia primitiva, Tomás llegó a la India, Felipe a Etiopía y Andrés a Tracia y Acaya. Calvino observa que si Pedro hubiera sido llamado a ser el apóstol de los judíos solamente, la iglesia romana no tendría el derecho de considerarlo el primer papa de una iglesia cuya membresía estaba constituida principalmente por gentiles.

El hecho de que los apóstoles considerados pilares dieron la razón a Pablo, Bernabé, y Tito y no a los falsos hermanos que vinieron para espiar la "libertad que tenemos en Cristo Jesús", debe haber sido no solamente un duro golpe para los agitadores, sino también una vergüenza y pérdida del honor, todo lo cual es algo muy grave para personas que ven la vida como una competencia en la que se procura incrementar el honor personal de uno a expensas de otros. La derrota fácilmente pudo haber despertado en los "falsos hermanos" el deseo de arreglar cuentas con Pablo en el futuro.

LA MANO DERECHA COMO SÍMBOLO DE LA UNIDAD DE LA IGLESIA

Aunque Pablo y Bernabé recibieron el llamamiento para evangelizar a los gentiles, y los otros apóstoles a los judíos, ni Pablo ni los otros apóstoles quisieron el establecimiento de dos iglesias, sino una sola iglesia unida. Pero, ¿cuál sería la base de la unidad de esa Iglesia? El acuerdo logrado por Pablo y los apóstoles nos muestra que no fue la circuncisión, porque los que llegarían a conformar la iglesia universal serían judíos y prosélitos circuncidados, y gentiles no circuncidados. Como veremos más adelante, la base de la unidad no sería tampoco que todos celebraran las mismas fiestas, ni que emplearan la misma liturgia o que hablasen el mismo idioma. Lo que los creyentes judíos y gentiles tienen en común, y que es la base de su unidad, es su fe en Jesucristo encarnado, crucificado, resucitado, y sentado a la diestra del Padre. Pablo hablará más extensamente acerca de la verdadera unidad de la iglesia en su Epístola a los Efesios. Pero ya en su reunión en Jerusalén, al darse la mano derecha tanto Pablo como los otros apóstoles, ponen de manifiesto que la justificación por la fe no sólo es el mensaje central de las Escrituras, sino también la base de la verdadera unidad de la iglesia. En el artículo VII de la Confesión de Augsburgo Felipe Melanchton expuso: "Para la verdadera unidad de la iglesia cristiana es suficiente que se predique unánimemente el evangelio o una concepción genuina de él, y que los sacramentos se administren de acuerdo con la palabra divina. Y no es necesario para la verdadera unidad de la iglesia cristiana que en todas partes se celebren de modo uniforme ceremonias de institución humana" (Meléndez 2000:30).

COINONÍA Y COLECTA

El sustantivo griego traducido compañerismo en la RVR y la NVI es κοινωνία, una de las palabras favoritas del apóstol Pablo, pero utilizado solamente aquí en su Carta a los Gálatas. En un artículo escrito en 2012, Julien Ogereau asevera que el término compañerismo no traduce adecuadamente todo lo que quiere decir el término en los documentos, inscripciones, y discusiones filosóficas de la época. En muchos contextos κοινωνία se emplea para designar una alianza política, una asociación civil, un programa de asistencia mutua o un compromiso social. En Romanos 15:26; 2 Corintios 8:4 y 9:13 el apóstol usa el término κοινωνία para indicar la colecta para los creyentes pobres de Jerusalén. Es decir, el acuerdo o alianza entre Pablo y los apóstoles bien pudo haber involucrado responsabilidades financieras destinadas a promover el establecimiento de una sociedad igualitaria, semejante a la descripción que nos brinda Lucas de la iglesia primitiva de Jerusalén en Hechos 2:44-45: "...y todos los que habían creído se mantenían unidos y lo compartían todo; vendían sus propiedades y posesiones, y todo lo compartían entre todos, según las necesidades de cada uno." Según el autor, tanto Pablo como los otros apóstoles procuraron promover una especie de comunismo primitivo voluntario. Dicha comunidad de bienes entre creyentes judíos y gentiles serviría para presentar al mundo una forma alterna de sociedad, que reflejaría los valores del reino de Dios, y actuaría como contrapeso frente a las injusticias sociales tan marcadas en el Imperio Romano. Esta visión de una nueva sociedad, o nueva creación cristiana, es una de las cosas que indujo a Pablo a concretar su célebre colecta para los creyentes pobres de Jerusalén (Ogereau 2012:360-378). Si hay algo de mérito en la interpretación de Ogereau, es que nos ayuda a entender mejor las palabras de Pablo de Gálatas 6:2: "Sobrelleven los unos las cargas de los otros, y cumplan así la ley de Cristo."

2:10 Solamente nos pidieron que nos acordáramos de los pobres; lo cual también procuré hacer con diligencia.

La única exigencia de los guías de la congregación de la iglesia de Jerusalén es que se acuerden de los pobres. ¿Quiénes son los pobres a los que se hace referencia? Hay tres posibles respuestas:

<u>Repuesta 1</u>: Los pobres son los de extrema pobreza de la congregación madre de Jerusalén. Su pobreza consiste en que carecen de bienes materiales para su sustento. Había muchas viudas y huérfanos entre los conversos que llegaron a Jerusalén del extranjero el primer día de Pentecostés. Muchos de los nuevos seguidores de Jesús no regresaron a sus lugares de origen, sino que se quedaron en Jerusalén esperando el pronto retorno de Cristo para establecer el reino de Dios. La responsabilidad de alimentar a tantas personas necesitadas fue, desde el principio, una carga pesada para los apóstoles, según lo indican los relatos de Hechos 5 y 6. Allí dice que muchos miembros de la congregación, como Bernabé, vendieron sus posesiones con el fin ayudar a los pobres y necesitados de Jerusalén. También leemos que se escogieron siete diáconos para ayudar con la distribución de comida y ropa para los pobres. Según esta interpretación de Gálatas 2:10, lo que pedían Jacobo, Pedro, y Juan de la iglesia de Antioquía fue que no se olvidaran de enviar de forma continuada ayuda económica para los hermanos pobres de Jerusalén. En realidad, fue la posición que yo asumí cuando escribí mi comentario sobre 1 Corintios, publicado en 2010.

<u>Respuesta 2</u>: Un grupo considerable de historiadores e intérpretes bíblicos cree que la palabra <u>pobres</u> era un término técnico para

referirse a todos los miembros de la iglesia madre de Jerusalén y las congregaciones de creyentes mesiánicos de Judea. Según esta interpretación, el término pobres se refiere a que eran pobres en espíritu, y no tanto a la situación económica de los judíos mesiánicos de Jerusalén y Judea. Recordemos que Jesús proclamó: "Bienaventurados los pobres en espíritu, porque de ellos es el reino de los cielos" (Mt 5:3). Además, en los Salmos se utiliza el término los pobres para referirse a los justos que se mantienen fieles al Señor. De los escritores cristianos como Ireneo de Lyon, Justino Mártir, y Epifanio de Salamina, aprendemos que en el siglo II dC hubo un grupo de judíos mesiánicos llamados ebionitas. Muchos historiadores creen que debe haber una conexión entre la referencia a los pobres de Gálatas 2:10 y la secta de los ebionitas, porque el nombre ebionitas proviene de una palabra hebrea que significa los pobres. Hay historiadores que creen que los ebionitas del siglo II fueron los descendientes de los judíos mesiánicos que sobrevivieron a las dos guerras entre los judíos y Roma. Los ebionitas a los que se refieren Ireneo y Epifanio de Salamina, no aceptaron la divinidad de Jesús; además consideraban a Pablo un hereje y falso profeta. Lo que tienen en común la primera y segunda respuestas es que ambas dejan entrever que la referencia de Gálatas a los pobres queda limitada a los creyentes judíos de Judea.

Respuesta 3: En el 2010 el erudito Bruce W. Longenecker publicó una obra de 380 páginas sobre la situación de los pobres y la pobreza en las epístolas de Pablo y en el mundo grecorromano. La tesis de Longenecker afirma que los pobres mencionados en Gálatas 2:10 no deben identificarse con los creyentes pobres de la iglesia madre ni con los ebionitas, sino con los gentiles pobres, oprimidos, y marginados, que vivían en las áreas en que se encontraban las congregaciones establecidas por Pablo y sus colaboradores. Es decir, había que acordarse de los pobres porque la ayuda económica que se les brindaba era una parte integral de la misión a los gentiles (Longenecker 2010:189). Esto siempre había sido una parte integral de la identidad del judío y una de las razones de ser de la sinagoga. En el judaísmo, dar limosnas a los pobres, viudas, y huérfanos siempre ha sido una expresión de la justicia de la persona que vive según la ley de Dios en conformidad con el Pacto. Para los judíos de la diáspora, la caridad llegó a reemplazar los sacrificios del templo como una manera de agradar a Dios.

En el libro apócrifo de Tobías leemos: "Dar limosna salva de la muerte y purifica de todo pecado" (12:9). Otro libro apócrifo expresa: "Hazte un tesoro de limosna y caridad, y te será más útil que el oro. Guarda limosnas en tu despensa, y ellas te librarán de cualquier calamidad" (Eclesiástico 29:12). Según Longenecker, las comunidades fundadas por Pablo fueron estructuradas, desde el principio, no solamente como centros de evangelización, sino al igual que las sinagogas, como centros de ayuda para los pobres, creyentes y paganos por igual. La caridad de los creyentes debe ser como la misericordia de Dios, que muestra su bondad a justos e injustos. La ayuda que se ofrecía a los pobres fue parte de la verdad del evangelio, así como lo fue en la praxis de Jesús y la iglesia primitiva en Jerusalén. Como misionero comisionado por Jesús, Pablo también procuró reflejar en su ministerio la misma preocupación por los pobres que tuvo su Señor. Quizá sea significativo que la exhortación de acordarse de los pobres proviene de Jacobo, el hermano de Jesús. De todos los escritos del NT, el que enfatiza más que cualquier otro la necesidad de ayudar a los pobres es la Epístola de Santiago (Longenecker 2010:128-131). Santiago es quien denuncia tan categóricamente la opresión de los ricos, tal vez como una referencia al sumo sacerdote y los ricos saduceos que devoraban, como el fuego, los sueldos de los pobres (5:1-6 RVC). En el mismo escrito se expone también que la fe carente de caridad por los necesitados es una fe muerta (2:14-26).

Aunque los creyentes gentiles podían dejar a un lado algunas de las ceremonias de la sinagoga tales como la circuncisión, el calendario ritual y las comidas prohibidas, la ayuda al prójimo no debía descartarse. Hay que acordarse de los pobres; el amor al prójimo tiene que expresarse en hechos concretos de caridad. Acordarse de los pobres es el significado espiritual tanto de la ley natural como de los Diez Mandamientos. Hay que acordarse de los pobres porque la tendencia de nuestra naturaleza es contraria a lo que dice el apóstol, que no nos cansemos de hacer el bien (Gl 6:9). Las primeras comunidades cristianas siempre estuvieron pendientes del pronto regreso de Cristo. Cuando uno vive muy pendiente del fin de todo, se hace difícil dar importancia a las necesidades inmediatas, y se fija primordialmente en lo que está por suceder. "¿Por qué preocuparme por los necesitados? Las necesidades de los pobres y marginados serán resueltas muy pronto con la segunda venida de Cristo, la cual ocurrirá dentro de muy poco tiempo. La segunda venida resolverá el problema de los pobres". Tal manera de pensar bien pudo haber ganado terreno en Tesalónica, donde hubo quienes entendieron erróneamente las enseñanzas acerca de la parusía de Cristo.

En sus cartas a los tesalonicenses, Pablo tuvo que recordarles a los hermanos que nadie sabe la hora de la venida de Cristo; por lo tanto, no se puede relegar la caridad a un plano secundario. Queda sobrentendido que las comunidades que priorizan la caridad siempre tendrán dolores de cabeza, tal como sucedió en Jerusalén (Hch 6:1), donde las viudas de habla griega murmuraban aduciendo que eran desentendidas en la distribución diaria. En todas partes del mundo, las iglesias cristianas han tenido problemas con personas que se hacen pasar por pobres para aprovecharse de la ayuda que presta la iglesia. Entre los tesalonicenses sí existía el problema, ya que el apóstol les advierte: "Si alguno no quiere trabajar, que tampoco coma" (2 Ts 3:10).

Más tarde, en 1 Timoteo 5, Pablo instruirá a Timoteo a que no ponga en la lista de las viudas que deben recibir ayuda económica de la congregación a personas que pueden ser sostenidas por sus propios familiares, así como establece la ley. Parece que la iglesia de Jerusalén no lo hacía y, por lo tanto, tenían en la lista más personas que las que podían sostener. Sin embargo, el abuso de algunos aprovechadores no debe ser una excusa para olvidarse de los pobres y cansarse de hacer el bien. La ayuda a los necesitados no es una cuestión adiáfora como la circuncisión. En la actualidad, algunas congregaciones que tienen a su cargo un centro de distribución de ropas y alimentos para los necesitados, descubrieron que ciertas personas sin escrúpulos se hacen pasar por pobres para recibir ropas y alimentos que después venden para comprar drogas. La solución al problema no es la prestación de ayuda indiscriminada a toda persona que llega alegando una supuesta necesidad, sino seguir a la iglesia primitiva y la sinagoga judía, donde los diáconos entregaban personalmente la ayuda material a las personas conocidas de su comunidad que realmente estaban necesitadas.

La razón de ayudar a los pobres no es obtener méritos ante Dios, ni prestigio en la sociedad, como tampoco apaciguar una conciencia inquieta, sino la necesidad del prójimo y la gratitud del cristiano a Jesús, quien se hizo pobre a fin de que nosotros, los pobres, pudiéramos gozar de las riquezas que Dios nos da: el perdón de los pecados y el don del Espíritu Santo. La caridad, además, es una señal de la unidad entre los seguidores de Cristo, como lo da a entender la colecta de la que habla Pablo en 2 Corintios 8 y 9, y en Romanos 15. Al final de su tercer viaje misionero Pablo llevó, juntamente con representantes de las congregaciones gentiles, una generosa ofrenda para los pobres de Jerusalén como una muestra de amor cristiano y un acto designado como afirmación de la unidad de las iglesias judeocristianas y las de los creyentes gentiles. En los primeros siglos después de Cristo los enemigos de la fe, como el historiador romano Cornelio Tácito (55-120 dC), quedaron maravillados y perplejos al ver la caridad y ayuda que tanto cristianos como judíos brindaban a los pobres. Hasta Julián el apóstata, el emperador pagano de Roma (360-363 dC), se vio en la necesidad de reconocer que los impíos galileos (los cristianos) no sólo prestaban ayuda económica a sus pobres, sino también a los allegados a él (Longenecker 2010:63). Aunque en la antigüedad encontramos ejemplos de paganos que prestaban ayuda a los pobres, su caridad no se compara con la de los cristianos y los judíos. Muchos paganos concordaron con el comediógrafo latino Tito Maccio Plauto (254-184 aC) quien afirmó que no se logra nada bueno con ayudar al pobre, solamente se pierde lo que uno tiene y se prolonga la agonía del pobre un rato más. En nuestra exposición de Gálatas 6:1-10 comentaremos algo más sobre el tema de la pobreza.

Al concluir el relato de la visita de Pablo, Bernabé, y Tito a Jerusalén y su reunión con los apóstoles pilares de la iglesia, debemos hacer las siguientes observaciones: (1) Los apóstoles columnas de la iglesia apoyaron a Pablo en su decisión de no circuncidar a Tito. (2) Los líderes de la iglesia no añadieron nada al evangelio que proclamaba Pablo. (3) Los tres apóstoles le dieron la diestra a Pablo y Bernabé en señal de compañerismo y en reconocimiento de la misión que estaban llevando a cabo. Es decir que, en vez de estar en desacuerdo con el mensaje y la práctica misionera de Pablo y sus colaboradores, cosa que aseveraban los agitadores, los líderes de la iglesia madre de Jerusalén dieron su bendición a los misioneros y su misión. Ahora bien, en lo que resta del capítulo 2 tenemos el informe de un nuevo incidente de Pablo con un grupo de judaizantes. El incidente tuvo lugar antes de su segundo viaje misionero, porque Bernabé todavía acompañaba al apóstol.

2:11 Pero cuando Pedro vino a Antioquía, me enfrenté a él cara a cara, porque lo que hacía era reprochable.

Aquí Pablo relata un incidente, no mencionado en los Hechos de los Apóstoles, que ocurrió en Antioquía de Siria, también conocida como Antioquía sobre el Orontes. Esta ciudad no debe confundirse con Antioquía de Pisidia, la primera ciudad evangelizada por Pablo en la provincia romana de Galacia. En el tiempo del NT hubo más de veinte ciudades con el nombre de Antioquía, en honor de uno u otro de varios reyes de Siria llamados Antíoco. Todos eran descendientes de Seleuco Nicátor I, uno de los generales de Alejandro Magno, que estableció su propio imperio en Mesopotamia y Siria después de la muerte del conquistador. En el tiempo del NT Antioquía de Siria fue la tercera ciudad más grande e importante del Imperio Romano después de Roma y de Alejandría en Egipto. Se calcula que en el tiempo de Pablo Antioquía de Siria contaba con unos 250.000 habitantes. La décima parte eran judíos (Schreiner 2010:138). A esta ciudad llegaron creyentes que huyeron de la persecución en Judea después de la muerte de Esteban (Hch 11:19). Y fue en Antioquía donde el evangelio se proclamó no sólo a judíos sino también a gentiles. Porque la mano del Señor estaba con ellos (Hch 11:21), muchos gentiles creyeron en el mensaje y fueron bautizados. Y fue así que allí se fundó la primera iglesia en la cual tanto judíos como creyentes adoraron juntos a Dios cual miembros de una misma congregación. Fue también en Antioquía donde a los seguidores de Jesús se los llamó cristianos por primera vez. A lo mejor fue un epíteto despreciativo al principio, como también lo fueron calificativos tales como metodista o luterano.

Pablo no nos dice cuál fue la razón de la visita de Pedro a Antioquía de Siria. Puede haber sido para evangelizar a los numerosos judíos no creyentes de la diáspora que vivían allí. La colonia judía de Antioquía de Siria era la más grande en la parte oriental del Imperio Romano. Vimos en 2:7 que los líderes de la iglesia de Jerusalén acordaron con Pablo y Bernabé que a ellos les correspondía la misión entre los gentiles, y a Pedro los judíos de la diáspora. Algunos creen que al establecerse en un territorio donde una iglesia ya había sido plantada, Pedro se metió en el territorio misional asignado a Pablo y Bernabé. De esta manera, Pedro no cumplió con su palabra, la que había dado al extender su diestra en señal de compañerismo (Dunn 1993:116).

En cuanto a su encuentro con Pedro, Pablo dice: "...me enfrenté a él cara a cara." La palabra griega ἀντέστην (resistí), fue originalmente un término que designaba un enfrentamiento político o militar. Después llegó a usarse en situaciones en que era necesario oponerse a opiniones, prácticas o doctrinas falsas o heréticas, como en Hechos 13:8 y 2 Timoteo 3:8. La frase "cara a cara" (κατὰ πρόσωπον), indica que se trata de una confrontación pública en la que uno de los dos saldrá victorioso y el otro perdedor. Perderá no sólo la disputa sino también, según las normas de la sociedad, respeto y honra entre los hermanos. Aunque por norma uno trata de evitar faltarle el respeto a otro públicamente, Pablo se vio en la obligación de actuar así, porque lo que hizo Pedro era de reprender (voz pasiva), o sea, que fue Dios en realidad quien condenó lo que Pedro había hecho (Witherington 1998:151).

2:12 Pues antes que vinieran algunos de parte de Jacobo, comía con los no judíos; pero después que vinieron, se retraía y se apartaba, porque tenía miedo de los judíos.

Pablo no explica el motivo por el cual la delegación de Jerusalén llegó a Antioquía. ¿Le habían llegado noticias a Jacobo acerca de algunas actividades en Antioquía que para la iglesia madre pudieron haber causado problemas con el sumo sacerdote y el sanedrín? ¿Fue enviada la delegación para investigar los rumores de que judíos circuncidados y gentiles no circuncidados comían juntos y celebraba la Santa Cena alrededor de la misma mesa? ¿Estaban obrando los visitantes de Jerusalén por cuenta propia, sin autorización de la iglesia madre y sus líderes? ¿Fueron para sujetar a la congregación de Antioquía a la jurisdicción de la iglesia madre de Jerusalén? Hay mucha especulación respecto a tales preguntas y se ha armado una pequeña biblioteca de libros, artículos y monografías en torno a esta visita. Puesto que Pablo no informa sobre todos los pormenores del incidente de Antioquía, preferimos no elaborar una teoría más a base de incertidumbres. Baste con decir que Pedro había estado compartiendo el pan con los creyentes gentiles no circuncidados, y de repente dejó de comer con ellos temeroso de lo que podían pensar o decir los visitantes de Jerusalén. En Hechos 10 y 11 leemos que Pedro, guiado por el Espíritu Santo fue a Cesarea, donde proclamó las buenas nuevas de Jesús a un grupo de gentiles reunidos en la casa de un centurión romano llamado Cornelio. Mientras proclamaba la Palabra, el Espíritu Santo vino sobre Cornelio y sus amigos, tal como sucedió en Hechos 2, cuando vino sobre los 120 discípulos durante la fiesta de Pentecostés.

De esta manera, el apóstol Simón Pedro llegó a ser uno de los protagonistas principales en tres eventos clave en la historia de la iglesia primitiva: (1) el primer Pentecostés cristiano en que el Espíritu vino sobre los creyentes judíos en Jerusalén, del cual leemos en Hechos 2; (2) el Pentecostés samaritano, del que leemos en Hechos 8:4-25; y (3) el Pentecostés de los gentiles, en Hechos 10:44-48. Al ser Pedro el instrumento humano del Espíritu Santo en las tres ocasiones, se cumplieron las palabras de Jesús en Mateo 16:19: "A ti te daré las llaves del reino de los cielos." Lo que es más significativo aún, Pedro fue testigo ocular de la acción de Cristo de derramar su Espíritu sobre los nuevos creyentes por medio de la proclamación del mensaje de la cruz. Pablo pregunta a los gálatas en 3:2: "¿Recibieron el Espíritu por las obras de la ley, o por el oír con fe?" Los gálatas no recibieron la promesa del Espíritu por medio de la circuncisión ni por las obras de la ley. Tampoco los gentiles en la casa de Cornelio recibieron el Espíritu por medio de la circuncisión y la ley. Pedro, al igual que Pablo, aprendió en carne propia que la justificación y el don del Espíritu nos llegan por medio del evangelio, y no por la Ley.

Cuando Pedro vio que los gentiles en la casa de Cornelio recibían el Espíritu Santo, preguntó: "¿Hay algún impedimento para que no sean bautizadas en agua estas personas, que también han recibido el Espíritu Santo, como nosotros?" En seguida mandó a bautizar a Cornelio, sus familiares y amigos. El incidente de Cesarea ha sido llamado el Pentecostés de los gentiles. En Jerusalén Pedro presentó su informe sobre lo sucedido. Después, un grupo de personas que eran de la circuncisión comenzó a disputar con él, y le dijeron: "¿Por qué entraste en la casa de gente no judía, y comiste allí?" En esa oportunidad, Pedro defendió su actuación en Cesarea para hacer callar a los que querían causarle dificultades y tal vez poner en tela de juicio su papel de líder de la iglesia madre. En Antioquía se encontró de nuevo en dificultades, pero en esta oportunidad, en vez de defenderse, dejó de comer con los creyentes no circuncidados, creando así una división en la congregación; ahora los creyentes circuncidados tendrían que recibir el cuerpo y la sangre del Señor reunidos alrededor de una mesa y los creyentes no circuncidados alrededor de otra mesa. Es probable que antes de la llegada de la delegación de Jerusalén, Pedro hubiera celebrado la Eucaristía junto con los gentiles, y además comido con ellos en sus casas. Quiere decir que el apóstol solía comer con sus hermanos en la fe alimentos considerados inmundos por los judíos ortodoxos, especialmente carne de cerdo, o carne que, quizá, había sido sacrificada a un ídolo y después vendida en el mercado público.

Desde el tiempo de los macabeos los judíos devotos habían dado gran importancia a la prohibición de comer alimentos impuros, y de no comer con personas no circuncidadas o con judíos que no guardaban las tradiciones de sus padres. Los grandes héroes de la fe, cuyas vidas se celebran en Macabeos, el Testamento de los Doce Patriarcas, Tobías, Judit y los escritos de Josefo, prefirieron sufrir el martirio antes que comer la comida de los gentiles. El libro de Jubileos condena como un pecado imperdonable la falta de un judío que no cumple con el deber de circuncidar a sus hijos. El mismo escrito condena también a los judíos que no emplean el calendario ritual para calcular los días de fiesta. Hasta Jesús fue censurado por comer con pecadores (Mc 2:16).

Los escritores romanos, como Tácito, interpretaban esta renuencia a comer con los gentiles como un ejemplo del gran odio que los judíos tenían para con el resto del mundo. De hecho, un judío que no observaba las prohibiciones corría el riesgo de ser excomulgado de la sinagoga (Dunn 1993:118, 126). Un judío negligente en cuanto a la observación de la ley podía ser víctima de judíos fanáticos, dispuestos a usar la violencia en contra de los considerados traidores a las tradiciones de sus padres. Saulo de Tarso, incluso, había sido uno de esos celosos por las tradiciones, y perseguía a los judíos que no las observaban. El texto dice que Pedro actuó del modo en que lo hizo porque tenía miedo de los judíos. La frase "de los judíos" podría indicar a judíos cristianos celosos por la ley mosaica, o judíos no cristianos capaces de utilizar la violencia en contra de otros judíos considerados traidores a las tradiciones de Israel. El historiador Josefo dice que en la primavera del 49 dC hubo un disturbio en Jerusalén que resultó en una matanza. El disturbio lo provocaron los zelotes, o sea, los miembros de la secta revolucionaria judía que se oponía a cualquier trato o comunión entre judíos y gentiles. Hay autores que sugieren que Pedro dejó de cenar con los gentiles cristianos por miedo a fanáticos como los zelotes. Es interesante observar que el año 49 dC fue el mismo año en que, por causa de algunos disturbios en la ciudad, los judíos fueron expulsados de Roma por el emperador Claudio (Witherington 1998:155).

La prohibición de comer con gentiles mantuvo a los judíos alejados de las abominaciones de éstos en el tiempo de los Macabeos, en que a los fieles se los quiso obligar, so pena de muerte, a abandonar su fe en el Señor y adorar los ídolos de los gentiles. En un sentido muy real, las leyes ceremoniales sirvieron, cual guardianes, para proteger a los fieles de la idolatría y la apostasía. Pero ese tiempo de estar bajo la ley se cumplió con la ascensión de Cristo. El día de Pentecostés, los verdaderos adoradores de Dios recibieron un protector superior para guiarlos y cuidarlos: el Espíritu Santo. Pedro debió haberlo entendido mejor que cualquier otro. Recordemos que en la casa de Simón el curtidor, el Señor le había enseñado a Simón Pedro que no hay personas o comidas impuras o comunes. Recordemos también que Pedro quedó en la casa de Cornelio durante varios días después del bautismo de éste, lo cual quiere decir que probablemente cenaba con Cornelio y su familia durante su estancia en Cesarea, y comía alimentos considerados inmundos por los judíos, o comida preparada y servida en recipientes considerados inmundos (Schreiner 2010:141).

El hecho de que se encontraba en la casa de un curtidor, uno que preparaba pieles de animales, es una indicación de que Pedro ya sabía que no se debía considerar a otros judíos como inmundos por su oficio o vocación. Entre los fariseos se consideraba inmundos a los curtidores por desempeñar un oficio despreciable (Jeremias 1969:304). Cuando Pedro estuvo ayunando y orando en la casa de Simón el curtidor (Hechos 10:10-12), "cayó en éxtasis y vio que el cielo se abría, y que de él descendía algo semejante a un gran lienzo, atado por las cuatro puntas. Dentro del lienzo había toda clase de cuadrúpedos, reptiles y aves". Lo que Pedro vio en el lienzo fue una mezcla de animales limpios e inmundos, todos juntos. Lo que llama la atención es que el lienzo venía bajando del cielo y no subiendo del infierno. El Señor había juntado todos estos animales, del modo en que quería juntar a personas de todas las lenguas, razas, naciones y tribus en una misma iglesia y alrededor de una sola mesa (van Thanh 2012:455-466). La visión le enseñó a Pedro que con la venida del cumplimiento del tiempo (Gl 4:4), la época de mantener una separación entre judíos y gentiles había llegado a su culminación. Pero más tarde, en el incidente de Antioquía, parece que Simón Pedro había olvidado lo que el Señor le enseñó en la casa de Cornelio.

En Antioquía de Siria Pedro actuó sin pensar en las consecuencias e implicaciones teológicas de lo que hizo. Actuó para evitar un conflicto entre los pastores y profetas de la congregación de Antioquía y la delegación que vino de visita desde Jerusalén. C. K. Barrett opina que lo que Pedro hizo en Antioquía es un ejemplo de la persona sin un buen fundamento teológico, que se deja llevar por cualquier viento de doctrina que se presenta (1985:16).

Otros creen que Pedro actuó de la manera en que lo hizo porque los emisarios de Jerusalén le recordaban que a él se le comisionó ganar para Cristo a los judíos de la diáspora que vivían en ciudades como Antioquía de Siria. Teniendo en cuenta esta responsabilidad, si actuaba y vivía como si fuera gentil y no judío respetuoso de las tradiciones de su pueblo, su credibilidad entre los judíos habría quedado comprometida y su mensaje rechazado. Para ganar a los judíos, Pedro tenía que vivir como judío (Dunn 1993:126). Muchos misiólogos de hoy día insisten en que para ganar a los musulmanes o a los hindúes, el misionero tiene que vivir como musulmán o como hindú. O sea, tiene que vestirse de acuerdo con las normas del pueblo en el cual se encuentra, comer solamente los alimentos permitidos por el Corán y hasta asistir a la mezquita local. Al identificarse de esta manera con los musulmanes, el misionero cuenta con mayores posibilidades de comunicar el mensaje de Jesús a sus vecinos. Otros misioneros, en cambio, consideran que todo eso sería llevar la contextualización demasiado lejos, con el resultado de estar proclamando un evangelio diferente. Según la enseñanza que deja la actitud de Pablo en Antioquía, tal forma de contextualización sería una negación del evangelio si para el misionero y sus conversos musulmanes o hindúes tuviera la consecuencia de que se negasen a tener trato social y celebrar la Eucaristía con otros discípulos de Cristo que no observan las tradiciones y costumbres del pueblo musulmán, hindú o budista. El misionero siempre tiene que cuidar que en su afán por contextualizar el mensaje cristiano no deje de observar la verdad. Es probable que Pablo y Bernabé estuvieran fuera de Antioquía en una de sus giras misioneras cuando llegaron los visitantes de Jerusalén. De otra manera, se hubieran enfrentado directamente con ellos al surgir el problema (Witherington 1998:150).

El conocido misiólogo británico Roland Allen, al escribir desde la perspectiva de sus muchos años de servicio como misionero en la China y en otras partes, advirtió que los hombres de Jacobo que llegaron a Antioquía estuvieron motivados, por lo menos en parte, por el deseo de mantener el predominio de los judíos en las nuevas iglesias entre los gentiles. Según la óptica de Allen, los hombres de Jacobo, al igual que muchos misioneros europeos y norteamericanos de los siglos XIX y XX, procuraron ejercer el control de las nuevas iglesias, porque temían que los nuevos líderes nativos no estuviesen suficientemente capacitados y carecieran de experiencia para cuidar y proteger a sus iglesias de la contaminación de la idolatría, politeísmo, y degradación moral del mundo pagano. Para proteger a las nuevas iglesias de los vicios paganos era necesario observar las tradiciones del judaísmo, y que los líderes que habían pasado años estudiando y practicando estas tradiciones ejercieran el control de las iglesias. Según Allen, el error de este modo de pensar consiste en que representa una desconfianza en el evangelio de la gracia justificadora y el poder del Espíritu Santo para guiar y orientar a los líderes nacionales. Dicha mentalidad, dice Allen, indujo a las autoridades del Primer Mundo a desconfiar de líderes que no fueran preparados y adoctrinados en seminarios e institutos bíblicos no controlados por extranjeros (Allen 1960:115-127). Muchos líderes de iglesias nacionales todavía se quejan de los extranjeros que desde afuera quieren imponer sus tradiciones, formas de gobierno eclesiástico y modos de adorar al Señor.

¿CUÁLES SON LAS SUPUESTAS RAÍCES DEL CONFLICTO DE ANTIOQUÍA?

Hay estudios modernos que alegan que el conflicto de Antioquía se originó en otro conflicto, que comenzó en la iglesia primitiva de Jerusalén antes de la conversión de Pablo. Supuestamente fue el conflicto entre los griegos (helenistas) y los hebreos, al que se hace referencia en Hechos 6:1. Los hebreos mencionados en el pasaje eran judíos de habla aramea, nacidos en Jerusalén y Judea, personas con mucho celo por guardar la ley de Moisés y las tradiciones de su pueblo, incluyendo la circuncisión y la adhesión al templo, sus ceremonias, y calendario litúrgico. El grupo queda representado en la iglesia primitiva por los doce apóstoles, los cuales, según textos como Hechos 3:1, en vez de salir y proclamar el evangelio a todas las naciones, se quedaron en Jerusalén (Hch 3:1; 8:1), asistiendo a los servicios en el templo y esperando la llegada de gentes de todas las naciones. Los helenistas, en cambio, fueron judíos cuyo primer idioma era el griego. Muchos de los helenistas provenían de la diáspora o de las partes de Palestina donde predominaban la cultura y las costumbres griegas. El grupo de los helenistas queda representado por Esteban, Felipe, y los otros cinco diáconos mencionados en Hechos 6:5.

A diferencia de los doce apóstoles, los siete diáconos (la mayoría con nombres griegos) aparentemente estaban mucho más decididos a salir y proclamar las buenas nuevas a todas las naciones. En Hechos 8 encontramos a Felipe evangelizando a los samaritanos y hasta a un eunuco de Etiopía. En vez de subir al templo todos los días a la hora de la oración, encontramos a Esteban proclamando el evangelio en la sinagoga de los libertos, es decir, la sinagoga de los judíos de habla griega de Jerusalén. Acusaron a Esteban de hablar palabras blasfemas contra el lugar santo y contra la ley (Hch 6:13), en vez de atenerse estrictamente a la ley de Moisés y las actividades del templo. Finalmente, con la aprobación de Saulo de Tarso, lo apedrearon, y persiguieron a la iglesia (con la excepción de los apóstoles). Los estudiosos recalcan que la razón principal de la persecución se debe a que los helenistas procuraban hacer ingresar a gentiles no circuncidados dentro del pueblo de Israel. Los helenistas organizaron en Antioquía la primera iglesia en la que se reunían tanto judíos como gentiles no circuncidados. Guiada por el Espíritu, la iglesia de Antioquía estableció, por propia cuenta y dentro de su jurisdicción, nuevas congregaciones en Chipre, Cilicia, y el sur de Galacia.

Los estudiosos, como Elmer (2007:231-237), creen que el grupo de los judíos de habla aramea, líderes de la iglesia de Jerusalén, no estuvieron conformes con lo que hacían los líderes de la iglesia de Antioquía de establecer sus propias misiones. Dicen que la misión de los enviados de Jacobo, en Gálatas 2:12, fue en realidad la de someter a la iglesia de Antioquía y sus misiones a la autoridad de Jacobo en Jerusalén. Dicen, además, que los agitadores que poco más tarde fueron a Galacia, habían sido enviados expresamente por Jacobo y Pedro para socavar la autoridad de Pablo e imponer la práctica de la circuncisión y el calendario litúrgico del templo. Hasta el renombrado historiador y exegeta, Martin Hengel, opina que Pedro visitó Corinto para prestar apoyo a los antagonistas de Pablo, y que su visita dio origen al llamado grupo de Cefas (1 Co 1:12). No podemos afirmar que las cosas fueron realmente así como alegan los proponentes de estas reconstrucciones históricas. Por mi parte, dudo que los conflictos de los que leemos en 1 y 2 Corintios puedan atribuirse a la influencia directa de Pedro, porque no dicen nada acerca de la circuncisión de los gentiles, ni de la necesidad de observar el calendario y la liturgia de la sinagoga. Ni creo tampoco que exista suficiente evidencia para afirmar, según algunos, que Jacobo y la iglesia de Jerusalén rechazaron categóricamente la ofrenda que Pablo llevó para los pobres de la santa ciudad. Observando la crisis de Antioquía desde la perspectiva de la historia de las misiones, encontramos muchos casos en que una iglesia trató de imponer su autoridad a nuevas misiones establecidas en otras partes del mundo, y hasta a desautorizar a los misioneros responsables de plantar la semilla del evangelio en un campo nuevo. El afán por parte de una iglesia de ejercer el control e imponer su autoridad a otra, con frecuencia resulta en un gran estorbo para la obra del Espíritu Santo. En la historia de la iglesia universal se puede ver que un afán semejante contribuyó a la creación del papado, la Iglesia Romana y la sujeción del evangelio a la ley, y el legalismo.

2:13 Y en su simulación participaban también los otros judíos, de modo que hasta Bernabé fue arrastrado también por la hipocresía de ellos.

Los errores que cometen los líderes de una congregación o movimiento eclesiástico son, en ocasiones, más graves que los cometidos por quienes carecen de una posición de liderazgo y autoridad. Es así porque en muchas ocasiones los seguidores de un líder se ven inducidos a cometer el mismo error, o de justificar sus errores, a base del ejemplo del líder. Es lo que pasó en Antioquía. Los demás judíos de la congregación, incluyendo al propio Bernabé, siguieron el ejemplo de Pedro y dejaron de compartir la mesa con los creyentes gentiles. Pablo se vio en la obligación de actuar y llamarle públicamente la atención al apóstol, considerado por muchos el más destacado de los seguidores del Maestro.

Los líderes del pueblo de Dios deben orar diariamente por la asistencia del Espíritu Santo a fin de que sus acciones, palabras, y manera de vivir no sean la causa del tropiezo de otras personas por las que Cristo dio su vida. Pablo califica la acción de Pedro y los otros creyentes judíos de Antioquía de simulación e hipocresía, pues no actuaron según lo que ellos mismos creían, sino porque tuvieron miedo (φοβούμενος) de los de la circuncisión. La voz griega υποκριτής (hipócrita) normalmente designa a un actor, o sea, una persona que interpreta un papel en el que actúa no según sus sentimientos y convicciones, sino según los del personaje que interpreta. El verbo compuesto συνυποκρίνομαι (unirse en desempeñar el papel de hipócrita) aparece únicamente aquí en el NT. En otras palabras, la acción de Pedro indujo a los demás judíos cristianos de la congregación a imitar su hipocresía (Witherington 1998:156).

Respecto de la actuación de Pedro en Antioquía surgió una célebre diferencia de opinión entre dos grandes teólogos de la iglesia: San Agustín de Hipona y San Jerónimo, el santo patrono de los traductores bíblicos. En su notorio comentario sobre Gálatas, Jerónimo aseveró que lo de Pedro fue en realidad un drama o *show*, una simulación didáctica, esbozada para producir una pugna pública entre Pedro y Pablo. Esto le daba a Pablo la oportunidad de denunciar en público la manera de pensar equivocada, no de Pedro, sino de los judaizantes. O sea que Pedro asumió el papel de los judaizantes para brindarle a Pablo la oportunidad de exponer la misma verdad del evangelio que compartía con él. Con esta explicación, Jerónimo, imitando a su maestro Orígenes de Alejandría y también a Juan Crisóstomo, procuró disculpar a Pedro y poner de manifiesto que el más grande de los apóstoles realmente no había sido culpable de pecado. Agustín, por su parte, creyó que Pedro realmente se equivocó, aunque no utiliza la palabra pecado para describir lo que hizo, sino error (Plumer 2003:145). El interés de Agustín no fue salvaguardar la reputación de Pedro sino mostrar que cualquier santo puede sufrir una caída. A veces hasta los grandes líderes de la iglesia necesitan ser amonestados y conducidos al arrepentimiento (Levy 2011:29). Cristo, que en varias ocasiones había llamado la atención de Pedro, lo hizo otra vez por medio de Pablo. Agustín estaba convencido de que así como Pedro se humilló y se arrepintió cada vez que fue amonestado por Cristo, lo hizo nuevamente, al ser amonestado por el Cristo que le habló por boca de Pablo. Agustín recalca que una de las cosas más difíciles para un líder es admitir sus errores. Por lo tanto, insta a sus lectores a que con toda humildad imiten el ejemplo de Pedro, quien tuvo que tragarse su orgullo y admitir sus errores (Plumer 2003:145-147).

Juan Crisóstomo procuró demostrar, no solamente en su comentario, sino también en sus homilías, que ni Pedro ni Pablo fueron culpables de doblez o hipocresía en el incidente antioqueño, cosa que afirmaban ciertos autores paganos en sus ataques en contra del cristianismo y especialmente en contra de los dos grandes apóstoles fundadores de la nueva fe, los dos hombres que en la Roma del siglo IV dC habían comenzado a reemplazar en importancia a los legendarios fundadores de Roma, Rómulo y Remo. Un crítico pagano conocido como Marcario Magno, basándose en el incidente de Antioquía, atacó al cristianismo, alegando que tanto Pedro como Pablo, los más estimados representantes de la nueva fe, eran hipócritas. Según Marcario, Pedro y Pablo no eran dignos de la confianza del pueblo romano por la hipocresía demostrada en Antioquía. Pedro, porque quiso agradar a los hombres, y Pablo porque en un momento se opuso a la circuncisión y después circuncidó a Timoteo. Juan Crisóstomo (347-407), quien nació en la misma ciudad donde tuvo lugar el incidente antioqueño, y donde más tarde sirvió como obispo, procuró defender a los dos guardianes y patronos (el nuevo Castor y el nuevo Pólux) de la nueva Roma cristiana. Según Crisóstomo, lo que pasó en Antioquía fue parte de un plan deliberado basado sobre el entendimiento común que compartían Pedro y Pablo respecto de la naturaleza de un evangelio no sometido a las ordenanzas de la ley mosaica. La amonestación de Pablo, entonces, no estuvo dirigida a Pedro, sino a los visitantes de Jerusalén, con el fin de recordarles lo que habían aprobado todos los apóstoles (*concordia apostolorum*) en el Concilio de Jerusalén. De esta manera, según Crisóstomo, Pablo actuó como intérprete de Pedro, no como su adversario. (Mitchell 2012:213-234).

2:14 Pero cuando vi que no andaba rectamente y conforme a la verdad del evangelio, dije a Pedro delante de todos: "Si tú, que eres judío, no vives como los judíos sino como los no judíos, ¿por qué obligas a los no judíos a hacerse judíos?"

Pablo es el único apóstol, según pudimos informarnos, que había disentido con Pedro. Hay momentos en que es necesario llamar la atención hasta a los líderes más estimados de la iglesia cuando yerran. Todos los miembros de la iglesia, incluyendo a sus pastores y obispos, tienen limitaciones en lo que a virtud y habilidad se refiere, y pueden fracasar en su intento de vivir en conformidad con la fe que profesan.

Los líderes de la iglesia no son infalibles, y cuando son culpables de negligencia, pusilanimidad y juicios errados, es necesario corregirlos no importa su dignidad u oficio. Pablo se vio en la obligación de actuar y llamar la atención a quien muchos todavía consideran como el primer papa. Lo que estaba en juego era la verdad del evangelio y la naturaleza de la iglesia. Una iglesia que se limita a los de una clase o raza determinada, o que les da preferencia, ha perdido su derecho de llamarse iglesia universal o católica (McGovern 2009:16-21).

Puesto que el error cometido por Pedro se hizo en público, Pablo se vio obligado a reprenderlo en público, cara a cara (κατὰ πρόσωπον). En 1 Timoteo 5:20 Pablo exhorta: "A los que persisten en pecar, repréndelos delante de todos, para que los demás también teman." El Concilio de Arles (813 dC) declaró que los que eran hallados culpables de un crimen cometido en público, debían ser juzgados en público y cumplir con su penitencia en público (Levy 2011:93). Lutero nos recuerda que si un apóstol tan estimado y lleno del Espíritu Santo como Pedro pudo caer en un error tan grande, entonces ninguno de nosotros debe creerse tan espiritual y santificado como para imaginarse que nunca va a incurrir en algún error. Los líderes de la iglesia necesitan tener cerca personas valientes como Pablo, que estén dispuestas a llamarles la atención y corregirlos cuando sea necesario para el bien de la iglesia y de ellos mismos. Más adelante en su epístola a los Gálatas, Pablo insta a todos los miembros de la congregación a tomar en serio la tarea de restaurar con espíritu de mansedumbre (6:1) a los que fueren sorprendidos en una falta. Es lo que el apóstol hizo en el incidente de Antioquía.

Pablo le recuerda a Pedro que antes de la llegada de los visitantes de Jerusalén, vivía como gentil y no como judío. Comía con los hermanos gentiles en sus propias casas y, a lo mejor, hasta comía alimentos que él antes había considerado comunes e inmundos. De repente, comenzó a obligar a los creyentes gentiles a circuncidarse y a abstenerse de los alimentos prohibidos por la ley de Moisés. El cambio en el comportamiento de Pedro no se debió a un cambio en su teología o su manera de entender la verdad del evangelio; se debió más bien al temor. ¿Cómo pudo Pedro obligar a los gentiles a seguir un estilo de vida que ni él mismo practicaba? Por esto Pablo declara que Pedro y los otros cristianos judíos no se comportaron correctamente. El verbo griego *orzopodeo* (ὀρθοποδέω) quiere decir andar derechamente sin renquear o claudicar. Más adelante en esta epístola el apóstol llama a sus lectores a vivir según el Espíritu y a no satisfacer los deseos de la carne (5:16). Es evidente que en el incidente de Antioquía Pedro no actuó según el Espíritu, sino según las obras de la carne. Ni tampoco vivimos según el Espíritu si negamos la verdad del evangelio por miedo a lo que puedan decir o hacer las figuras de renombre o autoridad de nuestra propia cultura o de nuestras iglesias (Witherington 1998:157, 165).

Si Pablo no hubiera reprendido a Pedro en Antioquía, si no hubiese escrito su Carta a los Gálatas y su Epístola a los Romanos, la historia del cristianismo habría sido muy diferente. William Barclay dice que si los judaizantes de Antioquía, Judea, y Galacia hubieran tenido éxito, "el cristianismo se habría convertido en otra de tantas sectas judías: cosa de judíos y para judíos, algo dependiente de la circuncisión y de la observancia de la ley, en vez de ser algo de la gracia" (1973:13). Las consecuencias misiológicas del incidente de Antioquía y de la Carta a los Gálatas no pueden ni deben ser subestimadas. Para los antagonistas de Pablo había dos pasos que tenían que cumplirse en el proceso de la conversión de un gentil: (1) Debía convertirse en buen judío, dejar atrás su pasado gentil, renunciar no sólo a sus ídolos, sino también a sus familiares, su clan, y su cultura. (2) Debía hacerse cristiano por medio del bautismo en el nombre de Jesús.

Recordemos que en gran parte los conquistadores del Nuevo Mundo también emplearon un esquema de conversión en dos etapas: (1) Para ser considerado un buen cristiano el indígena debía convertirse en buen español, portugués, inglés o alemán. Debía vestirse como un europeo, vivir en una casa ubicada en una villa y hablar un idioma civilizado, y no solamente una lengua indígena. Debía adorar a Dios utilizando un idioma cristiano, utilizar música de estilo europeo y emplear instrumentos cristianos como el órgano, el piano, y el violín, y no instrumentos diabólicos como tambores, zampoñas, y marimbas. (2) La persona debía ser bautizada y confirmada en una ceremonia autorizada por la iglesia, en la cual oficiaba un sacerdote o pastor autorizado por la jerarquía eclesiástica. De esta manera, al nuevo cristiano se lo reconocía como una persona civilizada y no un salvaje; y esto no solamente por la Iglesia, sino también por el Estado. Tanto la circuncisión de un gentil en Galacia como el bautismo de un indígena en México, fueron considerados una ceremonia religiosa y un acto político (Hengel 1974:307).

Tal manera de entender la conversión lleva a lo que ha sido denominado el concepto de *tabula rasa,* o sea, la idea de que es posible borrar de la mente de una persona sus antiguas creencias así como se borra con una esponja lo escrito en un pizarrón, para después escribir sobre ese pizarrón limpio o *tabula rasa* un nuevo contenido, tanto doctrinal como cultural. El concepto de *tabula rasa* llevó a muchos conquistadores y evangelizadores a creer que parte de su tarea como misioneros era destruir la cultura y la cosmovisión de los evangelizados. También ha llevado a muchos misioneros, no sólo a proclamar el evangelio, sino a intentar imponer su cultura a los evangelizados.

Pablo no dice en Gálatas ni en sus demás cartas que Pedro, Bernabé, y los ancianos de Antioquía reconocieron su falta. Si lo hubieran hecho, Pablo seguramente lo habría mencionado en su carta, pues le hubiese ayudado a convencer a los gálatas respecto de su posición. La omisión de mencionar el arrepentimiento de Pedro y Bernabé motivó a algunos investigadores a concluir que el incidente de Antioquía provocó una profunda división entre los líderes de la iglesia primitiva, los que apoyaban a Pablo y los que apoyaban a Pedro. En apoyo de esta interpretación, los investigadores enfatizan el hecho de que el apóstol Pablo no se refiere más a Antioquía después de su carta a los Tesalonicenses (Hengel 2010:64; Dunn 1993:130). De acuerdo con esta hipótesis, se especula que la congregación de Antioquía dio su apoyo a la posición de Pedro, y que Pablo fue el derrotado. James Dunn cree que los visitantes que fueron a Antioquía pertenecían al grupo de fariseos convertidos que trataron, sin éxito, de abogar en favor de la circuncisión de los creyentes gentiles en el Concilio apostólico de Jerusalén. Aunque perdieron la batalla en Jerusalén, lograron ganar en

Antioquía y de esta manera obligar a Pablo a alejarse de Antioquía, de Pedro y de Bernabé (Dunn 1993:4-5).

Según nuestro criterio, se puede explicar el aparente alejamiento de Pablo y sus colaboradores de la congregación de Antioquía de Siria de otra manera. Años más tarde Ignacio, el renombrado obispo de la iglesia de Antioquía de Siria, en vez de hablar de modo denigrante de las actividades del apóstol en su ciudad, elogia con gran elocuencia su ministerio entre los creyentes de Antioquía. En 2 Pedro 3:15, Pedro habla de la sabiduría que le había sido dada a Pablo. Si hubo un tiempo en el que existió una brecha entre Pedro y Pablo, fue de corta duración. En nuestra opinión el supuesto alejamiento de Pablo de la iglesia de Antioquía, haya sido aparente o real, no tiene que ver tanto con diferencias teológicas, sino con las diferentes maneras en que funcionan las congregaciones y las estructuras misioneras.

ANEXO IV: ESTRUCTURAS MISIONERAS

Una de las cosas que nos enseñan tanto el libro de los Hechos de los Apóstoles como las epístolas de Pablo es que el gran apóstol y misionero no sólo ayudó a formar congregaciones cristianas en las cuatro provincias de Galacia, Asía, Macedonia y Acaya, sino que también el Espíritu Santo lo asesoró en la formación de una nueva clase de estructura para la proclamación de las buenas nuevas y la evangelización de los diferentes grupos étnicos o sociales del mundo. La nueva estructura se ha descrito usando términos tales como <u>bando apostólico</u>, <u>cofradía</u>, <u>peregrini</u>, <u>órdenes misioneras</u>, y <u>sociedades misioneras</u>.

Al leer el libro de los Hechos observamos que en sus viajes misioneros Pablo y sus colaboradores se alejaban cada vez más de Antioquía de Siria, la congregación que los había enviado a proclamar el evangelio en otras partes del mundo. Por razones de distancia llegó a ser más y más difícil para los hermanos de Antioquía apoyar a Pablo y comunicarse y consultar con él. Pablo y sus compañeros se vieron obligados de sostenerse a sí mismos con el trabajo de sus propias manos y tomar decisiones importantes por sí solos, basándose tan sólo en las directrices que recibieron del Espíritu Santo. De esta manera llegaron a apreciar las propiedades tanto de la congregación local (llamada también modalidad) como las del bando misionero.

Según el análisis hecho por varios investigadores, como el del destacado misiológico Ralph Winter (1981:178-190), la congregación o sinagoga local es una entidad mucho más inclusiva que un bando misionero, porque admite como miembros no sólo a creyentes intachables en su fe y compromiso, sino también a personas débiles tanto física como espiritualmente. El bando misionero, en cambio, es muy selectivo en cuanto a su manera de escoger candidatos para integrar su grupo, pues reconoce que no todas las personas reciben los dones del Espíritu Santo necesarios para llevar adelante la evangelización transcultural. Por otro lado, todos los miembros de una congregación cristiana tienen el llamamiento de testificar de su fe a los que viven cerca de ellos: a parientes, vecinos, conciudadanos, a personas que hablan el mismo idioma y que comparten la misma cultura y cosmovisión, personas con quienes es posible comunicarse sin tener que aprender un nuevo idioma ni cómo vivir en una cultura diferente. Los miembros de un bando, orden o sociedad misionara, por otra parte, tienen que dedicar tiempo y esfuerzo para poder comunicar y contextualizar las buenas nuevas a personas que los miembros de una congregación local no pueden evangelizar con efectividad. El misionero necesita cruzar barreras y fronteras geográficas, sociales, culturales, raciales, y políticas con las buenas nuevas. En resumen, la congregación local o sinagoga mesiánica está mejor estructurada para comunicar el evangelio a los que están cerca, mientras que el bando misionero se desempeña mejor para comunicar el evangelio a los que están distantes.

Otra diferencia crucial con la modalidad de la cofradía es que las estructuras de las congregaciones normalmente toman sus decisiones por consenso o por un voto democrático. A veces el proceso de obtener un consenso dura mucho tiempo, porque involucra mucha discusión y explicación, tal así como se observa en la celebración del Concilio de Jerusalén en Hechos 15. Un bando misionero, en cambio, tiene que estar preparado para movilizarse rápidamente a fin de aprovechar una puerta que el Espíritu Santo de repente le abre, como por ejemplo en la historia de la visión del hombre de Macedonia (Hch

16:6-10), en que Pablo y los miembros de su equipo recibieron el llamamiento del Espíritu Santo de zarpar a Macedonia y no viajar a Bitinia. Si hubiera sido necesario enviar una carta a Antioquía para pedir permiso para evangelizar en Macedonia, se habría dejado pasar la oportunidad.

Un estudio de la historia de la iglesia llevó a muchos fisiólogos al convencimiento de que para el cumplimiento fiel de la gran comisión se necesitan tanto estructuras de congregación como misionales. Ambas son necesarias para la misión de hacer discípulos entre todos los pueblos, razas, tribus, y naciones. A veces surgen dificultades entre modalidades y sociedades misioneras cuando se procura suprimir el trabajo de las sociedades misioneras, como sucedió, por ejemplo, en la historia de la Iglesia Romana en América Latina, donde las órdenes misioneras (franciscanos, dominicos, jesuitas) fueron reemplazadas y relegadas, subordinadas a la autoridad de los obispos y los miembros del clero local. En los países donde se estableció la Reforma Protestante como religión del Estado, se abolieron las órdenes monásticas cuya responsabilidad era la evangelización y el trabajo misionero. Lamentablemente, no se organizaron o establecieron otras entidades dedicadas a la evangelización de los paganos. Fue una de las razones principales por las que los católicos superaron tanto a los protestantes en la cantidad de misioneros enviados al oriente y al nuevo mundo durante los siglos XVI y XVII. Entre los protestantes no hubo una infraestructura para el envío de misioneros a los pueblos no evangelizados, hasta que se establecieran las primeras sociedades misioneras protestantes en el siglo XVIII, comenzando con el envío de Zigenbalg y Plutschau a la India en 1705. Hasta el reputado teólogo romano, Belarmino, manifestó que los protestantes no tenían el derecho de llamarse iglesias cristianas por lo poco que habían hecho para hacer discípulos en todas las naciones.

2:15-16 Nosotros somos judíos de nacimiento, y no pecadores salidos de los no judíos. Sabemos que el hombre no es justificado por las obras de la ley sino por la fe de Jesucristo, y también hemos creído en Jesucristo, para ser justificados por la fe de Cristo

y no por las obras de la ley, ya que por las obras de la ley nadie será justificado.

Pablo, dirigiéndose no solamente a Pedro, sino también a los creyentes judíos entre los gálatas, les recuerda quiénes eran y lo que habían creído y confesado acerca de sí mismos. Tanto Pedro como Pablo y los demás judíos, se consideraban diferentes, superiores a los gentiles. Los judíos eran descendientes de Abrahán, habían sido circuncidados al octavo día. Además recibieron la Tora con sus mandamientos, ceremonias, ritos, y sacrificios. Por haber recibido todas estas bendiciones, se consideraban a sí mismos justos ante Dios. Los gentiles, en cambio, fueron considerados pecadores por definición, pues ni tenían la Tora ni vivían de acuerdo con sus preceptos. Entre los judíos del tiempo del NT la palabra pecadores había llegado a ser sinónimo de gentiles y judíos que no observaban al pie de la letra las ordenanzas de la ley de Moisés en cuanto a dieta, contacto con los gentiles, y la observancia de los días especiales del calendario de la sinagoga (Dunn 1993:120). Pedro Lombardo (1100-1160) observa en su comentario sobre Gálatas, que el término pecadores era el apodo que daban los judíos a los gentiles. En realidad, los judíos no eran menos pecadores que los gentiles, como observa el apóstol en Romanos 2:15 (Levy 2011:202).

Pero ahora Pablo les recuerda a Pedro y a los creyentes judíos de Antioquía y Galacia, que como judíos que creen en Cristo han llegado a entender y creer que no son declarados justos ante Dios por ser descendientes de Abrahán según la carne, ni por la circuncisión, ni por observar las obras de la ley. Son declarados justos por Cristo y por lo que él sufrió en la cruz. Puesto que la justificación ante Dios no depende de la circuncisión y la Tora, los gentiles también quedan incluidos dentro del pueblo de Dios. En los argumentos presentados por Pablo en lo que resta de la carta, el apóstol procura que los creyentes gentiles entiendan cuál es el papel de la ley en su vida cotidiana, y cuál la clase de vida a la cual fueron llamados.

En contra de los nuevos maestros o agitadores que insistían en que los creyentes gentiles necesitaban observar fielmente las obras de la ley para ser incluidos en el pueblo de Dios, el apóstol Pablo aduce una serie de argumentos para probar que sus adversarios están equivocados. En los versículos 15 y 16 y en 3:10-14 nos presenta su primer argumento: es imposible cumplir la ley. Al hacer esta declaración, tanto aquí como en Romanos 3:20 el apóstol alude al Salmo 143:2: "Pero no me juzgues con dureza, pues ante ti nadie puede justificarse." En nuestra redacción en castellano la frase "ningún ser humano" o "nadie" traduce la frase "πᾶσα σάρξ", toda carne, en el griego de Gálatas. Es probable que aquí Pablo haya alterado el griego de la LXX (πᾶσ ζῶν), y empleado el sustantivo carne para enfatizar que ni la carne circuncidada puede justificar ante Dios (Thielman 1994:125). Como lo indica el pasaje paralelo en Romanos 3:19-20, es evidente que la justificación de la cual el apóstol habla aquí es la justificación delante del trono de Dios el día del juicio final (Silva 2001:174).

Debe notarse que en oposición a la interpretación dada arriba, algunos intérpretes opinan que en el versículo 15 Pablo cita las palabras de los agitadores, los cuales serán impugnados por el apóstol en lo que sigue (Barrett 1985:18).

Otra opinión contraria es la de Van Os, quien cree que Pablo no habla aquí de la circuncisión de los gentiles que creen en Cristo, sino de judíos de la diáspora que dejaron de practicar la circuncisión por haber vivido mucho tiempo alejados y aislados de Tierra Santa. De acuerdo con tal interpretación, los judaizantes no exigían la circuncisión de los gentiles que habían sido bautizados, sino de los judíos no circuncidados que llegaron a creer en Cristo. Según Van Os, Pablo se opone a la circuncisión de estos judíos, porque si se los circuncidaba y obligaba a acatar la ley de Moisés, no podrían seguir celebrando el sacramento con sus hermanos gentiles, a menos que los gentiles también se circuncidaran (Van Os 2008:60).

El versículo 16 es de suma importancia para nuestra comprensión de Gálatas, porque contiene tres términos que han sido el centro de intensos debates entre los estudiosos de Gálatas y de todo el NT. Las frases son: (1) justificación o justificados (también justicia o justos); (2) obras de la ley; y (3) la fe de Cristo.

JUSTIFICACIÓN

En muchos textos del AT la idea de justicia y justificación tiene que ver con el establecimiento de justicia en la tierra, especialmente con la venida del Señor en respuesta al clamor de los oprimidos, las viudas, y los huérfanos, y para dar su merecido a los opresores. En los Salmos y en la segunda parte de Isaías, justificación es una y otra vez la acción del Señor para vindicar y rescatar a su pueblo de las fuerzas deshumanizadoras y destructoras que amenazan acabar con todo lo bueno que Dios ha creado. En estos textos la justicia y la justificación tienen un carácter escatológico, es decir, apuntan a un evento futuro. En los Salmos el día de la salvación es el día en que viene el Señor para juzgar a las naciones y establecer su reino. Por lo tanto, en la segunda parte de Isaías la palabra justicia va acompañada con frecuencia del término salvación (Harmon 2010:94-95). El Salmo 96 declara: "Digan entre las naciones: '¡El Señor es rey!... juzga a los pueblos con justicia.' ¡Que se alegren los cielos y se regocije la tierra! ¡...delante del Señor, que ya viene! ¡Sí, el Señor viene a juzgar la tierra! ¡Juzgará al mundo con justicia, y a los pueblos con su verdad!" Éste, y muchos otros textos del AT, enfatizan que la justicia es uno de los principales atributos del Señor. El Señor es el justo, y porque es justo, juzgará todo y a todos en el día del Señor. Estos pasajes hablan del divino Juez, su justicia y su venida para juzgar a todas las naciones y a cada ser humano. En ellos se destaca que la justicia de Dios es la respuesta divina a la injusticia de los seres humanos (Westerholm 2004:390). Esta justicia, la respuesta divina al pecado del ser humano, puede manifestarse de dos formas: (1) la destrucción de los injustos, y (2) la salvación de los injustos por medio de la fe en el Redentor que se ofrece como expiación por el pecado de los injustos.

En otros textos del AT, por ejemplo en la primera parte de Isaías (cps 1-39), predominan los pasajes que hablan de la justicia o rectitud que debe caracterizar las vidas de los que son parte del pueblo escogido, o sea, las personas que confían en el establecimiento de la justicia divina en el futuro. En la Carta a los Gálatas, la mayoría de las alusiones a la justicia o a la justificación en el AT, son pasajes que se encuentran en la segunda parte del libro de Isaías. En los escritos de

Pablo el sujeto de la justificación siempre es Dios; Dios es quien justifica (de Boer 2011:151). Su justicia es una justificación judicial, o sea, es como la sentencia que dicta el juez en el escenario de un tribunal (Salmo 143:2).

Los textos acerca del establecimiento de la justicia que encontramos en el AT y en la literatura apocalíptica escrita en los siglos antes de Cristo, subrayan el hecho de que la justificación por la fe de que habla Pablo en Gálatas, es parte de un proceso o proyecto mucho más grande que la salvación del individuo. El proyecto es nada menos que la liberación del cosmos entero de todo el poderío de las tinieblas que se opone a Dios, su creación y el establecimiento pleno de su reino. Como ya hemos visto en Gálatas 1:4, la voluntad de Dios es librarnos a nosotros y a su creación del presente siglo malo. El siglo malo se refiere a la esfera en que operan los "principados y potestades, contra los que gobiernan las tinieblas de este mundo, ¡contra huestes espirituales de maldad en las regiones celestes!" (Ef 6:12). Los poderes satánicos han logrado esclavizar a los seres humanos, y los tienen dominados. Uno de estos poderes es el pecado (en singular), una fuerza maligna que intenta apoderarse de la humanidad y entregarla al poder de la muerte, la cual es otro poder de cuyas garras el ser humano tiene que ser liberado. La justificación de los pecadores, vista desde la perspectiva de la historia de la salvación, es parte del plan de Dios para establecer su justicia en todo el universo, y de liberar a toda la creación de los poderes del caos, la destrucción, y la muerte.

El verbo justificar ocurre 35 veces en el NT, 27 veces en los escritos de Pablo y ocho veces en Gálatas. En el contexto del mundo grecorromano el verbo justificar y el sustantivo justificación provienen de un escenario judicial y designan el veredicto de un juez al pasar sentencia a un acusado. La sentencia puede ser culpable (condenado), o libre de culpa, es decir, justificado. En el NT es la sentencia del juez, y no la conducta o santidad del acusado, lo que determina la justificación del reo. En las epístolas de Pablo el verbo justificar se emplea con referencia al juicio final que tendrá lugar el día de la segunda venida de Cristo (Ro 5:9). En ese día el Señor pronunciará públicamente su veredicto de no culpable, o exonerado sobre los que confiaron en Cristo para el perdón de sus pecados. El veredicto no depende de la justicia, o sea las obras de justicia del justificado, sino de Cristo, quien es el abogado, el mediador, y el defensor de los que confían en él. En el sermón inaugural de Pablo en Antioquía en Hechos 13, queda claro que la justificación consiste en el perdón de pecados. En el mismo sermón Pablo expone la insuficiencia de las obras prescritas por la ley mosaica para la obtención del perdón y la salvación (Fitzmyer 2003:154-155).

En el NT, y especialmente en los escritos de Pablo, la justificación es una acción escatológica, porque en ella se anticipa el juicio final. Cuando en su predicación en Antioquía de Pisidia Pablo anunció el perdón de los pecados (Hch 13:38-39) a todo aquel que creyera en Cristo, los pecadores arrepentidos recibieron anticipadamente el veredicto de la liberación de culpa que será proclamado a todo el mundo el día del juicio final. Los teólogos suelen calificar esta declaración de perdón como un acto forense, porque se basa sobre la declaración del juez y no sobre algo en la persona que es declarada justa. Por lo tanto, Lutero solía utilizar el término *extra nos* (fuera de nosotros) al hablar de la salvación.

En Romanos 8:31-39, uno de los textos clave en la teología de Pablo, el apóstol nos ofrece una escena en la cual el creyente aparece ante el tribunal divino como el acusado. Dios Padre es el juez y Satanás el fiscal o acusador que procura la condenación eterna del creyente. Hay que recordar que el nombre Satanás significa acusador. En Apocalipsis 12:10 se lo llama "¡...el que día y noche acusaba a nuestros hermanos delante de nuestro Dios!" En el AT Satanás acusa a Job de servir a Dios por interés personal y no de corazón. Pero aunque Satanás nos acusa día y noche, basando sus denuncias no sobre pecados ficticios, sino pecados actuales cometidos por nosotros, sus acusaciones no redundarán en nuestra condenación eterna. La razón es porque tenemos un abogado, Jesucristo, quien está a la diestra de Dios y aboga por nosotros, al declarar que nuestra deuda con la justicia ha sido cancelada por la sangre que él, nuestro mediador, derramó por nosotros en la cruz al morir de modo vicario en nuestro lugar. Puesto que Cristo sufrió la muerte que nos tocó morir, el acusador ha perdido su derecho de seguir acusándonos. Por lo tanto el apóstol dice: "¿Quién acusará a los escogidos de Dios?" La respuesta es: nadie, "ni los ángeles, ni los principados, ni las potestades, ni lo presente, ni lo por venir, ni lo alto, ni lo profundo, ni ninguna otra cosa creada nos podrá separar del amor que Dios nos ha mostrado en Cristo Jesús nuestro Señor".

Es evidente, tanto en el pasaje citado como en los demás en que el apóstol trata de la justificación, que justificación por la fe equivale a justificación por Cristo. Ésta está basada sobre lo que Jesucristo hizo por nosotros en la cruz y lo que nos regala de pura gracia y misericordia, y no sobre lo que nosotros hayamos hecho ni antes ni después de nuestra justificación. Puesto que tantos estudiosos de la Biblia malentienden lo que el apóstol quiere decir cuando habla de la justificación por la fe, es preferible, a veces, hablar de justificación por Cristo para soslayar la idea que muchas personas tienen, de que la fe es una obra humana y no de Dios. Consecuentemente, en nuestro comentario utilizaremos <u>justificación por Cristo</u> como sinónimo de <u>justificación por la fe</u>.

Otros textos del NT hablan de la salvación por la fe (Ef 2:8-9, 2 Ti 1:9, Tit 3:4-7), en vez de hablar de la justificación por la fe. La salvación es algo que ocurrirá definitivamente cuando con la segunda venida Cristo haya suprimido todo dominio, toda autoridad y toda potencia, y entregado el reino a Dios el Padre (1 Co 15:21-26). Pero tan segura es la salvación futura, que en los pasajes citados el apóstol habla de la salvación como una realidad actual. En Cristo, las bendiciones de la nueva creación comienzan a invadir el siglo presente. De tales bendiciones futuras, las que podemos disfrutar ahora, las principales son la justificación y el don del Espíritu Santo.

En Gálatas y en el resto del NT, la justificación siempre es la justificación de pecadores, de los que no son capaces de justificarse a sí mismos. Por lo tanto, cuando en Gálatas Pablo afirma que Abrahán fue justificado por la fe, se sobrentiende que él también fue un pecador incapaz de salvarse a sí mismo, incluso con todas sus virtudes. Si la muerte del Hijo de Dios fue necesaria para la redención tanto de gentiles como de judíos, debe ser obvio que ni los sacrificios ni las ceremonias que demanda la ley mosaica, ni las obras que exigen los Diez Mandamientos, fueron suficientes para expiar la culpa de los seres humanos. En los escritos de Pablo, la suprema manifestación de la justicia de Dios es el hecho de que es él quien justifica a los pecadores al acreditar en la cuenta de ellos la justicia de Cristo. En 2 Corintios 5:21 el apóstol declara: "Al que no cometió ningún pecado, por nosotros Dios lo hizo pecado, para que en él nosotros fuéramos hechos justicia de Dios." Según pasajes como éste, la justificación de los pecadores se basa sobre un trueque o feliz intercambio: la injusticia de los seres humanos se transfiere o acredita a la cuenta de Cristo, mientras que la justicia (la vida intachable de Cristo) se nos acredita a nosotros. Es como cuando una pobre muchacha campesina y endeudada se casa con el hijo del rey o un millonario: las deudas de la muchacha las asume y cancela su esposo, mientras que las riquezas de éste se ponen a la orden de la campesina. Tal feliz intercambio no se extrajo del guión de una telenovela sino que, según 2 Corintios 5:18: "…todo esto proviene de Dios, quien nos reconcilió consigo mismo a través de Cristo." Para Lutero, este feliz intercambio o *fröhlicher Wechsel* tiene la utilidad de arrojar claridad sobre pasajes tales como 2 Corintios 8:9: "Siendo rico se hizo pobre, para que con su pobreza ustedes fueran enriquecidos", y Gálatas 3:13: "Nos redimió de la maldición de la ley, y por nosotros se hizo maldición". Más de mil años antes de Lutero, Ireneo de Lyon llegó a entender la justificación como un resultado de este feliz intercambio, al escribir: "Cristo llegó a ser lo que somos a fin de que nosotros pudiéramos ser lo que él es" (Westerholm 2004:333).

Al leer en las Sagradas Escrituras los pasajes que tratan de la justicia, la rectitud y los justos, es importante entender que cuando se habla de la justicia de los seres humanos, en la Biblia consta tanto una justicia ordinaria o civil como también una justicia extraordinaria. Cuando, en muchos de los Salmos, el cantante u orante habla de su justicia, se trata de la clase de vida que llevó entre los seres humanos, o sea, de que no derramó sangre inocente, ni levantó falso testimonio, ni robó o le faltó el respeto a la mujer de su prójimo. En muchos casos el salmista se ve en la necesidad de justificarse ante las acusaciones falsas de sus enemigos. No intenta decirle a Dios que alcanzó la perfecta justicia que demandan los mandamientos y que pueden asegurar su salvación en el juicio final. Lo que expone es que no cometió ningún pecado digno de castigo según las leyes del Estado o las tradiciones de su pueblo. En su discurso en Mileto (Hch 20:26), Pablo manifiesta: "Estoy limpio de la sangre de todos." El apóstol puede justificarse ante los hombres, como lo hace en 1 Corintios al declarar: "Por mi parte, no me preocupa mucho ser juzgado por ustedes o por algún tribunal humano." Al mismo tiempo tampoco se atreve justificarse ante sí mismo, y menos ante Dios: "Es más, ni siquiera yo mismo me juzgo." Los reformadores también reconocieron la diferencia entre la justicia civil u ordinaria, y la justicia extraordinaria a base de la cual todos los seres humanos serán juzgados el día en que el Señor venga para juzgar a vivos y muertos. Lutero hasta declaró que en muchas instancias el turco es más justo en su trato con los demás, que muchos supuestos cristianos. En cuanto a la justicia o rectitud ordinaria, podemos hablar de personas justas, es decir, justas ante sus semejantes y ante la sociedad. Pero cuando se habla de la justicia que demanda Dios en la ley, la justicia extraordinaria que justifica al hombre en el juicio final, el veredicto de las Escrituras es contundente: "¡No hay ni uno solo que sea justo!" (Ro 3:10; Sal 14:1-3). La única solución para el problema del ser humano injusto es la extraordinaria justicia consumada por Cristo y entregada al pecador de pura gracia. La gracia y la justicia extraordinarias de Dios se revelan "de principio a fin… por medio de la fe" (Ro 1:17).

LAS OBRAS DE LA LEY

¿A cuáles obras de la ley (ἔργων νόμου) se refiere? Es una de las preguntas más debatidas en lo que a la interpretación de Gálatas se refiere, y también al estudio de la teología de Pablo. Hay por lo menos cinco respuestas diferentes a la pregunta, a saber:

La primera opción. Según Orígenes y su discípulo, Jerónimo, al hablar de las obras de la ley Pablo se refiere solamente a lo que muchos han calificado como "la ley ceremonial", o sea, las partes de la ley de Moisés en el AT, que tratan de sacrificios, alimentos prohibidos, circuncisión, vestuario, purificaciones y la celebración de fiestas, ritos y la obligación de guardar el séptimo día como día de reposo. El cumplimiento de estos elementos del Pentateuco (los cinco libros de Moisés) distingue a los miembros del pueblo de Israel de los gentiles, y hace de ellos un pueblo especial, una nación aparte. Puesto que en Colosenses 2:17 todos estos requisitos son calificados como "una sombra de lo que está por venir", se los considera cosas temporales o transitorias cuyo uso o aplicación estuvo determinado para preparar a los fieles para la llegada de Cristo.

Insistir en el cumplimiento de estos elementos de la ley para la salvación, o con el fin de conseguir un beneficio del Señor, constituye legalismo. El cumplimiento de la ley ceremonial ya no es necesario después de la muerte de Cristo en la cruz. En Cristo los sacrificios del antiguo pacto se han cumplido. La infinidad de ritos de purificación que se celebraban en el templo, ya no son necesarios para acercarse a Dios en su santuario. Cristo es ahora el nuevo templo del Espíritu Santo en quien encontramos a Dios. El perfecto descanso que nos ha dado Cristo es el cumplimiento del reposo que señalaba la celebración del séptimo día. La paga del pecado, la muerte, que consiste en la separación de Dios, ya se efectuó cuando Cristo dio su vida por nuestros pecados.

Muchos estudiosos opinan que, aunque no se hace una distinción clara entre la ley moral y la ley ceremonial en el AT, se observa, después de la destrucción del templo de Salomón, tanto en algunos textos tardíos del AT como en los escritos apócrifos y los rollos del Mar Muerto, una marcada tendencia a dar poca importancia al templo, los sacrificios, y el culto. De este modo muchos judíos llegaron a creer que si se estudia y observa la Tora, no se necesita un templo. Si se acuerda uno de los pobres y las viudas, no es necesario el sacrificio de animales sobre un altar (Schmid 2012:304-305).

LAS OBRAS DE LA LEY, SEGÚN LA NUEVA PERSPECTIVA PAULINA

Recientemente surgió un creciente número de teólogos, en su mayoría de Gran Bretaña y Norteamérica, que se identifican con la escuela de interpretación conocida como la Nueva perspectiva paulina.

Éstos han afirmado que el interés de Pablo en Gálatas y en sus demás epístolas no es, como muchos intérpretes tradicionales del apóstol lo hicieron, desprestigiar la Tora o al pueblo judío. Los teólogos de la Nueva perspectiva aseveran que el ataque promovido por Pablo en Gálatas no es en contra del judaísmo, ni en contra de los judíos en general, sino en contra de las ideas etnocéntricas de algunos judíos mesiánicos y sus discípulos. Éstos se valieron de la circuncisión y otras ceremonias de la ley para impedir la aceptación de creyentes gentiles no circuncidados como miembros plenos en el nuevo pueblo escatológico de Dios. Dicho de otra manera, las obras de la ley de las que Pablo habla, no tienen que ver con la Tora en sí, ni con los Diez Mandamientos. Según la llamada Nueva perspectiva, las obras de la ley atacadas por Pablo en este pasaje son las que se emplean para erigir una barrera entre creyentes judíos y creyentes gentiles. Según los intérpretes, el problema en Gálatas es el imperialismo cultural o nacionalismo, y no la salvación por medio de buenas obras o méritos. En realidad, la nueva perspectiva paulina se basa sobre una nueva perspectiva del judaísmo (Westerholm 2004:380).

De acuerdo con los proponentes de la Nueva perspectiva, lo que Pablo ataca aquí y en sus demás epístolas no es el intento de los judíos de justificarse por las obras de la ley, sino la tendencia de ciertos judíos mesiánicos a considerarse superiores a los gentiles y excluirlos del pueblo de Dios por no ser descendientes de Abrahán (Hunn 2010:549; Dunn 1993:137). Además, según los proponentes de la Nueva perspectiva, es una equivocación creer que la mayoría de los judíos del tiempo de Cristo y de Pablo procuraban justificarse a base del cumplimiento de los mandamientos de la ley moral, pues ellos entendían que Dios en su gracia había elegido a los hijos de Israel en el AT de pura gracia y no a base de sus méritos. Los mandamientos le fueron dados a Moisés después de la salvación que Israel experimentó en el Éxodo y después de su elección como pueblo de Dios. Los mandamientos de la ley sirvieron, por lo tanto, no para justificar a Israel, sino para señalarle sus responsabilidades como pueblo elegido y ayudarle a no perder su estatus de pueblo de Dios. Uno de los lemas de la Nueva perspectiva es que los judíos fueron elegidos y llegaron a ser el pueblo del Pacto, no por guardar la ley sino de pura gracia. Es más bien por medio de la ley que los judíos se mantienen dentro del pacto.

James D. G. Dunn, uno de los principales exponentes de la llamada Nueva perspectiva, sostiene que la mayor parte de los judíos del tiempo de Jesús sabían de sobra que no habían cumplido perfectamente las exigencias morales de la ley mosaica, y por lo tanto no procuraban justificarse a base de su cabal cumplimiento de los Diez Mandamientos. Se creía, dice Dunn, que para los judíos la ley era una guía de vida para los que habían sido justificados por la fe en la promesa de Dios de bendecir a todos en Abrahán. A pesar de sus fallas morales y sus pecados, esta mayoría de los judíos, según Dunn, basaba su esperanza de salvación sobre el sistema sacrificial, o sea, creía que los pecados serían expiados por los sacrificios ofrecidos según las especificaciones del sistema levítico. De acuerdo con dicha interpretación, un judío podía vivir una vida irreprensible "en cuanto a la justicia que se basa en la ley" (Flp 3:6), no por guardar la ley moral perfectamente, sino por vivir en conformidad con lo que la Tora ofrecía al pecador arrepentido: las provisiones de sacrificio y expiación (Dunn 1992:115). Claro, estas especificaciones de la ley levítica se hicieron innecesarias al ofrecer Cristo un mejor y definitivo sacrificio por el pecado, hecho que muchos judíos no quisieron reconocer ni aceptar. En contra de la idea de que los judíos podían soslayar el juicio de Dios por sus injusticias a base del sistema sacrificial del templo, recordemos que los sacrificios del templo servían solamente para obtener una remisión provisional por los pecados no intencionales. Los pecados cometidos intencionalmente, como los del rey David (2 S 11-12), podían ser perdonados sólo mediante una manifestación extraordinaria de la gracia de Dios (Westerholm 2004:156).

Según la Nueva perspectiva, los padres de la iglesia y los reformadores se equivocaron al calificar al judaísmo de religión legalista que enseñaba la justificación por la ley (la realización de obras que ganaban mérito para el ser humano), y no por la misericordia de Dios. Lo que procuraron subrayar los exponentes de la Nueva perspectiva es que la disputa de Pablo con los agitadores de Gálatas no es con el judaísmo per se (el judaísmo en su calidad de una de las grandes religiones históricas), sino con un grupo de creyentes judíos dentro de la iglesia, que quisieron imponer a los creyentes gentiles ciertas ceremonias de la ley mosaica. Los teólogos que se identifican con la Nueva perspectiva creen que Agustín, Lutero, Calvino, Melanchton, Wesley y sus seguidores, se equivocaron al considerar al judaísmo como una religión legalista. Esta equivocación o error ha sido, además, una de las causas de las numerosas persecuciones sufridas por los judíos, especialmente el holocausto.

Según James Dunn, el judaísmo del tiempo de Pablo no fue una religión de la ley sino de la gracia, porque enseñó que Israel fue escogido como pueblo de Dios por pura gracia y no por su obediencia a los mandamientos. La obediencia humana debe entenderse como la respuesta a la gracia divina, o sea, que las buenas obras son la consecuencia de la gracia divina y no un medio por el cual sea posible justificarse ante Dios. Según Dunn, para el judaísmo la ley fue una guía para las vidas de los que habían sido justificados por su fe en la promesa de Dios de bendecir a todas las naciones en Abrahán. En este sentido Dunn cree que podríamos calificar a la mayoría de los judíos del tiempo de Pablo como buenos protestantes y no como legalistas (Westerholm 2004:183-184).

En realidad, entre los intérpretes modernos, los que han estado más dispuestos a calificar al judaísmo de religión legalista, han sido los llamados teólogos de la liberación. José Comblin, por ejemplo, declara que Jesús vino a liberar al pueblo de Dios de todo el sistema del judaísmo, que consistía en la ley y la idea de que la salvación se obtiene mediante la sumisión obediente a la ley. Lo que, según Comblin, motivó a los israelitas a cumplir con los mandamientos, ritos, preceptos, ceremonias, doctrinas, etc., no fue el amor, sino coerción, presión social, y temor. Para Comblin, la Carta de Pablo a los Gálatas debe entenderse como la carta magna de la nueva dispensación (1977:128), pues enfatiza que lo que debe guiar a los seres humanos en la construcción del reino de Dios no son leyes, sino el amor y la praxis de Jesús. Los teólogos de la liberación propenden ver a los fariseos del tiempo de Jesús como representativos de todos los líderes del pasado y del presente que utilizan leyes, dogmas, costumbres, y tradiciones con la finalidad de obligar a los oprimidos a aceptar como voluntad de Dios el sistema injusto de este mundo, es decir, el sistema por medio del cual los poderosos dominan, explotan, y esclavizan a los oprimidos (Blank 1992:125). Lamentablemente, los mismos teólogos de la liberación que tanto aprecian la Carta a los Gálatas por su énfasis en la liberación de la coerción de la ley, han hecho de la imitación de la praxis de Jesús, y no de su cruz, la base de su salvación. De esta manera, la imitación de la praxis de Jesús se ha convertido en una nueva ley que goza de preeminencia respecto a las buenas nuevas del feliz intercambio que tanto consuelo ofrece al pecador agobiado por su culpa.

El problema de Galacia, según los proponentes de la Nueva perspectiva, no fue el de un judaísmo que enseñaba la justificación por medio del cumplimiento perfecto de las demandas de la ley moral, sino de un nacionalismo y un imperialismo cultural exagerados, que procuraban excluir del pueblo de Dios a los gentiles que no acataban las exigencias de la ley ceremonial. Según Dunn, las obras de la ley de las que Pablo trata en sus escritos son las que distinguen al judío del pagano. Como refutación de esta interpretación de parte de la Nueva perspectiva, se debe notar que cuando Pablo habla de las obras en 2 Timoteo 1:9; Tito 3:3-7 y Efesios, se refiere a las buenas obras en general y no sólo a las de la ley ceremonial. El problema, tanto de los judíos como de los gentiles en el NT –y no solamente en los escritos de Pablo– es que son pecadores enfrentados a la ira de un Dios justo. Cuando, en la epístola que lleva su nombre, Santiago habla de las obras la ley (1:22-27; 2:14-26), no dice absolutamente nada respecto de la ley ceremonial (circuncisión, comidas prohibidas o fiestas), sino que habla de la necesidad de ayudar a los hambrientos, las viudas, los huérfanos, y los oprimidos. Los pecados denunciados en la carta tienen que ver con chismes, injusticia social, amistad con el mundo, adulterio, maledicencia y hasta asesinatos. El problema principal de los lectores y oyentes de la Epístola de Santiago es, que quedan condenados por la ley como transgresores, "porque cualquiera que cumpla toda le ley, pero que falle en un solo mandato, ya es culpable de haber fallado en todos".

Debe notarse también, que en 1 Tesalonicenses, el apóstol no dice nada de la circuncisión, ni de la ley ceremonial, ni del imperialismo cultural. Lo que necesita el ser humano es ser liberado de la ira y el justo juicio del Dios santo, "cuando el Señor Jesús se manifieste desde el cielo con sus poderosos ángeles, entre llamas de fuego, para darles su merecido a los que no conocieron a Dios ni obedecen al evangelio de nuestro Señor Jesucristo" (2 Ts 1:7-10). Una lectura de otros textos en los escritos de Pablo (2 Co 3:7-9; 1 Co 6:11) también subraya el hecho de que la justificación por la fe no es, sobre todo, la respuesta a la pregunta: ¿Cómo pueden los judíos aceptar a los gentiles que no observan la ley ceremonial? Es más bien la respuesta a la pregunta: ¿Cómo pueden los pecadores, tanto judíos como gentiles, ser librados de la condenación de la ley moral?

¿Hay algo que podamos aprender de la Nueva perspectiva? ¿Hay algo que podamos o debamos aceptar, aunque no estemos de acuerdo con todos los postulados de Dunn, Sanders, Wright, y otros? Ciertamente, debemos evitar toda condenación del pueblo judío que pueda llevar al antisemitismo, racismo o persecución. Debemos también aceptar que no todos los judíos del tiempo del NT procuraban justificarse a base de un fiel cumplimiento de la ley mosaica, como suele decirse. Simplemente no sabemos qué porcentaje de los judíos del tiempo del NT creía, como el joven rico de los evangelios (Mt 19:16-30; Lc 18:17-30), haber guardado todos los mandamientos de la ley desde su juventud. Lo que sí sabemos es que Jesús pronunció muchas de sus parábolas para fustigar a los que, como el fariseo en Lucas 18:9-14, trataban de justificarse ante Dios declarando que no eran pecadores como el cobrador de impuestos. Las parábolas, sin embargo, no censuraban con dureza a todos los judíos en general, pues Jesús y sus seguidores también eran judíos, lo mismo que Zacarías, Elisabet, Juan el Bautista, Simeón, Ana, José y la virgen María. Sin embargo, las parábolas y las enseñanzas de Jesús, además de denunciar a los escribas, fariseos e hipócritas, sí señalan la presencia de personas y grupos dentro del judaísmo que intentaban justificarse a sí mismos (Lc 18:9), y podían calificarse como legalistas (Mt 6:1-18). Según nuestra manera de entender la palabra legalismo, un legalista es una persona motivada a cumplir con las leyes ceremoniales, morales y hasta civiles, no por el Espíritu Santo, ni para expresar su amor y gratitud hacia Dios por haberle salvado, sino para ganar méritos o puntos con Dios, con sus semejantes y hasta con su propia conciencia (Bunyan 1976:33).

En la época en que el apóstol Pablo escribió sus epístolas, había en el Imperio Romano, y fuera de él, una variedad tan grande de creencias, tanto entre los judíos de Palestina como los de la diáspora, que es casi imposible decir cuál fue la fe normativa del judaísmo en el primer siglo. Un creciente número de historiadores y estudiosos de la antigüedad cree que no existía en el tiempo del NT un fenómeno que pudiera llamarse el judaísmo, sino una gran variedad de judaísmos. Al analizar algunos textos de la época no se ha podido decir con certeza si cierto documento es un escrito judío, un texto gnóstico o una obra cristiana, o si representaba una mezcla de elementos judíos, cristianos, y paganos. Es como en América Latina, donde es posible encontrar sectas y grupos de la antigüedad con una extraña mezcla de creencias, prácticas, y costumbres. Así fue también en los primeros siglos de la era cristiana.

Hoy en día, en América Latina, es difícil hablar de lo que es en verdad el protestantismo o el catolicismo que practican nuestros conciudadanos, puesto que hay muchas clases o formas de protestantismo o catolicismo. Lo que queremos decir es que, aunque no sea correcto calificar al judaísmo del primer siglo de religión legalista per se, es necesario recordar que, tanto entre los judíos como en todas las otras religiones del mundo hay legalistas que procuran justificarse a base de sus obras de justicia o a base del cumplimiento de ciertos ritos, ceremonias, y sacrificios. Es que el hombre natural, el hombre sin el Espíritu Santo, es per se un legalista que procura justificarse ante Dios, ante la sociedad y ante sí mismo. Y fue precisamente para librar a sus lectores y oyentes del legalismo de los agitadores y del legalismo inherente en su pasado pagano y del legalista que llevamos dentro, que Pablo escribió su Carta a los Gálatas.

Jesús, Pablo, y los reformadores no fustigan a una clase de personas, sino la teología del hombre natural, es decir, lo que todos somos por naturaleza. Las invectivas de Lutero en contra de los fariseos fueron denuncias que fustigan al fariseo que cada uno lleva dentro. En la celebrada novela *Cuento de Navidad* de Charles Dickens, el protagonista, el avaro comerciante Ebenezer Scrooge, después de su encuentro con los tres fantasmas de Navidad experimenta un cambio en su vida y le grita al último de los espíritus: "¡Escúchame!, ya no soy como antes. Gracias a este encuentro ya no seré el mismo de antes." Con este grito, Scrooge trata de expresar su contrición y afán por esquivar la terrible suerte de su socio Jacob Marley. La popularidad de la novela de Dickens estriba, por lo menos en parte, en que hay algo de Scrooge en todos nosotros, algo que nos lleva a creer que nuestra justificación tendrá que ser el resultado de una transformación interior de nuestro ser. Y así, estamos tentados a fijar nuestra esperanza en esa transformación y no en el sacrificio de Cristo en la cruz. Hay algo en todos nosotros que nos lleva a basar la seguridad de nuestra salvación sobre una experiencia que hemos tenido, un sacrificio que hemos ofrecido, un precio que hemos pagado o compensado, o algo que hemos sufrido. A todos los que se sienten tentados a procurar la seguridad de su justificación en sus experiencias, sufrimientos, y actos de penitencia, Pablo los invita a fijarse nuevamente en Jesucristo, que ya les fue presentado claramente como crucificado (Gl 3:1).

En Romanos 3:9 dice Pablo: "Porque ya hemos demostrado que todos, judíos y no judíos, están bajo el pecado." Y en Romanos 6:23 asevera que "...la paga del pecado es muerte, pero la dádiva de Dios es vida eterna en Cristo Jesús, nuestro Señor." El argumento de Pablo en los primeros capítulos de Romanos, es que todos los seres humanos, tanto gentiles como judíos, han pecado y están destituidos de la gloria de Dios. En su argumento en Romanos 2 y 3, Pablo acusa a los judíos de no haber producido las obras que demanda la ley. Las obras que el apóstol tiene en la mira en estos capítulos, no son sólo leyes ceremoniales, sino también lo que los teólogos han clasificado como leyes morales. Por ejemplo, cuando en Romanos 2:6 el apóstol asevera que Dios pagará a cada uno conforme a sus obras, debe ser obvio que está empleando la palabra obras no solamente con referencia a las leyes ceremoniales, o distintivos que diferencian al judío del incircunciso. Difícilmente podremos concluir que cuando habla de las obras de la ley en Romanos 3:20, Pablo está pensando solamente en la circuncisión y las leyes sobre alimentos. Al decir: "pues la ley sirve para reconocer el pecado", Pablo tiene en la mira toda la ley y no sólo la ceremonial, pues por la ley moral viene el conocimiento del pecado (Cranfield 1991:89-101), y el más grave de todos es el pecado de la incredulidad.

La segunda opción. Para San Agustín, Lutero, Bunyan, Calvino (2005:51-52), y muchos de los reformadores, las obras de la ley incluyen no sólo la ley ceremonial, sino también la ley moral. En Romanos 1:32 Pablo muestra que los gentiles están bajo la ira de Dios, aunque nunca (como los judíos) recibieron la ley ceremonial, ni tampoco recibieron los Diez Mandamientos escritos en dos tablas de piedra. Sin embargo, son culpables porque no hicieron caso a la ley escrita en sus corazones (Romanos 2:15). En los tres primeros capítulos de Romanos el apóstol muestra a sus lectores que tanto gentiles como judíos necesitan ser librados no solamente de la necesidad de cumplir con la ley ceremonial, sino de la condenación de la ley natural (Schreiner 1989:61). Así, todo intento del ser humano de justificarse delante de Dios es inútil, sea con ritos, ceremonias y sacrificios, o también con obras de caridad, limosnas, largas oraciones, penitencias, indulgencias, peregrinaciones, méritos y la observancia de las exigencias del Decálogo. Las obras que atacan los reformadores son las obras meritorias, o sea, las obras por las que obtiene méritos el que las hace. Estos méritos, según creen muchos, pueden ser aducidos por el ser humano para cancelar algunos de los pecados o deméritos que uno tiene en su cuenta. Los méritos también pueden utilizarse para negociar con Dios un trato más favorable en esta vida o en la venidera. Además, hay quienes equivocadamente creen que pueden servir como una base para la jactancia del ser humano.

Según los reformadores, los creyentes tienen el compromiso de cumplir con lo que ordena la ley, no con el fin de acumular méritos ni para ganar puntos ante Dios, sino porque quieren dar gloria a Dios y servir al prójimo en gratitud por el perdón de los pecados que han recibido mediante la cruz de Cristo. La salvación del creyente está basada sobre la obra de Dios en la cruz de Cristo y no la cantidad de buenas obras que realiza el cristiano. Cristo nos ha librado de la tarea imposible de cumplir con las ordenanzas y ceremonias que exige la ley como un medio por el cual el ser humano podría alcanzar la salvación. El propósito de cualquier ley, sea ceremonial o moral, no es justificar al ser humano, sino revelar su pecado. En la Apología de la Confesión de Augsburgo Melanchton declara: "Pablo no habla sólo de ceremonias, sino de la ley entera" (Meléndez 1989:93).

Cuando, en Romanos 7, Pablo habla de la liberación de la ley, tiene en la mira no sólo la ley ceremonial, sino también la ley que exige no codiciar: "Sin embargo, de no haber sido por la ley, yo no hubiera conocido el pecado; porque si la ley no dijera: "No codiciarás", tampoco yo habría sabido lo que es codiciar" (7:7).

Estar libres de las obras de la ley no quiere decir que los creyentes tienen ahora la libertad de hacer lo que les dé la gana. En ninguna parte de sus escritos enseña Pablo la antinomia, o sea, la idea de que un creyente puede seguir pecando para que la gracia abunde (Romanos 6:1). El creyente ha sido librado de la condenación de la ley y de todo intento de justificarse ante Dios por medio de las obras de la ley. Pero esto no quiere decir que la ley dejó de existir. La Tora es una expresión de la voluntad de Dios para el bienestar de toda la humanidad. En el mundo en que vivimos la ley sirve para preservar el buen orden y frenar el incremento y la propagación de la injusticia entre los seres humanos. Sin embargo, Moisés y la ley nunca fueron los mediadores de la salvación y dispensadores del Espíritu. El ser humano caído no es capaz de cumplir con lo que manda la ley.

Aunque los creyentes han sido librados de la condenación de la ley, sin embargo el Espíritu Santo aún los sigue guiando a cumplir con lo que se ha llamado el sentido espiritual de la ley, o sea, el amor. Los que han sido justificados por Cristo toman muy en serio los Diez Mandamientos, no porque quieran justificarse a sí mismos, sino porque aman a Dios y al prójimo. Para el que cree en la promesa no se abolió la ley, sino la condenación de la ley y todo intento de justificarse a base de las obras de la ley. Si no hubiera sido así, el reformador Martín Lutero nunca habría dedicado tanto empeño en explicar con lujo de detalles los Diez Mandamientos en sus dos catecismos, el Menor y el Mayor.

Lo que Pablo escribe acerca de Moisés y la ley en Gálatas 3 y 4, está en plena concordancia con lo que escribe Juan en su Evangelio: "La ley fue dada por medio de Moisés, pero la gracia y la verdad vinieron por medio de Jesucristo" (1:17). En su libro *El Progreso del Peregrino,* Juan Bunyan capta muy bien la relación bíblica entre la misión de Moisés y la de Cristo en el capítulo en el que "Fiel" le cuenta a "Cristiano" una de sus experiencias más aterradoras. Después de haber estado a punto de dejarse engañar por el "Viejo Adán", "Fiel" se da cuenta de que en su persecución viene uno que vuela más rápido que el viento:

> "Al instante este hombre me alcanzó; me dio tan fuerte golpe que me arrojó al suelo, dejándome por muerto. Le pregunté la causa de este maltrato, y me respondió: –Porque secretamente te inclinaste al Adán primero, y al decir esto me dio otro golpe mortal en el pecho que me hizo caer de espaldas, dejándome medio muerto a sus pies. Cuando volví en mí, pedí misericordia; mas su contestación fue: Yo no sé mostrar misericordia, y de nuevo me arrojó al suelo, y seguramente hubiera acabado conmigo de no haber pasado por allí "Uno", que le mandó detenerse. No le conocí al principio, pero al pasar me apercibí de las heridas de sus manos y costado, y por ahí comprendí que era el Señor. Gracias a él, pude seguir mi camino collado arriba" (Bunyan 1966:84).

<u>La tercera opción</u>. Otros pensadores, especialmente los que se han identificado con la teología de la liberación, destacaron la frecuencia con la que las élites o los elementos cósmicos abusan de la idea o lógica de la ley, para esclavizar a los seres humanos dentro de los sistemas de opresión. Se destaca que en el tiempo de Pablo los habitantes del mundo antiguo se creían predestinados, sujetados o programados anticipadamente a cumplir con un destino que les había sido asignado por los elementos cósmicos, los sistemas sociales injustos y los mitos e ideologías utilizados para justificar el estatus quo. El ser humano, según esta manera de pensar, necesita ser liberado no sólo de las exigencias de la ley ceremonial o de las acusaciones de la ley moral, sino también de la amenaza de la ley del karma y del poder de los espíritus,

ángeles, poderes astrales y deidades que determinan el destino del ser humano y le condenan a ser esclavo de su destino o predestinación.

Los que viven en la era moderna o posmoderna también viven bajo la tiranía de leyes de las que necesitan ser librados, leyes tales como la ley de la selección natural, la ley de entropía, la segunda ley de la termodinámica, la ley de la selva, la ley de la supervivencia del más apto y, a veces, de la ley de la supervivencia del más corrupto. Es necesaria la liberación de leyes económicas que favorecen a las clases pudientes y leyes raciales que marginan a otros. Los de abajo sufren a causa la las leyes impuestas por el estado de seguridad nacional para promover la geopolítica de los que han hecho de la nación un ídolo. Es necesaria la liberación de interpretaciones imperialistas de la así llamada "ley natural", que son usadas para justificar sistemas de opresión. Desde la óptica de los teólogos de la liberación y de los teólogos antiimperialistas, la liberación proclamada por Pablo en Gálatas tiene que ser algo mucho más amplio que la abolición de ciertas ordenanzas, ceremonias, y ritos. El evangelio de la cruz y de la resurrección de Cristo ofrece a la humanidad la liberación de todas las leyes que esclavizan al ser humano. El evangelio, por su parte, nos invita a no poner nuestra esperanza en tales leyes, ni a vivir atemorizados por ellas, sino a vivir por la fe y la esperanza que nos brinda el mensaje de Cristo.

La cuarta opción. Según Kahl, no es la ley de Moisés la que Pablo tiene en la mira, sino la ley del Imperio Grecorromano, que definió la vida de todos los habitantes del imperio (2010:7). Antes de su muerte, César Augusto mandó grabar en mármol una lista de las buenas obras que había realizado para los habitantes del imperio. La lista era parte de las actas y memorias (*Res Gestae*) que el emperador había dejado para la posteridad. Entre las buenas obras u obras de la ley que el divino César donó al mundo, encontramos los juegos, espectáculos públicos (tales como las crucifixiones), procesiones, sacrificios, competencias de gladiadores, peleas con animales salvajes, banquetes, fiestas. A fin de repagar estos beneficios a su divino patrón, se esperaba que los súbditos participaran en el culto imperial, se sometieran a la ley romana, reverenciaran al divino César y los miembros de su familia, erigieran y mantuvieran templos y el servicio de éstos que incluía mantener a los sacerdotes, y gratuidades y beneficios pagados a sus superiores según el rango de las personas en el sistema patronal imperial. El fin que perseguían todas estas buenas obras fue la obtención de honores y gloria personales, con la finalidad de justificarse ante la sociedad imperial, de ningún modo para servir al prójimo como un hermano creado a la imagen de Dios y redimido por la cruz de Cristo. En contra de tales obras habla la Carta a los Gálatas de la justificación por la fe que se manifiesta en el amor.

Vista desde esta perspectiva, la Carta a los Gálatas obra como una crítica al imperio, la religión imperial, su ideología y un estilo de vida caracterizado por el dominio que ejercen los fuertes sobre los débiles. Como tal, la carta es un escrito sumamente subversivo y lleva dentro de sí un mensaje de liberación que a la larga sirvió para socavar el Imperio Romano y todo imperio antiguo o moderno. Es así porque el mensaje del evangelio lleva en sí las semillas de la nueva creación que vino a establecer Jesucristo.

Después de repasar tantas diferentes maneras de entender a qué se refiere Pablo con la frase obras de la ley, preferimos entender que las obras de la ley son primordialmente ésas sobre las que se basan los seres humanos para justificarse ante Dios, ante la sociedad y ante sí mismos. Tales obras de la ley pueden ser muy buenas, actos de liberación, sacrificios realizados para el bien de la patria o la humanidad, pero son obras que pueden llegar a ser enemigas de la justificación por la cruz de Cristo si se realizan con la finalidad de justificarnos o de jactarnos de nuestra santidad y despreciar a otros, así como hizo el fariseo de la parábola de Lucas 18:9-14. Liberados de la condenación de la ley, los creyentes pueden dedicar su vida a Dios y al prójimo, y trabajar para liberar a la creación entera de toda forma de opresión de las leyes que sirvieron a las fuerzas de opresión para esclavizar a las personas que fueron creadas a la imagen del Creador.

LA FE O FIDELIDAD DE CRISTO

En los últimos años la frase "la fe de Cristo" (πίστεως Χριστοῦ), al igual que la frase "la fe del Hijo de Dios" (2:20), han sido objeto de un intenso debate de parte de los estudiosos de las epístolas paulinas. La frase, o fórmula, también se encuentra en Gálatas 3:22, Romanos 3:22 y 26 y Filipenses 3:9. Gramaticalmente, indica: (a) la fe del creyente en Cristo y su obra (genitivo objetivo); o (b) la fidelidad de Cristo de llevar a cabo la voluntad del Padre para nuestro bien (genitivo subjetivo). Una tercera posibilidad que no ha sido considerada en las obras que hemos consultado es que se trata de un genitivo de aposición o definición, o sea, que el genitivo define al sustantivo. En el caso de Gálatas 2:16, la idea es que Cristo define lo que es la fe. En otras palabras, la fe consiste en Cristo; la fe que se confiesa es Cristo; es una fe centrada en Cristo (Garlington 1997:89). Confesar la fe es igual a confesar a Cristo.

Los que consideran que "la fe de Cristo" es un genitivo objetivo, o sea, que se habla de nuestra fe en Cristo, señalan que la frase tiene que entenderse en consonancia con la frase que sigue: "y también (o, aún nosotros) hemos creído en Jesucristo". Debe notarse también que cada vez que el apóstol habla de "la fe de Cristo", dicha frase se emplea en contraste directo con las obras de la ley. Lo cual indica que se trata de un contraste entre los que confían en las obras de la ley y los que confían en Cristo. Además, se afirma que las veces en que Pablo utiliza un genitivo subjetivo, casi siempre lo hace utilizando un artículo definitorio, que en el griego es necesario (Fee 2007:225). Para nosotros, el argumento más contundente en favor de entender "la fe de Cristo" como un genitivo objetivo es el hecho de que en este capítulo, lo mismo que en Romanos 4, Pablo procuró establecer una relación estrecha entre la fe de Abrahán y la fe con la cual los gálatas recibieron las buenas nuevas acerca de Cristo. En Romanos 4:18 dice: "Contra toda esperanza, Abrahán creyó… conforme a lo que se le había dicho: 'Así será tu descendencia.'" Creyó, "plenamente convencido de que Dios era también poderoso para hacer todo lo que había prometido. Por eso su fe se le tomó en cuenta como justicia" (vv 21-22) El énfasis en estos pasajes está puesto en la confianza de Abrahán en la promesa de Dios, y no en la fidelidad de Abrahán en todas sus pruebas, la mayoría de las cuales ocurrieron después de su justificación. Claro, la fe de Abrahán no fue una obra meritoria, producto de su piedad. Su fe fue una obra del Espíritu Santo en él, y no una hazaña realizada por Abrahán para ganarse la justificación como premio. Abrahán fue declarado justo porque Dios obró en él el milagro de la fe. Igualmente, la fe por medio de la cual fueron justificados los gálatas debe considerarse una fe obrada por el Espíritu Santo en ellos. Siempre existe el peligro de hacer de la fe una obra, y confiar en esa obra –obediencia de la fe– como un medio de justificación (Lenkersdorf 1960:41).

2:17 Y si al buscar ser justificados en Cristo, también nosotros somos hallados pecadores, ¿será por eso Cristo ministro de pecado? ¡De **ninguna manera!**

Si la ley no justifica, ¿para qué sirve entonces? La clara implicación de lo dicho por el apóstol es, que la ley condena. Condena porque las personas no la guardan. Nadie la guarda (Hunn 2010: 552). Al preguntar: ¿será por eso Cristo ministro de pecado?, el apóstol emplea la palabra griega διάκονος, de donde viene nuestra palabra diácono. En el griego de la época de Pablo un διάκονος era literalmente uno que atendía a las mesas de los invitados a participar en una cena o banquete. Quizá sea significativo que Pablo haya escogido esta palabra para designar a Cristo en un pasaje que sus oponentes hubieran utilizado para calificar a Pedro o Pablo como pecadores, por sentarse a comer y contaminarse con gentiles no circuncidados. Los gentiles fueron considerados "pecadores" por muchos por el simple hecho de no estar circuncidados. Siguiendo esta lógica, Cristo también sería un pecador por el hecho de invitar a los no circuncidados a su mesa y compartir su cuerpo y sangre con ellos en la celebración de la Santa Cena. ¿Sería por esto un pecador? De ninguna manera. Tampoco serían pecadores los pastores y diáconos de la iglesia al sentarse a la mesa para celebrar la Cena del Señor con gentiles no circuncidados. Al designar a Jesús como diácono en este pasaje, el apóstol nos señala que el oficio eclesiástico de diácono tiene su origen y base en el servicio diaconal de Jesucristo -quien comía y bebía con pecadores-, y nos da el mejor ejemplo del amor y cuidado que debe caracterizar al ministerio diaconal de la iglesia. Sobre todo, Jesús nos enseña que el diácono no sirve esperando recibir una recompensa, pues el privilegio de servir es, de sí, la mejor recompensa. En 1 Timoteo 3:8-13 el apóstol establece cuáles deben ser las características de las personas escogidas para servir como diáconos en la iglesia.

Algunos intérpretes traducen la palabra griega διάκονος como promotor o transmisor, no como diácono o ministro. Los eruditos que optan por esta manera de entender la frase, creen que los opositores de Pablo lo habían acusado de hacer de Cristo uno que promueve el pecado o lo transmite a otros (Garroway 2012 305). Aunque tal lectura es posible, no la creemos probable, pues si el apóstol hubiese querido decir esto, habría empleado otro término, y no διάκονος (diácono).

2:18 Porque si las mismas cosas que destruí, las vuelvo a edificar, me hago transgresor.

Si Pablo, quien en el pasado había abogado en favor de un evangelio libre de las ordenanzas de la Tora (es decir, circuncisión, dieta, fiestas), fuera ahora a exigir estas mismas ordenanzas, sería un transgresor, ensalzando otra vez la ley como un supuesto medio de salvación, levantando nuevas barreras entre los creyentes judíos y los creyentes gentiles, y resistiendo al Espíritu. En realidad, eso es lo que hizo Pedro, no Pablo. En Cesarea y en el Concilio de Jerusalén Pedro actuó valientemente para defender el derecho de los gentiles de recibir el bautismo para ser admitidos en la comunidad de los creyentes sin ser circuncidados. En Antioquia, sin embargo, se echó atrás y comenzó a edificar nuevamente lo que antes había derribado. Al cenar y tomar parte en la Santa Cena con creyentes gentiles, Pedro estaba comenzando a derribar "la pared intermedia de separación" de la que habla Pablo en Efesios 2:14, o sea, la barrera que separaba a los judíos de los gentiles. Pero cuando Pedro se negó a cenar con los gentiles para no ofender a la delegación de Jerusalén, volvió a edificar nuevamente lo que había derribado. En el templo de Jerusalén existía una pared que separaba el patio de los gentiles de las partes del templo reservadas exclusivamente para los judíos. So pena de muerte se prohibía a cualquier gentil pasar más allá de esa barrera. Debido a que algunos judíos de Éfeso creyeron, equivocadamente, que Pablo había metido gentiles dentro de las partes proscritas del templo, se provocó el gran alboroto en el cual el apóstol casi perdió la vida (Hch 20:17-40).

Es posible que los antagonistas de Pablo, los de Antioquía, lo hubieran condenado como transgresor por haber abandonado la Tora. Por si fuera así, el apóstol muestra aquí que los verdaderos transgresores son sus acusadores, porque son ellos quienes han abandonado a Cristo como único autor de nuestra salvación. En estas líneas, por medio de indirectas, Pablo identifica a Pedro como el transgresor de este texto (Fee 1994:375). O sea, que fue Pedro quien traicionó el evangelio y no Pablo, como afirmaban los agitadores.

2:19 Porque yo, por la ley, soy muerto para la ley, a fin de vivir para Dios.

Al declarar que "soy muerto para la ley" el apóstol dice que la relación que alguna vez existió entre él y la ley ha sido disuelta. Por haber muerto con Cristo en el Bautismo, Pablo quedó libre de la ley, del mismo modo en que alguien, al morir su pareja, queda libre para casarse nuevamente. Paradójicamente, Pablo quedó libre de la ley para servir a Cristo, no por una obligación legal, sino por amor. En Romanos 7:1-6 elabora con más detalles sobre la analogía que emplea aquí en Gálatas. Pablo no dice que la ley murió y ya no sirve para nada. La ley sí ha muerto como un medio de salvación, pero sigue viviendo como una guía para la vida del creyente, lo que algunos han llamado el tercer uso de la ley (Barrett 1985:20). Así también en Efesios 5:21-33 la iglesia, como esposa de Cristo, sirve a Cristo, pero no por temor a la Ley, sino por amor, que es su respuesta al amor que recibió del Señor que se entregó a sí mismo por ella. El servicio que el creyente le rinde a Cristo, al prójimo y hasta al enemigo, no fluye del temor a la ley, ni del deseo de recibir una recompensa, sino de la gracia y el amor que han transformado su vida y han hecho de él una nueva creación.

Es como en el ejemplo del pastor que visitó a una pobre señora que lloraba amargamente por la dura vida que tenía que soportar por causa de su esposo, un hombre despiadado que la increpaba, insultaba, y amenazaba todos los días. Por el temor de recibir una paliza, la pobre mujer se pasaba todo el día preparando la comida, limpiando la casa, lavando la ropa y atendiendo el jardín y los animales. – "Mi vida es un infierno", le confesó al pastor. Poco tiempo después, el esposo de la mujer murió repentinamente, víctima del abuso de las bebidas alcohólicas y las drogas. Ahora la señora había quedado libre para casarse de nuevo, y lo hizo, esta vez con un hombre cristiano, un hombre como el que Pablo describe en Efesios 5. Después de un tiempo la mujer tuvo la oportunidad de conversar nuevamente con su pastor: –¿Cómo está su vida, ahora que se ha casado de nuevo?, preguntó el pastor. –"Es maravillosa", dijo ella. "–Estoy tan contenta." –¿Y cómo pasa sus días?, preguntó el pastor. – "Lavando, planchando, cocinando, limpiando y atendiendo el jardín", replicó la buena mujer. – "Pero eso es lo que hacía usted cuando estaba casada con su primer marido; ¿qué ha cambiado?" – "Antes yo hacía todo esto por miedo, pero ahora lo hago todo por amor", replicó ella. Así como esta mujer quedó libre de la ley del viejo hombre para servir en amor al nuevo hombre, así Pablo quedó libre de la esclavitud de la ley que demandaba la perfección, para servir ahora al Cristo que murió por sus pecados en la cruz. El viejo Pablo que vivía como esclavo de la ley y del temor que le infundía, murió en las aguas del Bautismo. El que emergió de las aguas bautismales era un hombre nuevo libre para dedicar su vida a servir a su Salvador y al prójimo.

Desde el punto de vista del reformador Juan Calvino, morimos para la ley cuando ésta ya no nos mantiene cautivos bajo un yugo de esclavitud, cuando ya no estamos bajo la maldición de la ley. Cuando vivimos para servir a Dios, ya no somos esclavos de la ley (2005:56).

2:20 Pero con Cristo estoy juntamente crucificado, y ya no vivo yo, sino que Cristo vive en mí; y lo que ahora vivo en la carne, lo vivo en la fe del Hijo de Dios, el cual me amó y se entregó a sí mismo por mí.

Como en las demás cartas, el mensaje de Cristo crucificado es, en esta, el centro del evangelio que Pablo proclamó. Los gálatas conocían la crucifixión no sólo por el empleo de esta forma de tortura por los romanos en Galacia, sino por sus propias tradiciones. El historiador

Diodoro de Sicilia menciona que los celtas (galos) solían sacrificar criminales a sus dioses mediante la crucifixión (Martyn 1997:277).

Lo que llama la atención en el texto es la manera sumamente personal con que el apóstol habla del amor de Cristo que él había experimentado y lo había transformado (Fee 2007:222). La fuente y fuerza motriz de la nueva vida que Pablo recibió no son las amenazas de la ley, sino el amor de Cristo, quien sufrió en la cruz para rescatar al "jefe de los pecadores". La motivación de todo lo que hace Pablo no es la ley, sino Cristo. Lo que motiva al apóstol a dedicar su vida a la proclamación de las buenas nuevas, no es el deseo de acumular méritos y ganar puntos que le sean de ayuda el día del juicio final, sino Cristo. Las palabras del apóstol en este pasaje son una expresión del amor y gratitud que el amor de Cristo generó en lo más profundo de su ser. Pablo ya no vive para promover su propio yo; el apóstol vive para Cristo y Cristo vive en él. Según Witherington (1998:190), al utilizar el tiempo perfecto del verbo (en que los efectos de una acción en el pasado siguen en el presente), Pablo está afirmando que los sufrimientos de Cristo siguen en sus persecuciones de apóstol. El sufrimiento de Cristo se refleja así en la vida y hasta en la muerte del apóstol; y por medio del sufrimiento queda conformado a la imagen de Cristo. El Cristo que vive en Pablo no es, entonces, el Cristo proclamado por los voceros del evangelio de la prosperidad, sino el Cristo crucificado.

Lo que llama la atención en lo que Pablo escribe acerca de la entrega de Cristo en Gálatas 2:20 son las palabras "me amó" y "por mí" (ὑπερ ἐμοῦ). En Gálatas 1:4 vimos que las palabras "se entregó a sí mismo" son, probablemente, una alusión a Isaías 53, en que el profeta habla del Siervo sufriente del Señor que se entrega a sí mismo por las rebeliones de su pueblo. En la frase "se entregó a sí mismo por mí" en Gálatas 2:20, debemos ver otra alusión al mismo pasaje de Isaías, pero ahora de manera mucho más personal. El Saulo de Tarso que se jactaba de su justicia y perseguía a la iglesia murió en el camino a Damasco. Ese Saulo ya no vive más; en su lugar vive en Pablo el Cristo crucificado, identificado con el Siervo sufriente de Isaías, y por medio de las actividades evangelizadoras del apóstol lleva a cabo su misión de ser luz de las naciones (Isaías 49:6-7). En Lucas 2:32 Cristo queda identificado cierta y evidentemente con el Siervo del Señor y su misión de llevar luz a los gentiles. A base de las múltiples alusiones en Gálatas a Isaías 49-54, Matthew Harmon (2010:115) llegó a la conclusión de que Pablo no solamente identifica a Cristo con el Siervo sufriente y su misión, sino que también se identifica a sí mismo y su misión con lo que escribe Isaías acerca del Siervo.

Tan íntimamente está vinculada esta identificación del apóstol con el Cristo sufriente, que lo que sufre el apóstol en el cumplimiento de su misión es lo que sufre el Cristo que mora en Pablo. Así pues, el apóstol escribe en Colosenses 1:24: "Ahora me alegro de lo que sufro por ustedes, y completo en mi cuerpo lo que falta de los sufrimientos de Cristo por la iglesia, que es su cuerpo" (Harmon 2010:120-121). En cierto sentido todos los que son llamados a proclamar la luz del evangelio a las naciones pueden también identificarse con el Siervo sufriente y su misión, pues Cristo también se entregó por nosotros y vive en nosotros de tal manera que el evangelio que proclamamos es la palabra del mismo Cristo. En Hechos 13:47 leemos que, estando Pablo predicando en Galacia y haciendo alusión a Isaías 49:6, declara: "Ésa es la orden que el Señor nos dio, cuando dijo: 'Te he puesto como luz para las naciones, para que lleves salvación hasta los confines de la tierra.'" En Filipenses 2:15 el apóstol recuerda a sus lectores que Dios los había puesto a ellos en medio de una generación perversa y maligna "en medio de la cual ustedes resplandecen como luminares en el mundo".

En nuestro libro *Teología y Misión en América Latina,* relatamos que Cristóbal Colón también se identificó con el Siervo del Señor de Isaías 49, puesto que al abrir nuevas rutas con sus viajes de descubrimiento, el Almirante posibilitó la evangelización de las naciones por los misioneros franciscanos.

La muerte del propio yo del creyente se expresa y experimenta de diferentes maneras, según la orientación cultural de la persona en cuestión. En culturas que se caracterizan por un fuerte individualismo, las personas tienden a poner el bien del yo por encima del bien del grupo o la comunidad. El gran peligro lo constituye el hecho de que el yo se convierte en un ídolo y las otras personas, la iglesia y hasta

Dios son vistos como medios para acelerar el éxito, la autoestima, la autonomía y los proyectos particulares del yo. La preocupación del yo individualista puede llevarlo a uno a sentirse satisfecho de sí mismo hasta en las actividades en la iglesia. Con frecuencia el yo individualista se queja de las predicaciones y los cultos de su congregación con expresiones tales como: "Ese mensaje no me alimentó"; "el culto no me trajo ningún provecho." Cuando el yo individualista es crucificado con Cristo, el yo queda desplazado y deja de ocupar el centro de su vida. Cuando Cristo llega a constituir el centro de la vida del individuo, el creyente aprende a no depender de sí mismo ni de sus propias fuerzas y recursos, sino que Cristo llega a ser para él la estructura del ser y a ocupar el centro de su vida.

Los sociólogos han clasificado a la mayoría de las personas del mundo no como yo individualistas, sino como nosotros colectivistas, personas que piensan de sí mismas como miembros de un grupo, clan, familia o congregación. Con ellas el bienestar del grupo goza de preeminencia frente al honor, la reputación, y la supervivencia del yo. A estas personas se les hace difícil tomar decisiones individuales, pues es el grupo quien determina con quién se va a casar uno de sus miembros, cuál será su vocación y cuál la manera correcta de relacionarse con el Ser Supremo. El peligro al que se ven expuestas estas personas es que el grupo puede llegar a convertirse en un ídolo, cosa que con frecuencia sucede con los que son parte de una pandilla. Cuando los miembros de sociedades colectivistas son crucificados juntamente con Cristo, comienzan a depender cada vez más de Cristo y su nueva familia, la iglesia. El Espíritu de Cristo que obra en ellos llega a ser más y más la fuerza y el eje de sus vidas. Siguen apoyando a sus familias, sus clanes y sus prójimos, pero también aprenden a ser buenos samaritanos para los miembros de otras tribus, pueblos, y castas. Estar crucificado con Cristo quiere decir, entre otras cosas, clavar en la cruz nuestro desprecio por todos los que no son de nuestro pueblo, familia, y tribu (Grant 2011:191-202). Esto quiere decir: abrazar como hermanos y hermanas en el Señor a todos aquellos por los que el buen pastor derramó su sangre. Estar crucificado con Cristo significa clavar en la cruz esa parte de nuestro ser colectivo calificado de tribalismo, chauvinismo o idolatría del Estado, o sea, la geopolítica o estado de seguridad nacional.

Aquí, como en 2 Corintios 5:1-10, Pablo habla de la vida que los cristianos viven en la carne. La vida que se vive en la carne es, por definición, una vida incompleta destinada a perecer. La verdadera vida es la que viviremos con los cuerpos glorificados que serán nuestros en la resurrección de los muertos. La vida verdadera que esperamos ya ha tenido su comienzo con la entrada del Espíritu de Cristo en nuestra vida de creyentes, pues el don del Espíritu es la cuota inicial, la primicia de la vida en la nueva creación.

La frase "sino que Cristo vive en mí", debe entenderse en el sentido de que Cristo vive en Pablo o en el creyente por medio del Espíritu Santo. El apóstol normalmente habla de los creyentes que viven en Cristo, y del Espíritu que hace su morada en los creyentes (Fee 1994:374). En el caso de Pablo, el yo que fue crucificado con Cristo era el yo que encontraba su identidad en el judaísmo y procuraba justificarse a sí mismo mediante la observancia de la ley al pie de la letra. El yo que fue crucificado era el yo que contemplaba con desdén a todos los que no fueran descendientes de Abrahán según la carne, el yo que perseguía a los que no se conformaban con su manera de entender la ley. El yo que fue crucificado en el camino a Damasco era el yo que se gloriaba de haber sido circuncidado al octavo día, de ser del linaje de Israel, de la tribu de Benjamín, hebreo de hebreos y fariseo (Filipenses 3:5). El hecho de ser crucificado con Cristo no es solamente algo que ocurrió en el pasado sino que es un proceso constante por medio del cual el yo del cristiano queda orientado hacia Cristo crucificado y conformado a su imagen (Dunn 1993:144). Al ser liberado de la necesidad de justificarse a sí mismo, el que ha sido crucificado con Cristo es ahora libre para dedicar su vida a servir al prójimo.

La razón por la cual el creyente quiere dedicar su vida a Cristo es porque "me amó y se entregó a sí mismo por mí". Con estas palabras del campo semántico de los sacrificios, el apóstol recuerda a sus lectores y oyentes que Jesús ofreció su vida como un sacrificio por el pecado, así como el sumo sacerdote ofrecía un sacrificio propiciatorio el gran día de la expiación, celebrado cada año el décimo día del séptimo mes. El sacrificio de Cristo en favor de los pecadores obró como una petición al Padre para dejar a un lado su ira y perdonar a su pueblo (Brondos 2001:32). Con su muerte, Jesús, como sumo sacerdote y sacrificio expiatorio a la vez, logró limpiarnos de nuestro pecado.

Gálatas 2:20 fue uno de los textos clave utilizado por el famoso filósofo, teólogo, músico, y misionero médico Albert Schweitzer (1875-1965), para desarrollar su concepto del misticismo del apóstol Pablo. Según la interpretación escatológica de Schweitzer, el vínculo entre el Cristo resucitado y los creyentes es tan íntimo y real, que los creyentes literalmente están en Cristo y Cristo en ellos de una manera no sólo espiritual, sino también corporal. Gracias a esto, según Schweitzer, el apóstol puede proclamar que los creyentes que han muerto y resucitado con Cristo ya son de la nueva creación y no del presente eón. Puesto que los creyentes en Cristo ya pertenecen a la verdadera existencia en la nueva creación, la ley de Moisés no tiene vigencia para ellos, porque la Tora es parte del viejo eón y tiene vigencia solamente para los que no están Cristo, y Cristo no está en ellos (1955:119). Aunque pocos estudiosos del NT aceptan todos los postulados de Schweitzer, todavía se puede discernir su influencia en autores como Käsemann y Martyn.

2:21 No desecho la gracia de Dios; pues si la justicia dependiera de la ley, entonces por demás habría muerto Cristo.

Con estas palabras el apóstol quiere enfatizar que así como él no desecha la gracia, los gálatas tampoco deben hacerlo. Más bien, ellos deben vivir siempre como quienes han experimentado la gracia (Fee 2007:228). El verbo griego ἀθετῶ, desecho o hago nulo, viene del campo semántico de los testamentos, contratos, y pactos legales (Witherington 1998:192). Con la muerte de Jesús entró en efecto un nuevo pacto. El pacto fue ratificado por la sangre del Cordero de Dios y se basa en la gracia de Dios, no en el cumplimiento de ceremonias, ritos, y circuncisiones. Por nada en el mundo quiere el apóstol anular el nuevo pacto y volver al viejo, como los gálatas aparentemente querían hacer. Al suscribir un pacto basado sobre las obras de la ley, se nulifica el nuevo pacto basado sobre la sangre de Cristo.

En su comentario sobre Gálatas San Agustín ofreció la definición clásica de la palabra gracia, la cual llegó a ser tan determinante no sólo para decenas de comentaristas medievales, sino también para Lutero (Levy 2011:30). De acuerdo con la definición de Agustín, la gracia (χάρις) es aquello por lo cual los pecados son perdonados a fin de estar reconciliados con Dios (*gratia ... donantur peccata*). O sea, la gracia no es una sustancia o combustible espiritual dado a los seres humanos con el fin de capacitarlos para hacer el bien y de esta manera ganar méritos ante Dios. La gracia no es tampoco una virtud que se encuentra en el ser humano y que lo hace aceptable ante Dios. Ante todo, la gracia no es un atributo humano, sino un atributo de Dios; es algo en el carácter del mismo Dios que le lleva a mirar a los seres humanos caídos y perdidos con misericordia, y no con asco y desdén. Por su gracia envió el Padre a su Hijo para redimir a los seres humanos. Según Tito 3:7, somos justificados por su gracia a fin de que viniéramos a ser herederos conforme a la esperanza de la vida eterna.

Justificación por la fe, justificación por la gracia, y justificación por Cristo, a fin de cuentas, son tres maneras de afirmar la misma verdad del evangelio. Saulo de Tarso aprendió en carne propia que la justificación es por la gracia, cuando tuvo su encuentro con el Cristo resucitado en el camino a Damasco. Por haber perseguido a la iglesia de Dios, lo que mereció recibir Saulo en ese momento fue haber sido fulminado por la ira de un Dios justo. Si Dios le hubiera pagado conforme a sus obras, Saulo habría sido echado a la oscuridad de afuera donde hay llanto y crujir de dientes. En cambio, lo que Saulo recibió fue misericordia, perdón y una nueva vida. Rechazar un despliegue tan grande de la gracia de Dios en su vida fue para Pablo algo imposible.

ANEXO V: LA IDENTIDAD DE LOS AGITADORES

Habiendo tratado la herejía o el evangelio diferente de los agitadores, sería conveniente decir algo ahora sobre la identidad de los intrusos que causaban problemas en las congregaciones plantadas por Pablo y sus colaboradores en Galacia. En realidad, no todos los estudiosos de la Carta a los Gálatas están de acuerdo sobre este asunto. Existen por lo menos cuatro diferentes opiniones, a saber:

La primera hipótesis es la que cuenta con la aceptación de la mayoría de los eruditos académicos de Europa y Norteamérica. De acuerdo con esta hipótesis, los agitadores son misioneros judeocristianos (judíos mesiánicos que creían en Jesús), probablemente los miembros de la iglesia madre descritos en Hechos 15:5, donde leemos: "Pero algunos creyentes de la secta de los fariseos, que estaban allí, se opusieron a ellos y dijeron: 'Es necesario circuncidarlos, y mandarles (es decir, a los creyentes gentiles) que cumplan con la ley de Moisés.'" Según se cree, después de sufrir una derrota en el Concilio de Jerusalén, estos judíos cristianos llamados falsos hermanos por Pablo en Gálatas 2:4, decidieron montar su propia misión en los lugares evangelizados por Pablo, con el fin de socavar sus misiones y persuadir a los conversos a circuncidarse y a aceptar la ley de Moisés.

La segunda hipótesis es semejante a la primera, pues también afirma que los nuevos predicadores eran judíos cristianos de Jerusalén y Judea. Pero según los estudiosos que se inclinan por la segunda hipótesis, los nuevos predicadores fueron enviados por Jacobo y los apóstoles de Jerusalén. Dicen que después del incidente de Antioquía relatado en Gálatas 2:11-21, la iglesia de Jerusalén, que contaba con el liderazgo de Jacobo, no quedó conforme con la actuación de Pablo, y así se tomó la decisión de enviar una misión opositora. De acuerdo con esta manera de interpretar las cosas, Pedro no se arrepintió de su hipocresía en Antioquía, más bien se convirtió, por un tiempo, en enemigo de Pablo y les prestó apoyo a los agitadores en Galacia y otras partes. Algunos de los que proponen esta hipótesis hasta creen que Pedro personalmente viajó a Corinto en un intento de socavar la misión de Pablo en Acaya. El primer investigador en proponer la hipótesis de dos misiones opuestas la una a la otra, fue F. C. Baur (1792-1860). Baur fue profesor de teología en la universidad de Tubinga, en Alemania, y por lo tanto se habla de la opinión de Baur y sus discípulos como partidarios de la escuela de Tubinga.

Según una tercera hipótesis, los agitadores eran judíos no cristianos que quisieron convertir a los creyentes gentiles en prosélitos del judaísmo. De acuerdo con esta hipótesis, los agitadores no fueron misioneros cristianos enviados de Jerusalén o prosélitos locales, sino miembros de una de las sinagogas de la diáspora judía de Galacia, de las que leemos en el libro de los Hechos y cuyas ruinas se han encontrado en varias partes de Anatolia. Tal es, por lo menos, el argumento del profesor judío Mark Nanos, quien asevera que Pablo escribió su Carta a los Gálatas como fiel judío, no para atacar la ley de Moisés, ni para denigrar al judaísmo, sino para refutar la idea de que los gentiles cristianos debían circuncidarse para ser aceptados como miembros de la sinagoga judía (Mitternacht 2003:60-62).

Otro erudito judío que ha dedicado mucho tiempo al estudio de Gálatas opina que, debido a las actividades misioneras de Pablo entre los gentiles de Galacia, muchos gentiles no circuncidados comenzaron a asistir a las sinagogas locales, creyendo que serían aceptados como miembros plenos con todos los derechos. Lo hicieron porque Pablo les había dicho que juntamente con los judíos, los gentiles bautizados en el nombre de Cristo eran miembros del reino de Dios. Según el profesor judío Adam Gregerman, los que se opusieron a todo esto fueron los líderes de las sinagogas locales, muy preocupados por la presencia de tantos no circuncidados en medio de la sinagoga. La preocupación de los líderes locales no tuvo que ver con la necesidad de la circuncisión para la salvación de los conversos gentiles, sino con la preservación de las normas tradicionales que solían observarse para el ingreso de personas de fuera en sus comunidades. Querían mantener la identidad de la sinagoga como una comunidad judía, y por eso pidieron que los conversos de Pablo fueran circuncidados y que se hicieran miembros de la sinagoga local (Gregerman 2009). Aunque nosotros no apoyamos la tesis de eruditos judíos como Nanos y Gregerman, sus argumentos nos muestran que existen varias maneras de interpretar la evidencia, y que sería problemático afirmar que la identidad de los judaizantes quedó establecida definitivamente, que es lo que han hecho muchos intérpretes modernos. Las teorías de éstos y otros estudiosos judíos, nos recuerdan que antes del Concilio de Jamnia (75 dC) hubo lugares donde los creyentes en Cristo siguieron asistiendo a las reuniones de una sinagoga judía local.

La cuarta hipótesis es la interpretación del erudito danés Johannes Munck, profesor de Nuevo Testamento en la Universidad de Aarhus. De acuerdo con esta hipótesis, los agitadores eran miembros gentiles de las mismas congregaciones establecidas por Pablo, y no misioneros judíos o judeocristianos procedentes de Palestina. En la óptica de Munck, los judaizantes fueron gentiles convertidos por Pablo, quienes a base de su propia lectura e interpretación de la Septuaginta y de su deseo de perfeccionarse, llegaron a creer que la circuncisión, el calendario judío y el rechazo de alimentos impuros eran necesarios para su justificación ante Dios y una vida libre de pecado. De acuerdo con la tesis de Munck, todo lo que los agitadores sabían acerca de la iglesia madre de Jerusalén y acerca de Pedro, Jacobo, y Juan, es lo que aprendieron de Pablo, y no de misioneros que llegaron desde afuera. Al leer los pasajes de la Septuaginta que tratan de la circuncisión, la reglas alimenticias, y el calendario sagrado, los nuevos creyentes gentiles llegaron a creer que Pablo no les había enseñado todo lo necesario para ser incorporados al pueblo de Dios; y así algunos llegaron a creer que Pablo no era un verdadero apóstol y que su evangelio no era un evangelio completo. Según Munck, si los agitadores hubieran sido judíos, Pablo no habría tenido que recordarles que todo hombre que se circuncida está obligado a cumplir toda la ley (Gl 5:3).

Hoy en día la teoría de Munck no cuenta con muchos adeptos. La mayoría de los eruditos modernos cree que Munck malinterpretó las evidencias históricas y bíblicas. Pero aunque las ideas de Munck no cuadren bien con las reconstrucciones históricas en boga hoy día, sí cuadran con las experiencias de la iglesia cristiana, tanto en América Latina como en otras partes del mundo. Lo que quiero decir es que cuando surgieron movimientos judaizantes en nuestro medio latino o hispano, casi siempre provinieron de gentiles que malinterpretaron la Biblia, y no de judíos o judeocristianos que buscaban prosélitos entre cristianos gentiles. Tanto los Adventistas del Séptimo Día, la Iglesia de Dios Universal y la mayoría de los movimientos mesiánicos modernos entre los latinos, no fueron fundados por judíos que procuraban convertir a cristianos al judaísmo, sino por cristianos evangélicos que a base de sus propias interpretaciones de la Biblia llegaron a creer en la necesidad de cumplir con muchas ordenanzas del AT. Leemos de muchas controversias en la iglesia primitiva sobre la permanencia de costumbres judías en la iglesia cristiana, pero todos los protagonistas de las controversias fueron cristianos gentiles. Dicho de otra manera, las controversias que tuvieron lugar acerca de la permanencia de costumbres judías, no tuvieron su origen en el intento de judíos que procuraban imponer sus costumbres a creyentes gentiles, sino en diferencias de opinión entre los mismos gentiles.

Hay todavía una quinta teoría, que afirma que los judaizantes fueron un grupo de carismáticos místicos, algo parecido a los herejes de Colosas, que procuraban la iluminación, el poder de recibir visiones y hasta el poder de viajar por la esfera astral mediante la observancia de ceremonias, ritos, y prácticas tales como la circuncisión, las fiestas del calendario judío, y la mortificación de la carne. Algunos intérpretes caracterizaron a estas personas como pneumáticos libertinos o protognósticos. Otros afirman que eran creyentes que creían que por medio de sus prácticas podrían defenderse de los ataques de demonios y espíritus astrales, o sea, defenderse de lo que Pablo denomina los rudimentos del mundo. Puesto que el gnosticismo es más bien un movimiento que realmente no llegó a manifestarse sino hasta el siglo II dC, la idea de que los agitadores fueran místicos o gnósticos ha sido descartada por la mayoría de los estudiosos (Russell 1990:329-350). La idea de que los agitadores de Galacia fueron personas que procuraban poderes sobrenaturales y experiencias estáticas por medio de la observancia de las ceremonias y días especiales de la Tora podría, sin embargo, contener un elemento de verdad. Debemos recordar que tanto los "hermanos espirituales" mencionados en 1 Corintios, como también los herejes denunciados en Colosenses, sustentaron ideas y prácticas parecidas. Aunque sería un error describir estas ideas y prácticas como gnósticas, podríamos, sin embargo, calificarlas de místicas. Recordemos que muchas de las llamadas religiones de misterio, en el Imperio Romano, provenían de Oriente.

LA CARTA A LOS GÁLATAS Y EL SEGUNDO CAPÍTULO DE SANTIAGO

Los estudiosos del NT han notado que hay un impresionante número de paralelos entre Santiago 2 y Gálatas. Estos vínculos incluyen tanto nexos temáticos como lexicográficos. Ambos escritos tratan de (1) la relación entre la fe y las obras; (2) la fe de Abrahán; (3) el uso de Levítico 19:18; (4) la ayuda a los pobres; (5) la promesa; (6) la herencia; (7) la aceptación de personas; (8) los transgresores de la ley; (9) la libertad; (10) los hermanos.

De las 14 veces que se emplea la palabra <u>obras</u> en Santiago, 12 se encuentran en el capítulo 2; de las 16 veces que se utiliza la palabra <u>fe</u>, 13 se encuentran en el capítulo 2. El hecho de que los dos escritos, Gálatas y Santiago, tienen en común tantas palabras y temas, indica que uno de los dos se escribió como una respuesta al otro, o que los dos reaccionaron ante el mismo problema. La correspondencia temática y verbal entre las dos cartas ha sido explicada de varias maneras, a saber:

<u>Primera</u>: Santiago escribió el capítulo 2 para refutar el evangelio de la gracia justificadora que proclamaba Pablo en sus viajes misioneros. Según Santiago, no somos justificados por la fe sola, sino por la fe y también por las obras.

<u>Segunda</u>: Santiago escribió el capítulo 2 de su carta para refutar las conclusiones falsas que algunas personas habían sacado a base de una interpretación equivocada de lo que Pablo enseñaba. Las conclusiones falsas eran que una persona justificada por la fe podría seguir pecando, porque había sido liberada de la necesidad de acatar la ley. En Romanos 3:8 Pablo reacciona en contra de la misma mala interpretación de sus enseñanzas, cuando habla de algunos que afirman que nosotros decimos: Hagamos males para que vengan bienes. Nuevamente en Romanos 6:1 el apóstol pregunta: "Entonces, ¿qué diremos? ¿Seguiremos pecando, para que la gracia abunde?" De acuerdo con esta manera de entender la relación entre Santiago y Gálatas, Santiago no se pronuncia en contra del evangelio de la gracia justificante, sino en contra de una fe falsa, o muerta, que no actúa para socorrer a la

viuda, al huérfano, al pobre, y al hambriento. En Gálatas 5 y 6, en consonancia con Santiago, Pablo declara que los que han sido justificados por la fe y andan por el Espíritu, producirán los frutos del Espíritu y no las obras de la carne.

Tercera: Es posible que los agitadores de Galacia llevaran consigo una copia de Santiago 2 y la usaran para convencer a los gálatas que Pablo estaba equivocado, y que las obras de la ley eran necesarias para recibir todas las bendiciones prometidas por Dios a Abrahán y para vencer las tentaciones del presente siglo malo. Es posible también que el contenido de Santiago 2 existiera originalmente como una homilía o sermón independiente, que más tarde se incorporó al escrito que conocemos como la Carta Universal de Santiago (Humann 1990:22-34).

SEGUNDA PARTE

CAPÍTULOS 3 Y 4

EL PODER Y LA VERDAD DEL

EVANGELIO

GÁLATAS 3

En Gálatas 3:1-5 encontramos el segundo argumento de Pablo en defensa del evangelio de la gracia justificante. El primer argumento (Gl 1:22-2:21) está basado sobre sucesos que ocurrieron en la vida del apóstol: su conversión, llamamiento, y comisión en el camino a Damasco, y el reconocimiento de parte de la iglesia madre de la veracidad del evangelio que proclamaba. El segundo argumento está basado sobre la experiencia de los gálatas, quienes recibieron la promesa del Espíritu Santo por medio del evangelio que proclamó Pablo en su primera visita a Galacia. Con Gálatas 3:6 comienza el tercer argumento del apóstol, a base de los testimonios de las Sagradas Escrituras. Algunos comentaristas prefieren considerar Gálatas 2 como un argumento en favor de la autoridad apostólica de Pablo, y Gálatas 3:1-5 como el primer argumento en defensa del evangelio propiamente dicho. De acuerdo con las normas de la retórica, esta parte de la carta (cps 3 y 4) se considera la *probatio*, o sea, la prueba de la tesis principal o propósito de un discurso. Según los grandes maestros de la retórica, el primer argumento presentado en la *probatio* debe ser el más fuerte. Los demás argumentos deben reforzar el argumento principal.

3:1 ¡Oh gálatas insensatos! ¿quién los fascinó para no obedecer a la verdad, si ante los ojos de ustedes Jesucristo ya fue presentado claramente como crucificado?

Según el esquema presentado por el Dr. Hans Dieter Betz en su comentario sobre Gálatas, con el 3:1 comienza la parte del discurso llamada *probatio* según los cánones de la retórica griega. Para quienes creen que Pablo estructuró su carta como un discurso apologético, los capítulos tres y cuatro procuran desarrollar y confirmar el argumento principal del apóstol.

Al comienzo del capítulo tres tenemos el segundo pasaje en que encontramos al apóstol reprochando a los Gálatas. En vez de llamarlos hermanos queridos, ahora los califica como necios, insensatos, embrujados. Los gálatas son necios porque de la fe en los méritos de Cristo se pasan a una fe en las obras de la ley. En su comentario Martyn señala que los maestros judaizantes deben haber tenido grandes dones de persuasión para poder inducir a los gálatas a sujetarse al rito de la circuncisión, puesto que los gentiles tenían una aversión muy grande a la circuncisión (Martyn 1997:282). Para Pablo, este poder de los maestros es como un mal de ojo. Para poder persuadir así a los gálatas, es obvio de que los maestros judaizantes hablaban griego y sabían cómo tratar con gentiles. Todo indica, según Martyn, que los maestros judaizantes eran judíos y que, al igual que Pablo, habían nacido y crecido en la diáspora y entendían las costumbres y manera de pensar de los que no eran judíos.

Según algunos intérpretes, el adjetivo insensatos, RVR, BJ, BP; torpes, NVI; estúpidos, VP; tontos, TLA (ἀνόητοι) no debe entenderse sólo como una descripción de los destinatarios de la carta, sino también como una característica de los galos en general, del modo en que se usan los apelativos mentirosos, malas bestias y glotones ociosos para describir a los cretenses en Tito 1:12. Hay autores clásicos que han calificado a los galos de frívolos e inconstantes, o sea, siempre dados a cambios de opinión o a apoyar de pronto a un gobernante y después a sus opositores. Los alemanes hablan de ciertas personas como *wetterwendisch*, o sea, que son como la veleta que cambia su posición de acuerdo con la dirección del viento. ¿Pero quiere decir Pablo en realidad que los galos étnicos son inconstantes por naturaleza? Si aceptamos que los destinatarios de la carta vivían en el sur de la provincia romana de Galacia, entonces es dudoso que hubiese muchos galos étnicos entre ellos. El hecho de que en una ocasión los habitantes de Listra aclamaran a Pablo y Bernabé como dioses y un poco más tarde apedrearan al apóstol dejándole por muerto (Hch 14:12-19), es una muestra de falta de constancia de por lo menos algunos de los destinatarios de la Carta a los Gálatas. Pero es de notar que los habitantes de Listra en su mayoría no eran galos sino habitantes de Licaonia y, sin embargo, insensatos e inconstantes (Silva 2001:131).

Lo que desconcierta al apóstol –por lo que usa la palabra insensatos para describir a los destinatarios de su mensaje– no es su ignorancia o falta de inteligencia en general, sino su falta de discernimiento espiritual (Longenecker 1990:100). Jesús también empleó el mismo adjetivo para describir la falta de discernimiento espiritual de sus discípulos: "¡Ay, insensatos! ¡Cómo es lento su corazón para creer todo lo que los profetas han dicho!" (Lc 24:25). El énfasis puesto en el discernimiento espiritual disiente con lo que escribieron los autores clásicos, tanto griegos como romanos, sobre las capacidades intelectuales de los bárbaros, especialmente de los galos. Los autores clásicos, en representación de sus respectivas civilizaciones, solían tildar a los bárbaros de brutos, ignorantes e inconstantes, con el fin de deshumanizarlos y, de esta manera, justificar la conquista y explotación de los pueblos aborígenes de Europa y Anatolia, lo mismo que hicieron más tarde sus descendientes con los pueblos indígenas de América.

Para estimular a sus oyentes a la reflexión, el apóstol les suelta una serie de preguntas retóricas, de las que la primera es: "¿quién los fascinó para no obedecer a la verdad?" Aquí tenemos la única referencia clara en el NT al mal de ojo. La palabra griega es ἐβάσκανεν, que es el término técnico para embrujar mediante el mal de ojo. De acuerdo con las inscripciones encontradas por los arqueólogos en muchas partes de la antigua Anatolia, sabemos que los primitivos habitantes de la región tenían mucho temor al mal de ojo y a las maldiciones. Una persona que practicaba el mal de ojo era conocida como βάσκανος. La creencia en el mal de ojo estaba muy extendida en la antigüedad, así como lo está también hoy en día.

En su libro *Moralia*, Plutarco describe el daño que puede transmitirse por la mirada, puesto que el ojo provoca el contacto más íntimo entre las personas y puede comunicar una enfermedad con más facilidad que cualquier otro medio. El mal de ojo se asocia con frecuencia con defectos en el carácter de una persona. Deseos malignos como el odio, celos y especialmente envidia producen el mal de ojo cuando se los guarda en el corazón. Según los autores clásicos, los más susceptibles al mal de ojo son los niños (Lightfoot 1957:134). El hecho de que los gálatas se dejaron llevar tan fácilmente por los argumentos de los maestros intrusos, bien podría indicar falta de madurez, así como sucedió con los corintios, calificados como niños en Cristo (1 Co 3:1). Nótese que los pueblos que fueron sometidos una y otra vez por una sucesión de conquistadores, aprendieron a acomodarse a las ideas y costumbres del conquistador de turno como una estrategia de supervivencia. Pero con frecuencia el mal de ojo, como otra estrategia de supervivencia, lo emplean los conquistados y oprimidos como un arma en contra del conquistador y el opresor. El mal de ojo es un fenómeno que nos ayudará a entender no sólo a los antiguos galos y frigios sino a los pueblos y grupos oprimidos de América Latina.

El temor al mal de ojo es una característica de muchas de las comunidades hispanas entre las cuales llevamos a cabo nuestros ministerios. Recuerdo que al principio de mi ministerio en Venezuela fui a visitar el hogar de una familia de la congregación para felicitar a una madre recién parida por haber traído un nuevo ser al mundo. Le comenté lo bien parecido y robusto que veía yo a su bebé. Ante mi sorpresa, la madre se persignó y exclamó asustada: "¡Dios lo bendiga!" Me dejó perplejo tal reacción, hasta que me explicaron que comentarios como el que había hecho yo podrían provocar los celos de los espíritus malos, los que eran capaces, por pura envidia, de provocarle una enfermedad o causarle la muerte al bebé. En otras palabras, mis cumplidos podrían desencadenar el mal de ojo. Así llegué a entender que en muchas sociedades los cumplidos se interpretan como una forma de agresión. Aprendí que la señal de la cruz hecha por la madre y la bendición pronunciada eran una especie de profilaxis para evitar el mal de ojo.

Según Elliot (2003:335), la voz ἀνόητος es también sinónimo de *gallus*, pues describe el estado de delirio en que caía el joven candidato al sacerdocio de Cibeles al comenzar su iniciación. En ese estado de posesión divina, el candidato solía perder el control de sí y comenzaba a proferir profecías en estado de éxtasis, y hasta lograba que de su cuerpo manara sangre. Así pues, según Elliot, Pablo les pregunta a los gálatas si fue porque estaban poseídos por espíritus malignos que se apartaron tan pronto del mensaje de Cristo crucificado.

En el libro apócrifo Sabiduría de Salomón, se menciona al diablo como la primera criatura que retuvo la envidia en su ser, pues se llenó de envidia cuando vio que la humanidad había sido bendecida por Dios al crear al hombre a su propia imagen. En Gálatas 3:1 Pablo insinúa que a los gálatas los había alcanzado el maleficio del mal de ojo, pues el amor que una vez sintieron por Pablo ahora se había cambiado en rechazo. Ese amor que los indujo a aceptar a Pablo a pesar de su debilidad física, era una evidencia de que el Espíritu Santo había obrado en sus vidas una transformación moral, porque se consideraba como malditas por los dioses a las personas con deformidades físicas. El cambio de actitud de los gálatas indica que otras fuerzas espirituales habían influido sobre los destinatarios de la epístola. La referencia al origen oculto de la oposición es interesante, porque Gálatas es la única carta de Pablo en que se incluye la hechicería, φαρμακεία, en la lista de vicios (5:20).

Según las creencias de los antiguos, el poder interior de una persona poderosa, un espíritu o un dios, podía proyectarse hacia fuera como una esencia ardiente capaz de hacer daño. El mal de ojo de una divinidad era considerado mucho más potente y peligroso que el de un individuo. En las maldiciones que los antiguos habitantes de Anatolia invocaban en contra de otros, se pedía con frecuencia que los culpables fueran fulminados por el ojo poderoso y divino que todo lo ve (Elliot 2003:336). El poder del ojo divino tenía la capacidad de embrujar a los devotos de la deidad y tomar el control de sus mentes, acciones y pensamientos. Así, según esta manera de pensar de los antiguos, había una conexión directa entre el mal de ojo de la deidad y el delirio de sus devotos.

El remedio para los que han sido embrujados y poseídos por los espíritus del mal es fijar nuevamente la vista, no en el ojo del brujo ni en el de la serpiente venenosa que tiene hipnotizada a su víctima, sino en algo más poderoso. Para los israelitas mordidos por las serpientes venenosas, en Números 21:4-9, esa cosa más poderosa fue la serpiente de bronce, tipo de Cristo crucificado y exaltado. Para los gálatas que habían sido hipnotizados y embrujados por la magia o envidia de los maestros intrusos, el remedio consistía en fijar nuevamente la vista en el Cristo crucificado por nosotros, el que les fue presentado a ellos por la predicación y los escritos del apóstol. Al fijarse uno en Cristo de esta manera, es necesario preguntarse por qué fue crucificado. ¿Fue acaso con el fin de hacernos poner nuestra confianza en ceremonias, ritos, y el cumplimiento de leyes y ordenanzas de los hombres? ¡Seguramente que no! La crucifixión de Cristo nos llama a poner nuestra confianza en él, y a recordar que por sus llagas y por su pasión en la cruz nuestro pecado fue perdonado. Dios lo acepta a uno, no por la sangre del creyente que es circuncidado, sino por la sangre que Jesús derramó en la cruz. La torpeza espiritual de los destinatarios de la carta de Pablo radica en el hecho de que parecían ser incapaces de distinguir entre la ley que condena al infractor de los mandamientos y las buenas nuevas que declaran al pecador libre de culpa por lo que Jesús sufrió en su lugar. Para el apóstol Pablo, uno tendría que estar embrujado por el padre de la mentira para confundir la salvación obrada por Cristo crucificado con la salvación por las obras de la ley (Schlier 1974:140).

Lo que Pablo de hecho dice, es: "Recuerden que el Cristo crucificado les fue presentado ante sus propios ojos". ¿Cómo y cuándo les fue presentado públicamente Cristo a los gálatas? El verbo griego que aquí se traduce con las palabras presentar públicamente o publicar es προεγράφη. La idea contenida en el verbo es la de dar una descripción gráfica por medio de palabras emotivas o por una pancarta en la cual está dibujada una escena sumamente gráfica (Schrenk 1964:771-772). De la historia de las misiones sabemos que en su evangelización de los naturales de México, los frailes solían colocar pancartas con escenas de la crucifixión del Señor en las plazas públicas, para mostrar a los indígenas cuán grande era el sacrificio que se realizó para su salvación. También conocemos obras literarias como el *Stabat Mater,* o las meditaciones de Miguel de Unamuno sobre *el Cristo de Velázquez,* que describen en detalle todo lo que Cristo sufrió por nosotros. ¿Utilizó Pablo algo semejante? No sabemos. Aunque en ninguno de sus otros escritos encontramos una descripción detallada de los sufrimientos de Cristo en la cruz, o de íconos que presentan la agonía del Señor, la mayoría de los intérpretes opinan que al utilizar la palabra προεγράφη, el apóstol quiere decirnos que con el uso de la retórica y palabras sumamente gráficas se logró imprimir en la mente de sus oyentes una imagen del Cristo crucificado.

Ciertamente es así como Erasmo, Lutero, y Calvino interpretaron este versículo. En su comentario de 1535 escribe Lutero: "La creciente severidad de Pablo se hace evidente cuando recuerda a los gálatas que desobedecieron la verdad a despecho de la descripción gráfica que les había hecho de Cristo. Les ofreció una descripción tan vívida de Cristo que casi lo podían haber visto y palpado. Es como si Pablo les hubiera dicho: 'Ningún artista, con todos sus colores, les podía haber pintado a Cristo tan vívidamente como lo he hecho yo con mi predicación'" (Lutero 2009:82).

Otros autores opinan que el apóstol no les presentó a los gálatas una descripción gráfica de la pasión de Cristo, sino los textos del AT que profetizan la pasión del Señor, pasajes tales como Isaías 53 ó el Salmo 22. De este modo, por medio de las profecías pudo convencerlos de la verdad del evangelio, tal como sucedió con los judíos de Berea (Hch 17:13). Notamos que en su sermón inaugural en la sinagoga de Antioquía de Pisidia, el apóstol citó una y otra vez el AT (Hch 13:16-41). Los textos fueron citados por el apóstol con la finalidad de que sus oyentes fijaran su mirada en Cristo, su muerte, resurrección y ascensión a la diestra del Padre. En las interpretaciones cristológicas del AT, Pablo, al igual que los demás apóstoles, presentó ante los ojos de sus oyentes al Cristo crucificado.

En la tesis de Matthew Harmon, presentada en una monografía publicada en 2010, dice que los capítulos 49-54 de Isaías sirvieron de infraestructura a todo el argumento de Pablo en su Carta a los Gálatas. Según Harmon, todos los temas principales desarrollados por el apóstol en Gálatas se pueden encontrar en lo que algunos han denominado "el evangelio según Isaías". Harmon cree que los capítulos 49-54 de Isaías fueron para Pablo la base de su enseñanza sobre Cristo cuando estuvo en Galacia evangelizando en las cuatro ciudades mencionadas en Hechos 13 y 14 (2010:262). De acuerdo con los argumentos de Harmon, Pablo encontró en Isaías 49-54 no sólo una profecía que presentaba claramente a Cristo como crucificado (Isaías 53), sino también la promesa de la venida de un Siervo del

Señor que sería una luz para los gentiles. Por medio de su resurrección este Siervo del Señor sería el fundador del pueblo escatológico de Dios y también el autor de una nueva creación. Según Harmon, Pablo consideraba su propia vida como una continuación y extensión de la misión de Cristo, el Siervo del Señor, para ser luz para las naciones. Las profecías de Isaías hablan, además, de la venida del Espíritu de Dios sobre el Siervo del Señor y sus descendientes (32:15-17; 61:1; 63:11-15). En Isaías 48:16-17 se habla del Espíritu enviado para guiar a los redimidos. La presencia de todos estos temas, tanto en las profecías de Isaías como en la Carta a los Gálatas, bien podría indicar que el apóstol, guiado por el Espíritu Santo, escribió su carta como una interpretación cristológica de la segunda parte del libro de Isaías. Hasta es posible que en sus viajes misioneros Pablo llevara consigo un cuaderno o unas tablillas de cera en que había copiado los capítulos 49-54 de Isaías.

Otros han sugerido que Pablo les presentó a los gálatas los sufrimientos de Cristo por medio de un drama o presentación teatral, así como se hizo siglos más tarde tanto en Europa como también en muchas partes de América Latina. Sin embargo, no existe ningún documento de la edad apostólica o posterior a ella, que hable de tales presentaciones tan temprano en la historia del cristianismo. En algunas de las ceremonias secretas de las llamadas religiones de misterio, se solían comunicar los secretos de la secta por medio de dramas sagrados. Pero sólo un reducido grupo de devotos tuvo acceso a dichas presentaciones. Pablo, en cambio, hizo su presentación de la pasión de Cristo públicamente ante los ojos de todo el mundo.

Hay todavía otra manera de entender la palabra προεγράφη. Puesto que en Gálatas 1:16 el apóstol declara que Dios lo apartó para "revelar a su Hijo en mí", algunos investigadores concluyen que los gálatas fueron invitados a ver al Cristo crucificado en la vida y sufrimientos del apóstol, y en las heridas que exhibía en su cuerpo por causa del evangelio (1 Co 4:10-13; 2 Co 4:10). O sea que Pablo, por sus muchas debilidades, sufrimientos, heridas y *stigmata* fue el lienzo en que se grabó la imagen del Cristo crucificado (Davis 1999:194-212). Si los adversarios de Pablo hubieran hecho del Cristo crucificado el eje central de sus predicaciones y enseñanzas, no habría sido necesario que exigieran la circuncisión y las obras de la ley como necesarias para la justificación y la santificación. Cuando el mensaje de la cruz llega a considerarse un tropezadero, una tontería o una ofensa, lo que se logra es opacar el mensaje del Cristo crucificado con el de un evangelio diferente (Jervis 1999:79).

De acuerdo con los investigadores que interpretan Gálatas desde una perspectiva posterior al colonialismo, o antiimperialista, a los destinatarios de la carta se los manipuló para que volvieran, no a las exigencias de la ley judaica, sino a las obligaciones de la ley romana. Y esto implicaba sumisión al culto imperial y al estilo de vida y las convenciones que caracterizaban la sociedad grecorromana: sumisión al César divino, espectáculos en la arena, esclavitud, banquetes, ideología imperial, crucifixión de los indeseables, guerras de exterminio y la creación de una sociedad rígidamente estratificada en la que cada uno se ocupaba en procurar su propia honra y no el bien de los demás. Volver a la imagen del César divino después de haber contemplado la imagen del Cristo crucificado que dio su vida para incorporar a todos a la nueva creación de Dios, sería el colmo de la insensatez. Con justicia exclama el apóstol: "¡Oh gálatas insensatos! ¿quién los fascinó?" (Kahl 2010:204).

Lo importante en toda la discusión de la manera en que el Cristo crucificado fue presentado a los gálatas es, que la fe por la cual viven los creyentes es la fe siempre enfocada en el Cristo crucificado. Por lo que sufrió Cristo en la cruz tenemos la confianza de ser miembros del pueblo de Dios y herederos de las bendiciones de Dios. Estamos en peligro de desviarnos del evangelio cuando, en vez de poner siempre nuestra mirada de fe en el Cristo crucificado, comenzamos a ponerla en nosotros mismos, es decir, en algo que hemos hecho o en algo en nosotros, como por ejemplo nuestros actos de devoción, nuestras limosnas, nuestros ayunos, nuestra circuncisión o hasta nuestra fe. Una fe que se fía de, y confía en sí misma y no en el Cristo crucificado, no es la fe de la justificación de la cual habla Pablo en sus cartas, sino una obra de la carne. Al recordarles a los gálatas el Cristo crucificado que les fue presentado tan gráficamente, Pablo está llamando a sus queridos hermanos a volver a fijar su mirada de fe en el Cristo crucificado y no en la circuncisión, las ordenanzas alimenticias o las fiestas del calendario litúrgico. Por medio de esta mirada de fe los creyentes reciben el perdón de los pecados y también la nueva vida del Espíritu Santo que les ayuda a producir el fruto del Espíritu. Al contemplar al Cristo crucificado somos transformados.

En 2 Corintios 3:18 el apóstol expresa: "Por lo tanto, todos nosotros, que miramos la gloria del Señor a cara descubierta, como en un espejo, somos transformados de gloria en gloria en la misma imagen, como por el Espíritu del Señor." Este pasaje de 2 Corintios nos recuerda la historia de Éxodo 33 y Números 12:8, que relata cómo Moisés vio la gloria de Dios y su rostro se transformó y comenzó a brillar. Según la tradición rabínica, Moisés no vio el rostro de Dios directamente, sino un reflejo de la gloria divina en un espejo. Según un artículo escrito por M. David Litwa (2012:286-297), al escribir 2 Corintios 3:18 Pablo quiso afirmar que Cristo es para el creyente el espejo en el cual contemplamos la gloria de Dios. El reflejo de la gloria divina en Cristo Jesús es tan poderoso que puede transformar no solamente el rostro sino también todo el ser del creyente, de tal manera que comenzamos a recobrar la imagen divina que perdimos por la caída en pecado.

3:2 "Sólo esto quiero que me digan: ¿Recibieron el Espíritu por las obras de la ley, o por el oír con fe?"

Con la segunda pregunta retórica a sus lectores, Pablo introduce por primera vez en Gálatas el tema del Espíritu. La respuesta obvia a la pregunta debe ser: por medio de oír con fe recibimos el Espíritu. En Romanos 10:17 el apóstol declara: "Así que la fe proviene del oír, y el oír proviene de la palabra de Dios." Según algunos intérpretes, los maestros judaizantes enseñaron a los gálatas que recibimos el Espíritu Santo y sus maravillosos dones espirituales por medio de la circuncisión y las obras de la ley. Pablo quiere que sus oyentes se acuerden de que no fue así cuando los visitó por primera vez. Porque fue por la proclamación del evangelio que los gálatas recibieron el Espíritu Santo y el poder de vivir como nuevas criaturas en Cristo. Fue por medio de la proclamación del evangelio que sanó al hombre paralítico de Listra y a tantas otras personas en Antioquía de Pisidia, Iconio, Listra y Derbe. Pablo aborda aquí el tema del Espíritu Santo porque el Espíritu fue un tema importante en la enseñanza de los maestros judaizantes. Muchos creen que estos maestros insistían en la necesidad de circuncidarse y sujetarse a la ley de Moisés para no perder los dones del Espíritu, que habían recibido. Según los agitadores, la circuncisión y las ceremonias de la ley eran necesarias no sólo para mantener, sino también para aumentar los dones espirituales. Aún hoy en día muchos "carismáticos" temen perder los dones. A lo mejor, los maestros también enfatizaban la necesidad de la circuncisión y la ley de Moisés, para vencer las tentaciones y los vicios y soportar cualquier persecución por causa de la fe.

Pero desde la perspectiva de la historia de la salvación, tanto la circuncisión como la ley de Moisés tuvieron un papel muy importante en el viejo eón, en tanto que la venida del Espíritu señala la irrupción del nuevo eón de la salvación en la historia de la humanidad. La circuncisión y la ley de Moisés tuvieron la finalidad de preparar el terreno para la venida del Espíritu, pero ahora que el Espíritu vino y encontraron su cumplimiento en el don del Espíritu, caducaron. Los creyentes ahora viven por el Espíritu y no por la circuncisión y la ley de Moisés. Volver a la circuncisión equivaldría a retroceder de la nueva era del Espíritu a la esfera del viejo eón de los poderes ocultos (Silva 2001:176).

El hecho de que el Espíritu vino sobre los gentiles en Galacia es algo que pocos judíos hubieran imaginado, algo extraordinario que señaló la irrupción de los poderes del reino escatológico de Dios en la vieja creación. Los escritos rabínicos indican que la mayoría de los israelitas creía que sería imposible que los gentiles recibieran el don del Espíritu Santo, puesto que por su idolatría a los paganos se los consideraba demasiado impuros como para recibir el Espíritu de santidad. Los textos de los profetas (Ez 37; Is 44:3; Jl 2:28-29) que hablaron de una futura venida del Espíritu, fueron interpretados por los rabinos en el sentido de una venida tan sólo para la revitalización y la renovación de Israel (Barclay 1988:84). En realidad, para muchos rabinos la venida del Espíritu Santo podía ocurrir solamente en la Tierra Santa y no en la diáspora (Davies 1965:206).

En Colosenses 2 leemos de otros maestros que también exigieron la circuncisión y la abstención de ciertas comidas, tal vez para ayudar a los devotos a subir en espíritu a las esferas celestiales y recibir nuevas revelaciones y poderes espirituales. Es bien sabido que de acuerdo con las creencias populares de muchas partes del mundo, las relaciones sexuales y el consumo de carne y bebidas alcohólicas pueden ser impedimentos para la recepción del espíritu de Dios y los poderes divinos que otorgan los espíritus a los mortales. En muchas partes persiste la idea de que es más fácil que una persona virgen o incapaz de tener relaciones sexuales reciba el espíritu profético, o pueda realizar sanaciones o hablar en otras lenguas.

El énfasis que Pablo da aquí y también en el capítulo 5 al Espíritu Santo y sus poderes, indica que los gálatas estaban muy interesados en recibir el Espíritu y sus dones. Vale la pena mencionar que en ningún momento Pablo procura identificar o asociar al Espíritu que recibieron los gálatas con los otros espíritus que pudieran haber conocido o experimentado en sus vidas antes de conocer a Cristo. Unos cuantos teólogos de hoy opinan que el Espíritu Santo estuvo presente en las tradiciones religiosas y prácticas místicas de casi todos los pueblos del mundo, guiándolos en su búsqueda de la verdad, la justicia y el conocimiento de Dios, tal como estuvo en la historia de Israel y en las Escrituras del AT. El Espíritu Santo del que hablan los escritores del NT junto con la nueva creación, nunca se menciona aparte o disociado de Cristo (van den Toren 2012:263-276). Si conocemos a Cristo, conocemos también al Espíritu. Por lo tanto, Cristo es la clave para discernir los espíritus. Cualquier espíritu que no exhiba el carácter de Cristo o que no honre a Cristo, no es del Señor, sino de los rudimentos del mundo de los cuales habla el apóstol en Gálatas 4:9. En 1 Juan 4:2 leemos: "Todo espíritu que confiesa que Jesucristo ha venido en carne, es de Dios."

Los *galli,* los esclavos castrados de la diosa Cibeles, creían que la sangre que derramaron y la carne que perdieron al castrarse eran consideradas como sangre y carne sacrificadas a la diosa. Por medio de este sacrificio los *galli* esperaban contar con la protección de la diosa frente a las maldiciones, leones salvajes, y vapores nocivos. También contaban con la inspiración o el éxtasis de la diosa. Siendo que en muchas sociedades, y especialmente en Anatolia, la circuncisión se consideraba una castración diminuta, no hubiera sido improbable que muchos gálatas creyesen que la circuncisión y otros ritos difundidos por los maestros judaizantes fueran un sacrificio necesario para asegurarse la recepción permanente del Espíritu y de sus poderosos dones (Elliot 2003:252). Los *galli* no sólo practicaban la auto-castración, sino también otras clases de mutilación. En las grandes fiestas y procesiones celebradas en el culto de Cibeles se flagelaban los unos a los otros, así como suelen hacerlo los flagelantes cristianos de diferentes partes de España, México y de Nuevo México. Además se sajaban con cuchillos como los profetas de Baal en 1 Reyes 18:28. Durante las procesiones los *galli* exhibían sus cuerpos cubiertos de cicatrices y sangre ante el público, para demostrar que de veras eran los esclavos predilectos de la diosa, que se sacrificaban a sí mismos con el fin de proteger al pueblo de la maldición del mal de ojo y de las sequías. También protegían al pueblo del éxtasis de la diosa, por haberlo absorbido ellos en sus propios cuerpos.

En muchas sociedades antiguas los escogidos para desempeñar la función del chivo expiatorio eran personas marginales. Entre los griegos, acadios, y heteos tales personas tenían la responsabilidad de remover una maldición o una plaga de su territorio y llevarla al territorio del enemigo. Tales personas eran, por lo general, presos, leprosos, criminales, prostitutas, epilépticos, enfermos mentales, hermafroditas, homosexuales, afeminados u otras personas sin una identidad sexual bien establecida (Malul 2009:437-442). A esta categoría de marginados pertenecían también los *galli*. Al absorber la furia y la extravagancia de la diosa, cumplían con la función de chivos expiatorios. Aun hoy en día tales personas marginales, de débil autoestima, son consideradas ideales para la función de médium en la santería y otros cultos afines, pues sin una personalidad bien definida, pueden ser poseídos más fácilmente por otros espíritus.

Ante tales ideas, conceptos y prácticas, Pablo llama a los gálatas a no asignarle importancia ni al sacrificio de su propia carne –la práctica de los *galli*– ni al sacrificio reducido de la circuncisión que practicaban los maestros judaizantes para asegurarse la recepción del Espíritu y sus dones. Debemos fijar la mirada en el sacrificio de Cristo, el cual fue presentado con toda claridad a los gálatas mediante la predicación del apóstol. Al fijar nuestra atención en las heridas de Cristo y no en las heridas de nuestra propia mortificación de la carne, veremos que, por lo que sufrió Jesús por nosotros, somos librados no sólo del mal de ojo sino de cualquier otra maldición. Jesús sufrió la maldición en nuestro lugar, y así nos libró de la maldición de la ley. Al fijarnos en el Cristo crucificado vemos que la salvación y la aceptación del Espíritu no se logran por nuestros intentos de elevarnos a las esferas celestiales para estar donde Dios está, sino en Cristo que bajó a la tierra a nosotros para morir en nuestro lugar y limpiarnos de nuestro pecado. No subimos al cielo para encontrar al Espíritu, más bien es el Espíritu quien baja del cielo para morar en nosotros.

En la frase "oír con fe" el sustantivo fe indica la finalidad del mensaje. O sea, la fe la produce o despierta el evangelio. Lo que el evangelio procura es llevar a la fe, pues es un mensaje que tiene en sí el poder de engendrar la fe. Los que llegan a creer en Cristo Jesús no se convierten por las palabras persuasivas del predicador, sino por el mensaje del evangelio, por el poder del Espíritu Santo que trae consigo (Martyn 1997:189). Así el evangelio puede ser llamado el mensaje de la fe. Matthew Harmon afirma en su monografía sobre Isaías y Gálatas, que en la frase "oír con fe" hay una alusión a Isaías 53:1: "¿Quién ha creído a nuestro anuncio? ¿En quién se ha manifestado el brazo del Señor?" De acuerdo con la lectura cristológica de Pablo, el anuncio en cuestión es el mensaje acerca de los sufrimientos expiatorios del Siervo del Señor en Isaías 53. El mensaje del Siervo, identificado como Jesucristo, es lo que Pablo presentó claramente a los gálatas cuando les anunció a Cristo crucificado en Gálatas 3:1. Los que oyeron y creyeron este mensaje con fe son llamados la descendencia del Siervo en Isaías 53:10. Todos lo que oyeron el anuncio de la buenas nuevas con fe, pertenecen a esta descendencia. Entre ellos el Siervo repartió los despojos de su obra redentora, o sea el Espíritu y sus dones.

Los comentaristas medievales, como Haimo de Auxerre, solían enfatizar la conexión íntima entre el Bautismo y la venida del Espíritu Santo del que Pablo habla en Gálatas 3:2-3. Según Haimo, los gálatas llegaron a creer en Cristo al escuchar el evangelio que proclamó el apóstol Pablo. Después de creer, los mismos gálatas confesaron su nueva fe ante la pila bautismal. En virtud de su confesión pública fueron bautizados, y recibieron juntamente con el lavamiento de las aguas bautismales la remisión del pecado original y actual, y la promesa del Espíritu Santo (Levy 2011:42).

En el año 2010, un distinguido profesor de la Universidad de Copenhagen publicó un libro muy estimulante sobre el concepto del Espíritu en los escritos del apóstol Pablo. Entre otras cosas el autor procura explicar cómo, según Pablo, se comunica el Espíritu a las personas y cómo actúa para transformar la manera de pensar y actuar de los bautizados. En la tesis del profesor Troels Engberg-Pedersen se afirma que Pablo, igual que los estoicos de sus días, creía que el espíritu o πνεῦμα tenía sustancia, o sea, que era un espíritu material compuesto de una mezcla de aire y fuego. Dicho de otra manera, Pablo creía que el espíritu no era inmaterial sino que tenía un cuerpo compuesto de una materia muy, muy tenue, una materia o energía que Dios transmitía físicamente a los seres humanos, o un ser humano transmitía a otros seres humanos. Según Engberg-Pedersen, Pablo recibió el πνεῦμα cuando se encontró con Cristo en el camino de Damasco y cuando fue bautizado. Y a su vez transmitía el πνεῦμα a otros por medio de sus predicaciones misioneras. Para el apóstol el Espíritu es una sustancia o energía física que fluye a través de la predicación por los oídos de los oyentes para entrar físicamente en sus cuerpos mortales. Una vez que el πνεῦμα logra entrar en los oyentes, el Espíritu comienza a transformar los cuerpos de los creyentes en cuerpos espirituales e impartir sabiduría espiritual a sus mentes. De acuerdo con esta manera de pensar acerca del Espíritu, la oración también viene a ser como un conducto a través del cual se transporta el πνεῦμα material a los creyentes, y de los creyentes a Dios. El πνεῦμα también puede transmitirse por medio de la palabra escrita, o sea, por medio de las cartas que escribió el apóstol. Por esto, dice Engberg-Pedersen, la tarea de escribir epístolas fue una parte esencial de la obra misionera del apóstol (Levison 2011:421-422).

Aunque la hipótesis de Engberg-Pedersen nos ayude a entender mejor muchas ideas de los estoicos acerca de la física y la constitución del cosmos, los críticos de la teoría del πνεῦμα material creen que hay otros textos que explican mejor lo que creía Pablo acerca de la naturaleza del Espíritu. Son los textos que encontramos tanto en el AT como en los rollos del Mar Muerto. Nosotros, por nuestra parte, tendríamos que añadir a estos textos lo que las tradiciones dicen que Pablo recibió acerca de lo que Jesús enseñaba a sus seguidores. Claro que la mayoría de los eruditos cree que Pablo escribió su Carta a los Gálatas antes de que fueran escritos los cuatro evangelios, pero aún así, los escritos de Pablo nos muestran que conocía mucho de la vida y enseñanzas de Jesús, por tradición oral o por algunos de los textos que fueron utilizados por los evangelistas. Jesús, a diferencia de los estoicos y muchos investigadores modernos, habla del Espíritu como persona divina y no simplemente como una fuerza o energía que proviene de Dios. Lo que comunica el Bautismo, la proclamación del evangelio y la Cena del Señor, es la presencia real de una Persona divina, el santo Ser que llamamos la Tercera Persona de la Santísima Trinidad.

3:3 ¿Tan necios son? ¿Comenzaron por el Espíritu, y ahora van a acabar por la carne?

Los gálatas recibieron el Espíritu Santo y la fe por medio de la predicación del evangelio, no por la circuncisión ni por ninguna otra obra de la ley. En Hechos 10 leemos que el Espíritu Santo vino sobre Cornelio y los otros gentiles en su casa mientras Pedro predicaba el evangelio. La fe viene por oír la palabra de Dios, tal como Pablo afirma en Romanos 10.

Según el filósofo Pitágoras, el término carne se usaba para señalar la parte del ser humano sujetada a la corrupción. Para los epicúreos la carne era la fuente del deseo. Pero al emplear la palabra carne el apóstol no piensa en los filósofos griegos cuyas obras, tal vez, las conocían los gálatas. El apóstol no insinúa tampoco que los gálatas hayan caído en alguna inmoralidad, como el hombre de 1 Corintios 5, que vivía en fornicación con su madrastra. Las obras de la carne no son solamente la borrachera, el adulterio y otros feos vicios mencionados en Gálatas 5:19-20, sino también todo lo que el ser humano hace sin fe en Cristo y sin el Espíritu Santo. Las oraciones, meditaciones, vigilias, peregrinaciones, circuncisión y mortificaciones de la carne, todas pueden calificarse de carnales si se realizan como obras por las que procuramos lograr nuestra propia redención, si por medio de ellas intentamos borrar nuestro pecado en vez de confiar en la sangre del Cristo crucificado.

Martyn (1997:290) cree que en este texto la carne es la del prepucio que se le quita al varón en el rito de la circuncisión. Los maestros de la ley deben haber enseñado a los gálatas a poner su confianza en el hecho de ser hijos de Abrahán; no por lo que Cristo hizo por ellos al morir en la cruz, sino en la carne de sus prepucios. Según enseñaban los rabinos y los sectarios de Qumran, la carne del prepucio significaba o estaba asociada con el poder del impulso maligno (*yetzer ha ra*) con el cual nacen todos los seres humanos. A base de Génesis 6:5 y Eclesiástico 15:14 los rabinos creían que en todos los seres humanos habitaban dos impulsos: el maligno, que llevaba a los hombres a entregarse a los vicios, y el bueno (*yetzer ha tob*). Los dos impulsos luchan dentro de lo más íntimo de cada individuo para lograr el control sobre uno. Los que se dejan llevar por el impulso maligno se convierten en esclavos del pecado. Muchos rabinos creían que por medio de la circuncisión Abrahán consiguió vencer el impulso maligno y llegar a la perfección. La frase de Gálatas 3:3 "acabar por la carne" puede traducirse también "llegar a ser perfecto por la carne". En otras palabras, por medio de la circuncisión los gálatas pueden llegar a ser perfectos como Abrahán y, de esta manera, vencer el impulso maligno. El pacto de la circuncisión fue ratificado en Génesis 17:1, en que el Señor le dice a Abrán: "Yo soy el Dios Todopoderoso. Anda siempre delante de mí y sé perfecto." Según los rabinos, por medio de la circuncisión Abrahán alcanzó la perfección, y todos los que quieren ser perfectos como Abrahán deben circuncidarse como él (Martyn 1997:292-293).

3:4 ¿Tantas cosas han padecido en vano? ¡Si es que realmente fue en vano!

En este versículo Pablo da a entender que los gálatas habían sufrido por su fe. No sabemos cómo o por medio de quién. Pero si ahora abandonaban al Cristo crucificado y sus méritos, todo lo que sufrieron habrá sido en vano. En 1 Corintios 15:14 dice: "Y si Cristo no resucitó, nuestra predicación no tiene sentido, y tampoco tiene sentido la fe de ustedes." Pero no tiene sentido tampoco la predicación y la fe si confiamos en nuestras obras y no en las obras de Cristo.

La frase "¡Si es que realmente fue en vano!" probablemente expresa la esperanza de Pablo de que algunos evangelizadores y catequistas preparados por él, todavía estuvieran proclamando el evangelio auténtico que aprendieron. Quizá por una visita de uno de ellos o por una carta que enviaron, Pablo se enteró de la llegada de los maestros judaizantes y de sus enseñanzas.

3:5 Aquel que les suministra el Espíritu y hace maravillas entre ustedes, ¿lo hace por las obras de la ley, o por el oír con fe?

Lo que el apóstol quiere precisar con estas preguntas es si la circuncisión, los ayunos y las mortificaciones de la carne les dieron a los gálatas el poder de hablar en nuevas lenguas y otros dones carismáticos, y también el poder para dejar los vicios y las obras de la carne (5:19-21) y producir el fruto del Espíritu (5:22-23). Uno recibe el poder del Espíritu no por practicar la circuncisión como creían los maestros judaizantes, ni por la castración ritual como creían los devotos de los misterios de Cibeles y Atis, sino por oír con fe la proclamación del evangelio del Cristo crucificado que en amor se sacrificó por todos nosotros e hizo innecesaria tanto la circuncisión del antiguo pacto como la automutilación de los devotos de la gran madre de Anatolia.

Al hablar de las "maravillas entre ustedes", el apóstol probablemente tiene en mente también tales manifestaciones del Espíritu como sanaciones, expulsión de espíritus inmundos, hablar en lenguas y profecías. Estas maravillas son, según Hebreos 6:5, "los poderes del mundo venidero", o sea, bendiciones del futuro reino de Dios presentes ya en medio de este siglo perverso y adúltero. Hablando del ministerio de Pablo en Iconio, dice Lucas en Hechos 14:3: "A pesar de eso, Bernabé y Pablo se quedaron allí mucho tiempo, y hablaban sin ningún temor y confiados en el Señor, que por su bondad y misericordia les concedió hacer milagros prodigiosos." Recordemos que Iconio fue una de las ciudades de Galacia donde Pablo estableció una congregación en su primer viaje misionero. En el mismo capítulo de los Hechos (14:8-10) encontramos el relato acerca de un hombre de Listra, imposibilitado de los pies, cojo de nacimiento, sanado milagrosamente cuando Pablo y Bernabé hicieron su entrada al pueblo durante el primer viaje misionero del apóstol. Fue la ocasión en que los habitantes de la ciudad creyeron que Pablo y Bernabé eran, respectivamente, los dioses Mercurio y Júpiter que habían descendido a Listra en semejanza de hombres. En esa ocasión el sacerdote de Júpiter quiso ofrecer sacrificios a los dioses por el milagro realizado. Identificaron a Pablo con Mercurio, el mensajero de los dioses, porque fue él quien llevaba la palabra. Listra fue uno de los cuatro pueblos del sur de la provincia de Galacia donde se establecieron congregaciones cristianas durante el primer viaje del apóstol. Sin embargo, la maravilla más grande fue la conversión de los gálatas, el hecho de que por el poder del Espíritu abandonaron sus ídolos y los vicios de los gentiles, para adorar al único y verdadero Dios (de Boer 2011:183).

3:6 Así Abrahán creyó a Dios, y le fue contado por justicia.

Con Gálatas 3:6 comienza el tercer argumento de Pablo en defensa del evangelio que él proclamaba. Recordemos que su primer argumento fue que los líderes de la iglesia de Jerusalén mostraron su acuerdo con el evangelio de Pablo. El segundo argumento estuvo basado sobre la experiencia de los gálatas, quienes recibieron el Espíritu no por las obras de la ley sino al oír con fe el mensaje de las buenas nuevas. El tercer argumento se basa sobre la exposición de la Escritura, o sea, varios textos del AT (Dunn 1963159). En esta exposición de la Septuaginta vemos a Pablo empleando uno de los dones del Espíritu Santo que Cristo le había concedido, a saber, el don de la interpretación profética y carismática de la Escritura, un carisma altamente apreciado tanto por los profetas revolucionarios entre los zelotes, como por el maestro de justicia, el gran líder de la secta de los esenios (Hengel 1989:235). Según esta exposición carismática del AT, Abrahán con su fe en la promesa de Dios es el prototipo de los justificados por fe en Cristo. Debe ser evidente en esta comparación que Pablo no está hablando de la fidelidad de Cristo, como alegan muchos comentaristas modernos, sino de la fe en Cristo de los gálatas (Dunn 2012).

Al comenzar su tercer argumento Pablo recurre a la figura de Abrahán, la persona distinguida por Dios para ser el padre del pueblo escogido. En el momento de su llamamiento Abrahán vivía en la antigua ciudad de Ur de los Caldeos, en Babilonia. Lo importante acerca de Abrahán es que antes de su llamamiento era un gentil proveniente de una familia de idólatras, o sea, fue el primer prosélito, el primer gentil en quedar incorporado al pueblo de Dios. De esta manera Abrahán viene a ser el modelo para otros gentiles que desean ser incluidos en este pueblo. Para muchos judíos del tiempo de Pablo, Abrahán fue uno de los personajes más importantes de la historia del mundo. Las tradiciones judías solían ponderar sobre todo su obediencia, justicia, y fidelidad en las diez pruebas a las cuales se sometió. La última de éstas fue la de amarrar a Isaac al ordenársele que sacrificara a su hijo.

Algunos escritos, como 1 Macabeos 2:52, Eclesiástico 44:19-20, y Jubileos 23:10, afirman que Abrahán era perfecto en todas sus acciones todos los días de su vida. Según una de las tradiciones acerca de Abrahán, el rey Nimrod le ordenó adorar a uno de sus ídolos. Al rehusarse Abrahán, el rey mandó que se lo echase en un horno de fuego, del cual fue rescatado por Dios. Este acto de obediencia llevó a Dios a escoger a Abrahán para ser el fundador de su pueblo. Según el filósofo y rabino Filón de Alejandría, Abrahán fue la primera persona en tener una noción clara del monoteísmo, pues entre los centenares de ídolos de Babilonia, llegó a la conclusión de que hay un solo Dios, creador de todo que existe y rey del universo. Filón afirmó que Abrahán abandonó Ur de los caldeos para huir de la idolatría practicada en la casa de su padre y de las costumbres depravadas de los caldeos, sus leyes innobles y la ciencia pervertida de sus astrólogos (McFarland 2012:117-118).

Hubo quienes creyeron que por sus acciones justas Abrahán no sólo había hecho méritos suficientes para entrar en la vida eterna, sino también méritos adicionales para ser otorgados, el día del juicio final, a los judíos a quienes les falten para entrar en la vida. Probablemente por esta razón el hombre rico en el Hades (Lucas 16:23) procuró la ayuda del padre Abrahán. Es fácil darse cuenta de que los agitadores de Galacia pueden haber usado las tradiciones y creencias respecto a Abrahán y su justicia como pruebas de que las obras de la ley eran necesarias para la salvación.

En el argumento que sigue, el apóstol procura demostrar que Abrahán no fue justificado a base de las obras de la ley, sino por su fe en la promesa de Dios. Según Pablo, Abrahán no fue un hombre perfecto, sino un pecador salvado por la gracia y la misericordia de Dios, no a base de sus méritos. En ningún momento menciona Pablo los méritos de Abrahán, ni hace referencia tampoco a la doctrina de los méritos que posteriormente desarrollaron los rabinos (Barclay 1988:87). Según muchos rabinos, los méritos ganados por los patriarcas y los héroes de la fe podían ser transferidos a otros israelitas carentes de méritos. El rabino Shemaiah, por ejemplo, creyó que por los méritos de Abrahán abrió Dios el Mar Rojo para dar paso a Moisés y los hijos de Israel en su huída de Egipto (Davies 1965:269). De acuerdo con el argumento de Pablo, Abrahán no fue justificado por los méritos que ganó por haber superado las diez pruebas; más bien fue declarado justo por su fe en la Promesa, es decir, su fe en el Evangelio que recibió de antemano mediante esa promesa. Fue más bien la gracia justificante la que sostuvo a Abrahán en todas sus pruebas y le ayudó a ser fiel hasta la muerte. Las grandes victorias que Abrahán obtuvo en sus luchas y pruebas fueron frutos de su justificación, no la causa de ésta. Al recibir la promesa por la fe, el árbol de la justificación fue plantado en la vida de Abrahán. Las grandes obras, de las que leemos en la Biblia, son los frutos del árbol de la fe.

Según el argumento de Pablo en Romanos 4, la fe de Abrahán fue una que confía en quien es fiel a sus promesas y además poderoso para resucitar a los muertos. En efecto, cuando Dios les dio al anciano Abrahán y a su esposa Sara –la estéril– la promesa de un heredero, ambos estaban muertos en lo que hace a la capacidad física de engendrar un hijo. A fin de que naciera Isaac, el Creador tuvo que resucitar los cuerpos de ambos y restaurar en ellos su capacidad reproductiva. En consonancia con Pablo, el autor de la Epístola a los Hebreos declara: "Por la fe, Sara misma recibió fuerzas para concebir, aunque era estéril, y dio a luz, aun cuando por sus edad se le había pasado el tiempo, porque creyó que era fiel quien le había hecho la promesa. Por eso también, de un solo hombre, que ya estaba casi muerto, llegó a tener una multitud de descendientes, tan numerosos como las estrellas del cielo" (Heb 11:11-12). Nuevamente, esta vez en ocasión del sacrificio de Isaac (Gn 22), leemos que Abrahán creyó en el poder de Dios para resucitar a los muertos, porque creyó que Dios iba a cumplir con su promesa de darle una descendencia por medio de Isaac aun después del sacrificio y muerte de ese hijo querido. Esto implicaba fe en el poder de Dios de resucitar a Isaac después del sacrificio. La fe de Abrahán en la promesa de Dios fue, per se, un milagro divino porque Abrahán, al igual que todos los demás seres humanos, nació espiritualmente muerto y sin fe. Cuando el Espíritu Santo obra la fe en el corazón humano ocurre una resurrección por la que uno pasa de la muerte a la vida.

3:7 Sepan, por tanto, que los que son de la fe son hijos de Abrahán.

Ésta es la única vez, en todas sus cartas, que el apóstol Pablo emplea la frase "hijos de Abrahán", lo que indica, según Martyn, que la frase es parte de la terminología que solían utilizar los maestros judaizantes en su enseñanza (1997:295, 299). A lo mejor, los maestros enseñaban a los gálatas que por medio de la circuncisión podían llegar a ser hijos de Abrahán y herederos de la promesa. Según el libro de Génesis, Abrahán fue el primer prosélito, el primer gentil en abandonar los ídolos de sus antepasados y llegar a ser miembro del pueblo de Dios. Es probable que los agitadores creyeran que Abrahán fue justificado por Dios por el hecho de abandonar la idolatría y recibir la circuncisión. Sí así fuera, entonces Abrahán habría sido justificado, por lo menos en parte, por algo que hizo, algo que los agitadores entendían como una obra humana, una obra que demandaba la ley. Pero ya hemos visto que el libro de Génesis declara a Abrahán justificado, no por algo que él hizo, sino por la fe. Si fuera posible ser justificado por una obra humana, por algo que exige la ley, entonces el sacrificio de Cristo no habría sido necesario. Ya hemos reiterado que la justificación por la fe no es una obra humana sino una obra de Dios. Decir "yo soy justificado por la fe" es otra manera de decir "soy declarado libre de culpa por Cristo y su sacrificio en la cruz". Así los gálatas, igual que Abrahán, llegaron a ser hijos de Abrahán e hijos de Dios por la gracia y misericordia de Dios. Los gálatas llegaron a conocer la máxima manifestación de la gracia cuando el apóstol, por su proclamación, les presentó a Jesucristo como crucificado (3:1).

3:8 Y la Escritura, al prever que Dios habría de justificar por la fe a los no judíos, dio de antemano la buena nueva a Abrahán, cuando dijo: "En ti serán benditas todas las naciones."

El pasaje que cita aquí es una combinación de Génesis 12:3 y 18:18, en que Dios prometió bendecir a todos los pueblos en Abrahán. Lo que Pablo dice es, literalmente, que Dios proclamó el evangelio (προευηγγελίσατο) por anticipado a Abrahán, de manera que el patriarca, siendo aún gentil, sin circuncisión, fue justificado por la fe. Hay personas que afirman –incluso pastores– que durante la dispensa del NT la justificación es por la fe, pero en la dispensa del AT la justificación fue por medio de las obras de la ley. Contrariamente a esta manera de pensar, el texto de Gálatas dice que el evangelio ya se le proclamó a Abrahán en los días del AT, de modo que fue justificado porque creyó en el mensaje del Cristo que vendría, así como nosotros somos justificados por creer el mensaje del Cristo que ya vino. El objeto de la fe de los creyentes, tanto del AT como del NT, es Cristo. Los sacrificios, fiestas y ceremonias del AT, al igual que la fe de Abrahán, miraban hacia el futuro en espera del supremo sacrificio por los pecados de todo el mundo.

Calvino afirma, en sus Instituciones, que las ceremonias, ritos y sacrificios ordenados en el Pentateuco no solamente apuntan a Cristo y su sacrificio en la cruz, sino que nos enseñan también porqué se los estableció. Esto quiere decir que sólo a la luz del cuerpo de Cristo (Col 2:17) llegamos a entender plenamente la finalidad de todo aquello que era sombra de lo que habría de venir (Westerholm 2004:51-52).

Tanto Agustín, como Lutero, Calvino, y Melanchton, afirmaban que la promesa de gracia en un redentor o Mesías es el tema principal que une los escritos del AT. En la Apología de la Confesión de Augsburgo Melanchton escribe: "El evangelio es la promesa de gracia dada en Cristo, y esta promesa se repite constantemente en toda la Escritura. Primero la recibió Adán, y luego los patriarcas. Más tarde la esclarecieron los profetas, y finalmente fue predicada y manifestada en Cristo entre los judíos y difundida en todo el mundo por los apóstoles. Porque mediante la fe en esta promesa fueron justificados todos los santos" (Meléndez 1989:175). No hay, pues, dos caminos de salvación, uno para los judíos y otro para los gentiles, sino un solo camino (Jn 14:6), y "no se ha dado a la humanidad ningún otro nombre bajo el cielo mediante el cual podamos alcanzar la salvación" (Hch 4:12). Consecuentemente, las personas y las agencias misioneras que a base del concepto equivocado de los "dos caminos" se niegan a evangelizar a los judíos, no están en sintonía con lo que el apóstol escribe aquí y también en Romanos 9:1-6.

3:9 De modo que los de la fe son bendecidos con el creyente Abrahán.

Con esta declaración el apóstol recalca la verdad, también expresada en Romanos, que los verdaderos hijos de Abrahán no son los que llevan en sus venas la misma sangre de Abrahán, sino los que llevan en sus corazones la misma fe en la promesa de Dios. En el relato del hombre rico y el pobre Lázaro en Lucas 16:19-31, el ruego del rico es rechazado a pesar de ser hijo de Abrahán según la carne.

En Mateo 3:9 leemos que Juan el Bautista proclamaba a los judíos incrédulos: "Y no crean que pueden decir: 'Tenemos a Abrahán por padre', porque yo les digo que aun de estas piedras Dios puede levantar hijos a Abrahán." Las piedras de las que Dios levantó hijos creyentes a Abrahán fueron los pecadores, los publicanos, las prostitutas, los samaritanos y los gentiles. En Juan 8:56 Jesús replica a sus detractores diciéndoles que Abrahán se alegró al saber que vería el día de Cristo.

Abrahán vio ese día anticipadamente tanto el día en que nació Isaac de una madre estéril entrada en años como en la ocasión en que Isaac salvó la vida por el sacrificio del cordero sacrificado en su lugar. Quienes confían, como Abrahán, en la promesa de salvación que les fue dada, son los verdaderos hijos y herederos de Abrahán. Según Lutero, es precisamente por medio de la proclamación del evangelio por los apóstoles que la bendición prometida a Abrahán y sus descendientes llegó a todas las naciones, y es por medio de la proclamación de la Palabra y la celebración de los sacramentos que la iglesia sigue llevando la misma bendición a las naciones hoy en día (1963:245).

3:10 Porque todos los que dependen de las obras de la ley están bajo maldición, pues está escrito: "Maldito sea todo aquel que no se mantenga firme en todas las cosas escritas en el libro de la ley, y las haga."

En Gálatas 2:15-16 Pablo presentó su primer argumento en oposición a la justificación por medio de ley, a saber, que ningún ser humano, ni tampoco el circuncidado, ha cumplido con las obras que demanda la ley dada a Moisés en el monte Sinaí. Es que el ser humano no es capaz de cumplir con la ley. A nuestro criterio el énfasis que da el apóstol a la frase "todas las cosas escritas" indica que no piensa solamente en la ley ceremonial o en aquellas ordenanzas que servían para erigir una barrera entre los judíos y los gentiles. Un buen número de intérpretes modernos asociados con la Nueva perspectiva opinan que sí piensa eso. Sin embargo, Pablo tiene en la mira tanto ordenanzas ceremoniales como morales. Las frases "todas las cosas escritas", "obras de la ley" y "ley" son sinónimas (Das 2001:157; Westerholm 2004:314).

Juan Calvino escribió en su Comentario sobre Gálatas que la maldición de la ley descansa sobre todos los que han fallado en el cumplimiento de cualquier parte de ésta. No existe una persona que haya cumplido con todas las cosas escritas en el libro de la ley; por lo tanto, todos están bajo maldición (Bray 2011:99). Varios autores modernos han objetado la severidad de este pronunciamiento, expresando que en el AT no se necesitaba ser perfecto para librarse de la condenación de la ley, pues Dios había provisto a Israel con el sistema levítico con sus sacrificios, purificaciones, y con el Día de la Expiación. Los sacrificios, expiaciones y ritos de purificación cubrían los pecados y faltas del pueblo de Israel y los ocultaban de los ojos de Dios y del poder de la maldición (Dunn 1996:181). Es verdad que el sistema levítico funcionó así en el tiempo del pacto antiguo. Pero con la venida de Cristo, su sacrificio en la cruz y su resurrección, el sistema levítico encontró su cumplimiento, pues como recalca la Epístola a los Hebreos, todos los sacrificios y expiaciones del AT fueron anticipos o tipos del perfecto sacrificio de Jesús. Los sacrificios del antiguo pacto sirvieron para cubrir los pecados y alejar la maldición hasta tanto no se efectuara la perfecta expiación por los pecados realizada por Cristo. Ahora, en el tiempo del nuevo pacto, el único sacrificio que vale para librar a los seres humanos de la maldición de la ley es el sacrificio de Cristo (Schreiner 2010:205).

En lo que sigue el apóstol presenta un nuevo argumento en contra de sus adversarios: Están bajo maldición no sólo los que no cumplen con todo lo que demanda la ley, sino también los que confían en la ley para su justificación.

El texto del AT citado por el apóstol al desarrollar este argumento es Deuteronomio 27:26. Es la única vez en todas sus epístolas que Pablo hace referencia a dicho texto. Esto lleva a Martyn a postular que Deuteronomio 27:26 fue uno de los textos favoritos de los maestros judaizantes, que utilizaban con gran efectividad para amedrentar a los gálatas diciéndoles que el que no se circuncidaba quedaba bajo la terrible maldición de Dios (1997:310-311). Un estudio del contexto inmediato de Deuteronomio 27:26 nos muestra que la mayor preocupación de Moisés en este capítulo, y también en los anteriores y subsiguientes, no fue la circuncisión o las fiestas judías. Según Deuteronomio 27, el que está bajo la maldición de la ley es el que fabrica y adora ídolos (v 15); el que deshonra a su padre o a su madre (v 16); el que reduce los linderos de su prójimo (v 17); el que hace que el ciego pierda el camino (v 18); el que tuerce los derechos del extranjero, del huérfano, y de la viuda (v 19); el que se acostare con su hermana, suegra, la mujer de su padre o con una bestia (vv 20-23); el que hiera a su prójimo anónimamente. El capítulo termina con las palabras escalofriantes: "Maldito sea el que no se comprometa a cumplir las palabras de esta ley" (v 26).

El tema de la maldición no se encuentra solamente en el capítulo 27 de Deuteronomio, sino también en los capítulos 28 a 32, donde hay una larga plática de despedida de Moisés para el pueblo de Israel. En este sermón Moisés advierte a los israelitas acerca de las consecuencias de desobedecer la ley de Dios. Si se dejan influir por las abominaciones de los habitantes paganos de la tierra de Canaán –idolatría, sacrificios humanos, fornicación, injusticia social, opresión– el resultado será la maldición. En el último sermón de Moisés encontramos detallada una larga lista de las bendiciones que recibirán los que cumplan la ley, y otra larga lista con todos los detalles de las maldiciones que traerá el Señor sobre los que desobedecen. La lista de maldiciones parece ser una profecía de lo que sucedió en la futura historia de Israel. Lo que en realidad enseñan las advertencias proféticas de Deuteronomio es que Israel, en vez de ser justificado por su obediencia, está bajo maldición por su desobediencia.

En su exégesis de Deuteronomio Pablo afirma que también están bajo la maldición de Dios todos los que procuran justificarse a base del cumplimiento de la ley, porque es imposible cumplir la ley sin fe. La fe es la que justifica, no el cumplimiento de los mandamientos. Según el *Catecismo Menor* de Martín Lutero, el pecado más grande es la falta de fe; y esta falta de fe es el pecado contra el primer mandamiento, el más grande e importante de todos. Es porque el primer mandamiento nos exige temer y amar a Dios y confiar en él sobre todas las cosas. El que no pone su confianza en Cristo y su cruz, sino en haber observado los mandamientos, pone de manifiesto que no cumplió con el primero y más importante. Los que son de Cristo se esfuerzan por cumplir los mandamientos, no porque procuren ser justificados por el cumplimiento de la ley o porque pretendan comprar la salvación con su obediencia, sino porque han sido justificados por Cristo y su sacrificio en la cruz. Las llamadas buenas obras no son buenas ante Dios si no proceden de la fe. El propósito de la ley no es justificarnos, sino convencernos de pecado y mostrarnos que necesitamos perdón y salvación. El perdón y la salvación no proceden de la ley sino de Cristo Jesús. Lamentablemente, los que equivocadamente creen que cumplieron con las demandas de la ley no se percatan de su necesidad de Cristo y su sacrificio. Lutero observa en su primer comentario sobre Gálatas que las obras de la ley han dado a muchos una falsa seguridad (1982:140). Los que ponen su seguridad sobre la circuncisión y las obras de la ley construyen su casa sobre la arena y no sobre quien es la roca.

Es muy probable que los maestros de la ley hayan enseñado a los gálatas la necesidad de someterse la ley a fin de recibir el poder para superar la maldición. Pero, en realidad la ley carece de tal poder. El poder que sí tiene la ley es el de confinar a todos bajo maldición. La maldición de la que habla Moisés en Deuteronomio 27:6 tiene que ver no sólo con lo que algunos han llamado la ley ceremonial, sino con todo lo que está escrito en el libro de la ley. Uno en realidad no cumple con lo que está escrito en la ley a menos que lo haga con fe. Sin fe es imposible cumplir la ley. Los que cumplen con las disposiciones de las leyes dictadas por el estado civil pueden sentirse seguros, sabiendo que no serán castigados por ser buenos ciudadanos; pero Dios, a diferencia de los gobiernos humanos, no juzga solamente nuestros actos externos sino también los corazones.

ANEXO VI: LAS MALDICIONES EN EL CONTEXTO DE LA COSMOVISIÓN GÁLATA

Las divinidades veneradas en Anatolia estaban vinculadas con lo que los investigadores han denominado un sistema judicial divino. El sistema funcionaba a base de las maldiciones con que las divinidades castigaban a los infractores de la ley. Los arqueólogos encontraron un gran número de edificios, especialmente tumbas, altares y templos, con inscripciones que pedían la maldición de los dioses sobre todos los que violan de cualquiera manera los sitios sagrados, en particular los cuerpos sepultados en las tumbas. Las imprecaciones colocadas en los cementerios especificaban que los restos humanos no fueran retirados o violados, o que les fueran añadidos los cuerpos de otros muertos. Una de las deidades principales de Anatolia, el antiguo dios lunar Men, era invocado como un dios celestial y también infernal. Y se lo invocaba, además, para proteger las tumbas y sepulturas de los difuntos. El culto de Men, una de las antiguas divinidades frigias, fue popular no sólo en la Frigia étnica sino también en Licaonia y Pisidia. El santuario más importante de Men se encontraba en Antioquía de Pisidia, donde Pablo y Bernabé establecieron la primera congregación cristiana en la provincia romana de Galacia. Otro templo de Men lo construyó un liberto encargado de la hacienda de Sergio Paulo (Mitchell 1993:II.24-25).

Los infractores de las leyes divinas trataban de evitar la maldición de los dioses mediante la erección de estelas en las que estaban grabadas lo que los investigadores han denominado inscripciones penitenciales, o sea, confesiones de pecado acompañadas de la promesa de rectificar las transgresiones y de ofrecer sacrificios o un pago de expiación por las ofensas cometidas. La palabra griega λύτρον, utilizada en estas inscripciones, es la misma que se emplea en muchos textos del NT para hacer mención de la expiación pagada por Cristo para rescatarnos. Entre las ofensas enumeradas en las inscripciones penitenciales encontramos transgresiones como las siguientes: (1) el robo de una toga de los baños públicos; (2) vestir una toga sucia mientras se cantaba un himno a Apolo; (3) injusticias cometidas a los huérfanos; (4) cortar leña de un bosque sagrado; (5) no guardar una promesa hecha a uno de los dioses; (6) no pagar deudas; (7) practicar la hechicería.

Para invocar la intervención de los dioses y solicitar la venganza divina a fin de castigar a un infractor de la ley, se solía elevar en el templo u otro lugar sagrado un cetro, el instrumento de la justicia divina, y colocar una *defixión,* o sea una estela o pequeña tabla de plomo o cera que llevaba una maldición o petición pidiendo venganza. En algunas de estas *defixiones* los culpables son ofrendados a los dioses para su destrucción por medio del fuego. El verbo griego empleado en tales inscripciones es ἀνατίθημι de donde deriva la palabra anatema, utilizada por Pablo en Gálatas 1:8-9.

Otros castigos que se piden para los infractores en las *defixiones* y maldiciones, incluyen accidentes, enfermedades, la muerte de hijos y familiares (Elliott 2003:77). Estos castigos serían hechos efectivos por el gran poder, *dynamis*, (δυνάμις) de los dioses, los cuales son vistos no como deidades ociosas que no se interesan por los asuntos de los seres humanos, sino como muy involucrados en la vida cotidiana de los mortales. Las deidades son consideradas tiranas e intrusas que intervienen y controlan las vidas de los hombres (Elliott 2003:79). Sus juicios los llevaban a cabo por medio del ojo divino, que tenía el poder de alumbrar lo que está escondido y detectar las ofensas, y actuar además como un rayo de luz con poder para fulminar al culpable. Así el ojo divino actuaba de un modo semejante al poder del mal de ojo de los seres humanos. En Gálatas Pablo habla del mal de ojo que había embrujado a los gálatas, induciéndolos a seguir un evangelio diferente. Para ser librados de los cetros de la justicia, la maldición, el mal de ojo y el gran poder de los dioses, la persona culpable necesitaba ofrecer un sacrificio expiatorio. El poder de la ley, la maldición y la justicia tenía que ser aplacado. Para procurar la liberación y deshacerse de las maldiciones, la mala suerte, y la fuerza del destino, los antiguos habitantes de Anatolia solían acudir a los lugares sagrados y a los representantes de los dioses. Hay que considerar que la llamada fuerza del destino debe entenderse como uno de los rudimentos del mundo mencionados en Gálatas 4:3.

Había en Anatolia un número considerable de estaciones sagradas, o sea, templos donde el sumo sacerdote o sacerdotisa eran vistos como las personas más importantes después del rey. Los templos servían como grandes centros de adoración y otros actos sagrados. En los centros prestaban servicio muchos sacerdotes, sacerdotisas, y otros funcionarios, como los *galli*, todos denominados esclavos del dios o de la diosa.

EL SISTEMA JUDICIAL DIVINO Y LA LEY NATURAL

La existencia en la antigua Anatolia del sistema judicial divino, descrito arriba, muestra el efecto que produce en el hombre la ley de Dios escrita en el corazón. Filósofos como Cicerón y teólogos como Tomás de Aquino le dieron a este conocimiento innato del bien y del mal el nombre de ley natural. Al hablar Pablo en Romanos 2:15 de la obra de la ley escrita en los corazones de los gentiles, no se refiere a la ley mosaica, porque esa ley fue dada únicamente a Israel en el monte Sinaí. El pacto de la circuncisión establecido en el Sinaí fue sólo para los descendientes de Abrahán. Sin embargo, Génesis 9:11 habla de otro pacto que se estableció con Noé, el padre de todas las naciones mencionadas en Génesis 10. El pacto que Dios estableció con Noé fue, per se, una revalidación y confirmación del pacto que el Creador estableció con la humanidad en Génesis 1:28-31. El mandato dado a Adán y Eva y sus descendientes es el de reproducirse y multiplicarse, llenar la tierra y ser los señores de los peces del mar, de las aves de los cielos, y de todas los seres que se mueven sobre la tierra. En otras palabras, que en todo el mundo se establezcan sociedades ordenadas, humanitarias, igualitarias, y justas, en las cuales deben reinar la paz, el amor, y la justicia. Los misiólogos modernos, siguiendo las ideas de Gustaf Warneck (1834-1910) y Abraham Kuyper (1834-1920), han llamado a Génesis 1:28-31 la gran comisión del Antiguo Testamento, o mandato cultural. Este mandato cultural debe entenderse como la base de lo que muchos hoy en día llaman la teología de la liberación, pues procura preservar y proteger la creación divina de la que hablan los primeros capítulos de Génesis y los Salmos, como el 104.

Así pues, las naciones no judías también están supeditadas a una ley, la ley natural que en el principio fue escrita en el corazón de Adán y los demás seres humanos. Por la entrada del pecado en el mundo, y el consecuente ofuscamiento de la imagen de Dios en el ser humano, el entendimiento de la ley natural de parte de los hombres se opacó y distorsionó. Romanos 1:21 habla de los que "se envanecieron en sus razonamientos, y su necio corazón se llenó de oscuridad". En 1 Timoteo 4: 2 Pablo habla de los mentirosos que tienen "cauterizada la conciencia". Pero a pesar de los esfuerzos de los seres humanos por ignorar la ley natural y de acallar su conciencia, la ley de Dios grabada en el corazón humano nunca se borró o erradicó totalmente. En Romanos 1:18-31 Pablo expone que los gentiles quedan condenados por su fracaso de vivir de acuerdo con esa ley natural, y por lo tanto la ira de Dios se revela en contra de ellos. Consecuentemente, tanto la ley mosaica como la natural acusan al ser humano de pecado. Ante su Creador, el hombre, sea judío o gentil, está sin excusa. Así como los judíos necesitan ser librados de la maldición de la ley mosaica, de igual manera los gentiles necesitan ser librados de la maldición de la ley natural.

Sin entrar en todos los debates de los teólogos, juristas, y filósofos en torno a la cuestión de la ley natural, es conveniente sin embargo para nuestro estudio de Gálatas, destacar algunas diferencias y semejanzas que existen entre la ley mosaica y la ley natural. Una de las semejanzas primordiales es que tanto la ley natural como la mosaica provienen de Dios. La diferencia entre las dos reside en el hecho de que la ley mosaica era solamente para Israel, pero la ley natural es universal y es para todos. Ésta es la base y la norma de todas las leyes promulgadas en las diferentes sociedades humanas. La ley natural es la base de la constitución de los Estados Unidos de Norteamérica y de la *Declaración Universal de Derechos Humanos de las Naciones Unidas*. La existencia de esta ley fue afirmada por Lutero, Melanchton, y Calvino (Braaten 2010:6).

En la Apología de la Confesión de Augsburgo la ley natural queda identificada como la voluntad de Dios para con la humanidad y es la base del decálogo. Puesto que el ser humano caído en pecado tiende a malinterpretar, suprimir o ignorar la ley natural, fue necesario que Dios le diera a Moisés los Diez Mandamientos en forma escrita. Lutero, en sintonía con Hechos 14:15-17 y 17:22-31, expresa en su *Catecismo Mayor* que las diferentes religiones del mundo son una manifestación de la ley natural, pues reconocen que hay Dios y que el ser humano tiene el deber de adorar al Dios verdadero (Ziegler 2010:76). Sin embargo, los reformadores, a diferencia de Tomás de Aquino y los teólogos de oriente, creyeron que debido a la confusión creada por la caída en el pecado original, solamente el cristiano guiado por el Espíritu Santo puede entender que el significado de la ley natural es el amor al prójimo.

Según Lutero, los Diez Mandamientos expresan el sentido espiritual de la ley natural, que es la misma ley de Cristo de la que habla Pablo en Gálatas. La diferencia principal entre la ley natural y los Diez Mandamientos es que éstos contienen algunos elementos, como por ejemplo la observancia del séptimo día como día de reposo, que no son para todas las naciones, sino únicamente para el pueblo de Israel.

Lutero afirma que los cristianos observan los Diez Mandamientos en cuanto corresponden a la ley natural que Dios ha puesto en nuestros corazones (1983:165-176). Al decir esto, se debe entender que tanto para Pablo como para los reformadores, ni la ley natural ni los Diez Mandamientos son medios por los que el pecador es justificado, pues la ley, sea natural o mosaica, siempre actúa para acusar al pecador, no para justificarlo. De ahí que en el contexto de Gálatas vemos que los habitantes de Anatolia se sentían atemorizados por el mal de ojo y las maldiciones de sus dioses, porque por la ley natural sabían que eran pecadores que necesitaban ser liberados de la maldición de la ley.

En Génesis hay mucho más sobre la ley natural, la imagen de Dios, y la vocación del ser humano. Baste decir por ahora que ni la Biblia ni las Confesiones de la iglesia enseñan la abolición de la ley natural, sino el cumplimiento del sentido espiritual de ésta, el amor al prójimo, lo que en Gálatas Pablo llama "la ley de Cristo". Los que creen en Jesús son librados, en Cristo, de la maldición de la ley y de la necesidad de justificarse a base de la ésta, pero no del mandamiento de amar al prójimo así como Cristo nos amó a nosotros. Satanás procura la abolición del llamamiento a amar al prójimo.

LIBERACIÓN DE LA FUERZA DEL DESTINO

Los antiguos habitantes de Anatolia no fueron los únicos que estaban preocupados por librarse del poder de las maldiciones y la fuerza del destino. Es una preocupación universal, producto de la ley natural que opera en el corazón de los seres humanos. La preocupación la encontramos también en la literatura, el folclore y hasta en las telenovelas de nuestro pueblo hispano. En 1835 el famoso dramaturgo y miembro de la Real Academia, Ángel de Saavedra, el tercer duque de Rivas, escribió su celebrada obra teatral *Don Álvaro o la fuerza del sino*. El protagonista de la obra es doblemente maldecido, en primer lugar, por portar en sus venas sangre indígena, pues es hijo de un cacique Inca ejecutado por su rebelión contra la corona española. En segundo lugar, Don Álvaro recibe una terrible maldición de labios del moribundo Marqués de Calatrava, padre de su novia Leonora. En toda la obra Don Álvaro procura desesperadamente y sin éxito librarse de la maldición que pesa sobre su vida. Una tragedia tras otra se abate sobre el infortunado protagonista, y al final Don Álvaro queda aplastado por la fuerza del destino. La popularidad de la obra de Saavedra y de la ópera de Guiseppe Verdi basada sobre ella, se debe al hecho de que muchísimas personas se han identificado con Álvaro y Leonora, las infortunadas víctimas de la fuerza del destino.

Hoy en día muchos seres humanos viven obsesionados todavía con el temor de que ellos también son esclavos de un destino que no pueden controlar. Un famoso siquiatra escribió acerca del temor que tiene el hombre mexicano de perder el control de su vida (Kiev 1968:59). En realidad, en lo más íntimo de su ser todos los humanos, al igual que todas las instituciones y sistemas que han construido, le temen a la fuerza del destino y procuran su liberación. Las visiones en el libro de Daniel proclaman que todos los reinos de este mundo están destinados a perecer. Nuestra tarea como cristianos frente a las ansiedades de los seres humanos no es la de negar que existe tal cosa como la fuerza del destino, sino la de proclamar que Cristo obtuvo la victoria de un destino inevitable e implacable, y es sólo en Cristo que uno puede verse liberado de la fuerza del destino. Fuera de Cristo hay sólo esclavitud, sometimiento a los rudimentos de este siglo (Berdyaev 1957:210).

3:11 Y es evidente que por la ley ninguno se justifica para con Dios, porque: "El justo por la fe vivirá."

Lo que el apóstol dice en el versículo 11 se presenta como la solución al problema detallado en el versículo anterior, el problema de la maldición que pesa sobre Israel y sobre todo el género humano. Al declarar que el justo vivirá por la fe, el apóstol remarca que la única manera en que alguien es librado de la maldición de la ley y declarado justo (libre de culpa), es por medio de la fe, ya que es imposible la justificación a base del cumplimiento de todo lo que está escrito en el libro de la ley. El pasaje que estamos considerando también puede traducirse de otra manera: "Puesto que nadie es justificado ante Dios por la ley, es obvio que el justo vivirá por la fe." Ésta es en realidad la traducción preferida de muchos intérpretes y traductores competentes (Thielmann 1994:141; Witherington 1998:348).

En apoyo de su argumento el apóstol recurre a un texto del AT, Habacuc 2:3-4: "La visión va a tardar todavía algún tiempo, pero su cumplimiento se acerca, y no dejará de cumplirse. Aunque tarde, espera a que llegue, porque vendrá sin falta. No tarda ya. Aquel cuya alma no es recta, es arrogante; pero el justo vivirá por su fe." El texto citado por Pablo se encuentra en un libro profético escrito en vísperas de la invasión de los caldeos, "un pueblo cruel y tenaz que recorre toda la tierra para adueñarse de los territorios de otros pueblos" (Hab 1:6). Frente a esa terrible amenaza el profeta Habacuc se queja y protesta ante Dios: "¿Hasta cuándo?" ¿Hasta cuándo los justos serán destruidos y oprimidos por criminales? En el capítulo 2 viene la respuesta de Dios, quien pide a Habacuc y a todos los justos a confiar en la visión, o sea, en la promesa de Dios de venir y librar a su pueblo del enemigo. En este contexto Dios asevera: "Aunque tarde, espera a que llegue, porque vendrá sin falta. No tarda ya. Aquel cuya alma no es recta, es arrogante; pero el justo vivirá por su fe."

Habacuc 2:4 fue considerado por los rabinos uno de los textos más importantes de todo el AT, porque resumía toda la ley en un solo principio: fidelidad. Los rabinos afirmaban que en el Salmo 15 David había resumido toda la ley en once principios, mientras que en Isaías 33:14-16 se la resume en seis principios. En Miqueas 6:8 queda resumida en tres principios, pero tanto en Amos 5:4 como en Habacuc 2:4 se logra resumir toda la ley en solo un principio (Longenecker 1990:119). Pablo cita a Habacuc 2:4 en Gálatas, y también en Romanos 1:17. Otra cita de Habacuc 2:4 se encuentra en la Epístola a los Hebreos 10:37-38. En el hebreo del texto masorético el sustantivo fe/fidelidad termina con el sufijo que corresponde a la primera persona masculina. El sufijo puede indicar uno de tres posibles significados: (1) la fe/fidelidad de la persona justa; (2) la fe/fidelidad de la visión que fue dada por Dios a la persona justa; (3) la fe/fidelidad de Dios que da la visión. Particularmente, los tres posibles significados dependen el uno del otro. La fidelidad de la visión depende de la fidelidad de Dios quien da la visión. Al mismo tiempo la fidelidad de Dios y de la visión dada por el Señor alientan a las personas a tener fe en la promesa de Dios, quien viene para librar a su pueblo de sus enemigos (Hunn 2009:220).

A diferencia del texto hebreo, la Septuaginta traduce "el justo por mi fe/fidelidad vivirá". Así, para los traductores de la Septuaginta, el justo vivirá por la fidelidad de Dios para con Israel. Pablo, sin embargo, no sigue la línea de pensamiento de los traductores de la Septuaginta, quienes interpretan el texto pensando en la supervivencia política del justo Israel ante las amenazas de las injustas potencias paganas (Cranfield 1993:22). Pablo no toma en cuenta tampoco el sufijo posesivo que tiene la palabra fe en el texto masorético.

La interpretación tradicional del texto masorético es que el sufijo masculino indica la fe del justo y no la fidelidad de la visión o la fidelidad de Dios. En el texto masorético el autor compara o hace una distinción entre la persona injusta en la primera parte del versículo, y la persona justa en la última parte del mismo versículo. Mientras que el injusto "cuya alma no es recta, es arrogante", el justo vive por su fe. Hay un contraste entre la arrogancia y autosuficiencia del injusto y la fe del justo (Hunn 2009:225-228). Aunque muchos intérpretes del texto hebreo prefieren hablar de fidelidad y no de fe, se debe notar que en el AT se habla de fidelidad con referencia a la ley, pero en Habacuc 2 el profeta no pide a sus oyentes que sean fieles a la ley, sino a confiar en la promesa de Dios, la promesa de que vendrá y rescatará a su pueblo. Así, Pablo sigue fiel a la intención original del texto hebreo cuando en Gálatas 3:11 y Romanos 1:17 emplea la palabra fe (πίστις). Al incorporar en su argumento el texto de Habacuc, ve con mucha más claridad que el profeta del AT, que la muerte y la resurrección de Cristo son necesarias para librar a su pueblo del presente siglo malo (Gl 1:4).

Los caldeos se mencionan en realidad sólo en el versículo 6 del primer capítulo de Habacuc. Parece que los escribas que añadieron la profecía de Habacuc al rollo de los doce profetas menores, lo hicieron porque las palabras del profeta apuntaban no sólo a la situación de los judíos ante la invasión de Babilonia 600 años antes de Cristo, sino también a la situación del pueblo de Dios en los últimos tiempos, antes de la última lucha escatológica con los enemigos del reino de Dios. Entre los que se gozarán del triunfo escatológico de los justos, se menciona a los despojados de muchas naciones (Hab 2:8). Así, cuando Pablo refiere a los gentiles la promesa hecha en Habacuc 2:4, tanto en Gálatas 3:11 como en Romanos 1:17, está en consonancia con la intención original del texto del AT (Hunn 2009:235).

La fe de la cual habla Pablo es una obra del Espíritu Santo efectuada en el corazón humano, y no algo que realiza el ser humano. Por lo tanto, la justificación por la fe equivale a decir justificación por medio de Cristo y su sacrificio en la cruz. Si la fe fuera una obra del ser humano, entonces la salvación sería por medio de las obras. Pero la fe es una obra de Dios.

Recientemente algunos estudiosos han dado a Romanos 1:17 y Habacuc 2:4 una interpretación cristológica, según la cual la frase "el justo vivirá por su fe/fidelidad", no se refiere al creyente, ni al pueblo de Israel, sino a Cristo (Young 2012:277-285). Aunque tal identificación sea interesante no la creemos muy probable. No hay evidencia en la literatura rabínica ni en las obras patrísticas que nos induzca a interpretar las palabras de Habacuc en términos del Mesías que habría de venir. Además, si Pablo hubiera querido acentuar que el justo era Cristo, lo habría dicho, así como lo hizo con referencia a la simiente de Abrahán en 3:16: "que es Cristo".

3:12 y la ley no es de fe, sino que dice: El que haga estas cosas vivirá por ellas.

La ley (νόμος) a la cual el apóstol se refiere no es la ley en su sentido amplio (la Escritura o el Pentateuco), sino en el sentido más estrecho, la legislación dada a Moisés en el monte Sinaí (Westerholm 2004:299). Son los mandamientos de esta legislación los que amenazan con castigo a los transgresores y prometen vida a los que los guardan.

El texto de Habacuc citado por Pablo dice que el justo vivirá por la fe. No dice que el justo vivirá por la ley, sino que vivirá por su fe. El apóstol cita ahora Levítico 18:5, un pasaje que, según la opinión de muchos intérpretes, fue empleado por los agitadores judaizantes para afirmar que la ley fue la base y fuente de la justificación y de la herencia prometida a Abrahán y su simiente (Silva 2001:194). Pero, según el argumento de Pablo y su interpretación de Habacuc 2:3-4, la herencia viene por la promesa, y no por la ley. Si la justificación es por la fe, no puede ser por las obras de la ley. Además, no es por la ley que el justo vive, sino por el Espíritu, ya que la ley no produce vida. El apóstol ya había demostrado que es el evangelio, y no la ley, quien otorga el Espíritu Santo a los que creen. Lo que hace la ley es acusar, condenar, y maldecir al ser humano por no cumplirla.

El pasaje de Levítico 18 al que alude Pablo prometía vida, prosperidad, y *shalom* a los israelitas en la tierra prometida. Sin embargo, por no cumplir con los preceptos de la ley, los israelitas fueron expulsados de la tierra prometida y llevados cautivos a Asiria y Babilonia. Si los israelitas hubieran cumplido con lo que ordena la ley, habrían gozado de la vida en la Tierra Prometida; pero no fue así. Adoraron a los ídolos de sus vecinos paganos. Sacrificaron a sus propios hijos a los Baales. Oprimieron a los pobres, las viudas, los huérfanos, y los extranjeros. Por no cumplir con los preceptos de la ley, los israelitas no cosecharon bendición, sino la maldición de la ley. Y así como los israelitas perdieron su herencia terrenal por su incumplimiento de la ley, del mismo modo el ser humano, por su incumplimiento de la ley no podrá recibir su herencia en el reino escatológico de Dios, a menos que se lo redima de la maldición que la ley pronuncia sobre los pecadores.

3:13 Cristo nos redimió de la maldición de la ley, y por nosotros se hizo maldición (porque está escrito: "Maldito todo el que es colgado en un madero").

Como habíamos señalado más arriba, una de las características de los antiguos habitantes de Anatolia destacada por los investigadores, era su temor a las maldiciones, especialmente maldiciones divinas. Los historiadores y arqueólogos señalan que en la provincia de Galacia abundaba el empleo de toda clase de ritos, ceremonias, y objetos sagrados, como fetiches, amuletos, confesiones grabadas en tablas que eran empleadas para evitar o invalidar las maldiciones, o protegerse de ellas. Hay investigadores que creen que es posible que los gálatas estuvieran dispuestos a aceptar la circuncisión y la ley de Moisés como una protección más de las maldiciones. Los gálatas buscaban bendición, no maldición. Sin embargo, Pablo les advierte que el propósito de la ley es acusarnos de pecado y ponernos bajo maldición. Algunos comentaristas rabínicos opinaban que la razón por la cual Moisés quebró las dos tablas de la ley (Éxodo 32:19) fue para impedir que los israelitas idólatras cayeran bajo la maldición de la ley grabada en las tablas de piedra (De Lacey 1987:109). No obstante, la única defensa segura frente a la maldición es Cristo, pues esa maldición divina que tanto temían los gálatas cayó sobre Cristo con el fin de que la misma bendición que Dios le había prometido a Abrahán llegara a nosotros. Cristo fue puesto bajo la terrible maldición divina a fin de que nosotros recibiéramos bendición.

Cuando Pablo todavía era conocido como Saulo de Tarso, creyó que por haber estado Jesús colgado de un madero, esto constituía una evidencia contundente que comprobaba que no era el Mesías sino un falso profeta y un hereje, porque en Deuteronomio 21:23 consta que el que cuelga de un madero es maldecido por Dios. A lo mejor Saulo empleó este argumento mil veces para convencer a los seguidores de Jesús de que el Nazareno era un falso profeta y un falso Mesías (Newbigen 1969:39). Sin embargo, la certeza de Saulo sufrió un cambio de lo más radical y contundente cuando el perseguidor vio al crucificado como el Señor resucitado, y cuando comprendió que la maldición que sufrió Jesús en la cruz fue el anatema que Dios había decretado sobre la raza humana (Fee 2007:535).

Hay quienes (Witherington 1998:233) opinan que la palabra <u>nos</u>, en este versículo, se refiere solamente a los judíos y no a los gentiles, puesto que la ley fue dada a Israel pero no a los gentiles. Pero aunque las naciones gentiles no estuvieron presentes en el monte Sinaí cuando la ley fue dada, en Romanos 2:15 Pablo nos recuerda que los gentiles "llevan la ley escrita en su corazón, pues su propia conciencia da testimonio, y sus propios razonamientos los acusarán o defenderán" (Schreiner 2010:215). En su comentario sobre Gálatas, el intérprete medieval, Haimo de Auxerre pregunta: "¿De cuál maldición nos redimió Cristo? Respondiéndose a sí mismo, Haimo dice que fue la maldición que se encuentra en Génesis 3:17. La maldición: "maldita será la tierra por tu causa", fue pronunciada sobre Adán y Eva, el padre y la madre de todo el género humano, y no solamente de los judíos. De acuerdo con la exposición de Haimo, Cristo fue hecho maldición porque llegó a ser un sacrificio ofrecido para salvar a los malditos y pecadores. Juan Bunyan, interpretando Génesis 3:3 ("no coman del fruto"), afirma que toda la sustancia de la ley moral se les entregó a Adán y a Eva en el huerto del Edén. Según Bunyan (1976:10), "comer del fruto prohibido" quiere decir transgredir la sustancia de los mandamientos, y que lo que trae la muerte es la transgresión de éstos (Ro 6:23). Para librar a todo el género humano de la maldición de la ley, Cristo fue clavado en la cruz. Cristo no fue un maldito ni un pecador, sino el que aceptó nuestros pecados como si fueran suyos con el fin de anular y borrar nuestra culpa (Levy 2011:97). Cristo fue hecho maldición no sólo para librarnos de la maldición de la ley mosaica, sino también de la maldición pronunciada en el Edén sobre Adán y Eva y todos sus descendientes (Harmon 2010:195). En su comentario sobre el texto de Deuteronomio 21:23, San Agustín recalca que son malditos los criminales a quienes se cuelga de un madero por propia culpa; pero si se cuelga a personas inocentes (como casi sucedió con el justo Mardoqueo, de Ester 7:9-10), éstas no son malditas.

En cuanto a Deuteronomio 21:23, cabe señalar que en el tiempo del AT no se acostumbraba ejecutar a los criminales por medio de la crucifixión, o sea, clavando una víctima viva a un árbol o un madero. Los criminales se ejecutaban por lapidación. Después de muerto, el cuerpo del criminal se colgaba de un madero como una advertencia a todos de las consecuencias de quebrantar la ley (Schreiner 2010:217). En los debates entre judíos y cristianos, el pasaje de Deuteronomio 21:33 era citado con frecuencia por los judíos, y quizá por Saulo de Tarso, para comprobar que Jesús nunca pudo haber sido el Mesías, porque, ¿cómo podría haber sido posible que Dios dejara que el propio Mesías fuera clavado en un madero como un maldito criminal? La respuesta que nos brinda el apóstol a esta pregunta es que los pecados y crímenes por los cuales se crucificó a Jesús fueron los de Israel y el resto del género humano. Jesús es el esperado redentor, no a pesar de, sino a causa de su muerte en el madero (Dahl 1977:131).

Al afirmar que Cristo nos redimió de la maldición de la ley, el apóstol emplea el verbo griego ἐξαγοράζω, un término que indica que Cristo murió como sustituto, o sea, uno que muere en lugar de otros para conseguir su libertad, pero también nos recuerda tanto la historia del sacrificio de Isaac como la historia de la Pascua en el libro de Éxodo, cuando los corderos fueron sacrificados y los israelitas liberados de la mano del ángel de la muerte. N. A. Dahl cree que en este versículo tenemos una alusión al carnero trabado en el zarzal (un madero) de Génesis 22:13, y que fue sacrificado a fin de salvar la vida de Isaac y de toda la posteridad de Israel en Isaac. Jesús, al igual que el carnero, murió, no para expiar sus propios pecados, sino que sufrió la maldición que pesaba sobre Israel por sus muchas transgresiones (Dahl 1977:171). La palabra redimir indica que la efusión de la sangre de Cristo en la cruz debe entenderse como un sacrificio propiciatorio, o sea, Cristo se entregó voluntariamente como sacrificio para redimir a otros de la maldición de la ley. Debe notarse que el verbo en cuestión es un pretérito (εξηγοράσεν), que indica una acción en el pasado, no algo que ocurrirá en el futuro. La redención de la maldición de la cual Pablo habla ya es un hecho, no algo que tienen que realizar los seres humanos mediante la circuncisión o cualquier otro acto (Brondos 2001:17).

Sería un error creer que en nuestra exposición de Gálatas 3:13 y Deuteronomio 21:22-23 afirmamos que todos los que mueren crucificados han sido maldecidos por Dios. Tanto el apóstol Pedro como miles de otros cristianos fueron crucificados en las persecuciones que sufrió la iglesia en la época del Imperio Romano. El historiador judío Flavio Josefo denunció la crucifixión de 800 hombres, ordenada por el rey judío Alejandro Janeo (reinó entre 103-76 aC), como una de las acciones más bárbaras de la historia del mundo. Los judíos fieles crucificados por Antíoco Epífanes, el anticristo del AT, fueron considerados grandes mártires de la fe, y no malditos. Maldito fue Antíoco y no los que sufrieron el martirio durante su reinado de terror (O'Brien 2006:55-76). Lo que probablemente quiere decir el texto de Deuteronomio es que el maldito por Dios es aquel cuyo cuerpo es colgado de un árbol después de su ejecución como traidor o falso profeta. La exposición del cadáver de un falso profeta en un madero es la mayor afrenta que puede sufrir un ser humano, pues se le niega la sepultura. Otros han opinado que la idea que predomina aquí es la del chivo expiatorio, o sea, es maldito todo aquel que muere como chivo expiatorio, pues muere llevando la maldición del pueblo (Witherington 1998:232). El sacrificio de una persona como chivo expiatorio que muere por las transgresiones del pueblo era una costumbre, o hasta una institución, bastante arraigada en la mayoría de las sociedades de la antigüedad.

Hubo cristianos del tiempo de San Agustín, como por ejemplo San Jerónimo, que creyeron que al citar Deuteronomio 21:23 Pablo se refería a Judas Iscariote y no a Cristo. Para ellos, llamar a Jesús maldito constituía una gran ofensa y blasfemia. En su comentario Agustín explica que quien fue clavado en el madero es una figura de nuestro propio pecado, es Jesús en representación de todos nosotros. Según Agustín, fue esta misma figura la que alzó Moisés (Nm 21:9) al levantar en un asta la serpiente de bronce como una prefiguración de la muerte de Cristo (Plumer 2003:162-163). En apoyo de Agustín y citando a Isaías 53:9, Lutero asevera que fue profetizado que Cristo fuera contado con los inicuos, esto es, con los malditos (1982:146).

3:14 para que en Cristo Jesús la bendición de Abrahán alcanzara a los no judíos, a fin de que por la fe recibiéramos la promesa del Espíritu.

La bendición que recibió Abrahán según Génesis 15:6, fue la justificación. Consecuentemente, la bendición que alcanzó a los gentiles fue también la justificación. Como resultado de la muerte de Cristo como sacrificio expiatorio por los pecados, tanto judíos como gentiles han recibido bendición. De esta manera se cumplió la promesa que Dios había dado a Abrahán en Génesis 12:1-3; 22:17-18 y 17:5. La promesa de otorgar bendición a todas las naciones por medio de la simiente de Abrahán se cumplió no sólo con la justificación de los gentiles, sino también con la presencia del Espíritu en las vidas de los justificados.

En las los relatos de Génesis 12-17, los capítulos que tratan de las promesas hechas a Abrahán, no encontramos nada acerca de la venida del Espíritu. Lo que se promete a Abrahán es una simiente, muchos descendientes, y la tierra, pero no la venida del Espíritu. La promesa que trata de la venida del Espíritu se encuentra en Isaías, y especialmente en los llamados cantos del Siervo del Señor en la segunda parte del libro. Por su idolatría y falta de fe, Israel sufrió la invasión de los babilonios. Destruyeron su templo y se llevaron a sus ciudadanos cautivos a Babilonia. En Isaías 53 el profeta habla de los sufrimientos del misterioso Siervo del Señor sobre el cual el Señor cargó el pecado de todos nosotros. Por su aflicción y sufrimientos hay redención, porque: "Mi siervo justo justificará a muchos por medio de su conocimiento, y él mismo llevará las iniquidades de ellos" (53:11). Sin embargo, en los cánticos del Siervo del Señor se habla no sólo de la justificación, sino también de la venida del Espíritu. Hay un pasaje en los cánticos (44:3-5) en el que encontramos el concepto del Siervo, la bendición, la promesa, la simiente y el Espíritu, todos juntos: "Y voy a derramar aguas sobre el desierto y ríos sobre la tierra seca, y también voy a derramar mi espíritu sobre tu generación, y mi bendición sobre tus renuevos. Así ellos crecerán entre la hierba, como crecen los sauces a la orilla de los ríos." La bendición prometida es para el Siervo del Señor y su linaje. El cuarto cántico del Siervo (Is 53:10) anuncia: "Cuando se haya presentado a sí mismo como ofrenda para la expiación de pecado, verá a su descendencia, tendrá una larga vida." Según la interpretación cristológica de Isaías ofrecida por Pablo, todos los que creen en el anuncio del evangelio (Isaías 53:1), sean judíos o gentiles, pertenecen al linaje del Siervo del Señor, y por lo tanto son herederos tanto del perdón de sus pecados como también de la venida del Espíritu (Harmon 2010:193). La herencia que recibirá el linaje del Siervo ya no es, en Gálatas, la tierra de Palestina, sino el Espíritu Santo.

La justificación por la fe y el don del Espíritu Santo son ambas caras de una misma moneda, siempre van juntos, ambos son parte de la bendición prometida. Por siglos los teólogos han debatido la cuestión de si la justificación de los pecadores es imputada o real. ¿Es una justificación forense o pneumática? O sea que los teólogos preguntan: ¿los creyentes son considerados justos sólo en un sentido legal por la declaración del divino juez que los absuelve de los crímenes que han cometido, o son declarados justos por la transformación real de sus vidas por la presencia del Espíritu Santo, el Espíritu que los transforma en personas verdaderamente justas y santas? A criterio nuestro, la pregunta hecha de esta manera surge de un incorrecto entendimiento de lo que es la fe, la justificación, y la obra del Espíritu Santo. En su argumento en Gálatas Pablo no hace una distinción entre justificación forense o pneumática; nunca separa el don de la justificación del don del Espíritu (Dahl 1977:134). Los pecadores ciertamente son declarados justos mediante la muerte de Cristo en la cruz, pero la fe por medio de la cual reciben el perdón de Dios ya es el resultado de la obra del Espíritu en sus corazones. Y es el mismo Espíritu el que mediante el mensaje de la cruz comienza a transformar las vidas de los creyentes (Williams 1987:98).

Las palabras del apóstol en este pasaje expresan que desde el principio siempre fue el propósito de Dios rescatar a todo el género humano –y no solamente a los israelitas– de la maldición, la muerte, y los poderes de la oscuridad. Muchos judíos del tiempo de Pablo creían que Abrahán y sus descendientes fueron escogidos por Dios porque solamente ellos merecían ser parte de ese pueblo, en tanto que las otras setenta naciones mencionadas en Génesis 11 fueron creadas para la destrucción eterna. Pero tal creencia no concuerda con la voluntad del Creador, quien ama a todas sus criaturas y no se deleita en la perdición de ninguna de ellas. El relato del llamamiento de Abrahán en Génesis 12, ocurre inmediatamente después de la historia de la torre de Babel, que termina con la dispersión de las gentes, cada pueblo en su propia tierra y con su propio idioma, costumbres, y dioses. Lo significativo es que Dios no destruye a los pueblos rebeldes, como fue el caso en la historia del diluvio. Lo que Dios hace en un acto de gracia y misericordia inesperados, es elegir para sí un pueblo especial, un pueblo escogido, un pueblo llamado a ser un reino de sacerdotes y gente santa (Éxodo 19:6).

La vocación del pueblo escogido es, según Isaías 49:6, ser luz de las naciones, o sea, un pueblo misionero llamado a enseñar la palabra de Dios a todos los pueblos del mundo, y de esta manera llevar a las naciones a adorar al único y verdadero Dios. La tierra que Dios el Señor dio a su pueblo no fue una isla aislada, o un territorio escondido en la selva o en un valle inaccesible en las montañas, sino una tierra ubicada en la encrucijada del Cercano Oriente antiguo. Jerusalén, con su hermoso templo, se encontraba en el camino principal por el cual los mercaderes, viajeros y ejércitos de las grandes potencias de la antigüedad tenían que pasar. Era un lugar donde las naciones pudieron llegar a conocer al que es Dios de todas las naciones. Pero muchos israelitas entendieron erróneamente la razón de su elección, se olvidaron de su vocación misional, de su llamado de ser una bendición para todas las naciones. Muchos esperaban la llegada de un Mesías que vendría para destruir a las naciones, no para salvarlas. Cuando Jesús anunció en su sermón inaugural en Lucas 4:16-30 que había venido no sólo para los judíos, sino también para los extranjeros como la viuda de Sidón y Naamán el sirio, el pueblo quiso linchar a su propio Mesías. Pero Jesús fue enviado a fin de que se cumpliera la promesa que el Señor había dado a Abrahán, de ser bendición para los gentiles por medio de la simiente de Abrahán. Y la simiente era Jesucristo, en quien se convocó al pueblo de Israel a encontrar tanto su verdadera identidad como también su misión de pueblo de Dios.

Con las palabras de Gálatas 3:14 Pablo da a entender que la promesa de bendecir en Abrahán a todas las familias de la tierra (Gn 12:3) ha encontrado su cumplimiento en la justificación de los gentiles y en su recepción del Espíritu. El hecho de que los gálatas ya habían recibido el Espíritu es la prueba de que recibieron la promesa hecha a Abrahán. La recepción del Espíritu fue la prueba de que eran descendientes de Abrahán. Por lo tanto, no necesitaban la circuncisión para ser parte del pueblo de Dios. La bendición prometida a Abrahán y el don del Espíritu pertenecen a todos los que han puesto su confianza en Cristo, sean judíos o gentiles.

UN ARGUMENTO BASADO EN LA EXPERIENCIA HUMANA, UN TESTAMENTO: 3:15-18

3:15 Hermanos, hablo en términos humanos: Un pacto nadie puede invalidarlo, ni tampoco se le puede añadir nada, aunque sea un pacto humano.

Con frecuencia los rabinos y filósofos suelen emplear argumentos basados sobre experiencias tomadas de la vida diaria. Pablo también argumenta no sólo a base de la lógica o textos del AT, sino a base de las experiencias diarias de los habitantes del imperio. En 1 Corintios 9:7 emplea un argumento basado sobre la experiencia de los soldados, agricultores, y pastores de ovejas. En Gálatas 3:15-18 utiliza como argumento la preparación de un testamento, una práctica bien conocida por sus lectores.

El sustantivo griego se traduce como pacto en la RVR, NVI y RVC, pero como testamento en la BR y la BP es διαθήκη. El término griego puede designar tanto un testamento –o sea la declaración de un individuo acerca de la disposición de su propiedad– como un acuerdo o pacto establecido por Dios o por una persona. En la Septuaginta casi siempre designa un pacto y no un testamento. Si la traducción correcta es testamento, lo que Pablo quiere subrayar es que la promesa de bendición otorgada por Dios a Abrahán de pura gracia, no puede cambiarse o modificarse después de su ratificación. En otras palabras, la ley entregada a Moisés no debe ni puede entenderse como una invalidación del testamento hecho a Abrahán y su simiente. Si se traduce διαθήκη como pacto, el resultado es el mismo. El pacto que Dios hizo con Abrahán no puede modificarse o invalidarse por otro pacto hecho con Moisés muchos siglos después. Ni se puede entender el pacto hecho con Moisés como una enmienda del pacto hecho con Abrahán. Son dos pactos distintos, y el segundo no puede cambiar ni anular el primer pacto, o tener precedencia. El pacto hecho con Abrahán es como las leyes de Persia y de Media, que no podían ser quebrantadas o anuladas (Est 1:19). Las estipulaciones del segundo pacto (el de la circuncisión) no pueden ser añadidas al primer pacto, como quizá afirmaban los agitadores de Galacia (Witherington 1998:243).

La promesa de bendecir a todas las familias de la tierra en Abrahán fue dada antes de la promulgación de la Tora sobre el monte Sinaí, y antes de la institución de la circuncisión. El advenimiento de la Tora y la circuncisión no pudieron anular la promesa del Espíritu que fue hecha con anterioridad a éstas. El hecho de que los gálatas habían recibido el Espíritu no solamente comprueba el cumplimiento de la promesa dada a Abrahán, sino también que son hijos y herederos de Dios. Quiere decir que la circuncisión y el cumplimiento de las obras de la ley no son requisitos indispensables para la recepción del Espíritu.

Desde la perspectiva del conocido teólogo uruguayo, Juan Luis Segundo, la idea de que las ordenanzas de la ley mosaica sean condiciones necesarias para conseguir y preservar los beneficios prometidos, fue una distorsión de la promesa dada a Abrahán. La distorsión, según Segundo, convirtió el pacto en un contrato y la ley en una ideología. Es la voluntad de Dios que su maravillosa creación sea preservada y protegida. En este sentido, tanto el decálogo como la ley natural enfocan las necesidades del prójimo y de la creación. Los mandamientos sirven para abrir nuestros oídos al clamor del prójimo, nuestros ojos a sus sufrimientos, nuestros corazones a su necesidad de amor. Pero cuando la ley se entiende como una condición añadida al testamento (promesa) de Dios, el enfoque de la ley no llega a ser el prójimo y sus necesidades, sino el yo y todo lo que debo hacer para asegurar mi herencia. Tanto la ley de Moisés como la ley natural actual de las leyes de las naciones, nos apremian a atender las necesidades del prójimo. Pero nuestra carne procura ocuparse de nuestras propias necesidades a expensas del prójimo y, en muchas instancias, justificar nuestras relaciones injustas con él. Y cuando sucede, la ley se convierte en ídolo. De acuerdo con la interpretación de Segundo, la discutida frase "obras de la ley" debe considerarse como la ley entendida como contrato (Segundo 1986:50-54).

Según Génesis 15:6, "Abrán creyó al Señor, y eso le fue contado por justicia". En el capítulo 17 del mismo libro dice que Abrán tenía noventa y nueve años de edad cuando fue circuncidado. Que Abrahán fuera justificado antes de haber sido circuncidado, es para Pablo una evidencia contundente de que la justificación no depende de la circuncisión. El hecho de que no se encuentran referencias acerca de la circuncisión en la Tora antes de Génesis 17, constituyó un problema para los rabinos. Hay una interesante discusión sobre la circuncisión en el capítulo 46 de la *Génesis Rabbah*, el comentario rabínico sobre el primer libro de la Tora, en el que se pregunta: "Si la circuncisión es tan importante, ¿porqué fue circuncidado Abrán siendo anciano y no en su juventud? ¿Por qué no fue circuncidado Adán? O, ¿por qué no nació Adán ya circuncidado? En su famoso debate con el judío Trifón, el primer gran apologeta cristiano, San Justino Mártir (165 dC) pregunta: "Si la circuncisión es necesaria para la salvación, entonces ¿cómo se salvaron Noé, Job, Adán, Melquisedec, Enoc y los otros grandes santos que vivieron antes del diluvio? ¿Cómo se salvaron Sara, Rebeca, Raquel y la madre de Moisés, ya que siendo mujeres no se las circuncidó?" De modo que San Justino concluye que la circuncisión nunca fue necesaria para la salvación, sino que fue una señal de la justificación ya efectuada por medio de la fe (Lieu 1994:359360). Otros apologetas de la iglesia antigua enfatizaron que en la Tora nunca se dice que Adán, Noé, Abrahán y los patriarcas hayan cumplido con todas las ceremonias, ritos, sacrificios y fiestas enumeradas en la ley de Moisés, y sin embargo se salvaron.

Una pregunta que ha provocado mucha discusión tanto en el judaísmo como fuera de la sinagoga es la siguiente: ¿De qué manera se salvaban las mujeres en el AT? ¿A basé de cuál ceremonia o circunstancia se consideró a las mujeres miembros del pueblo escogido? ¿Cómo llegaron las mujeres a ser consideradas y recibidas en la sinagoga, como prosélitos en el tiempo del NT y la iglesia primitiva? Según Filón de Alejandría, Tamar se convirtió y llegó a ser israelita cuando se casó con Er (Gn 38). De acuerdo con el escrito del falso epígrafe *José y Asenat,* la esposa egipcia de José quedó incluida en la familia de Jacob al abandonar la idolatría y adoptar las costumbres de los israelitas. En el segundo siglo de la era cristiana se estableció que los prosélitos tenían que bautizarse por inmersión a fin de ser admitidos dentro del pueblo escogido. Todas estas respuestas indican que existía algo de confusión entre los rabinos en cuanto al estatus de las mujeres en la sinagoga, y que no todos estaban de acuerdo respecto a cómo una mujer gentil podía llegar a ser miembro de la sinagoga. Con la admisión de mujeres gentiles en la iglesia cristiana no hubo problema. Aunque es de notar que nunca en el AT se denuncia o califica a las mujeres como no circuncidadas, como más tarde fue el caso, según leemos en la Mishná (Ned. 3:11) y después en el Talmud. Pero de alguna manera difícil de explicar, las mujeres judías, por lo menos en el AT, fueron tratadas como circuncidadas aunque nunca se las circuncidó físicamente.

Otro asunto relacionado con la cuestión de la circuncisión y la salvación de las mujeres tiene que ver con lo siguiente: ¿hasta qué punto se consideraba a las mujeres miembros plenos de la sinagoga con los mismos privilegios y derechos que los hombres? Están los que afirman que tanto en el judaísmo como en el islamismo las mujeres siempre han sido consideras miembros de segunda clase y marginadas como tales. La razón de esta marginalización es su falta de circuncisión.

3:16 Ahora bien, las promesas fueron hechas a Abrahán y a su simiente. No dice: "Y a las simientes", como si hablara de muchos, sino: "Y a tu simiente", como de uno, que es Cristo.

En varias partes del AT Dios prometió bendecir en gran manera a Abrahán y su simiente. ¿A cuál pasaje del AT alude Pablo aquí? Algunos estudiosos señalan Génesis 13:15 y 17:8: "Toda la tierra que ves, te la daré a ti y a tu descendencia para siempre", y "A ti y a tu descendencia les daré toda la tierra donde ahora habitas, la tierra de Canaán, como herencia perpetua". Otros estiman que el pasaje en cuestión podría ser Génesis 22:16-17 que es parte del relato de la Aqueda, el sacrificio de Isaac, en que Dios afirma: "Yo, el Señor, he jurado por mí mismo que... ciertamente te bendeciré; multiplicaré tu descendencia como las estrellas del cielo y como la arena que hay a la orilla del mar; ¡tu descendencia conquistará las ciudades de sus enemigos! En tu simiente serán bendecidas todas las naciones de la tierra."

Tanto en Gálatas 3:16 como en los pasajes de Génesis citados de la LXX, la palabra griega que se traduce como simiente, RVR y RVC; descendencia, NVI, BJ, BP, VP, y descendiente,TLA, es σπέρματι, literalmente: semilla. Los rabinos solían tomar la palabra en singular como un sustantivo colectivo con referencia a todos los israelitas descendientes del patriarca Abrahán. Pablo, en cambio, afirma que al utilizar el singular σπέρματι y no el plural σπέρμασι, el Espíritu Santo quiere indicar que en última estancia la promesa apuntaba no sólo a los muchos descendientes físicos de Abrahán sino, de una manera muy especial, a una sola persona: Jesucristo (Dahl 1977:130). Así, al identificar a Cristo como la simiente de Abrahán se afirma que Jesús es la culminación y personificación de Israel (Fee 2007:528). Hay otros textos en el AT que también tienen que ver con la simiente (σπέρμα) de algunos de los grandes protagonistas de la historia de la salvación, como Adán, Jacob, y David. A Adán se le prometió que su simiente heriría la cabeza de la serpiente (Gn 3:15). Aunque algunos escribas interpretaron este pasaje como una profecía que encontraría su cumplimiento en Israel, otros vieron en él una profecía mesiánica (Schreiner 2010:230). En Génesis 49:10 Jacob, ya en su lecho de muerte, profetiza: "No se te quitará el cetro, Judá; ni el símbolo de poder de entre tus pies, hasta que venga Siloh." Tanto uno de los textos del Mar Muerto como un fragmento del tárgum Neofiti, identifican a Siloh con el rey Mesías que ha de venir (Dahl 1977:131). La simiente prometida a David en el oráculo de Natán en 2 Samuel 7:12-14, también ha sido identificada en la tradición rabínica con el Mesías. Todos estos ejemplos convencieron a intérpretes como Schreiner que todas las profecías de una simiente, en el AT, anticipan a, y encuentran su cumplimiento último en la venida de Jesucristo quien es el representante y la personificación del Israel de Dios (2010:230). San Agustín nos hace recordar que Cristo, la simiente, es la cabeza del cuerpo que es la iglesia. Por lo tanto nosotros, miembros del cuerpo, también participamos en la herencia que Cristo recibió (Plumer 2003:175).

De acuerdo con la interpretación de Pablo, la bendición o herencia que recibirán todas las naciones en Cristo no consiste en una extensión de tierra, sino en el perdón de los pecados y la venida escatológica del Espíritu. En éste y en los siguientes pasajes de esta sección el apóstol utiliza el sustantivo promesas, επαγγελίαι, casi como un sinónimo de evangelio. Por tanto, las promesas (evangelio) fueron dadas a Abrahán y la ley a Moisés.

3:17 Digo, pues, que el pacto previamente ratificado por Dios no puede ser anulado por la ley, que vino cuatrocientos treinta años después, pues invalidaría la promesa.

El apóstol quiere resaltar aquí la relación entre la promesa dada a Abrahán y la ley dada a Moisés. La premisa del apóstol es que en la historia de la salvación el pacto que Dios estableció con Abrahán tiene precedencia sobre el pacto establecido en el Monte Sinaí 430 años después, puesto que el pacto con Abrahán es eterno, mientras que el pacto con Moisés era provisional. El pacto establecido con Abrahán promete bendición a todos los pueblos del mundo por medio de la simiente del patriarca, que es Jesucristo. Esta bendición, que consiste en la declaración de perdón y la venida del Espíritu, todavía estaba en un proceso de realización mediante la proclamación del evangelio por los apóstoles y evangelistas y por el testimonio de humildes creyentes como Aquila y Priscila, que compartían las buenas noticias con vecinos y clientes. Mientras tanto, el pacto establecido con Moisés en el Sinaí tuvo por finalidad mantener a los israelitas apartados de la idolatría y demás vicios de los paganos antes de la venida de la simiente prometida.

Al declarar que la ley mosaica era de carácter provisional, el apóstol contradice una de las creencias fundamentales que él mismo había abrigado durante su época de fariseo. Era la idea de que la Tora es eterna y que existía en el cielo antes de la creación del mundo. Los pactos con Abrahán y con Moisés son diferentes, no sólo en cuanto a su duración, sino también a su contenido, porque las promesas hechas a Abrahán son buenas nuevas, o sea evangelio, noticias que engendran la fe y la esperanza de todos. En cambio, el contenido del pacto con Moisés es ley, y esa ley constituye malas noticias para los que no cumplen con sus preceptos, porque la paga del pecado es la muerte (Ro 6:23). O sea que el pacto establecido con Moisés es incapaz de engendrar la vida, pues carece del poder transformador del Espíritu Santo.

La idea o enseñanza acerca de la provisionalidad de la ley mosaica parece ser una revelación nueva que la iglesia primitiva aprendió directamente del Espíritu Santo, pues casi todos los eruditos modernos afirman que en sus búsquedas exhaustivas no se la encuentra en el AT, las escrituras apócrifas y las tradiciones rabínicas. El gran rabino, médico, y filósofo judío Moisés Maimónides (1135-1204 dC), enseñó que muchas leyes de la Tora parecen ser anticuadas y no tener importancia para la vida de los judíos nacidos después de la destrucción del templo. Las leyes antiguas, según Maimónides, ya no tienen importancia y se observan solamente como conmemoración. Los cabalistas, al contrario de lo que dice Maimónides, afirmaban que la observancia de leyes aparentemente sin importancia frenaban los ataques de las fuerzas cósmicas malignas que llenan el universo (Giller 2011:108). En otras palabras, los fieles debían observar hasta las leyes consideradas por otros como caducas o como principios sin importancia, porque el cumplimiento de tales leyes tenía un efecto apotropaico. De este modo, las 613 ordenanzas que los fariseos encontraron en la ley mosaica les sirven a los cabalistas como amuletos y talismanes que alejan a los demonios y los espíritus del mal. La importancia que daban los rabinos a las 613 ordenanzas se puede apreciar teniendo en cuenta que el Talmud de Babilonia dedica casi 2600 páginas de texto a ellas. Para los cabalistas cada ley o precepto es un pozo profundo de enseñanzas esotéricas. Por la observancia de estos principios se abre la puerta a las poderosas fuerzas y realidades que impelen cada ley (Giller 2011:128-129). No sabemos si los gálatas o los agitadores tuvieron creencias semejantes. Lo que sí sabemos es que entre muchos de los judíos que siguen el estudio de la Cábala hoy en día, tales creencias acerca de la ley están en boga en pleno siglo XXI.

La tercera gran diferencia entre los dos pactos estriba en el hecho de que el pacto de la gracia no puede anularse, cambiarse o enmendarse. El pacto establecido con Moisés 430 años después del pacto con Abrahán, no debe considerarse una enmienda añadida para cambiar la naturaleza, eficacia o cumplimiento de la promesa original que recibió Abrahán por gracia y no por la circuncisión o por sus subsiguientes actos de obediencia. Aunque en la historia de nuestro continente pudiéramos citar instancias en las cuales un gobierno hubiera aprobado una enmienda esbozada para neutralizar o esquivar lo establecido por la constitución de la república, en la esfera de la economía divina sin embargo, cualquier enmienda que intentara cambiar la naturaleza de lo constituido por Dios sería, por definición, no sólo inválida sino también una violación de la constitución.

3:18 Porque si la herencia es por la ley, ya no es por la promesa; pero Dios la concedió a Abrahán mediante la promesa.

En este pasaje, en vez de seguir hablando de la bendición, el apóstol introduce un nuevo concepto: la herencia (κληρονομία). En los pasajes que siguen emplea otros términos relacionados con este concepto: heredero, y heredar. La razón por la inclusión de este concepto en el argumento de Pablo se debe a que los textos que tratan de las promesas hechas a Abrahán y su simiente mencionan una herencia. A Abrahán y su simiente se les promete, por ejemplo, la tierra de Canaán y los tesoros y posesiones materiales de los gentiles (Gn 13:14-17). Pero según Pablo y los otros autores del NT, la herencia prometida incluye mucho más que riquezas materiales. El autor de la Epístola a los Hebreos manifiesta: "Por la fe, Abrahán obedeció cuando fue llamado, y salió sin saber a dónde iba, y se dirigió al lugar que iba a recibir como herencia... porque esperaba llegar a la ciudad que tiene fundamentos, cuyo arquitecto y constructor es Dios" (11:8-10). En Filipenses 3:20 escribe Pablo: "Pero nuestra ciudadanía está en los cielos, de donde también esperamos al Salvador, al Señor Jesucristo." En lo alto del monte Satanás tentó a Jesús al ofrecerle todos los reinos del mundo y la gloria de ellos (Mateo 4:8), pero la simiente de Abrahán rechazó dicha oferta, porque su reino no es de este mundo. Su herencia y la nuestra están en la gran ciudad santa de Jerusalén que desciende del cielo, de Dios (Ap 21:10). Y la herencia será nuestra, no por cumplir las obras que demanda la ley sino por la promesa del que es la simiente y también el heredero en quien encontramos nuestra verdadera herencia.

EL PROPÓSITO DE LA LEY: 3:19-24

3:19 Entonces, ¿para qué sirve la ley? Pues fue añadida por causa de las transgresiones, hasta que viniera la simiente, a quien fue hecha la promesa; y fue ordenada por medio de ángeles en manos de un mediador.

El apóstol aduce nuevos argumentos con el fin de mostrar la superioridad del evangelio (la promesa) sobre la Tora. Según el primer argumento, el evangelio es superior a la ley porque vino primero, mientras que la Tora fue añadida después como algo provisional y no eterno. O sea, la ley no fue parte del pacto original que Dios estableció con Abrahán. La ley no estuvo antes de la creación del mundo, como enseñaban los rabinos, sino que fue añadida por Dios muchos años después en el tiempo de Moisés (Bring 1961:158; Flor 2009:110).

Pero si la ley no existió en el principio, ¿por qué fue necesario añadirla? Hay por lo menos tres respuestas a esta pregunta. Según Agustín, la ley se añadió para refrenar las transgresiones. O sea, Dios, conociendo la perversidad del corazón humano, añadió las estipulaciones de la ley para reprimir las manifestaciones más groseras del pecado, especialmente después de lo que sucedió con el incidente del becerro de oro (Levy 2011:101). Otros opinan que la ley se añadió para ayudar a los seres humanos a identificar cuáles son las transgresiones que se deben evitar. Recordemos que en Romanos 7:7 Pablo asevera que él no habría conocido que la codicia era pecado si, después de haber estudiado la ley, no habría visto que dice: "No codiciarás". Había pecado en el mundo mucho antes de la ley de Moisés; pero lo que hizo la ley, al aparecer, fue identificar ese pecado. Por medio de la ley Israel llegó a percibir cuáles eran sus transgresiones. Los gentiles, en cambio, no tenían conciencia de muchos de sus pecados (Matera 1992:132).

Pero la ley hace mucho más que ayudarnos a identificar las transgresiones. Es necesario entender a Gálatas 3:19 de acuerdo con Romanos 5:20, que expone: "La ley se introdujo (o se infiltró) para que abundara el pecado." O sea, hay un sentido en el que la ley nos incita a pecar, haciéndonos desear o codiciar lo prohibido. En Romanos 7:8 Pablo dice que "el pecado se aprovechó del mandamiento y despertó en mí toda clase de codicia". Tantas veces en nuestra vida, como sucedió en la historia de Adán y Eva y el fruto prohibido, las prohibiciones nos llevan a desear precisamente eso que se nos prohíbe. Hay un pasaje famoso en *Las confesiones de San Agustín,* en el que el autor nos relata que una noche él y sus compañeros robaron una gran cantidad de peras de un peral, y no porque tuvieran hambre o porque las peras lucieran apetitosas o maduras, sino solamente por el gusto de hacer lo que era prohibido. Después de robar las peras, que estaban verdes, se las echaron a los cerdos. De esta manera, la ley diseñada para proteger los bienes del prójimo, sirvió para provocar a Agustín y sus compinches y hacerles pecar contra el mandamiento de Dios. El robo ocurrió no porque la ley per se es mala, sino por el pecado oculto en el corazón del hombre (Agustín 1949:29). Segundo observa que nuestra carne nos incita a rebelarnos en contra de las prohibiciones de la ley y del mensaje de la salvación por gracia. Hay algo en el ser humano, en su carne, que no quiere aceptar que vivamos por la gracia, y por lo tanto nos lleva a rechazar la gracia y a querer justificarnos a base de las obras de la ley (Segundo 1986:107).

Hay otra manera en que la ley presta el servicio para aumentar el pecado. Es obvio para cualquier lector del Génesis que el pecado existía mucho antes de la entrega de los Diez Mandamientos a Moisés en el monte Sinaí. Todas las sociedades humanes reconocen y lamentan la existencia del pecado, y en sus mitos y tradiciones sagradas procuran explicar el origen de éste y las acciones a tomar para limitar el daño causado por la maldad cometida por los seres humanos. Los mandamientos que recibió Moisés en el Sinaí no sólo identifican y definen los pecados, sino que también dan a conocer las sanciones divinas que serán aplicadas a los pecadores (Westerholm 2004:423). Lo que hace la ley es proclamar que los pecadores están bajo la ira de Dios y que todos perecerán, sean judíos que conocen la ley mosaica o gentiles que conocen solamente la ley escrita en sus corazones, así como lo expone Romanos 2:12: "Así que todos los que han pecado sin haber tenido la ley, perecerán sin la ley, y todos los que han pecado bajo la ley, serán juzgados por la ley." Según el argumento de los primeros tres capítulos de Romanos, no hay seres humanos inocentes. Todos son culpables y están sin excusa.

Por medio de la proclamación de la ley, se aumenta y se agrava la culpa del pecador, porque al llegar a conocer la naturaleza divina de la ley, llega a entender que no sólo ha hecho mal a su prójimo, sino que, a la vez, ha ofendido a su Creador (Westerholm 2004:425). Por medio de la ley llegamos a entender que somos rebeldes, pecadores, y transgresores de la divina ley de nuestro Hacedor. Por la ley llegamos a comprender que cada injusticia que cometemos en contra del prójimo es, a la vez, un acto de rebelión en contra de Dios. Según Romanos 7:7-13, por medio del Mandamiento de la ley Pablo llegó a reconocer su codicia como un pecado que ofende a Dios. Nuestra culpa se agrava por medio de la ley, porque ésta transforma nuestros pecados que ofenden al prójimo en actos de rebelión en contra del supremo juez del mundo. Así pues, la ley pone de manifiesto que soy como Adán, un pecador y rebelde bajo sentencia de muerte: "pues la ley sirve para reconocer el pecado" (Romanos 3:20).

EL PAPEL DE LOS ÁNGELES EN LA PROMULGACIÓN DE LA LEY

Otro argumento que aduce el apóstol en este pasaje en apoyo de la superioridad del evangelio frente a la ley es que el evangelio lo promulgó Dios directamente, mientras que la ley fue dada a los hombres por medio de ángeles, por un mediador. El AT no dice nada acerca de la entrega de la ley por medio de ángeles, pero la tradición judía, en un intento de magnificar la importancia de la ley, señala este detalle. La tradición que atribuye a los ángeles la transmisión de la ley se encuentra también en la defensa de Esteban ante el Sanedrín: "Ustedes, que recibieron la ley por medio de ángeles, no la obedecieron" (Hch 7:53). La misma idea se halla también en la Carta a los Hebreos, una obra que tiene mucha afinidad con Gálatas: "Porque si el mensaje anunciado por medio de los ángeles fue firme, y toda transgresión y desobediencia recibió su justo castigo…" (Heb 2:2). Sin lugar a dudas, Pablo hace referencia a la tradición acerca de la transmisión de la ley por intermedio de los ángeles, para enfatizar la superioridad de la promesa/evangelio. La promesa fue dada directamente por Dios mientras que la ley fue transmitida por intermediarios. No hubo una comunión directa y personal con Dios –como en el caso de la promesa– cuando se promulgó la ley. No es por medio de la ley, sino por medio del evangelio que los gálatas y también nosotros entramos en una comunión directa y personal con Dios (Newbigin 1963:42). La ley, al igual que los rudimentos del universo de los que habla Pablo en Gálatas 4:9, es intermediaria entre Dios y los hombres, interpuesta entre el Creador y sus criaturas, que no permite la comunión directa con el Padre.

Existe una diferencia de opinión entre los estudiosos de Gálatas en cuanto a la identidad de los ángeles por medio de los cuales se promulgó la ley. En primer lugar, están los que opinan que los ángeles en cuestión son seres humanos. Puesto que el significado de la palabra ángel en griego es mensajero, comentaristas como San Juan Crisóstomo y Bruno el Cartujo los identificaron con Moisés y Aarón, los dos profetas que recibieron la Tora sobre el monte Sinaí (Levy 2011:156).

Según el hereje Marción de Ponto y muchos gnósticos del segundo y tercer siglos, los ángeles por medio de los cuales se dio la ley fueron demonios enviados por el Demiurgo para esclavizar a los seres humanos. Marción y los gnósticos aseveraban que el dios que creó el mundo material y de quien habla el AT, no fue el Dios de Jesucristo, sino el espíritu responsable del sufrimiento y la maldad. Según un exegeta moderno, Hans Hübner, los ángeles mencionados en 3:19 fueron vistos por Pablo como demonios hostiles que entregaron la ley a Israel con el fin de provocar transgresiones (Westerholm 2004:167). Pero tales interpretaciones son erróneas, porque las Escrituras nunca hablan de la ley como algo diabólico, sino como algo glorioso, santo y divino (2 Co 3:1). Aunque la salvación no viene por la ley, sin embargo fue el instrumento de Dios para conducirnos al autor de nuestra salvación, Jesucristo. La ley es como el médico que indica al paciente su enfermedad, a fin de que vea la seriedad de su condición y la imperiosa necesidad de encontrar la salud que Dios le ofrece por medio de la cruz de Cristo.

La interpretación tradicional es la de San Agustín, quien afirmó que los ángeles de Gálatas 3:19 fueron los seres celestiales utilizados por Dios para comunicar la Tora a Moisés, y por medio de Moisés al pueblo de Israel, así como se relata en el libro pseudoepigráfico de Jubileos 1:29 y muchas fuentes rabínicas más tardías (Witherington 1991:146-192). Así pues, mientras que la promesa fue dada por Dios, la ley vino mediante criaturas subalternas que a su vez entregaron la ley a un mediador. Se sobreentiende que este mediador fue Moisés, aunque algunos intérpretes como Crisóstomo, Agustín, y Calvino creyeron a base de 1 Timoteo 2:5-6, que se trataba de Cristo.

Hay una tercera razón por qué la ley fue añadida, a saber, para preparar al pueblo de Dios para el cumplimiento de la promesa. Al proveer al pueblo de Israel con una serie de ceremonias y ritos de purificación, la ley apuntaba a la venida de Cristo, quien venía a purificar a su pueblo con el derramamiento de su propia sangre. Al exigir los sacrificios descritos en el libro de Levítico, la ley señalaba al Cordero de Dios que venía para quitar el pecado del mundo con su sacrificio en la cruz del Calvario. Pero con la venida de Cristo cesó esta función de la ley; ya había cumplido con su obra de preparación. El Salvador prometido llegó. Las denuncias y amenazas de la ley mostraban a los seres humanos su necesidad del Salvador prometido. La ley en sí no está en contra de la promesa. Tanto la proclamación de la ley como la del evangelio son parte del plan de Dios de salvar a los seres humanos de las consecuencias de su propia rebelión en contra de su Creador (Bring 1961:151-152).

3:20 Y el mediador no lo es de uno solo; pero Dios sí es uno. NVI: **Ahora bien, no hace falta un mediador si hay una sola parte, y sin embargo, Dios es uno solo.**

Debe tomarse nota de las diferencias en las traducciones de la RVC y la NVI. Según esta última, se necesita un mediador solamente cuando se trata de un grupo de personas, pero no de una sola persona. Por lo tanto, se necesitaba un mediador cuando la ley fue dada a Israel, porque fueron muchos los que recibieron la ley. Pero cuando se dio la Promesa no hubo necesidad de un mediador, porque Dios habló directamente con Abrahán (Matera 1992:179). De acuerdo con esta manera de traducir el pasaje, la Promesa es superior a la ley porque fue dada directamente por Dios, mientras que la ley fue dada por un mediador.

Un mediador es, por definición, un intermediario entre dos personas o dos entidades, o sea que es uno que actúa en representación de otros, para unir o reconciliar a las dos partes. Moisés, como mediador, no pudo ser el autor de la ley sino que sirvió como representante del autor de la ley para entregársela al pueblo de Israel en el monte Sinaí. En su papel de mediador, Moisés sirvió como representante del pueblo de Israel y también como representante del autor de la ley.

Otro autor afirma que Moisés no sólo actuó como representante tanto de Israel como de Dios, sino que también fue nombrado y designado mediador tanto por Dios como por los hijos de Israel, los cuales tuvieron miedo de acercarse directamente al Dios santo (Ex 20:19-20). Al cumplir con su papel de mediador Moisés representó tanto a Dios como a los hombres, anticipando así el trabajo del más grande y perfecto de los mediadores, Jesucristo, quien es al mismo tiempo Dios y hombre (De Lacey 1987:116-117).

El autor de la ley no es entonces ni Moisés ni el pueblo de Israel, sino Dios, él mismo. Aquí se lo designa como uno. Es una alusión a Deuteronomio 6:4 "Oye, Israel: el Señor nuestro Dios, el Señor es uno." O sea, que son las palabras sagradas que se utilizan para invocar la presencia de Dios al comienzo de cada servicio de la sinagoga. Así como Dios es uno, la ley también es una; y porque proviene de Dios es divina, santa, y buena. La ley es santa y buena porque proviene del único y verdadero Dios y porque fue dada para cumplir una función divina. En lo que sigue el apóstol procurará detallar cuál fue esa función.

3:21 ¿Contradice la ley a las promesas de Dios? ¡De ninguna manera! Porque, si la ley dada pudiera dar vida, la justicia sería verdaderamente por la ley.

Los que apedrearon a Esteban lo habían acusado de hablar palabras blasfemas en contra Moisés y Dios. Es probable que los maestros intrusos y también los líderes de las sinagogas de Antioquía de Pisidia e Iconio, hayan acusado de algo similar a Pablo. El apóstol afirma aquí sin ambages que él no es un enemigo de la ley de Moisés. Nunca enseñó que la ley estuviera en contra del propósito de Dios de dar vida a todo el mundo. ¡Jamás! El vocablo <u>vida</u> denota aquí tanto el perdón como el don del Espíritu en el presente y la salvación e inmortalidad en el futuro.

Pero para apreciar el papel de la ley en el plan de Dios para el género humano, es necesario poner en claro cuál es y cuál no es su función. La función de la ley no es, y nunca había sido, proveer la salvación a los seres humanos. Las promesas, o sea, las buenas nuevas tienen ese papel o función. Dios nunca dio la ley a Israel como una fuente alternativa de la justificación. Si éste hubiera sido el caso, entonces la ley sí habría sido un enemigo del evangelio. Según Romanos 8:2-3, por causa de la carne pecaminosa los hombres no pueden cumplir con las exigencias de la ley y alcanzar la vida por medio de tal cumplimiento. En Efesios 2:1 Pablo describe a los seres humanos como muertos en sus delitos y pecados, e incapacitados para cumplir con las exigencias de la ley. El propósito de la ley no es librar a los hombres de sus delitos y pecados, sino de condenarlos (Silva 2011:188). Según Romanos 4:15, "la ley produce castigo" (ira, RVR), pero los que son justificados por la fe tienen "paz con Dios por medio de nuestro Señor Jesucristo" (Ro 5:1).

Si alguien pudiera ser justificado por lo que exige la ley, si alguien pudiese jactarse de haber alcanzado la justicia que demanda la ley, esa persona sería Saulo de Tarso. Hablando de su pasado en el judaísmo, Pablo declara: "fui circuncidado al octavo día, y soy del linaje de Israel, de la tribu de Benjamín; hebreo de hebreos y, en cuando a la ley, fariseo; en cuanto a celo, perseguidor de la iglesia; en cuanto a la justicia que se basa en la ley, irreprensible". Pero puesto que Dios declara que somos salvos por gracia y no por la justicia que es de la ley, el apóstol estima toda esa justicia de la cual antes se jactaba, como pérdida (Flp 3:5-7).

Según Hebreos 10, la ley con todos sus ritos, ceremonias, y sacrificios no tiene el poder de quitar los pecados, y menos de hacer perfectos a los seres humanos. Si tuviera el poder de hacerlo, no habría sido necesario para Cristo venir y ofrecer "una sola ofrenda" para hacer "perfectos para siempre a los santificados". Las Escrituras del AT dan elocuente testimonio de que la ley mosaica nunca fue capaz de crear una sociedad justa, igualitaria y humanitaria (Segundo 1986:51). Lo que observamos en la legislación mosaica es el diseño de una utopía. Pero como han enseñado los teólogos de la liberación, las utopías funcionan como una denuncia de las estructuras injustas y opresivas, pues nos muestran cuán lejos nos hemos quedado de cumplir con la voluntad de nuestro Creador en la realización de una sociedad justa.

3:22 Pero la Escritura lo encerró todo bajo pecado, para que la promesa que es por la fe en Jesucristo fuera dada a los creyentes.

Puesto que Pablo no especifica un texto del AT en particular, es mejor tomar la designación "la Escritura" como una referencia al AT en su totalidad. O sea, la Escritura que habla como una persona ha declarado a todo el mundo bajo el poder del pecado (Koehler 1957:97). La palabra que se traduce como encerró (RVR, BJ); declarado prisionero (NVI); tenía presos (VP) es συνέκλεισεν (de συγκλείω), verbo que significa guardar bajo llave, tener bajo custodia, confinar, encerrar (como en una red, Lucas 5:6), o poner bajo obligación o compulsión (BAG 1957:781).

Lo importante aquí, según Pablo, es que la ley, en la que tanto confiaban los judaizantes, no fue dada como un instrumento, o medio de salvación, o liberación, sino como instrumento de condenación, o sea, como instrumento por medio del cual el hombre llega a conocer su verdadera condición de pecador, incapaz de salvarse a sí mismo, incapaz de cumplir con las exigencias de la ley y necesitado de la salvación que viene solamente por medio del evangelio de Jesucristo. La Escritura, entonces, señala por medio de la proclamación de la ley, que todos los seres humanos se encuentran encerrados bajo el poder del pecado y de la tiranía de los espíritus elementales de este mundo. Aunque la ley lo encerró todo bajo pecado, no es, per se, un tirano, sino un fiel siervo de Dios. No obstante, cuando erróneamente se proclama que por medio de la ley el ser humano puede justificarse ante Dios, se convierte a la ley en un tirano e ídolo. Por eso, en Romanos 7:1-6, Pablo habla de la ley como un tirano que mantiene a los seres humanos sujetados a su tiranía (Snodgrass 1988:104).

Cuando los hombres, por temor al infierno y para ganarse el favor de Dios, intentan cumplir con todos los requisitos y mandamientos de la ley, se convierten en esclavos de la ley, y ésta llega a ser para ellos una tirana. Cuando intentamos guardar los mandamientos por temor al castigo o el infierno, en realidad nos servimos a nosotros mismos y no al prójimo. Cuando damos una limosna al necesitado con el fin de ganar méritos ante Dios, lo estamos haciendo en beneficio nuestro y no para el bienestar de nuestros semejantes. Tan sólo cuando hemos sido librados del temor que nos infunde la ley podemos vivir, no para nosotros mismos, sino para el prójimo, así como Cristo dedicó su ministerio para salvarnos a nosotros, no a sí mismo. Las verdaderas buenas obras no son las que realizamos para lograr nuestra justificación, sino las que hace el creyente ya justificado por la fe en gratitud a Dios, para su gloria y el bienestar del prójimo. En la esfera del pecado la ley toma cuentas de nuestros pecados y nos muestra nuestra culpabilidad, pero en la esfera de la nueva vida que vive el creyente justificado, la ley nos señala la necesidad, el sufrimiento y la opresión del prójimo, y dice: "tus buenas obras no son para ti, sino para el prójimo". Entonces el creyente se olvida de la equivocada necesidad de salvarse y servirse a sí mismo, y se dedica en amor a salvar y servir al prójimo. Y es en ese sentido que en el amor se cumple con la ley de Cristo.

Contrariamente a la interpretación de los exegetas modernos que toman la frase "la fe de Jesucristo" como una designación de la fidelidad de Jesucristo (genitivo subjetivo), preferimos entender la frase como "la fe en Jesucristo" (genitivo objetivo), o incluso como sinónimo de evangelio, "el mensaje o doctrina cuyo contenido es Jesucristo".

3:23 Pero antes de que viniera la fe, estábamos confinados bajo la ley, encerrados para aquella fe que iba a ser revelada.

Lo primero que Pablo dice acerca de la ley en los versículos 23-25 es que el dominio que ejerce sobre el género humano es transitorio y no eterno. Su dominio comenzó con Moisés, pero llegó a su fin con Cristo. El ser humano no ha sido predestinado para estar bajo el dominio o la tiranía de la ley y del pecado para siempre, sino por un tiempo determinado tan sólo. La ley, o mejor dicho, el temor al castigo producido por la ley, restringió al hombre pecador y lo encarceló en una prisión de miedo a fin de impedir que llevara a efecto todos sus deseos pecaminosos. Por temor a ser castigados por el gobierno y por Dios, los pecadores se vieron obligados a conformar su conducta externa con las restricciones de la ley, aunque por dentro sentían odio y rebelión hacia esas restricciones y amenazas de la ley (Lutero 1982:163-164). Queda confirmado por Romanos 3:9, que todos los hombres y no sólo los judíos se encontraban bajo la condenación de la ley, pues dice: "Porque ya hemos demostrado que todos, judíos y no judíos, están bajo el pecado." La frase "antes de que viniera la fe" no implica que antes de la venida de Cristo no existía la fe. "La fe" equivale aquí a la proclamación del mensaje de la redención y liberación en Cristo. Con la proclamación del evangelio la era de la circuncisión y la ley de Moisés acabaron, pues encontró su cumplimiento en el sacrificio de Cristo y en la venida del Espíritu Santo en Pentecostés. El pasaje de 1 Pedro 1:5 también habla de la salvación que está preparada para ser manifestada en el tiempo postrero.

3:24 De manera que la ley ha sido nuestro tutor, para llevarnos a Cristo, a fin de que fuéramos justificados por la fe.

Aunque la función de la ley nunca fue salvar al ser humano, sino mostrarle que estaba bajo el poder del pecado, la muerte y la maldición, Dios, sin embargo, se valió de ella en su plan de justificar a los seres humanos por medio de Cristo. Porque la ley, al enseñarnos que somos pecadores perdidos bajo maldición, nos abre los ojos a fin de que veamos nuestra verdadera condición y nuestra necesidad de liberación. De esta manera, la ley nos ha preparado para la venida de Cristo. Con enseñarnos que no somos capaces de suprimir nuestras malas obras con las obras buenas, ni de acumular méritos suficientes para redimirnos a base del bien que hacemos, la ley ha sido un instrumento de Dios en su plan de salvarnos por medio de la cruz de Cristo.

Pablo llama a la ley "nuestro tutor, nuestro ayo (RVR), pedagogo (BJ), guía (NVI) o esclavo que conduce a los niños (Dhh) para llevarnos a Cristo". Como indica la versión Dhh, el pedagogo fue, por lo general, un esclavo de confianza que solía llevar a los niños menores de edad a la escuela y velar por que cumplieran con sus tareas. La costumbre era que el pedagogo quedara autorizado para disciplinar a los niños bajo su cuidado en el caso de que no quisieran cumplir con sus deberes. Aunque a muchos ayos se los describe como ásperos y duros con sus pupilos, no todos lo fueron. Los ayos tuvieron la responsabilidad de disciplinar a los menores bajo su tutela, y también de protegerlos de cualquier peligro o amenaza. La voz pedagogo (παιδάγωγος) también significa protector o nodriza.

En *Antigüedades* 1:56, el historiador Josefo representa a Caín como ayo de Abel, porque en dicha obra Caín declara que no es παιδάγωγος de su hermano Abel. En el Tárgum Neofiti de Números 11:11-12, se lo describe a Moisés como el παιδάγωγος de Israel. Porque otro ayo que la Biblia menciona es precisamente Moisés. En varios pasajes del NT Moisés es sinónimo de la ley (Ro 5:14; 10:5, 19; 2 Co 3:15). Lutero también suele considerar a Moisés y la ley como sinónimos (Hanson 1988:72-73). Así, la custodia ejercida por la ley o por Moisés fue también una custodia de protección (Dunn 1993:197; Matera 1992:136), pues cuidaba de los israelitas cual ángel protector que vela por el bienestar de un niño (Mt 18:10). Todas las ordenanzas, ritos, y ceremonias que fueron parte de la ley de Moisés, protegían a los israelitas de la idolatría y las abominaciones de los gentiles, y de las tentaciones y los poderes de la oscuridad. Las ordenanzas proveyeron a los israelitas con sacrificios y ritos por los que se conseguía una remisión y expiación provisional de los pecados hasta que viniera Cristo para ofrecer a la humanidad la expiación definitiva mediante su cruz, resurrección y ascensión.

Para varios teólogos hispanos asociados con la llamada teología de la liberación, el tiempo que los hombres pasan bajo la tutela de la ley representa un paso en el desarrollo, maduración o evolución de la raza humana hacia el propósito que el Creador tuvo en mente al crear al género humano a su imagen. Siguiendo las ideas evolucionistas del teólogo y filósofo jesuita Pierre Teilhard de Chardin (1881-1955), varios teólogos descartaron la idea del pecado original en favor de un esquema en que se ve la historia del cosmos como una seria de etapas, todas dirigidas por Dios, que conducen a la vida comenzando con criaturas unicelulares hasta llegar a la perfección de la creación en un punto omega, o sea, una sociedad totalmente justa, igualitaria, libre y justa (*Le Milieu Divin*).

En concordancia con las ideas de Chardin, sus discípulos mantienen que el ser humano no fue creado perfecto sino inmaduro. El mundo, según Gustavo Gutiérrez, no fue creado perfecto sino incompleto; su perfección es una posibilidad futura, no un hecho histórico (Blank 1992:81). La promesa dada al hombre por el Creador fue la posibilidad de madurar y alcanzar a ser una persona como Jesús, el "hombre omega", o sea la imagen de lo que seremos, guiados por el Espíritu. Para Juan Luis Segundo, Leonardo Boff y otros teólogos de la liberación, el tiempo bajo la ley es un paso hacia el punto omega y la liberación y maduración de la raza humana. Según este esquema, el tiempo bajo la ley llegó a su fin con la venida de Cristo y la venida de la fe. Vivir por la fe, según Segundo, es la aceptación de nuestro estatus como hijos del Creador y herederos del mundo creado por él (1986:57). Aunque muchas de las ideas de Teilhard de Chardin fueron condenadas por el Vaticano, varios teólogos latinoamericanos las siguen, por lo menos en parte. Para nosotros, rechazar lo que el NT enseña acerca del pecado original, la depravación del ser humano, y la naturaleza del hombre, llevan a una distorsión de nuestra manera de entender la Carta de Pablo a los Gálatas y sus demás escritos.

UN ARGUMENTO BASADO SOBRE NUESTRO BAUTISMO: 3:25-29

3:25 Pero al venir la fe, no estamos ya al cuidado de un tutor.

La venida de la fe coincide con la venida de Cristo y la venida del Espíritu. La venida de Cristo, el Espíritu, y la fe constituyen una verdadera invasión desde afuera, desde arriba. Esta irrupción significa que tanto judíos como gentiles han sido liberados de la maldición y condenación de la ley y del poder de los elementos espirituales malignos del universo. La liberación del ser humano no se realiza a base de una toma de conciencia del sujeto, ni del descubrimiento y desarrollo de sus capacidades latentes y de la supuesta chispa divina escondida en lo más íntimo de su ser. Antes bien, según Pablo, nuestra liberación viene por el derramamiento de la sangre de Cristo y la venida del Espíritu Santo. Sin embargo, es el Espíritu Santo y no las ceremonias de la ley quien protege a los hijos de Dios de las maldiciones y del poder de la fuerzas de la oscuridad. Todo esto no quiere decir que la ley ya no tenga una función pedagógica, sino que los creyentes que han recibido la promesa del Espíritu ya no están sujetados al domino de ese ayo; la ley ya no es nuestro pedagogo (Schlier 1975:197). La ley ha perdido su capacidad de condenar ante el tribunal divino a los que han sido justificados por la sangre derramada del Cordero de Dios. En cuanto a la misión de la ley para con los creyentes del AT de señalar hacia Cristo y prepararlos para su venida, ésta quedó completada, y su función es ahora obsoleta, así como es obsoleto el ayo o pedagogo para el hijo de la casa que ha llegado a ser mayor de edad (Witherington 1998:354). La venida de Cristo y su Espíritu indican, al mismo tiempo, que la ley es obsoleta como energía necesaria para servir al prójimo y luchar en contra de las tentaciones.

3:26 pues todos ustedes son hijos de Dios por la fe en Cristo Jesús.

Los maestros judaizantes enseñaban que por medio de la circuncisión uno llega a ser hijo de Abrahán, pero Pablo afirma aquí que los gálatas que creen en Cristo Jesús ya son hijos de Dios por medio del Bautismo, por el que recibieron la plenitud del Espíritu Santo. ¿Qué podría añadir la circuncisión a esto? Si estamos bautizados y somos hijos de Dios y herederos del Espíritu y sus dones, no necesitamos la circuncisión. Por medio de la circuncisión uno puede llegar a llamarse hijo de Abrahán según la carne, pero en el Bautismo llegamos a ser hijos de Dios según el Espíritu. Uno pertenece a aquel en cuyo nombre es bautizado. No nos bautizan ni en el nombre de Abrahán, ni de Pablo, ni de Lutero, Calvino o Wesley, sino en el nombre de Cristo Jesús. Hay algo más importante que poder llamarse hijo de Abrahán, y esto es llamarse hijo de Dios. Martyn (1997:377) declara que en realidad no llegamos a tener una relación de parentesco con Abrahán por la circuncisión, sino que el parentesco es un don que recibimos por nuestra incorporación en Cristo en el Bautismo.

La frase en Cristo (ἐν Χριστῷ) ocurre por lo menos 25 veces en los escritos de Pablo, mientras que la frase en Cristo Jesús (ἐν Χριστῷ ᾿Ιησοῦ) 37 veces y en el Señor (ἐν κυρίῳ) 46 veces. Estas frases tan frecuentes en los escritos del apóstol son una designación de los bautizados, o sea, un equivalente a cristiano. Los cristianos son, por definición, los que están en Cristo y que viven unidos en comunión con él (Longenecker 1990:153). Ya hemos visto en Gálatas 3:16 que a Jesucristo se lo presenta como la verdadera simiente o heredero de Abrahán. Por medio de su incorporación en Cristo los bautizados llegan a compartir con él la herencia prometida a la simiente de Abrahán. Los creyentes, entonces, reciben su estatus de hijos y herederos de Abrahán, no mediante la circuncisión, sino por su incorporación en Cristo en el Bautismo.

En 1949 el exegeta alemán, Heinrich Schlier, propuso que en Gálatas 3:26-28 el apóstol Pablo cita una parte de una antigua liturgia bautismal utilizada por las iglesias de Judea y también por él mismo. Hay quienes creen que otras referencias a esta fórmula bautismal se encuentran en 1 Corintios 12:3 y Colosenses 3:9-11. Según los que proponen esta teoría, al citar parte de la liturgia utilizada en su bautismo, Pablo quiere recordarles a los gálatas que entonces llegaron a ser verdaderos hijos de Dios y verdaderos descendientes y herederos de Abrahán. Además, por la confesión de fe hecha durante su inmersión en las aguas bautismales fueron justificados y recibieron el Espíritu. Por lo tanto, todos los bautizados están en comunión con Cristo y unos con otros. No necesitan la circuncisión para completar su Bautismo, ni para poder celebrar la Cena del Señor juntamente con los judíos. Ya hemos visto que los hermanos de Jerusalén, cuya visita a Antioquía relató el apóstol en el capítulo 2, no estaban de acuerdo con que los creyentes circuncidados celebraran la Eucaristía juntamente con los creyentes no circuncidados. Al citar la antigua fórmula bautismal de la iglesia, Pablo les está diciendo a los gálatas: "Recuerden lo que ustedes mismos confesaron el día de su bautismo, recuerden las palabras que fueron leídas ese día y recuerden la homilía bautismal. No hay nada en ellas que hable de la necesidad de la circuncisión o de la ley de Moisés."

3:27 Porque todos ustedes, los que han sido bautizados en Cristo, están revestidos de Cristo.

El cuadro que nos presenta el apóstol parece ser el de un grupo de nuevos creyentes que salen del río o de la piscina en la que acaban de ser bautizados. Al subir de las aguas se visten las nuevas togas blancas que representan a Cristo y la nueva identidad que recibieron en él (de Boer 2011:243). Los eruditos que creen que Pablo cita parte de una antigua liturgia bautismal afirman que la liturgia hablaba, entre otras cosas, del revestimiento de Cristo del creyente. La idea del revestimiento enfoca sobre por lo menos tres realidades:

(1) Cambio de identidad. En la iglesia antigua los catecúmenos solían ir al lugar donde habían dejado su vestimenta anterior a la orilla del río en cuyas aguas fueron bautizados desnudos. Al salir de las aguas recibieron una nueva túnica blanca. La ropa vieja que se dejaba a un lado del río simbolizaba la vieja vida del creyente, su viejo yo. La nueva túnica blanca que se ponía al salir del río es su nueva identidad como Hijo de Dios. Esa túnica es Cristo. El viejo yo murió, se ahogó en las aguas del Bautismo. Ahora el creyente pertenece a aquel en cuyo nombre fue bautizado. En 2:20 el apóstol escribió: "Ya no vivo yo, sino que Cristo vive en mí."

La idea de un revestimiento se enfatiza en otro texto que al parecer depende también de la misma fórmula bautismal de la iglesia antigua: "Pues ya ustedes se han despojado de la vieja naturaleza y de sus hechos, y se han revestido de la nueva naturaleza, la naturaleza del nuevo hombre, que se va renovando a imagen del que lo creó hasta el pleno conocimiento, donde ya no importa el ser griego o judío, estar circuncidado o no estarlo, ser extranjero o inculto, siervo o libre, sino que Cristo es todo, y está en todos" (Col 3:9-10). La Carta a los Colosenses, al igual que la Carta a los Gálatas, fue enviada a nuevos creyentes de Anatolia que también tenían que definirse ante un grupo de maestros intrusos que proclamaban la necesidad de la circuncisión y otros ritos y prácticas además del Bautismo. Al escribir a los Colosenses, Pablo recalca que con el Bautismo los creyentes recibieron no sólo el perdón de los pecados, sino también la liberación del poder de los principados, las potestades (2:13-15) y los principios del mundo (2:20). En 2:17 el apóstol declara que todas las leyes sobre alimentos, días de fiesta o días de reposo fueron sombras de lo que había de venir, o sea, reglamentos provisionales que encontraron su cumplimiento en Cristo. Las ordenanzas provisionales sirvieron para preparar al pueblo de Israel para la venida de Cristo, pero nunca para ayudar a los fieles en su lucha contra los apetitos de la carne.

(2) En algunos textos, tanto del AT como del NT, el tema del revestimiento queda asociado con un cambio de estatus. El énfasis se

observa en las historias relacionadas con el patriarca José en el libro de Génesis. José recibió de su padre Jacob una "túnica de diversos colores" (Gn 37:3) como símbolo de los derechos de primogenitura que le fueron quitados a su hermano Rubén (1 Cr 5:1). Más adelante, en Génesis 37, leemos que la pérdida de la túnica representaba un cambio en el estatus de José (vv 31-32). En los próximos capítulos de Génesis leemos que se lo obliga a vestir una túnica de esclavo, símbolo de su nuevo estatus de siervo. En Génesis 39:13 dice que la túnica de esclavo quedó en las manos de la mujer de Potifar, mientras que al patriarca se lo obligó a vestirse como un preso hasta el momento en que el Faraón lo hizo vestir con ropas de lino finísimo, símbolo de su nuevo estatus como gobernador de Egipto y escogido por Dios para salvar tanto al pueblo de Egipto como a la familia de Israel. Encontramos el tema del revestimiento también en el conjunto de imágenes asociadas con la consagración de sacerdotes (Ex 28-29) y la boda de la desamparada Israel con su novio y Salvador divino (Is 52:1; 54:1-14; Sal 45:13-15; Ef 5:26-27). El nuevo estatus y misión que recibe la nueva Israel como resultado de su revestimiento bautismal, es el de los que fueron llamados para ser un linaje escogido, real sacerdocio, nación santa, pueblo adquirido por Dios para que anuncien los hechos maravillosos de aquel que los llamó de las tinieblas a su luz admirable (1 P 2:9) (Mason 2012:306). Más adelante veremos la importancia de Isaías 54 en el desarrollo del argumento de Pablo en su Carta a los Gálatas.

(3) Según otros intérpretes, el apóstol echó mano a la figura del revestimiento con el fin de llamar a los creyentes a revestirse de la armadura del Espíritu para tomar parte en la batalla escatológica. La última batalla ya comenzó, y lo que necesitan los soldados de Cristo son las armas del Espíritu y no leyes alimenticias, días de fiesta o circuncisión. En Efesios 6 Pablo describe las piezas de la armadura que los soldados de Cristo necesitan para hacerle la guerra a las fuerzas de las tinieblas (Martyn 1997:376). No con la circuncisión, sino con el Bautismo se reviste el cristiano del Espíritu Santo.

(4) El revestimiento de Cristo puede entenderse también como la formación moral del nuevo creyente mediante un proceso de disci-

pulado o de instrucción catequética que procura plasmar en el nuevo discípulo el carácter de Cristo, o más bien que Cristo se forme en el nuevo creyente. Recordemos que al encargarles a sus seguidores la gran comisión, Jesús les encomendó no sólo a hacer discípulos en todas las naciones por medio del Bautismo en el nombre de Dios Trino, sino también a enseñarles "a cumplir todas las cosas que les he mandado" (Mt 28:20). Revestirse de Cristo es, según Crisóstomo, ser moldeado al patrón de Cristo y traído a su parentesco y naturaleza (Witherington 1998:278).

Quienes pretenden leer la Carta a los Gálatas desde la perspectiva de las personas que antes tomaban parte en las antiguas religiones de Anatolia, nos recuerdan que la idea del revestimiento fue una parte importante de las antiguas tradiciones de los galos y frigios. Como parte de su iniciación de sacerdotes y esclavos de la gran madre, los *galli* solían revestirse de flamantes prendas femeninas como emblemas de su nuevo estatus, esclavos eunucos de la diosa Cibeles. Tales vestiduras extravagantes fueron símbolos de la depravación de los sacerdotes paganos que participaban en los misterios de Atis y Cibeles que solían celebrarse en Galacia. Mientras tanto, la túnica blanca de los recién bautizados cristianos, señalaba que el atavío de los seguidores de Jesús no depende "de lo externo, es decir, de peinados ostentosos, adornos de oro o vestidos lujosos, sino de lo interno, del corazón, de la belleza incorruptible de un espíritu cariñoso y sereno, pues este tipo de belleza es muy valorada por Dios" (1 P 3:3-4). La nueva vestidura con la cual se reviste el cristiano es Cristo (Wingren 1961:35). Lo que se debe ver al observar al discípulo de Cristo no es su ropa, sino a Cristo en él.

3:28 Ya no hay judío ni griego; no hay esclavo ni libre; no hay varón ni mujer, sino que todos ustedes son uno en Cristo Jesús.

Como hemos observado, la opinión de muchos intérpretes es que la frase citada por Pablo en este versículo es también una parte de la liturgia bautismal utilizada por la iglesia primitiva. Pablo la cita para remarcar que en Cristo no se observan las distinciones sociales, raciales, y económicas tan importantes para los hijos de este mundo presente. No se justifica que los circuncidados celebren su Eucaristía separados de los no circuncidados, ni que las personas libres celebren su Eucaristía lejos de los esclavos, ni tampoco que a las mujeres se las excluya de la celebración de la Santa Cena, o que no se les permita recibirla juntamente con los hombres. Con suma tristeza leemos en la historia de la iglesia acerca de situaciones en que los creyentes de color tuvieron que celebrar la Eucaristía separados de los blancos, o cuando a las personas provenientes de castas inferiores no se les permitía celebrar la Cena del Señor en el mismo culto con miembros de castas superiores. En la India y en otras partes del mundo ciertos grupos y castas son considerados tan inferiores que se les niega el derecho de entrar en los templos donde las personas consideradas más dignas participan en las oraciones, ceremonias, sacrificios, y ritos que allí se llevan a cabo. En muchas religiones de misterio de la antigüedad, al igual que en muchas religiones de prácticas sincretistas del mundo hispano de hoy día, (santería, umbanda, María Lionza) las ceremonias y ritos de iniciación son sumamente onerosas, pues exigen vestidos costosos y la compra de animales para ser sacrificados. Consecuentemente, muchas personas de escasos recursos quedan marginadas de la participación en tales cultos o, por lo menos, de ocupar posiciones superiores en la secta.

GRIEGOS Y JUDÍOS

Al afirmar que en Cristo no hay judío ni griego, el apóstol procura, entre otras cosas, aflojar la tensión en la larga historia de conflictos, revueltas y hasta violencia en las ciudades de Anatolia en que vivían los que se consideraban griegos o judíos. Tanto los griegos étnicos como los judíos de Anatolia habían llegado como inmigrantes. Con el transcurso del tiempo el apelativo griego llegó a designar no sólo a los descendientes de colonos de Acaya o Macedonia, sino a todas las personas que hablaban griego y habían abrazado la cultura griega y sus instituciones, sin importar sus antecedentes étnicos. El historiador Josefo relata que después de vivir en relativa paz por unos cuantos siglos, surgieron revueltas y protestas de los judíos contra los griegos y de los griegos contra los judíos en el tiempo de las guerras civiles que sacudieron a Roma antes de la asunción de Augusto César, especialmente en Éfeso, Laodicea, y Filadelfia.

Durante los conflictos civiles, los grupos en pugna se armaron utilizando los recursos necesarios de las tesorerías de las ciudades de Asia Menor, causando una seria escasez de monedas en muchas partes de la región. Los judíos se levantaron en protesta contra los griegos cuando éstos confiscaron los fondos y diezmos que solían enviar los judíos para el templo de Jerusalén. También protestaron porque los griegos no respetaban las garantías que habían recibido de los romanos en cuanto a no reclutar a sus hijos para el servicio militar y de no obligar a los judíos a acudir a los tribunales en el día de reposo. Los griegos, por su parte, acusaron a los judíos de provocar una crisis económica por la fuga de divisas. Los griegos también se indignaron por las muchas garantías que los judíos habían recibido de los romanos, otorgadas, en parte, para disminuir la creciente influencia de los griegos en las ciudades del oriente.

Durante el tiempo de las guerras civiles los griegos aprovecharon la ausencia de la autoridad romana en Anatolia para expresar su antipatía en contra de los judíos. Pocos años después de haber escrito Pablo su Carta a los Gálatas, ocurrieron nuevos y más sangrientos brotes de violencia en contra de los judíos durante el tiempo de la primera revuelta (66-70 dC) de los judíos de Judea en contra de Roma. Durante la revuela muchos judíos perdieron sus posesiones en Damasco, Antioquía de Siria, y Alejandría. Otra revuelta promovida por los judíos de la diáspora ocurrió durante los años 115-117 dC. Los sociólogos dicen que cuando existe una competencia por escasos recursos sociales, económicos, y territoriales, suelen ocurrir conflictos, sospechas, y revueltas (Stanley 1996:101-124).

Muchos latinos han experimentado conflictos semejantes en su peregrinación por otras regiones o países buscando mejores oportunidades económicas, asilo político, y libertad religiosa. De acuerdo con lo que Pablo escribe en Gálatas 3:28, hay una fuerza más poderosa que el malestar producido por tales conflictos. La fuerza es la fraternidad de hermanos creada por el Espíritu Santo en las aguas del Bautismo. Por el Espíritu se nos enseña a hablar, ya no de griegos o judíos, latinos o aborígenes, socialistas o capitalistas, sino de hermanos. Por medio del Bautismo el Espíritu no nos da un espíritu de violencia, antagonismo o conflicto, sino el fruto de la mansedumbre y la paz (Gl 5:22-23). En Cristo el creyente ya no es griego, ni judío, sino una nueva persona. Es interesante notar que Pablo nunca habla de los creyentes como hombres nuevos, sino como el hombre nuevo, o como partes del mismo cuerpo de Cristo (Murphy-O'Connor 1982:177, 185). El hombre nuevo es la comunidad, y el Bautismo no es solamente nuestra unión con Cristo, sino nuestra entrada en la comunidad. Por lo tanto, el creyente no recibe el llamamiento de vivir para sí mismo, como un individuo aparte de los demás, sino para vivir en una comunión donde etiquetas y distintivos étnicos, sociales, y raciales ya no cuentan.

OPRIMIDO Y OPRESOR

Según Brigitte Kahl, profesora de teología y partidaria de la liberación feminista, los tres pares (judío/gentil, libre/esclavo, hombre/mujer) mencionados por Pablo se aceptaban en la antigüedad como que señalaban no sólo las diferencias étnicas o de género entre los seres humanos, sino también las diferencias entre jerarquía y autoridad. Dicho de otra manera, para los judíos, ser judío era superior a ser griego, y para los gentiles, ser griego o romano era superior a ser judío. A las personas libres se las consideraba superiores a los esclavos y, por lo tanto, tenían todo el derecho de dominarlos y explotarlos. Siguiendo la misma lógica, el varón era por naturaleza superior a la mujer, y consecuentemente, tenía todo el derecho de ser su dueño y controlar su vida.

Según Kahl, la afirmación de que todos son uno en el Bautismo, es una idea sumamente revolucionaria que a la larga crece como levadura para derribar las barreras erigidas entre judíos y gentiles, esclavos y libres, hombres y mujeres (Kahl 2000:37-49). La idea de que ante el único y verdadero Dios no hay diferencia entre esclavo y libre podría haber dado pie para justificar un levantamiento de esclavos. Para el Imperio Romano tal idea podía ser muy peligrosa. La unión de los judíos (una raza oprimida) con los gálatas (otra raza oprimida), bajo la bandera de Cristo (un supuesto revolucionario crucificado), podía constituir una amenaza seria para la hegemonía de Roma. Debe quedar claro, sin embargo, que Pablo no utiliza la idea de la unidad de todos en Cristo para alentar sentimientos revolucionarios, sino para llamar al servicio mutuo en el amor de Cristo y afirmar que la unidad de la iglesia estriba en la fe en Cristo Jesús y el Bautismo en su nombre, y no en la imposición de las mismas normas culturales, eclesiásticas, y rituales a todos los creyentes.

Los agitadores de Galacia estaban promoviendo, a su manera, la unidad de la iglesia por medio una política de uniformidad, procurando que todos tuvieran la misma circuncisión, siguieran el mismo calendario ritual y observaran las mismas prohibiciones en cuanto a comidas. Así también los reyes católicos de España procuraron asegurar la unidad de la iglesia entre los pueblos indígenas de América con la imposición de las mismas leyes, la misma misa (en latín) y la misma gramática (la de Antonio de Nebrija). Pero de acuerdo con el NT, la unidad del pueblo de Dios no es el resultado de un proceso de homogeneización, o de un programa que procura eliminar la maravillosa diversidad que encontramos en la naturaleza, y el florecimiento de tantas diferentes culturas humanas en nuestro planeta. La unidad no quiere decir la creación de un imperio en el que todos intentan construir una ciudad y una torre con el fin de hacerse un nombre e imponer la obligación de hablar el mismo lenguaje (Génesis 11), sino un movimiento del Espíritu en el cual todos están llamados a reconciliarse con su Creador y los unos con los otros. El Bautismo en el nombre de Jesús no significa borrar todas las diferencias entre las culturas y los sexos, sino la eliminación del muro de hostilidad que separa a judíos y griegos, hombres y mujeres, y clases sociales (Barton 2012:234).

De todos modos, la declaración: "Todos ustedes son uno en Cristo Jesús" implica que cada cristiano bautizado está en Cristo y Cristo en él. Por lo tanto, todos los bautizados se pertenecen recíprocamente, y todos a Cristo. De modo que no se le puede negar el amor, el apoyo y la participación en la Mesa del Señor a ningún creyente bautizado. Cada creyente es Cristo en relación con el otro, pues todos son, por el Bautismo, herederos de la misma promesa, hijos del mismo Padre y descendientes de Abrahán (Schlier 1975:201). En la Epístola a los Efesios (3:6) se describe a los creyentes, tanto judíos como griegos, como parte de un nuevo hombre o cuerpo que ni es judío ni gentil. Para subrayar esta realidad, el apóstol inventó una nueva palabra en griego σύσσωμα compuesta de las dos palabras con (σύν) y cuerpo (σῶμα) (Arnold 2010:191-192).

En un artículo escrito en 2003, Troy Martin afirmó que en Gálatas 3:28 Pablo habla del tema de quién puede recibir el Bautismo cristiano. Era bien sabido que en el judaísmo no se practicaba la circuncisión de las mujeres, ni de los gentiles, ni de los esclavos. En la iglesia de Cristo, en cambio, todos tienen el derecho de ser bautizados, y así ante Dios ninguno tiene preferencia. En la opinión de muchos estudiosos, en el judaísmo la mujer siempre ocupó un estatus de inferioridad por no estar circuncidada. En la iglesia de Cristo no es así (2003:111-125). Sobre este particular es interesante notar que, según el renombrado geógrafo griego Estrabón (58 aC-25 dC), por lo menos algunos judíos solían practicar la circuncisión (escisión) de las niñas, lo que todavía se hace en varias sociedades africanas (Lieu 1994:353).

A lo mejor, según Martin, las mujeres gálatas se sintieron marginadas y discriminadas por la afirmación de los maestros intrusos de que la circuncisión era un requisito para la salvación, o por lo menos, para la recepción de los dones espirituales más importantes. Se sabe de la existencia de algunos grupos de budistas en Tailandia, que creen que para que una mujer alcance la liberación, le es necesario primero morir y reencarnar como hombre. El hecho de que en el Bautismo de la iglesia primitiva se declaraba la igualdad del hombre y la mujer ante Dios, fue una de las razones por la cual tantas mujeres no sólo se hicieron cristianas, sino que también fueron muy activas en propagar su nueva fe. Muchos autores modernos que se identifican con la liberación femenina, subrayan el hecho de que el evangelio, en vez de despreciar y marginar a la mujer, afirma en sus credos que el Salvador nació de una mujer (Tamez 2003:908). En la opinión de varios autores modernos, una de la implicaciones sociales y eclesiásticas de la igualdad entre hombres y mujeres expresada en Gálatas 3:28 es que las mujeres no deben excluirse de ciertos ministerios por el simple hecho de ser mujeres (Reiher 2012:272-277).

3:29 Y si ustedes son de Cristo, ciertamente son linaje de Abrahán y, según la promesa, herederos.

El apóstol concluye su argumento afirmando que por su bautismo en Jesús los gálatas son descendientes, literalmente: simiente (σπέρμα) de Abrahán. En su bautismo los gálatas quedaron incorporados a Cristo, quien es el verdadero descendiente y heredero de Abrahán, y de esta manera también llegaron a ser descendientes y herederos de las bendiciones prometidas a Abrahán. Si ya son descendientes y herederos de Abrahán, no necesitan la circuncisión para conseguir lo que ya tienen (Matera 1992:153). Al dar prioridad a la descendencia espiritual antes que a la descendencia física, el texto subraya lo que Jesús enfatizó cuando en Marcos 3:33-35 preguntó: "¿Y quién es mi madre, y mis hermanos? Miró entonces a los que estaban sentados a su alrededor, y dijo: 'mi madre y mis hermanos están aquí. Porque el que hace la voluntad de Dios es mi hermano, y mi hermana, y mi madre.'" La herencia que les toca a los que constituyen la verdadera familia del Señor consiste en la recepción del perdón de los pecados, el don del Espíritu Santo y un reino que no es de este mundo. La herencia que hoy en día buscan el sionismo político y algunas formas de interpretación de la historia como una serie de dispensas divinas (dispensacionalismo) es, en cambio, una herencia territorial o geopolítica. Pero ésta no es la herencia que tiene en mente el apóstol al hablar de la herencia y los herederos en estos capítulos.

GÁLATAS 4

LIBERADOS DE LA ESCLAVITUD, ADOPTADOS COMO HIJOS: 4:1-7

4:1 Pero digo también: Mientras el heredero es niño, en nada difiere del esclavo, aunque es señor de todo,

Según la ley romana, a un niño se lo podía nombrar heredero de todos los bienes de su difunto padre; sin embargo, no tendría poder sobre esa herencia hasta tanto no llegase a ser mayor de edad (usualmente a los 13 años), o haber alcanzado la edad especificada en el testamento de su padre. Aunque un día ese niño llegue a ser dueño de todos los bienes de su padre, mientras sea menor de edad sus derechos quedan circunscriptos a los de cualquier esclavo de la casa.

4:2 sólo que está bajo tutores y guardianes hasta el tiempo señalado por el padre.

Según detalla la ley romana, mientras los herederos son menores de edad, están bajo la autoridad de otras personas nombradas a tal efecto, o por el padre o las autoridades civiles. Estas personas son los tutores y guardianes mencionados aquí por el apóstol. Los términos griegos que la RVR traduce como tutores y cuidadores son ἐπίτροποι y ὀικονόμοι.

En la literatura grecorromana el sustantivο επίτροποι tiene dos significados: (1) guardián o tutor de un menor de edad. La ley romana (*tutela*) solía nombrar uno o varios guardianes para administrar el patrimonio de un menor (huérfano), hasta que éste llegara a tener la edad o la capacidad para administrar su propia herencia. (2) gerente, intendente o encargado de una propiedad o empresa de alguien importante. Lucas 8:3 menciona como una de las seguidoras de Jesús a una tal Juana, mujer de Chuza, un *intendente* (ἐπίτροπος) de Herodes. En otras palabras, el término puede ser un sinónimo de mayordomo (ὀικονόμος). En una inscripción del primer siglo encontrada en Galacia, se menciona el nombramiento de Sergio Carpo como el ἐπίτροπος de las propiedades y la casa de Sergio Paulo, el mismo procónsul romano de Chipre a quien el apóstol Pablo y Bernabé proclamaron la palabra de Dios. Según Hechos 13:12, el procónsul Sergio Paulo "creyó, maravillado de la doctrina del Señor".

La segunda palabra es ὀικονόμος, generalmente traducida como mayordomo, administrador o tesorero (BAG 562). En Lucas 16:1 leemos la parábola del mayordomo infiel que fue acusado de disipar los bienes de su amo. En Lucas 12:42 Jesús habla de otro mayordomo infiel que comenzó a golpear a los criados y las criadas, y a comer y beber y embriagarse. José, en cambio, fue un mayordomo fiel de toda la casa de Potifar. En 1 Corintios 4:1 se llama a los apóstoles administradores de los misterios de Dios. En la época del NT un mayordomo era, por regla general, un liberto o un esclavo de confianza nombrado para cuidar las propiedades, bienes, y esclavos de un propietario o terrateniente rico. Le tocaba al mayordomo dar a cada esclavo su ración justa de comida y ropa, sin favoritismos. Así también el pastor o mayordomo de la iglesia de Cristo debe administrar equitativamente la gracia espiritual de su Señor: "Ponga cada uno al servicio de los demás el don que haya recibido, y sea un buen administrador de la gracia de Dios en sus diferentes manifestaciones" (1 P 4:10).

En la analogía empleada por Pablo en esta parte de la epístola, los tutores y mayordomos, al igual que el pedagogo de 3:24, ejercen autoridad sobre los menores de edad y restringen sus actividades, así como la ley ejercía su control sobre los seres humanos antes de la venida de Cristo. En otras palabras, las leyes acerca de fiestas, días de reposo, sacrificios, circuncisión, son de carácter provisional lo mismo que la autoridad de los tutores y mayordomos. Así como a los tutores y mayordomos se les dio autoridad para enseñar, guiar y orientar, del mismo modo los judíos se encontraban sometidos a la autoridad de los rudimentos del mundo, hasta que viniera el Cristo. Los tutores brindaron a los seres humanos bendiciones que fueron un anticipo de la plena liberación que Cristo vino a dar, liberación del pecado, la ira, la muerte, y las fuerzas ocultas.

NOTA: UNA INTERPRETACIÓN ALTERNA DE LA ANALOGÍA DE PABLO

Contrariamente a la interpretación tradicional, un número creciente de investigadores cree que 4:1-2 es una alusión a la esclavitud y servidumbre de Israel en Egipto (Ex 1-10). Según esta manera de entender la analogía de Pablo, los ἐπίτροποι y οἰκονόμοι no son los tutores y guardianes nombrados por el padre del menor (νηπιός), o por las autoridades romanas, sino los capataces y comisarios egipcios que con sus látigos obligaban a los esclavos israelitas a cumplir con sus duras tareas. Visto el pasaje de este modo, la liberación efectuada por el Hijo en Gálatas 4:4-5 es el cumplimiento tipológico de la liberación de Israel por medio de Moisés (Goodrich 2010:255). Según tal interpretación tipológica, la dura servidumbre de Israel en Egipto preparó al pueblo escogido para recibir, más tarde, su herencia en la tierra que fluía leche y miel. De igual manera, la dura servidumbre de los hombres sometidos a la ley, los prepara para recibir su liberación en Cristo. Regresar a las exigencias de la ley, entonces, equivaldría al pecado de aquellos israelitas que se rebelaron en contra de Moisés y Aarón y procuraron volver a Egipto para ponerse nuevamente al servicio del faraón y sus crueles capataces.

A pesar de la popularidad de tal interpretación tipológica, quienes la proponen no han podido demostrar que los términos ἐπίτροποι y οἰκονόμοι se utilizaban para designar capataces y comisarios, pues normalmente señalan a los que administran los bienes domésticos de un propietario o padre de familia.

4:3 Así también nosotros, cuando éramos niños, vivíamos en esclavitud y sujetos a los principios básicos del mundo.

El término griego *stoijeia* (στοιχεῖα τοῦ κόσμου), traducido aquí como "los principios básicos del mundo", ha provocado mucha discusión y diferencias de opinión entre los estudiantes de las epístolas paulinas. La palabra griega *stoijeia* expresaba originalmente elementos, principios u objetos colocados en una fila, cada uno al lado o detrás del otro, como los soldados que marchan en un desfile, cada uno marcando el paso junto con los demás. A partir de este concepto básico, el término *stoijeia* llegó a emplearse para designar una gran variedad de cosas, como por ejemplo:

(a) Los stoijeia designan las letras del alfabeto y lo que representan o simbolizan.

(b) Los *stoijeia* indican con frecuencia los cuatro elementos físicos o básicos que constituyen el mundo material: aire, tierra, fuego y agua. En la antigüedad se acostumbraba relacionar cada uno de estos elementos con una divinidad: el fuego con Ares (Martes); el agua con Poseidón (Neptuno); el aire con Hera (Juno), y la tierra con Deméter (Ceres). Según creen muchos intérpretes modernos, los cuatro dioses fueron las deidades principales que los gálatas adoraban y servían antes de ser cristianos. Al creer que los dioses controlaban el cosmos, rindieron culto a las cosas creadas y a las deidades relacionadas con ellas, y así cayeron en la idolatría, ya que honraban a las criaturas antes que al Creador (Romanos 1:25) [deSilva 2011:199; de Boer 2011:253-254].

(c) En otros contextos los *stoijeia* representan los principios fundamentales o lógicos de la ley, los que todas las filosofías y religiones tienen en común. Es decir, los elementos principales de enseñanza que incluyen los requisitos de la Tora, la ley romana, el sistema económico, las tradiciones, normas, patrones de vida, ideologías, costumbres y mitos base de los sistemas sociales, políticos, y económicos, y que hacen posible la vida en comunidad. Estos principios fundamentales los utiliza el Creador para guiar, proteger e instruir a los seres humanos. Al mismo tiempo se los puede divinizar de tal manera que reemplacen al Creador y se los utilice para esclavizar a todo el género humano (Newbigin 1969:49).

(d) En otros escritos se identifica a los *stoijeia* con los elementos de enseñanza y normas de conducta que tiene que aprender el niño al ir madurando. Witherington (1998:286) opina que es más probable que se interprete a los *stoijeia* como las enseñanzas elementales presentes en todas las sociedades, que brindan una orientación básica o rudimentaria al estudiante hasta que pueda adquirir conocimientos más completos. Las enseñanzas básicas son como las lecciones sencillas que el niño aprende en el jardín de infantes; son útiles por un tiempo, pero es necesario reemplazarlas por conocimientos más adecuados.

(e) Con frecuencia se llama *stoijeia* a los planetas y los astros cuyos movimientos gobiernan las estaciones del año, y lo que ocurre en las vidas de las personas y los pueblos. Según los filósofos, los poderes cósmicos gobiernan los movimientos de los planetas, los astros y el destino del género humano Son poderes espirituales, fuerzas hostiles que mantienen esclavizado a su destino al género humano. En la mayoría de los papiros mágicos griegos, el término *stoijeia* se refiere a las estrellas y los poderes astrales y espirituales relacionados con éstas, especialmente los 36 decanos astrales que gobiernan diez de los 360 grados que componen el gran círculo del universo (Martyn 1997:394-395; Arnold 1996:58).

La teóloga feminista Brigitte Kahl observa que estos rudimentos, sean elementos básicos del universo, cuerpos celestiales u ordenanzas, se disponían en pares opuestos o bipolares tales como fuego/agua, libre/esclavo, masculino/femenino, tierra/aire, pesado/liviano, legal/ilegal. Según Kahl, los miembros de los pares bipolares se consideraban no sólo diferentes uno del otro, sino que un miembro del par se consideraba dominante o superior al otro. El miembro dominante siempre era el masculino, y el más débil el femenino. Así, el fuego y el aire eran dominantes, más livianos y masculinos, mientras que la tierra y el agua eran más pesados, inferiores y femeninos. Según Kahl, en la nueva creación de la cual habla Pablo en Gálatas (especialmente en 3:28), estas distinciones y jerarquías dejaron de existir (2000:44).

(f) Más adelante, en Gálatas 4:9, veremos que Pablo califica a estos "principios básicos del mundo" como "los débiles y pobres rudimentos, a los cuales quieren volver a esclavizarse". Después, en Gálatas 4:10, relaciona los rudimentos con "los días, los meses, los tiempos y los años" que guardan los gálatas. ¿A qué se refiere Pablo entonces cuando habla de los rudimentos del mundo en Gálatas 4:3 y 4:9? La interpretación tradicional es que piensa en el conjunto de ceremonias, ritos, festivales, circuncisiones, leyes alimenticias y días especiales que los agitadores querían imponer a los gálatas para asegurar no solamente su incorporación al pueblo de Dios, sino también como ayuda en su lucha en contra de la carne. La mayoría de los intérpretes cree que los ritos, ceremonias, y prácticas ascéticas en cuestión son los que se encuentran en la ley de Moisés.

Estos rudimentos, según Pablo, tuvieron valor para el pueblo de Israel en el tiempo antes de la venida de Cristo, antes del cumplimiento del tiempo, pues servían para preparar a los hijos de Dios para la venida del Cristo. Enseñaban a los hijos de Israel su necesidad de perdón y de un Salvador. Recordaban a los fieles la promesa del Espíritu y la promesa de Dios de bendecir a todos los pueblos mediante la simiente. Pero los rudimentos encontraron su cumplimiento en Cristo y por lo tanto ya no ejercen ninguna autoridad sobre los que han sido justificados por Cristo. Los que vuelven a sujetarse a la autoridad de los rudimentos corren el peligro de quedar esclavizados a los mismos poderes espirituales que se escondían detrás de los ídolos que antes servían los gálatas. De acuerdo con la interpretación que daban los comentaristas medievales (como por ejemplo Nicolás de Lyra, 1265-1349) a este texto, lo que Pablo quería al mencionar los rudimentos era que fueran expulsados de las iglesias de Galacia, así como Ismael (Gn 21:10) fue expulsado de las tiendas de Abrahán (Levy 2011:249).

Aunque la gran mayoría de los intérpretes, tanto antiguos como modernos, cree que al hablar de los rudimentos del mundo Pablo tiene en la mira la circuncisión y la ley de Moisés, algunos investigadores modernos opinan que los rudimentos en cuestión no están relacionados con la ley mosaica, sino que son las leyes, ceremonias, y fiestas que tienen que ver con el culto imperial o con uno de los dioses del panteón de deidades paganas adoradas por los habitantes de Anatolia.

(g) El antiguo hereje Marción de Ponto tenía otra idea acerca de la naturaleza o identidad de los rudimentos del mundo. Según él, al hablar Pablo de los rudimentos estaba hablando del Señor, el hacedor del mundo material y Dios de los judíos. Marción fue un eminente gnóstico que rechazó no sólo el mundo material, sino también a los judíos, al AT con todas sus leyes y sacrificios sangrientos, y al Señor. Para Marción, Cristo, el Dios verdadero, no era Hijo del Señor, sino alguien que vino a liberar a los escogidos del poder del Señor y del mundo material.

(h) Otra interpretación de los rudimentos es la del investigador holandés, Bas Van Os, quien cree que con los rudimentos se refiere a los ángeles, por los que se entregó la ley a los israelitas en el Sinaí. Según Van Os, estos ángeles tenían autoridad sobre los cuerpos celestiales cuyos movimientos regulaban el calendario litúrgico de los judíos, y de esta manera determinaban las fechas en que se celebraban los días de reposo, los días de la luna nueva y las demás fiestas judías. En Colosenses 2:8-23 los ángeles también quedan relacionados con los tiempos, las fiestas y la circuncisión. De acuerdo con esta interpretación, estos mismos ángeles fueron los tutores y curadores del pueblo de Israel en el eón presente.

En Gálatas 3:19 vimos que la ley de Moisés "fue ordenada por medio de ángeles en manos de un mediador (Moisés)". Para destacar la gloria de la ley y de la circuncisión, los maestros judaizantes probablemente hicieron hincapié en el hecho de que Dios dio su ley a Israel por medio de sus gloriosos y santos ángeles, pues en Deuteronomio 33:2 de la Septuaginta, leemos: "Yahvé vino de Sinaí, y de Seir les esclareció; Resplandeció desde el monte de Parán, y vino de entre diez millares de santos; con la ley de fuego en su mano derecha." Pero según Deuteronomio 5:22-33 y las tradiciones rabínicas, la razón por la cual el pueblo de Israel no recibió la ley directamente de Dios sino por medio de Moisés y los ángeles, fue el gran temor que sintió delante de la gloria, grandeza y santidad del Señor. Aterrorizados, los israelitas gritaron: "¿Por qué vamos a morir? Porque este gran fuego nos consumirá, si oyéramos otra vez la voz del Dios viviente que habla en medio del fuego, como nosotros la oímos y aún seguimos con vida" (5:26).

Aunque a Israel se le entregó la ley de Dios mediante ángeles santos, otros ángeles hostiles a los designios de Dios se aprovecharon de la ley y la utilizaron en provecho propio para engañar a los seres humanos y hacerles creer que por medio de la observancia de los requisitos de la ley pueden justificarse a sí mismos y lograr la salvación (Arnold 1996:63,67). Los rudimentos del mundo, según la interpretación de Arnold citada arriba, no son una referencia a los santos ángeles de Dios, ni a los principios elementales del universo, sino a los ángeles rebeldes que hicieron creer a los seres humanos que la salvación es por la ley. Pero, según lo explica Pablo en este pasaje, esto nunca fue el fin de la ley; más bien la ley fue dada para mostrar a los hombres su necesidad de un salvador y, de esta manera, prepararlos para la venida de Cristo. Al creer que los hombres pueden justificarse a sí mismos por medio de la circuncisión y la ley, en lugar de Cristo, tanto judíos como gentiles quedan sujetados a los mismos espíritus del mal que operan detrás de los ídolos: "muertos en sus delitos y pecados", siguiendo "la corriente de este mundo y en conformidad con el príncipe del poder del aire, que es el espíritu que ahora opera en los hijos de desobediencia" (Ef 2:1-2). Con todo esto, Pablo nunca afirma que la Tora es diabólica o que está relacionada con el principio del pecado; la ley es santa, justa, y buena, pero su fin no es asegurar la salvación del ser humano, sino prepararnos para la venida de Cristo.

(i) Finalmente, según N. T. Wight (2006:10), los rudimentos del cosmos son las deidades tutelares de las naciones paganas que por tantos años afligieron al pueblo de Dios y lo mantuvieron en cautividad. Entre estas deidades, o dioses falsos, se encuentra el César romano y el culto imperial.

Hemos presentado tantas diferentes teorías y opiniones sobre la identidad de los rudimentos de este mundo para dar al estudiante una idea de la diversidad de criterios que existe entre los estudiosos del NT y del interés que ha generado el tema entre los investigadores. Nosotros opinamos que puede haber algo de verdad en casi todas las interpretaciones presentadas arriba. Lo que tienen en común todas las cosas, poderes o seres mencionados en estas interpretaciones es que ejercen un control sobre la humanidad, la creación, y la historia. Son fuerzas que determinan de una manera u otra el destino del género humano y su universo. Como tales, pueden entorpecer el plan ideado por Dios para sus criaturas: vivir en plena comunión con su Creador y por medio de su Espíritu reflejar su gloria, su gracia, y amor. Todos los rudimentos mencionados en las diferentes interpretaciones de los estudiosos del NT son una expresión de la ley, la coerción y el determinismo, y nunca de la libertad que el Creador desea para sus criaturas.

4:4 Pero cuando se cumplió el tiempo señalado, Dios envió a su Hijo, que nació de una mujer y sujeto a la ley,

La frase "cuando se cumplió el tiempo señalado" se refiere a la finalización de un período de tiempo linear, como solía ocurrir, por ejemplo, en el Año de jubileo del cual habla Levítico 25. En dicho "Año de jubileo" los esclavos hebreos tenían que ser puestos en libertad; su tiempo de servir como esclavos había llegado a su fin, pues nunca había sido la voluntad de Dios que fueran esclavos para siempre. Habían sido creados y destinados para ser libres. En el libro de Éxodo, con la llegada de Moisés, el tiempo de la esclavitud de Israel llegó a su culminación. Al terminar los setenta años de cautividad profetizados por el profeta Jeremías, los judíos de Babilonia pudieron regresar a la tierra santa. Pablo les recuerda a los gálatas que todos los seres humanos habían estado esclavizados por el pecado, los poderes ocultos, el poder de la muerte, y la ley. Pero este tiempo de esclavitud llegó a su fin cuando Dios envió a su Hijo, el cual nació como hombre sujetado a la maldición de la ley.

Al llegar a su fin el tiempo de la esclavitud bajo la ley y los elementos del universo, Dios envió a su Hijo, que nació de una mujer. El verbo griego ἐξαπέστειλεν expresa que el verdadero Dios, en contraste con los espíritus elementales del universo que antes adoraban los gálatas, no es una deidad que no quiere relacionarse con nosotros, sino que es un Dios que envía. En el principio Dios envió su Palabra y su Espíritu para separar la luz de las tinieblas y separar la tierra seca del caos primordial. Por medio del envío de la Palabra y el Espíritu se creó la vida. El envío del Hijo por el Padre pone de manifiesto que el que estaba con el Padre desde la eternidad ahora ha entrado en la historia, el espacio y el tiempo, en contraste con los espíritus elementales, los que son atemporales y ajenos a la historia (Fee 2007:510). La declaración del apóstol nos ayuda a apreciar cuán importante es para nuestra salvación la encarnación de Cristo.

Pablo no menciona el nombre de la mujer; no la nombra María, la virgen, o la Madre de Dios; simplemente la llama mujer. Algunos autores patrísticos lo consideraron una falta de respeto a la madre de nuestro Señor; pero lo que el apóstol señala aquí no es el nacimiento milagroso de una virgen, sino la humanidad de Cristo, o sea, el hecho de que el Cristo divino y eterno se hizo verdadero ser humano. El Señor de la gloria realmente se humilló de tal manera que asumió nuestra naturaleza, se hizo carne y sangre. Si no hubiera sido así, no podría habernos rescatado de nuestra esclavitud de sometimiento al pecado, la muerte, la condenación de la ley y los poderes espirituales rebeldes. No puede haber una verdadera liberación de la esclavitud sin la encarnación. Al nacer de una mujer como verdadero hombre, el Hijo se hizo vulnerable, débil, mortal, algo que nunca hubieran intentado los espíritus elementales del universo.

La frase "envió a su Hijo" presupone la preexistencia de Cristo. El enviado tuvo que haber existido y estado con el Padre antes del momento de su encarnación, tal como lo dan a entender los antiguos credos de la iglesia cristiana (Witherington1998:287). Gálatas 4:4 hasta parece haber sido parte de un antiguo credo confesado por los seguidores de Cristo aun antes del tiempo de Pablo. No cabe duda de que el apóstol, en sintonía con otros autores del NT, enseñó a sus congregaciones que Jesucristo existió desde la eternidad y que no fue un simple ser humano que en virtud de su gran fe y devoción fue adoptado por Dios y de esta manera llegó a ser un ser divino (Jn 1:1-2; 1 Jn 1:1; Ap 1:8; Heb 1).

Mientras que la frase "envió a su Hijo" apunta a la preexistencia de Cristo y la alta cristología que confesaban tanto Pablo como la iglesia primitiva, la otra frase "que nació de una mujer y sujeto a la ley" señala, a la vez, el hecho de que la iglesia primitiva confesaba a Jesucristo como verdadero hombre, así como hacen los cristianos hoy en día al confesar su fe con las palabras del Credo Apostólico, el Credo Niceno y el Credo de Atanasio. La frase "sujeto a la ley", subraya, además, el hecho de que nuestro Señor nació como judío, fue criado bajo la Tora, sujetado a la Tora, que observó la Tora y anduvo por Galilea y Judea enseñando e interpretándola a la luz de su propio llamamiento de llevar a cabo la misión del Siervo del Señor, el Hijo de Hombre, el Hijo de Dios y el Mesías de Israel y, de esta manera, transformar en mesiánica la Tora vigente antes de la llegada del Mesías (Gerhardsson 1998:325-327).

EL CUMPLIMIENTO DEL TIEMPO

En cuanto a la frase "cuando se cumplió el tiempo señalado", muchas introducciones del NT la relacionan con las circunstancias favorables para la venida de Jesús al mundo en el preciso momento histórico en que nació. No es cierto que Pablo tuvo en mente tales circunstancias históricas, sociales y políticas cuando escribió su Carta a los Gálatas. Es más probable que el apóstol estuviera pensando en el tiempo oportuno que había sido determinado por Dios por razones que sólo él sabe (Allan 1963:86), así como fijó el día y la hora para la segunda venida de Cristo. Al utilizar la expresión "cuando se cumplió el tiempo señalado", el apóstol quiere señalar que el tiempo en que la ley funcionó como pedagoga había llegado a su fin. Este tiempo comenzó con la entrega de la ley a Moisés en el monte Sinaí y terminó con el grito de Jesús en la cruz: "Está cumplido." Así pues, la expresión "cuando se cumplió el tiempo señalado" recalca el carácter provisional de la ley, lo que Pablo enfatiza en otras partes de su carta. Por un tiempo la ley con sus ritos, ceremonias y muchas de sus provisiones, había erigido una barrera de separación entre Israel y las naciones. Sirvió, por un tiempo especificado por Dios, para proteger a los israelitas de las prácticas idolátricas de los gentiles. Pero Dios nunca quiso que dicha separación fuera permanente. El propósito de Dios fue, desde siempre, unir a judíos y gentiles como hermanos y miembros del mismo pueblo, un pueblo sin barreras entre unos y otros. El plan de Dios de unir a judíos y gentiles, profetizado en el AT, es el gran misterio del cual habla Pablo en su Carta a los Efesios. San Agustín manifestó que la ley es como el barco en el cual uno viaja hasta llegar a su propia tierra; pero al llegar a tierra firme, uno ya no necesita el barco (Plumer 2003:149), porque éste ya cumplió con su función.

Al declarar "cuando se cumplió el tiempo señalado", el apóstol recalca no sólo que llegó a su fin el tiempo de la cautividad de los hombres sometidos a la ley y los rudimentos del mundo, sino que también llegó el momento de llevar a cabo la evangelización de los gentiles y de traer a gentes de todas las naciones al reino de Dios en cumplimiento de la promesa hecha a Abrahán, de que en su simiente todas las naciones recibirían bendición. Los profetas también habían profetizado la venida de aquel gran día en que vendrían muchas naciones a unirse al Señor (Zac 2:11; Is 2:2; 42:6; Jer 3:17; Sal 86:9) e implorar su favor y buscar al Señor de los ejércitos (Zacarías 8:21). En su conversación con la mujer cananea Jesús le dio a entender que antes de emprender la misión a todas las naciones, era preciso dar de comer primero a los hijos (Mateo 15:21-28) y después a los gentiles. Con la resurrección de Cristo y su ascensión junto al Padre, había llegado el momento de emprender la misión a todas las naciones. El tiempo de mantener a las naciones alejadas del pueblo de Israel había llegado a su fin; el gran día de la evangelización anunciado por los profetas había llegado. Sentado a la diestra del Padre, el Hijo recibió la autoridad de reinar sobre todas las naciones, tribus, y lenguas. El cumplimiento de la gran comisión no es otra cosa sino enviar a los discípulos de Jesús a convocar a todos los hombres a doblar sus rodillas ante el Salvador y en fe confesarlo como su Señor y rey amoroso.

Aunque el propósito de Pablo no fue destacar las condiciones históricas, sociales y políticas que favorecieron la venida de Jesús en el momento preciso de su encarnación, sin embargo será instructivo para nuestra comprensión del trasfondo de la misión de Pablo a los gentiles considerar, por un momento, las tres circunstancias favorables para la difusión del evangelio en el primer siglo, mencionadas en muchas introducciones bíblicas.

La primera circunstancia favorable es la difusión del idioma griego como medio de comunicación por todo el Imperio Romano. Debido a las conquistas de Alejandro Magno, unos 330 años antes del nacimiento de Jesús, el griego llegó a ser un idioma universal utilizado por comerciantes, soldados, funcionarios gubernamentales, viajeros, maestros, y estudiantes. Alejandro Magno no sólo fue un gran conquistador sino un misionero del helenismo, o sea, la difusión de la cultura, idioma, y filosofía de los griegos. Debido a la divulgación del idioma griego no le fue necesario a Pablo y a los otros apóstoles y misioneros cristianos pasarse años y años aprendiendo idiomas extranjeros a fin de anunciar el evangelio a todas las naciones. Los misioneros cristianos no se vieron en la obligación de traducir el mensaje de Cristo a tantas diferentes lenguas. Si Pablo hubiera vivido 500 años antes o 500 años después, la situación habría sido muy diferente.

La segunda circunstancia citada en muchas introducciones del NT es la de la *pax romana*, o sea, la pacificación de las centenas de diferentes tribus bélicas y antagónicas en los territorios gobernados por Roma. Tanto Julio César como Augusto César y sus legiones, lograron poner fin a las interminables luchas y rebeliones que llenan los libros de historia que tratan de los siglos antes de Cristo. Las luchas entre las tribus fueron particularmente arduas en los territorios que, con la llegada de los romanos, llegaron a ser parte de la provincia de Galacia. Si no hubiera sido por el esfuerzo de los romanos de helenizar y romanizar a las tribus de Galacia, Asia y Cilicia, las actividades misioneras del apóstol habrían sido mucho más difíciles.

Para mantener la paz en los territorios gobernados por Roma, se exterminó a los piratas que infestaban los mares y que por tantos siglos hicieron tan peligrosos los viajes por mar. Las ciudades importantes estaban conectadas por carreteras pavimentadas. Las vías romanas, tanto por tierra como por mar, fueron utilizadas por Pablo y los otros misioneros cristianos en sus viajes de evangelización. Puesto que todos los territorios estaban dominados por Roma, Pablo y sus colaboradores no tuvieron que preocuparse por conseguir pasaportes y visas como los misioneros hoy en día, lo cual ciertamente fue una circunstancia que facilitó la difusión de la palabra de Dios por todo el mundo y que la iglesia primitiva aprovechó. En el transcurso de los siglos la iglesia contó con la permanente guía del Espíritu a fin de aprovechar otras circunstancias históricas para la difusión del mensaje de la cruz. Ciertamente algunas de las circunstancias nuevas para la iglesia en el día de hoy son el Internet y el florecimiento de tantos otros medios de comunicación social.

La tercera circunstancia aprovechada por los primeros misioneros cristianos fue la presencia de muchas sinagogas judías en diferentes partes del Imperio Romano y hasta fuera de sus fronteras. Cuando hablamos de sinagogas en el primer siglo cristiano, pensamos, sobre todo, en las asambleas de los creyentes en el Dios de Israel y no en los edificios, tanto grandes cuanto pequeños que los arqueólogos han descubierto en Palestina y en la diáspora. La gran mayoría de los edificios encontrados hasta ahora se construyeron por lo menos doscientos años después de la época de Pablo. En algunas instancias, los judíos que carecían de recursos para construir un edificio para sus asambleas, se reunían en salas alquiladas o hasta al aire libre. Pero también es posible que se construyeran muchos edificios, aunque sus ruinas aún no han sido localizadas por los arqueólogos. Sería el caso de Anatolia donde, por falta de recursos, muchos pueblos antiguos todavía no han sido excavados. Recientemente se encontraron en Cilicia, la provincia natal del apóstol Pablo, lo que parecen ser dos antiguas sinagogas de la época helenista (200-50 aC). Las dos sinagogas en cuestión se encuentran en las ruinas de las ciudades de Korykos y Catiören, no lejos de Tarso, donde nació Pablo. Las ruinas son evidencia de las numerosas colonias de judíos que vivían en diferentes regiones de Anatolia en tiempos del NT. Según el gran filósofo Filón de Alejandría, el rey judío Herodes Agrippa I le informó al emperador romano Cayo Calígula (37-41 dC), que la ciudad de Jerusalén había establecido numerosas colonias en las regiones de Cilicia, Panfilia, Asia Menor, Bitinia y Ponto (Fairchild 2012:34-39). Los creyentes gentiles de estas provincias se mencionan como los destinatarios de 1 Pedro (1:1).

Lo importante de las asambleas o sinagogas era que se reunían semanalmente para la oración y la lectura y estudio de los rollos del AT. Las reuniones, celebradas mayormente en idioma griego, atrajeron a los no judíos, pues el mensaje del monoteísmo ligado a un código ético bastante estricto era lo que hacía falta en los cultos paganos, algo que anhelaban muchos gentiles pensantes. Historiadores judíos y romanos, entre ellos Josefo y Filón de Alejandría, y Juvenal y Horacio respectivamente, dan testimonio de las innumerables personas no judías que se sintieron atraídas al judaísmo por la sinagoga, por la versión del AT en Griego (la Septuaginta) y por la existencia de muchos escritos no bíblicos en griego. Los gentiles interesados en el Dios de Israel, que solían asistir a las reuniones de la sinagoga pero que no quisieron aceptar la circuncisión y todas las ordenanzas de la ley mosaica, se llamaban temerosos de Dios. Del grupo de gentiles conocidos como temerosos de Dios salieron muchos de los que creyeron el mensaje del evangelio proclamado por Pablo y sus colaboradores.

Todavía se debate vigorosamente, entre investigadores tanto judíos como cristianos, si la sinagoga judía se mantuvo al margen de las actividades misioneras entre los gentiles. Algunos historiadores opinan que las sinagogas judías en la diáspora evangelizaban activamente a sus vecinos paganos, y que muchos de los libros y tratados producidos por la sinagoga fueron escritos para apoyar la tarea de conseguir prosélitos (como por ejemplo los *Oráculos Sibilinos*). Un caso citado por Josefo y por algunos tratados rabínicos, tiene que ver con la conversión al judaísmo de la casa real de Adiabene por un comerciante judío llamado Ananías (Padget 1996:65-103). No sabemos si esta conversión del rey Izates y su familia al judaísmo fue un ejemplo o una excepción. Lo que sí sabemos es que Pablo aprovechó la presencia de los temerosos de Dios y de los prosélitos gentiles en las reuniones de las sinagogas, para anunciar las buenas nuevas y reclutar para el movimiento cristiano conversos que por su participación en la sinagoga ya poseían algunos conocimientos del Dios de Israel, su voluntad para con los seres humanos, y las profecías mesiánicas.

No debe sorprendernos, por lo tanto, encontrar al apóstol para los gentiles predicando en las sinagogas judías de Galacia, puesto que los temerosos de Dios constituyeron lo que los sociólogos cristianos han clasificado como un grupo abierto al evangelio, o sea, un grupo que el Espíritu Santo había preparado para la recepción de las buenas nuevas. Tales grupos, se dice, deben tener prioridad en cuanto a la disponibilidad de misioneros, recursos económicos, y tiempo. Según la filosofía del movimiento conocido como Iglecrecimiento, cuando el Espíritu Santo prepara un campo blanco listo para segar, no se debe descansar hasta que no se haya recogido toda la cosecha. En el caso del trabajo misionero de Pablo en Galacia, es muy probable que los nuevos conversos de Antioquía de Pisidia constituyeron puentes de Dios por los que las buenas nuevas llegaron a otros pueblos de la región. Alguna mujer judía de Antioquía podría haber dicho a Pablo: "Hermano, yo tengo un hermano en Iconio que por mucho tiempo ha esperado la venida del Mesías. Quisiera que conociera el mensaje de Jesús. Mi hermano ha prosperado en sus negocios y tiene una casa grande, ideal para la celebración de reuniones. Yo sé que te recibiría con los brazos abiertos." Un converso gentil podría haberle hablado al apóstol de su hermano en Listra, un hombre sumamente influyente en la ciudad y con una gran familia, y haberle ofrecido una carta de presentación para cuando fuera por esas regiones (McGavran 1957:27-28). Gracias a lazos familiares y contactos comerciales parecidos, se han establecido miles de congregaciones cristianas por toda América Latina.

4:5 para que redimiera a los que estaban sujetos a la ley, a fin de que recibiéramos la adopción de hijos.

Con esta afirmación el apóstol hace inteligible el propósito de la encarnación del Hijo: para redimir a los que eran esclavos de la ley, y convertirlos en hijos de Dios. No fue enviado como un segundo Moisés para darles a los hombres más mandamientos, ni tampoco como un gurú o un gran místico para enseñarnos una filosofía por la que pudiéramos lograr nuestra propia liberación. Fue enviado como salvador, no sólo de los judíos, sino de todo el género humano, porque todos necesitan liberación de los rudimentos del mundo, la carne, y la maldición. En este pasaje, la expresión "estaban sujetos a la ley", quiere decir estar sujetado a la maldición de la ley (de Boer 2011:264). Todos necesitan recibir el don del Espíritu.

Tenemos que recordar que muchos de los lectores y oyentes de Pablo en Galacia fueron gentiles que antes habían adorado toda clase de deidades y espíritus. Una pregunta que bien podrían haber hecho cuando escucharon el evangelio por primera vez, sería: "¿Este Jesús de quién hablas no será inferior a los dioses y espíritus angelicales que adoramos? Éstos son ciento por ciento seres espirituales desprovistos de cuerpos físicos, pero Jesús, por haber nacido de una mujer, y haber muerto en una cruz, no es del todo un ser espiritual, sino también humano. Siendo así, ¿no sería mejor invocar también a los ángeles y espíritus elementales del universo, para recibir su ayuda en nuestras dificultades? Está claro que Jesús, por ser tan humano, no puede ayudarnos en todo." Dicho de otra manera: "Puesto que Jesús vivió en un cuerpo físico, no es tan puro y perfecto como los ángeles y, consecuentemente, no puede darnos toda la ayuda que necesitamos (Filson 1958:175). La declaración de Pablo pone de manifiesto que lo que Cristo hizo al asumir un cuerpo físico en su encarnación fue algo que ningún otro dios o espíritu pudo haber hecho, esto es: la liberación del ser humano del pecado, la muerte, y los poderes de la oscuridad.

Solamente un ser que fuera Dios y hombre a la vez sería capaz de redimir a los seres humanos. Siendo verdadero hombre pudo sufrir en su cuerpo todo lo que implicaba ser abandonado por el Padre en la cruz y padecer la muerte que por nuestra rebelión nos tocaba a nosotros. Lo que realizó Cristo no lo pudo haber hecho ningún otros dios o espíritu. Siendo al mismo tiempo verdadero Dios y hombre, Cristo pudo cumplir en nuestro lugar no sólo con todas las demandas de la ley, sino vencer el poder del último enemigo, la muerte. Por ser verdadero Dios y hombre, Jesucristo es el único ser en todo el universo capaz de ser el Salvador del mundo. En el año 1098 el gran filósofo y teólogo benedictino San Anselmo de Canterbury (1033-1109) escribió su célebre libro *Cur Deus Homo,* en el cual intentó comprobar que solamente alguien que fuera tanto Dios como hombre podría ser el redentor del mundo (Pelikan 1978:107). Pero más de mil años antes de San Anselmo, tenemos aquí en Gálatas 4 palabras que nos explican el porqué de la encarnación.

En el Bautismo ocurre la adopción de las personas como hijos de Dios. El Bautismo redime a los esclavos de la servidumbre de la ley y de los poderes y autoridades de este siglo. El verbo griego ἐξαγοράζω, traducido como redimir, conlleva la idea de pagar un precio a fin de obtener la manumisión de un esclavo de acuerdo con el proceso que se explica en nuestro comentario sobre Gálatas 5:1, con la excepción de que el precio que pagó Cristo no fue un precio ficticio sino real (Büchsel 1964:126-128). En 1 Pedro 1:18-19 leemos: "Ustedes saben que fueron rescatados de una vida sin sentido, la cual heredaron de sus padres; y que ese rescate no se pagó con cosas corruptibles, como el oro y la plata, sino con la sangre preciosa de Cristo, sin mancha y sin contaminación, como la de un cordero." El objeto de la manumisión a la que Pablo se refiere no fue sólo la liberación de los esclavos, sino su adopción como hijos. Según la ley romana, uno que había sido adoptado no podía ser reducido nuevamente al estado de esclavitud por su padre adoptivo. Quedaba libre para siempre, a menos que él mismo renuncie a su adopción y su liberación, así como aparentemente quisieron hacer los gálatas al aceptar el pacto de la circuncisión. La idea de redención y rescate en este pasaje lleva en sí la idea de sustitución, o sea, que cuando Jesucristo murió en la cruz, murió en lugar de los que estaban esclavizados. Dicho de otra manera, Jesús se entregó como rehén a la muerte y condenación de la ley, con el fin de obtener la liberación de los seres humanos esclavizados (Morris 1955:55-56).

Lo que Pablo escribe aquí fue ilustrado gráficamente en la famosa novela de Lewis Wallace *Ben Hur, un relato de Cristo*. Escrita en 1880 por un ex general de la Guerra Civil de los EUA, la novela relata cómo un joven noble judío es traicionado con doblez por su mejor amigo y acusado de ser un revolucionario. Además, se lo vende como esclavo y se lo obliga a remar como galeote en el barco de guerra del almirante de la flota romana. Durante una terrible batalla naval el barco se hunde y el almirante está a punto de perder la vida, pero es rescatado por

Ben Hur. En agradecimiento, el almirante no solo obtiene la manumisión de Ben Hur, sino que también lo adopta como su hijo y heredero, con todos los privilegios y títulos de honor. Al fin de la novela Ben Hur es redimido, por la sangre de Cristo, de su odio, rencor, y deseos de venganza.

4:6 Y por cuanto ustedes son hijos, Dios envió a sus corazones el Espíritu de su Hijo, el cual clama: "¡Abba, Padre!"

En el versículo 4 el apóstol manifestó que Dios el Padre envió a su Hijo. Ahora, utilizando el mismo verbo griego (ἐξαπέστειλεν), declara que este mismo Dios ha enviado el Espíritu de su Hijo para ayudar a los creyentes a clamar: ¡Abba Padre! Vemos en este pasaje las tres personas divinas en acción, en misión. El envío del Hijo y del Espíritu por el Padre es la demostración más contundente de que la misiología tiene su origen en la actividad de la Santa Trinidad, y también que esta misiología divina es la madre tanto de la teología como de la eclesiología. La santa iglesia cristiana existe porque el Padre envió a su Hijo y al Espíritu de su Hijo. La iglesia se creó para ser un instrumento del Dios Trino en la realización de su misión. Quiere decir que una iglesia que no participa en la misión del Dios Trino (*missio trinitatis Dei*), ha perdido su razón de ser y ya no es una iglesia (Dodds 2012:394-395).

En virtud de su bautismo los creyentes reciben el Espíritu Santo por el cual pueden orar al Padre en el nombre de Jesús. En la iglesia primitiva, a los que iban a ser bautizados se les enseñó el Padre Nuestro en vísperas de su bautismo en el Día de la Resurrección de Cristo. Entonces, como hijos de Dios adoptados en el bautismo tenían el derecho de orar a Dios y llamarle Padre. Algunos comentaristas creen que "¡Abba Padre!" es lo que exclamaron los nuevos cristianos al salir de las aguas bautismales (Martyn 1997:392). El hecho de que el apóstol emplea aquí una palabra aramea (*Abba*) y una griega (πατήρ) para designar al Padre a quien oramos, puede significar que quiere enfatizar que ese Dios es el Padre tanto de judíos como de gentiles. O sea, Pablo quiere subrayar que tanto los cristianos que hablan arameo (los judeocristianos) como los que hablan griego (los creyentes gentiles) constituyen un solo pueblo, y que el Padre oye las oraciones de todos los miembros de ese pueblo, no importa cuál sea la lengua en que claman a él.

La voz aramea *Abba* es la palabra con que los niños judíos se dirigían a sus padres; es una palabra tierna y dulce que señala al padre como tal, tierno y dulce, y no como un gran señor, ni menos un tirano. Su equivalente en español podría ser papito, padrecito o taita, y expresa la confianza, amor y ternura que siente el niño pequeño al llamar a su padre querido. *Abba* es una palabra que caracteriza las oraciones de Jesús, pero para la mayoría de los judíos hubiera sido considerado una falta de respeto dirigirse a Dios de esa manera (Jeremias 1967:62). En la vasta literatura apócrifa y rabínica casi no encontramos el uso de *Abba*, ni en la liturgia de la sinagoga, ni en las prácticas de devoción individual. El uso de *Abba* en las oraciones indica una relación especial con Dios, hecha posible únicamente por el sacrificio de Jesús en la cruz. La incorporación de esta palabra extranjera a las liturgias y oraciones de las nacientes congregaciones de habla griega, es una muestra de su importancia en la iglesia primitiva. El hecho de que Dios ha enviado el Espíritu de Jesús a nuestros corazones para clamar ¡Abba, Padre! es una prueba de que realmente somos hijos de Dios. Es como dice Lutero en su introducción al Padrenuestro: "Con esta invocación quiere Dios atraernos para que creamos que él es nuestro verdadero Padre y nosotros sus verdaderos hijos, de modo que con valor y plena confianza le supliquemos como hijos amados a su amoroso padre." Hay que recordar que Jesús solamente habló de Dios como "el Padre de ustedes" cuando hablaba con sus discípulos (Jeremias 1967:43).

4:7 Así que ya no eres esclavo, sino hijo; y si eres hijo, también eres heredero de Dios por medio de Cristo.

Los gálatas, esclavos en el pasado, fueron redimidos por el rescate que Cristo pagó por ellos cuando sufrió maldición a fin de regalarles bendición, honor, y gloria. En el Bautismo fueron librados de la esclavitud, adoptados como hijos, y hechos herederos de las bendiciones prometidas a Abrahán. Se los autorizó a orar directamente al Padre en el poder del Espíritu Santo, que a partir de ahí hizo su morada en ellos y los alistó y capacitó para vencer las tentaciones y luchar en contra de los poderes ocultos del eón de aquel entonces. El hecho de que los gálatas recibieran el Espíritu es la prueba de que verdaderamente eran no sólo hijos de Dios, sino también herederos de la promesa. Porque la herencia prometida no consistía en una parcela de tierra en alguna parte de Palestina, sino en la recepción del Espíritu. Si los gálatas ya tenían todo esto, ¿para qué necesitaban la circuncisión? En Cristo ya lo tenían todo.

Desde la perspectiva de sociedades catalogadas como culturas de honor y vergüenza, una de las maneras de conseguir honor es mediante la adopción. La adopción señala el paso de una persona de origen innoble a un estatus de honor, el paso de un estatus vergonzoso a su incorporación a una nueva familia prestigiosa. Tal incorporación implica la recepción de un nombre y una reputación honorables. En el Bautismo las personas no quedan incorporadas a la familia de un renombrado miembro de la alta sociedad grecorromana, sino a la familia de Dios. Por medio de este acto de iniciación, los gentiles han sido purificados de la contaminación, polución e impureza que caracterizan la presente generación idolátrica y adúltera (Georges 2010:297300).

4:8 Ciertamente, en otro tiempo, cuando ustedes no conocían a Dios, servían a los que por naturaleza no son dioses;

¿A quiénes tiene en mente el apóstol cuando habla acerca de los que por naturaleza no son dioses? Hay una interesante diversidad de opiniones respecto a esta pregunta. Las respuestas dependen en gran parte de la decisión que haya tomado el intérprete acerca de la identidad de los gálatas, su ubicación geográfica y el fin que perseguían los maestros de la ley al exigirles la circuncisión.

De acuerdo con la teoría de Troy Martin, los que por naturaleza no son dioses son las deidades paganas que los gálatas gentiles adoraban antes de la llegada de Pablo con el mensaje del evangelio. Algunas de las deidades veneradas en Ancira en el norte de Galacia fueron Artemisa, Asclepio, Deméter, Dionisio, los Gemelos, Hécate, Helios, Hércules, Hermes, Isis, Leto, Némesis, Mem, las Musas, Serapis, Tique y Zeus (Schnabel 2004:1135). Según Deuteronomio 32:16-17, la adoración de dioses paganos es equivalente a rendir culto a los demonios y espíritus malos que animan a los ídolos de los gentiles, y a dejarse dominar por ellos. De acuerdo con el argumento de Pablo en 1 Corintios 10:16-22, los que participan en una fiesta sagrada dedicada a un ídolo, realmente no adoran a otro dios, pues no hay otros dioses. Su adoración se ofrece, antes bien, a los demonios que se hacen pasar por dioses. Los demonios no son dioses sino pobres y débiles rudimentos.

Otros intérpretes están convencidos de que "los que por naturaleza no son dioses", tanto aquí como también en 1 Corintios 8:5, son los que conforman el panteón Olímpico y sobre todo el divino César y los miembros de la familia imperial (Kahl 2010:223). Lo que el apóstol tiene en la mira es la participación en el culto imperial, lo que es idolatría.

Según Van Os, en la frase "los que por naturaleza no son dioses", tenemos una referencia a los ángeles por medio de los que los israelitas recibieron la ley (2008:56).

4:9 pero ahora que conocen a Dios, o más bien, que Dios los conoce a ustedes, ¿cómo es que han vuelto de nuevo a los débiles y pobres rudimentos, a los cuales quieren volver a esclavizarse?

En nuestra discusión de Gálatas 4:3 tratamos de la gran variedad de opiniones que existe entre los intérpretes antiguos y modernos en cuanto a la identidad de los rudimentos del mundo a los que los gálatas se encontraban esclavizados antes de ser librados por la proclamación del evangelio. Lo que Pablo añade aquí a lo que ya había escrito sobre los rudimentos es que son pobres y débiles. Aunque sean pobres y débiles, los rudimentos del mundo se vuelven peligrosos cuando los hombres los veneran y les sirven. Hasta las estipulaciones de la ley mosaica pueden llegar a esclavizar a los seres humanos cuando se las considera medios para alcanzar la salvación, en vez de ordenanzas para guiar a los hijos de Dios al servicio de los unos por los otros.

Un intérprete moderno, en sintonía con los comentaristas antiguos y medievales, asevera que los poderes se describen como débiles y pobres, aunque tienen el poder para esclavizar. Su debilidad consiste en que carecen del poder para derrotar a la muerte y dar vida. La ley condena, encierra, y maldice, pero no puede derrotar a la muerte, ni transformar las vidas de los hombres. Los rudimentos, siendo pobres, no ofrecen nada, solamente toman. Únicamente el Espíritu da vida (Martyn 1997:360). Los filósofos griegos como Plutarco aseveraban que los demonios y espíritus del mal eran débiles y pobres porque se los podía destruir, y porque morían (Betz 1979:214-215).

Hay, sin embargo, otras maneras de entender lo que significan los rudimentos. Basándose en la crítica retórica, el padre católico Troy Martin afirma que el problema que impulsó a Pablo a escribir a los gálatas no fue que los destinatarios estaban en peligro de circuncidarse y hacerse judíos. Según Troy Martin, los gálatas, como la gran mayoría de los gentiles, no querían tener nada que ver con la circuncisión y la ley de Moisés. Cuando, según el padre Martin, los judaizantes llegaron de Jerusalén predicando su "evangelio" de circuncisión, los gálatas creyeron que Pablo, en su afán por conseguir miembros para su comunidad, les había anunciado solamente la mitad del evangelio. No les dijo nada acerca de la necesidad de circuncidarse y guardar la ley de Moisés. De esta manera los gálatas, creyendo que habían sido engañados, estaban considerando volver al paganismo porque no estaban dispuestos a circuncidarse para mantenerse dentro de la iglesia. Así, desde la perspectiva de Troy Martin, los débiles y pobres rudimentos son sus viejos dioses paganos a los que los gálatas querían regresar, a fin de no tener que circuncidarse (Martin 1995: 437-461).

Vimos arriba que otros intérpretes, como Kahl, consideran que al hablar de los rudimentos, Pablo tenía en mente las ceremonias, días de fiesta, procesiones y liturgias relacionados con el culto imperial. Como tales, los rudimentos cumplían con la finalidad de adoctrinar a los gálatas a aceptar sin reparos ni resistencia el dominio que los romanos ejercían sobre los pueblos conquistados y abrazar la falsa paz romana que justificaba la explotación y opresión de los más débiles de parte de los más poderosos y corruptos.

En contraste con los rudimentos que esclavizan, Dios, a quien los gálatas llegaron a conocer en Jesucristo, es Dios que libera. No es un dios desconocido, como aquel a quien los atenienses (Hch 17:23-24) habían erigido un altar. El Dios verdadero es Dios a quien se puede conocer; pero nuestro conocimiento de Dios no comienza con nosotros mismos, sino con el hecho de que él nos conoció primero (Ro 8:28-30) [Matera 1992:152]. Es Dios quien toma la iniciativa; él nos busca antes de que nosotros lo busquemos a él. Nuestra búsqueda de Dios es el resultado de que él nos ha buscado primero. La frase "que conocen a Dios" implica un conocimiento intelectual de la existencia del Dios verdadero, y también una comunión íntima con él. Implica vivir en Dios, y que la presencia de su Espíritu vive en el corazón del creyente. En Jesús no sólo llegamos a conocer al Padre (Jn 14:9); llegamos a conocer y experimentar que Dios es amor, ya que Jesús es la imagen visible del Dios invisible (Col 1:15).

4:10 Ustedes guardan los días, los meses, los tiempos y los años.

¿Cuáles son los días, meses, tiempos y años a los que el apóstol se refiere? Existen varias posibilidades. Para la mayoría de los eruditos, los cuatros sustantivos mencionados aquí son alusiones a las fiestas y días especiales que guardaban los judíos de acuerdo con lo que exige la Tora en 1 Crónicas 23:31, 2 Crónicas 2:2-4 y Números 10:10, 28:11. Estas ceremonias y fiestas probablemente incluyen el día de reposo (el sábado), el día de la expiación, la fiesta de la luna nueva y la pascua. De este modo, los que opinan que el pasaje trata de las fiestas exigidas por la ley de Moisés, creen que además de exigir la circuncisión, los agitadores judaizantes de Galacia enseñaron la necesidad de celebrar las fiestas judías además de las leyes sobre dieta, según da a entender la inclusión, en Gálatas 2:14, del relato del encuentro entre Pedro y Pablo en Antioquia (Thielman 1994:121).

En los libros apócrifos del AT y en los documentos de Qumran, puede observarse cuán importantes fueron tales fiestas para muchos judíos de la época del apóstol Pablo. En esos documentos, las leyes que tienen que ver con el calendario son casi tan importantes como la ley moral, porque de los movimientos de los planetas y de los astros dependía la marcha del universo. Algunos judíos creen que una porción muy grande de energía divina se derramó sobre el mundo en el séptimo día. En el Zohar, o sea la compilación de las tradiciones de los cabalistas, el séptimo día es el tiempo en que la parte masculina de la deidad celebra su unión sexual con la Shekhinah, la parte femenina de la misma divinidad. Se creía también que la celebración de otras fiestas del calendario judío liberaba fuerzas divinas y cósmicas que los fieles necesitaban como protección en un universo lleno de demonios y fuerzas ocultas (Giller 2011:118-119). Vale decir que la cábala, con sus tradiciones esotéricas y místicas, se redactó muchos siglos después de Pablo. Pero, ¿quién sabe exactamente cuándo o dónde tuvieron su origen las tradiciones? Ante tales creencias, Pablo hubiera aseverado que todas las fuerzas divinas y cósmicas que anhelaban recibir los cabalistas mediante el cumplimiento de la ley mosaica, son nuestras por medio del Espíritu Santo, el mismo Espíritu que los gálatas acogieron cuando oyeron el mensaje de la cruz.

En la época de Pablo se asignaba gran importancia a los ángeles que gobernaban los movimientos de los cuerpos astrales, y para algunos judíos heterodoxos (Arnold 1996:73-74), la tentación de rendir culto a los espíritus astrales fue otra forma de caer nuevamente bajo el dominio de los principados y potestades del presente eón malo. En América Latina, muchos creyentes, bautizados como cristianos, sin embargo son presionados o inducidos a seguir guardando días, meses, tiempos y años relacionados con el pasado pagano de nuestros antepasados, como por ejemplo la celebración de muchas prácticas dudosas relacionadas con el Día de los Muertos, o muchas fiestas patronales en las que las viejas deidades precolombinas se esconden detrás del disfraz del santo patrono.

Hay sin embargo otras maneras de entender la naturaleza de los días, meses, tiempos, y años que observaban los gálatas, o por lo menos algunos de ellos. Otro grupo de investigadores optó por considerar que los cuatro términos en cuestión no tienen que ver con el calendario judío, sino con el de los paganos. Para entender el argumento de los investigadores será necesario considerar nuevamente algo del trasfondo de la epístola. Sin lugar a duda, lo que trataban de evitar algunos, si no todos los creyentes de Galacia, era la persecución. La persecución no fue necesariamente desatada por el Estado, como en tiempos de Nerón o Domiciano. Bien podría tratarse de una persecución familiar, social o económica, como la que sufrieron muchos de los primeros protestantes en varias partes de América Latina. El primer misionero bautista que llegó a la ciudad de Tucupita en Venezuela, tuvo que enfrentar muchas dificultades, porque nadie quería alquilarle una vivienda, ya que temían ser excomulgados por el párroco local. Este mismo pastor, al comenzar a evangelizar en el pueblo de El Palmar, se encontró con que el sacerdote de la localidad había prohibido a todos los comerciantes del poblado venderles cualquier clase de alimento al misionero y su familia. Las capillas evangélicas fueron quemadas y los pastores linchados, no por las autoridades del gobierno, sino por vecinos que atribuyeron a los protestantes la falta de lluvia o el brote de una enfermedad. Se cree que por no participar en las fiestas patronales o venerar a los santos, los protestantes provocaban la ira de Dios y de los santos. Situaciones semejantes ocurrían en muchas partes del Imperio Romano. Se dice que muchos aztecas creyeron que la muerte de tantos naturales durante la conquista de México, fue causada por la hechicería y la brujería que empleaban los sacerdotes católicos en detrimento de la población indígena. Se creía que la victoria de los europeos sobre los aztecas se debió al hecho de que los hechiceros de los cristianos fueron más poderosos que los sacerdotes de los aztecas.

Frente a la oposición y persecución social, económica y tal vez política, los gálatas tenían que escoger entre por lo menos tres opciones:

(1) Circuncidarse y, de esta manera, identificarse públicamente con los judíos. En muchas partes del Imperio los judíos habían sido eximidos de la necesidad de participar en actividades por ellos consideradas idolátricas. No les era necesario ofrecer incienso al genio del emperador o tomar parte en procesiones, banquetes o fiestas celebradas en honor de los dioses paganos. No les era necesario conformarse al calendario pagano tan ligado a los elementos cósmicos y los poderes espirituales que gobernaban los días, meses, tiempos y años. Éste parece haber sido el camino tomado por los maestros judaizantes. El problema con tal identificación con la sinagoga consistía en que daría la impresión de que la liberación del pecado y la acogida del Espíritu eran una

cuestión de circuncidarse y observar la ley de Moisés, en vez de recibir por fe la promesa de Dios.

(2) Rechazar la circuncisión y las imposiciones de los judaizantes, pero volver a algunas de sus antiguas prácticas anteriores a la fe cristiana, tales como la participación en las fiestas y ceremonias celebradas en honor del emperador y de deidades grecorromanas y propias de ellos. De esta manera, se podría evitar la persecución, pero sería volver a conformarse a los días, meses, tiempos, y años relacionados con los dioses paganos. Recordemos, por ejemplo, que cada día de la semana se relacionaba con uno de los planetas (Sol, Luna, Marte, Mercurio, Júpiter, Venus, y Saturno). Cada mes estaba relacionado con uno de los signos del zodíaco. Es interesante notar que en sus escritos Pablo nunca utiliza el calendario pagano con sus identificaciones idolátricas, sino que, según la costumbre hebrea, sigue hablando del primero o segundo día del mes y nunca del día del Sol o del día de la Luna. Unos cuántos intérpretes opinan que en Gálatas 4:8-10 Pablo muestra su inconformidad con los gálatas que se comprometieron con el Imperio para escapar de la persecución (Martin 1996:105-119). San Agustín de Hipona escribió en 394/395 dC, quejándose de los supuestos cristianos de su época que todavía ordenaban sus actividades diarias de acuerdo con los pronósticos de los astrólogos y caldeos. Según Agustín, en este pasaje Pablo se dirige tanto a los judíos que observaban el calendario sagrado del AT como a los gentiles que practicaban la astrología. E indudablemente se dirige también a muchos que en nuestro medio se llaman cristianos y consultan con el horóscopo (Plumer 2003:187).

(3) Rechazar tanto las imposiciones de los judaizantes como también el ejemplo de los que procuraban comprometerse con ciertas prácticas paganas. Esta tercera opción, por supuesto, traería más persecución. Es, sin embargo, la opción escogida por el apóstol.

DÍAS, MESES, TIEMPOS, Y AÑOS DESDE LA PERSPECTIVA HISPANA

En casi todas las culturas de nuestro mundo encontramos personas que creen que la clave para alcanzar una vida pletórica de bendición y prosperidad consiste en una observación meticulosa y escrupulosa de una serie de ritos, ceremonias, ayunos, procesiones, peregrinaciones, y fiestas que son parte de un calendario sagrado, o de un ritual. En la antigüedad la religión consistía básicamente en la celebración de una serie de fiestas, ritos, y ceremonias de acuerdo con un calendario sagrado que estipulaba fecha y lugar de cada celebración. La falta de la observancia al pie de la letra de las ceremonias prescritas podía traer como consecuencia enfermedades, desastres naturales, y la mala suerte en los negocios y actividades familiares. Un ritualismo tal se entendía como una manera de protegerse de los espíritus malos y la ira de Dios. Los profetas del AT exhortaron a menudo a los israelitas a que vieran que el ritualismo sin una vida dedicada al servicio de Dios y el prójimo era una abominación y no una profilaxis (Os 6:6; Is 1:12-18; 58:1-12). En muchas partes de América Latina podemos observar esta mentalidad, no sólo en el esmero de los tradicionalistas de observar el día de cada santo y no dejar de celebrar la fiesta patronal del pueblo y las demás fiestas de la Iglesia Romana, sino también en las actividades de los que siguen la santería y otros grupos afines. Ante tal cosmovisión, Pablo procura hacer entender a sus hijos espirituales que la vida de los creyentes no se ordena ni se mantiene por el ritualismo o la participación en alguna forma de misticismo, sino por andar en el Espíritu Santo.

En realidad, es mucho más fácil para un misionero convencer a las personas que quiere convertir, a seguir un ritual y participar en fiestas patronales, peregrinaciones, y desfiles, que lograr un verdadero arrepentimiento y fe genuina en Cristo. En su celebrado libro *El Otro Cristo Español,* Juan Mackay cita a uno de los primeros virreyes del Perú, que escribió en 1565 y expresó: "De más de 300.000 convertidos bautizados, no más de 40 eran cristianos. El resto eran tan idólatras como siempre" (Mackay 1988:65).

4:11 ¡Me temo que, con ustedes, yo he trabajado en vano!

Con estas palabras cargadas de emoción, el apóstol procura provocar las emociones de los gálatas, y no sólo sus mentes. Cuando fracasan los argumentos basados sobre la lógica, las expresiones que revelan los sentimientos más profundos del que habla pueden lograr lo que un buen discurso es incapaz de lograr. Recordemos que Jesús no ocultó tampoco su frustración ante la incredulidad y falta de arrepentimiento de los habitantes de Jerusalén al expresar esta queja: "¡Jerusalén, Jerusalén, que matas a los profetas y apedreas a los que son enviados a ti! ¡Cuántas veces quise juntar a tus hijos, como junta la gallina a sus polluelos debajo de sus alas, y no quisiste!" (Mt 23:37). El temor de que se pierdan eternamente los habitantes de la Santa Ciudad provocó el lamento de Jesús. La frustración que expresa Pablo radica en su temor de que a fin de cuentas los gálatas también se pierdan.

UN ARGUMENTO BASADO EN LA AMISTAD (4:11-20)

4:12a Les ruego, hermanos, que se hagan como yo, porque yo también me he hecho como ustedes.

Apelando a la gran amistad que desde el principio había unido a Pablo con sus hermanos de Galacia, el apóstol comienza esta nueva parte de su carta con un imperativo "¡les ruego!" (Γίνεσθε), exhortando a sus lectores y oyentes a ser como él, libres de las imposiciones de la ley de Moisés, libres de la necesidad de ganar méritos por medio de la celebración de ceremonias, ritos, y sacrificios. Los gentiles de Galacia nunca habían asumido el yugo de la ley; comieron sin preocuparse por la distinción entre alimentos inmundos y alimentos puros. No solían preocuparse por celebrar las fiestas y ceremonias del Levítico. Al llegar a Galacia y vivir allí, Pablo se hizo uno con ellos. Siguió el ejemplo de los gálatas y, aunque todavía observaba muchas cosas prescritas en la ley de Moisés, lo hizo voluntariamente, sin compulsión. Cuando se purificó como mandaba la ley de Moisés (Hechos 21:24), lo hizo como una manera de identificarse con los de su propia raza, y no como una obra por la que ganaba algún mérito para sí. El apóstol Pablo que antes imitó la manera de vivir de los gálatas, ahora les pide que imiten su ejemplo y vivan como personas liberadas de la esclavitud de la ley. El apóstol entiende, sin embargo, que imitar su ejemplo les acarrearía probablemente persecución y sufrimiento.

Es posible, como sugiere Longenecker (2010:309), que por lo menos en parte, las palabras de Pablo se refieran al hecho de que para llevar a cabo su misión adoptó el estilo de vida de una persona de pocos recursos económicos, o sea, la vida de un pobre. Es evidente que por su vocabulario, su empleo de la retórica, su ciudadanía romana, su educación a los pies de Gamaliel, Pablo debe haber venido de una familia que gozaba de cierta posición social y económica acomodada. Para dedicarse a su misión tuvo que renunciar a los beneficios económicos de los que antes gozaba; tuvo que humillarse no sólo a trabajar con sus manos como fabricante de tiendas, sino que en muchas oportunidades pasó hambre, desnudez, y pobreza. Siguiendo el ejemplo de Jesús, Pablo se hizo pobre a fin de enriquecer las vidas de los demás. En 1 Corintios 9:22 declara: "Entre los débiles me comporto como débil, para ganar a los débiles." En muchos contextos la palabra griega ἀσθενής (débiles) es sinónimo de pobres. Visto desde esta perspectiva, el apóstol pide a sus lectores y oyentes que imiten el ejemplo de Cristo y su apóstol y también sacrifiquen su estatus y sus proyectos particulares, tanto para ganar a otros para Cristo (2 Co 8:9) como para ayudar económicamente a los pobres (Longenecker 2020:310). Al final de su tercer viaje misionero Pablo puso su propia vida en peligro de muerte para llevar a Jerusalén una colecta para los pobres de la ciudad (Ro 15:30-31).

4:12b-14 Ningún agravio me han hecho. Bien saben ustedes que, debido a una enfermedad del cuerpo, les anuncié el evangelio al principio, y ustedes no me despreciaron ni desecharon por la prueba que tenía en el cuerpo, sino que me recibieron como a un ángel de Dios, como a Cristo Jesús.

El apóstol les recuerda ahora a los gálatas su primera visita. En esa ocasión, lo recibieron con los brazos abiertos aunque vino a ellos sufriendo de una debilidad o aflicción corporal. Lo recibieron como a un ángel o mensajero de Dios que representaba a Jesucristo en su medio, de manera que sus palabras fueron para ellos como las palabras de Cristo (cf. 1 Ts 2:13). Entre líneas se nota que a Pablo le preocupa que la actitud de los gálatas hacia él pueda haber cambiado. Sin embargo, el hecho de que se dirige a ellos como a hermanos (ἀδελφοί), nos indica que aún no habían rechazado a su padre en Cristo (Schreiner 2010:285).

Hay muchas teorías respecto a qué clase de enfermedad de la carne (σαρκός) afligía a Pablo durante su estancia con los gálatas. Algunos opinan que el apóstol está hablando de una enfermedad de su propio cuerpo. Si es así, ¿cuál habrá sido la enfermedad que lo afligía? ¿Fue, tal vez, el mismo aguijón clavado en el cuerpo del cual habla en 2 Corintios 12? No sabemos. Algunos autores creen que Pablo sufría de una enfermedad de los ojos o disminución visual, tal vez como consecuencia de la visión que tuvo en el camino a Damasco, después de la cual quedó ciego por tres días (Witherington 1998:309). Los rabinos creían que después de haber tenido una visión de la gloria de Dios una persona podía quedar ciega o con la visión reducida. Decían que Isaac tuvo una visión de la gloria de Dios cuando estuvo sobre el altar esperando ser sacrificado. Consecuentemente, quedó ciego más tarde en su vida, y aprovechándose de esto su hijo Jacob lo engañó. Según esta manera de pensar, están los que explican el hecho de que Pablo dictaba sus cartas a un secretario y no las escribía con su propia mano, a causa de la disminución visual. El apóstol solía firmar sus cartas de propio puño solamente después de que su secretario las había redactado. Al final de su Carta a los Gálatas (6:11) dice: "Miren con cuán grandes letras les escribo de mi propia mano." Los que no ven bien son los que suelen escribir con letras grandes. En los antiguos manuscritos se acostumbraba escribir con letras pequeñas para ahorrar el precioso espacio en los pergaminos. Los materiales de escritura eran muy costosos. En realidad, no podemos precisar la naturaleza de la enfermedad del apóstol, sólo sabemos que le causaba mucho sufrimiento, y que podría haber sido la causa de que las personas lo rechazaran.

Otros autores afirman que Pablo era epiléptico. La palabra griega ἐξεπτύσατε traducida como <u>desechasteis</u> en la RVR y <u>tratar con desdén</u>

en la NVI, literalmente quiere decir escupirle a uno. Lo que dice el apóstol es: no me escupieron. Se dice que en el mundo antiguo era costumbre escupir al encontrarse con un epiléptico u otra persona severamente afligida. Se solía hacerlo como una manera de protegerse de la influencia maligna del espíritu malo que poseía a la persona afligida. Precisamente por el empleo de este verbo hay quienes creen que Pablo era epiléptico (Barclay 1984:49). El poeta griego Teócrito (315-250 aC) afirmó que si uno escupía tres veces se protegía del mal de ojo (Witherington 1998:311).

El historiador y explorador William M. Ramsay, quien a fines del siglo XIX anduvo por las regiones visitadas por Pablo, estaba convencido de que la enfermedad de Pablo fue el paludismo. Sabemos que el paludismo es una afección que nunca se cura definitivamente, sino que recurre periódicamente, a veces repentinamente, presentando síntomas tales como fiebre alta, temblores, gran debilidad, y agudos dolores de cabeza (¿el aguijón en la carne?). Antiguamente se creía que el paludismo era enviado por los dioses para castigar a los que se habían acercado a un templo o santuario en un estado de impureza (Ramsay 1960:96). De acuerdo con la hipótesis del autor citado, el plan de Pablo, Bernabé, y Juan Marcos era, después de salir de Chipre, evangelizar Perge, en Panfilia, la primera ciudad grande en el camino que conducía al interior de Asia Menor. En la región de Perge hay muchos pantanos, tierras húmedas y calurosas donde abundaban los zancudos y el paludismo. Ahí, según Ramsay, Pablo cayó enfermo y los apóstoles, a disgusto de Juan Marcos, cambiaron sus planes y decidieron subir hacia Antioquía de Pisidia (1.200 metros sobre el nivel del mar) para que se recuperara Pablo de su enfermedad en un clima más fresco y saludable. Por los estudios demográficos realizados en cuanto al índice de mortalidad y enfermedades en el Imperio Romano en tiempos del NT, se corrobora que el paludismo bien pudo haber sido la causa de la enfermedad de Pablo en una comarca baja como Perge.

Los investigadores señalan que las tres causas de muerte más comunes de la época de Pablo eran el paludismo, la tuberculosis, y el tifus. De información obtenida en las catacumbas cristianas de Roma, se sabe que durante los calurosos meses de agosto y septiembre, conocidos por sus fiebres, moría el doble de personas que en los demás meses. Los epidemiólogos dicen que el zancudo o mosquito anofeles, portador del paludismo, abunda y se propaga en los lugares bajos, cálidos, y húmedos, pero comienza a desaparecer a medida que se sube a zonas más elevadas y bien ventiladas. El transmisor del paludismo no sobrevive a más de 1.500 metros de altura (Reed 2010:353-355).

Contrariamente a todas las explicaciones del motivo por el que Pablo llegó a Antioquía de Pisidia, el investigador Troy W. Martin, siguiendo la opinión de San Jerónimo en su comentario sobre Gálatas, sugiere que el texto no habla de una debilidad o enfermedad (ἀσθένεια) del cuerpo del apóstol, sino de la debilidad de la carne de los propios gálatas. Según la óptica de Martin, la frase debilidad o enfermedad del cuerpo se refiere, como en Romanos 6:19, a la condición de los gentiles antes de ser transformados por el mensaje del evangelio y la venida del Espíritu Santo. La debilidad de la carne de los gálatas se debía a que estaban esclavizados por los espíritus elementales del universo, los que los inducían a practicar todas las obras de la carne catalogadas en Gálatas 5:19-20. La conclusión de Martin es que Pablo fue a los pueblos de Galacia para anunciar las buenas nuevas, y no para recuperarse de las heridas que había recibido de sus adversarios, ni porque estaba enfermo, sino porque los gálatas estaban enfermos y el nombre de su enfermedad o debilidad se llamaba pecado. Pablo fue a proclamar el evangelio a los gálatas porque Cristo lo había llamado a anunciar el mensaje de la cruz en los lugares donde no existían iglesias y donde no se conocía el mensaje de salvación (Martin 1999:65-91). A fin de cuentas, si aceptamos la explicación tradicional de la razón de la llegada de Pablo a Galacia, o si aceptamos la propuesta del profesor Martin, lo importante es que por medio de la proclamación del evangelio en la ciudades de Galacia, muchos esclavos del pecado se vieron libres de su cautividad y transformados en miembros del pueblo escatológico de Dios.

Así es como Pablo y Bernabé hicieron su primera parada en Galacia y tuvieron su primer contacto con los gálatas. Según los cálculos de los investigadores, los apóstoles permanecieron en Antioquía entre dos y ocho meses, lo suficiente como para dejar establecida una congregación dirigida por sus propios líderes. En Hechos 14:23 Lucas informa: "También nombraron ancianos en cada iglesia, y luego de orar y ayunar los encomendaron al Señor, en quien habían creído." Los ancianos o presbíteros a quienes se refiere el texto son los líderes encargados de la congregación, no sólo de Antioquía de Pisidia, sino también de Listra, Iconio, Derbe, y tal vez Perge, pues Lucas dice en Hechos 14:25, que en su viaje de regreso a Antioquía de Siria los apóstoles hicieron un alto para proclamar la Palabra en dicha ciudad. Para que los nombraran y ordenaran como ancianos, los candidatos debían ser aprobados como personas idóneas y de buen carácter, según apreciamos en las instrucciones que Pablo deja en Tito 1:5-16. En el AT en griego el sustantivo anciano se utiliza para nombrar a los líderes del pueblo de Israel. En el mundo grecorromano el término anciano se empleó con frecuencia en la designación de funcionarios elegidos para servir a la comunidad. Antes de nombrarlos y elegirlos, los magistrados romanos debían ser aprobados en un proceso similar al procedimiento para escoger un líder, según vemos en 1 Timoteo 3 y Tito 1 (Ramsay 1960:122: Lynch 2012:529-540).

Aunque el término ancianos (πρεσβύτεροι) no aparece en la lista de los líderes cuyas características menciona Pablo en 1 Corintios 12:28, las epístolas pastorales o Efesios 4:11, los estudiosos del NT concuerdan con que la designación anciano incluye a los que en otros pasajes son llamados pastores, obispos, diáconos, evangelistas, y maestros. El apóstol Pedro hasta se designa a sí mismo como anciano (1 P 5:1). En otras palabras, en el NT los términos ancianos, pastores, y obispos son prácticamente sinónimos. No fue hasta el siglo II dC que en algunas partes se comenzó a hacer una distinción de rango entre obispos, pastores, y diáconos. En Hechos 20:17 es obvio que los ancianos llamados a reunirse con Pablo son los pastores de las iglesias de Éfeso. A todos los líderes de congregaciones se los llama ancianos (presbíteros) porque son hombres maduros en cuanto a su edad y a su fe en Cristo. En 1 Pedro 5:1-5 encontramos un detallado resumen tanto de las características como de las responsabilidades de los ancianos de las congregaciones de las asambleas cristianas de Anatolia y otras partes (Lynch 2012:529-540).

Es probable que durante su estancia en Antioquia de Pisidia, Pablo y Bernabé recibieran algo de ayuda de la familia de Sergio Paulo, el gobernador romano de la Isla de Chipre. Según Hechos 13:4-12, Pablo, Bernabé, y Juan Marcos comenzaron su viaje misionero en Chipre, donde había nacido Bernabé. Después de anunciar la palabra de Dios en las sinagogas de los judíos en Salamina, el equipo misionero llegó a Pafos, donde libraron al procónsul Sergio Paulo de la influencia de cierto mago y falso profeta judío llamado Elimas. Al reprenderlo Pablo, Elimas se volvió ciego. Viendo lo que había sucedido, el procónsul creyó, maravillado de la doctrina del Señor.

Según inscripciones encontradas en Galacia, Sergio Paulo era de la región de Antioquía de Pisidia, donde la familia senatorial de los Sergii Paulii tenía una gran estancia. Los Sergii eran colonos italianos que se mudaron a Anatolia cuando Galacia y Frigia fueron anexadas al Imperio Romano. En realidad, las familias de los Sergii y los Caristanii fueron las más importantes familias romanas de la región. A Sergio Paulo se lo conoce por una serie de inscripciones encontradas en Roma y en Asia Menor. Fue senador del Imperio en el tiempo de Claudio y cónsul en los primeros años del César Vespasiano. La hermana de Sergio Paulo se casó con Caristanio Fronto, quien también fue senador y cónsul. Los dos apoyaron a Vespasiano durante los conflictos civiles que tuvieron lugar después de la muerte del emperador Nerón. Ambas familias eran de origen italiano, pero nativas de Antioquía de Pisidia. Se encontró una inscripción en Antioquia de Pisidia en honor de un hijo o liberto de Sergio Paulo, quien construyó un templo en honor del dios Men aproximadamente en el año 86 dC (Mitchell 1993:151-152).

Varios investigadores se han preguntado: ¿Por qué Pablo y Bernabé se dirigieron a Antioquía de Pisidia, habiendo muchas otras ciudades en las montañas? La respuesta de los eruditos es que Sergio Paulo le pidió a Pablo visitar su ciudad natal y proclamar en ella el evangelio de Jesucristo. De hecho, Pablo no se quedó en Panfilia, sino que fue directamente a Antioquia de Pisidia. Se ha observado también que a partir de su visita a Chipre, Saulo adoptó el cognomen Paulos en honor al gobernador, para suplantar el nombre Saulo que había tenido hasta ese momento. Paulos no es un nombre romano común, pero Pablo lo escogió a lo mejor para identificarse con su amigo el gobernador y con los romanos, a los que debía evangelizar. Todo esto debe servir para restarle importancia a las teorías de los investigadores que afirman que Pablo escribió sus epístolas, y especialmente Gálatas, desde una perspectiva sumamente antirromana. De modo que algunos creen que Pablo y Bernabé se dirigieron a Antioquía de Pisidia porque era la patria de Sergio Paulo, y que Pablo probablemente llevaba consigo una carta de recomendación escrita por el gobernador (Mitchell 1993:7-9).

Al darse cuenta de la enfermedad de Pablo, los gálatas no lo rechazaron creyendo que su afección fuese una enfermedad o castigo de Dios. Recordemos Hechos 28:4, en que se relata que el apóstol fue mordido por una víbora. Los habitantes de la isla de Malta decían: "Con toda seguridad este hombre es un homicida, pues logró escapar del mar, pero la justicia lo ha alcanzado y no lo dejará vivir." Recordemos también que hubo algunas personas en Corinto que menospreciaban al apóstol por su debilidad corporal: "Hay quienes dicen que mis cartas son duras y fuertes, pero que mi presencia física es débil y que mis palabras no valen nada" (2 Co 10:10). Los arqueólogos que se han dedicado a la investigación de la cultura de la antigua Anatolia encontraron 138 estelas cubiertas de inscripciones que han sido llamadas *Beichtenschriften*, un término alemán que significa: "Escritos confesionales." Las estelas se erigían para aplacar o apaciguar a una deidad local ofendida por algo hecho por uno de los adoradores, al cual se le pegó, como consecuencia, una enfermedad u otra aflicción. Un término que se repite con frecuencia en estas inscripciones es la palabra pecado (ἁμαρτία), juntamente con una descripción de la transgresión que ofendió a la deidad. Los dioses mencionados en las inscripciones son descritos como poderosos y vengativos, prestos a castigar las ofensas rituales y morales de los mortales.

A diferencia de las deidades de los filósofos griegos, que no intervenían en las vidas de los seres humanos para premiar a los justos y castigar a los impíos, los dioses venerados por los antiguos habitantes de Anatolia, especialmente en las zonas rurales de Frigia, Galacia, y

Lidia, obligaban a los mortales a cumplir con un estricto código moral según el cual operaba una justicia de recompensa y castigo. Es decir, los dioses se daban cuenta de la santidad de los justos y las injusticias de los impíos, y actuaban para castigar severamente a los injustos. Los filósofos griegos se burlaban de tales ideas y las consideraban pura superstición (*deisidaimonia*). Dos de los dioses más distintivos e inusuales de los antiguos frigios se llamaban *Hosion* (Santo) y *Dikaion* (Justo). Se creía que estas dos deidades impartían justicia mucho mejor que los magistrados y tribunales del Imperio. En cierto sentido Santo y Justo fueron los verdaderos dioses que gobernaban las aldeas y los pequeños pueblos de Anatolia, ejerciendo su venganza al aplicar castigo a los que obraban la maldad (Mitchell 1993:1I.25-26). Se han encontrado muchas inscripciones que honran a este par de dioses en las regiones de Pisidia y Panfilia y también en Laodicea, o sea lugares visitados por Pablo y sus ayudantes en sus viajes misioneros.

Los gálatas, sin embargo, reconocieron que Pablo fue un mensajero o ángel de Dios, y no un mago o hechicero que había contraído una enfermedad producto de los mismos poderes malignos que usaba para sus curaciones y milagros (Martyn 1997:421). En la ciudad de Listra, una de las ciudades visitadas por Pablo durante su primer viaje misionero, había un templo del dios Zeus, y un santuario de Hermes, el mensajero de los dioses. En la región de Listra a Zeus y Hermes se los adoraba juntos, y se creía que con frecuencia los dos andaban juntos por la tierra disfrazados de seres humanos. Recordemos que los habitantes de Listra confundieron a Bernabé con Zeus y a Pablo con Hermes, el mensajero de los dioses (Mitchell 1993:II.24; Hoerber 2002:96).

Debe notarse que al hablar de su aflicción Pablo utiliza la palabra griega para carne, y no la palabra para cuerpo (σῶμα). Lo que lo aflige es una enfermedad de la carne (ἐν τῇ σαρκί). En otras partes de Gálatas se emplea la palabra carne (σάρξ) en el sentido de una búsqueda perversa que intenta lograr la vida no en Dios sino en la creación. Otras veces carne es simplemente un sinónimo de cuerpo físico (lo que cubre nuestros huesos), o sea el cuerpo mortal que termina en la muerte. En 2 Corintios 12:7 el apóstol habla del aguijón en la carne

(RVR) ["en el cuerpo" RVC] y en 1 Corintios 7:28 de "la aflicción de la carne" (RVR) ["sufrimientos" RVC] que con frecuencia padecen las personas casadas. En Gálatas 2:16 Pablo utilizó la frase "toda carne" (πᾶσα σάρξ) en el sentido de todo ser humano (Bultmann 1952:233). A fin de cuentas, sea cual sea la aflicción en la carne que sufrió el apóstol, él sabía que las enfermedades, sufrimientos, y persecuciones no son capaces de frenar la marcha del evangelio; son más bien los medios utilizados por Dios para llevar a buen fin sus propósitos, pues el poder de Dios "se perfecciona en la debilidad" (2 Co 12:9).

Al mismo tiempo, la enfermedad de Pablo nos enseña algo muy importante acerca de los dones del Espíritu Santo. Según el relato del apóstol (3:5), hubo maravillas entre los gálatas cuando por primera vez se anunciaron las buenas noticias entre ellos. Sabemos del libro de los Hechos que de entre los maravillosos dones que suele otorgar el Espíritu Santo a los creyentes, el apóstol Pablo había recibido el don de sanar enfermos. Hablando del ministerio del apóstol en Éfeso, leemos: "Dios, por medio de Pablo, hacía milagros tan extraordinarios que muchos le llevaban los paños o delantales de los enfermos, y las enfermedades desaparecían y la gente quedaba libre de espíritus malignos" (Hch 19:11-12). No obstante, el apóstol que había sanado a tantas personas, no se pudo sanar a sí mismo, puesto que esto no fue parte del plan que Cristo tenía para su vida y ministerio. Con demasiada frecuencia encontramos en nuestro medio hispano personas que acuden a una campaña de sanación en procura de la curación de una enfermedad penosa. Al no recibir la salud tan anhelada, el evangelizador le dice al enfermo: "Te falta la fe." Tal respuesta casi siempre produce en el enfermo una gran desesperación espiritual, porque, si uno no tiene fe, tampoco tiene la salvación. Nadie podría acusar al apóstol Pablo de no tener fe, y sin embargo, no fue la voluntad de Dios sanarlo de su aguijón en el cuerpo. Lo que el Señor le dijo a Pablo fue: "Con mi gracia tienes más que suficiente, porque mi poder se perfecciona en la debilidad." Así, sin caer en la desesperación, el apóstol pudo declarar: "Por eso, con mucho gusto habré de jactarme en mis debilidades, para que el poder de Cristo repose en mí" (2 Co 12:9).

Pablo no fue capaz tampoco de sanar a todos los enfermos que venían a él procurando salud. En la última carta que escribió, el apóstol dice que dejó a su fiel colaborador Trófimo, enfermo en Mileto (2 Ti 4:20). Aunque el Señor ofrece su perdón a todos, no todos los enfermos reciben la salud física. El texto de Isaías 53:4 que declara: "Con todo, él llevará sobre sí nuestros males", se refiere a nuestros pecados, no a todas las aflicciones corporales que sufren los seres humanos, cosa que reconocen hasta la mayoría de los pentecostales y carismáticos. Aunque haya algunos cristianos pentecostales que crean que acudir a los médicos y tomar medicinas es una evidencia de incredulidad, las Asambleas de Dios –la organización pentecostal más grande del mundo–, sin embargo, aceptan las medicinas, los médicos, y los hospitales como preciosos dones de Dios, que los cristianos deben apoyar con sus oraciones. El renombrado evangelista Oral Roberts, famoso por sus campañas de sanación, ha construido un hospital y centro médico en el centro de la universidad que él mismo estableció en la ciudad de Tulsa, Oklahoma (McGee 210:196).

Lutero opinaba que la aflicción del apóstol Pablo no tuvo que ver con una enfermedad corporal, sino con las persecuciones que sufría de manos de sus muchos adversarios. En consonancia con la opinión del Reformador, algunos investigadores modernos afirman que la palabra griega ἀσθένεια (aflicción) es, en el pensamiento del apóstol, una alusión a las aflicciones, humillaciones, y sufrimientos que Cristo asumió al nacer de mujer y bajo la ley para redimir a la humanidad. Las aflicciones de Cristo se replican en la vida de los discípulos fieles que toman su cruz y aceptan gozosamente toda clase de persecución y sufrimiento por causa de Cristo y su evangelio. De este modo, para Pablo, la aflicción y no la prosperidad es un reflejo del Cristo crucificado y la marca de un verdadero apóstol (Sumney 1993:71-91). Es una verdad que no han tomado en serio todos los llamados apóstoles del evangelio de la prosperidad.

Cuando Pablo comenzó su ministerio en Antioquía de Pisidia, los opositores del evangelio instigaron a personas piadosas y distinguidas a iniciar una persecución en contra de Pablo y Bernabé (Hch 13:50). Los nuevos creyentes de Galacia, en vez de echarse atrás por esta persecución o aflicción, estaban dispuestos, no sólo a aceptar y abrazar a los misioneros perseguidos, sino también a sufrir aflicción por causa del evangelio. Pero ahora, debido a la influencia de los agitadores, los gálatas procuraban evadir la persecución y la aflicción. Según esta manera de entender el texto en estudio, la aflicción que sufren tanto los apóstoles (1 Co 4:9-13) como los discípulos fieles, es la prueba por la que los fieles tienen que pasar. Al principio los gálatas aceptaron esta prueba en el cuerpo, pero ahora parecen rechazarla (Goddard & Cummins 1993:101-104). Según esta interpretación, "la prueba que tenía en el cuerpo" son las marcas de la persecución en el propio cuerpo del apóstol. A pesar de la prueba, los gálatas recibieron a Pablo como un ángel o mensajero de Dios. En griego la palabra ángel significa tanto un ser celestial como un mensajero.

El hecho de que Pablo padecía una seria afección no lo descalificó a los ojos de los gálatas como mensajero de Dios o como un ángel. En el AT los ángeles actuaron, con frecuencia, como mensajeros de Dios. Los historiadores que se han dedicado a estudiar las ideas religiosas de los antiguos habitantes de Anatolia, dicen que existía una creencia muy extendida en las actividades de los ángeles como mensajeros de los dioses. Según las inscripciones encontradas, muchos hasta creían que los ángeles eran dioses, y por lo tanto les rendían culto. Hay evidencia de la existencia de sectas heréticas en Anatolia de los siglos III y VI, cuyas enseñanzas eran una combinación de elementos judíos, paganos, y cristianos. Una de las características de las sectas fue la adoración de ángeles, una práctica contra la cual los obispos ortodoxos tuvieron que luchar una y otra vez.

El llamamiento a un ministerio apostólico lleva implícito sufrir aflicción por causa de Cristo y su evangelio. En 1 Tesalonicenses 2:14 Pablo declara que al soportar persecución y aflicción por causa de Cristo, ellos, los tesalonicenses, llegaron a ser imitadores de él, así como él con sus aflicciones llegó a ser imitador de Cristo. El problema con los gálatas parece ser que habían cambiado de parecer, porque al principio estaban dispuestos, como los tesalonicenses, a ser imitadores de Pablo y de Cristo, pero ahora no. Querían darle la espalda a Pablo y a su evangelio para evitar las aflicciones. Pablo, en cambio, había aprendido el valor de las aflicciones y las tribulaciones. A los corintios escribe que Dios por medio de las tribulaciones nos consuela "para que también nosotros podamos consolar a los que están sufriendo" (2 Co 1:4). Además, Pablo y sus compañeros aceptaron soportar las tribulaciones "para que no confiáramos en nosotros mismos, sino en Dios que resucita a los muertos" (2 Co 1:9). En 2 Corintios 12:9 el apóstol expresa que debido a un aguijón clavado en el cuerpo aprendió que el poder de Cristo "se perfecciona en la debilidad". Los falsos apóstoles, tanto en Corinto como en Galacia, podrían haber portado cartas de recomendación, pero Pablo llevaba en su cuerpo las marcas de sus aflicciones, tribulaciones y afrentas por causa del evangelio (DeSilva 1993:54).

Es interesante notar que al utilizar la preposición πρότερον (al principio, la primera vez, anteriormente), Pablo no menciona su segunda visita a Galacia, relatada en Hechos 16:1-5. Si hubiera hecho esta segunda visita antes de escribir su carta, seguramente lo habría mencionado, lo que indica que probablemente escribió su Carta a los Gálatas entre su primera y segunda visita. También podría explicar porqué no se menciona a Timoteo en la carta, porque éste se hizo discípulo de Pablo durante su segundo viaje. De acuerdo con nuestra manera de entender lo referido a los viajes del apóstol en Hechos y Gálatas, Pablo pudo resolver los problemas tratados en su carta, durante el segundo viaje a Galacia mencionado en Hechos 16.

NOTA: LA RUTA TOMADA POR PABLO EN SU VIAJE A ANTIOQUÍA DE PISIDIA

Hay tres posibles rutas que Pablo y Bernabé pudieron haber tomado en su viaje de Perge a Antioquia de Pisidia durante el primer viaje misionero: (1) La ruta occidental de aproximadamente 250 kilómetros que sigue la Vía Sebaste, pasando a la orilla occidental del lago Ascania, Comana, y Apolinia. Es la ruta más larga pero menos difícil. (2) La ruta central que pasa por Adada, Timbriada, y Dabenae. Todavía existe una parte de un camino romano. Esta ruta es de unos 184 kilómetros; es la más corta, pero por las subidas es la más difícil. (3) La ruta oriental comienza por Perge y pasa por la planicie de Panfilia y después por las montañas Taurus para descender por el lago Caralis, conectándose con la Vía Sebaste por Neápolis antes de llegar a Antioquía. Esta ruta es de 240 kilómetros. La mayoría de los mapas de los viajes de Pablo que se encuentran en los diccionarios bíblicos, no indican con exactitud la posible ruta tomada por los apóstoles, pues fueron elaborados por personas que nunca visitaron la región. Un investigador que sí visitó la región buscando las trazas de los antiguos caminos romanos y el tipo de suelo por el que pasaban, opina que Pablo tomó la ruta occidental en su viaje de ida, y la ruta central en su viaje de regreso (Wilson 2009:471-483). La ruta occidental, aunque más larga, hubiera causado menos dificultades a una persona enferma. Stephen Mitchell, en su monumental obra sobre Anatolia, también dice que Pablo y Bernabé viajaron por la Vía Sebaste en su viaje de Perge a Antioquía. La Vía Sebaste era una carretera pavimentada construida por Augusto César para facilitar el movimiento de sus legiones y el comercio en la frontera oriental de su imperio (1993:I.70). Eran necesarios buenos caminos para controlar los levantamientos de tribus rebeldes como la de los Homonadeis, responsables de la muerte de Amyntas, el último rey de los galos.

4:15 ¿Dónde, pues, está esa satisfacción que experimentaban? Yo doy testimonio de que, de haber podido, ustedes se habrían sacado sus propios ojos, para dármelos.

Recordando las misericordias que había recibido de los gálatas en su primera visita, el apóstol pregunta: "¿Dónde está" (RVR) o "qué pasó" (NVI) con su μακαρισμὸς? El sustantivo "ὁ μακαρισμὸς" por lo general señala, en griego, una bendición, un estado de alegría, gozo, y hasta de euforia. La RVR traduce μακαρισμὸς como "satisfacción", la NVI como "entusiasmo", la BJ como "parabienes", la BP como "felicitación" y la Dhh como "alegría". Entre las opciones preferimos seguir a Longenecker (1990:192), que cree que el apóstol se refiere al gozo que experimentaron los gálatas cuando recibieron la promesa del Espíritu en ocasión de la primera visita de Pablo. El gozo no fue una bendición otorgada por la circuncisión y la ley de Moisés, sino por la gracia y misericordia de Dios. Los gálatas recibieron la promesa del Espíritu y el gozo de ser salvos al oír por primera vez el mensaje de la liberación por la cruz de Cristo. ¿Dónde quedó esa bendición y el gozo que experimentaron, ahora que los están procurando por medio de las obras de la ley y no por la fe?

4:16 ¿Acaso me he vuelto enemigo de ustedes, por decirles la verdad?

En la primera visita de Pablo a Galacia, los gálatas estaban dispuestos a arrancarse los ojos, los órganos del cuerpo considerados por los antiguos como los más preciosos, para dárselos a Pablo. Pero las cosas cambiaron. El apóstol teme que quienes tanto lo apreciaban, ahora se estén convirtiendo en sus enemigos. Como amigo, les dijo la verdad. Una de las características de un verdadero amigo –en la antigüedad– era su disposición a decir la verdad aunque doliera. Los falsos amigos con sus adulaciones y halagos ocultan la verdad, pero los verdaderos amigos hablan con sinceridad porque desean corregir los errores de sus amigos y protegerlos del peligro. Al decirles la verdad a los gálatas, Pablo lo hizo por el gran amor que les tenía.

4:17 Algunos muestran mucho interés por ustedes, pero no para bien, sino que quieren apartarlos de nosotros para que ustedes muestren interés por ellos.

Mediante el empleo del lenguaje del noviazgo, ("tienen celo" ζηλοῦσιν), el apóstol presenta a los maestros judaizantes como galanes que procuran enamorar a los gálatas. Estos falsarios hablan mal de Pablo en un intento por truncar el gran cariño que los gálatas le tenían a él y al evangelio que proclamaba. Pero Pablo les previene a los gálatas que el gran afecto que supuestamente los maestros tenían por ellos, no procedía de un verdadero amor que procura el bien de la persona amada, sino tan sólo del deseo de satisfacer su propio egoísmo. Como hemos indicado en otras partes de nuestra exposición, muchos creen que lo que verdaderamente motivó a los agitadores, fue el afán de protegerse de las represalias de los zelotes y judíos en exceso nacionalistas, los que se oponían a los judíos que solían compartir la mesa con gentiles incircuncisos (Longenecker 1990:194). Lamentablemente, había judíos que hicieron de su desprecio y odio por los gentiles una virtud. En su comentario sobre Gálatas, William Barclay incluyó algunos dichos que expresan la clase de celo que animaba a tales personas: "Dios creó a los gentiles para combustible del fuego del infierno"; "no es lícito ayudar a una madre gentil en su trance más doloroso, pues eso significa traer otro gentil al mundo"; "Aplasta a la mejor serpiente; mata al mejor de los gentiles" (1984:14-15). Los que albergaban semejantes sentimientos en su corazón, no perdonarían a otros miembros de su raza por comer con gentiles incircuncisos.

Según Thielman, Pablo utiliza la palabra "apartar" para indicar que los agitadores procuraban excluir de las celebraciones de la Eucaristía a los que no aceptaban su falso evangelio. Esta táctica de exclusión tuvo que haber sido doblemente dolorosa para los creyentes que ya habían sido excluidos del círculo de sus amigos y familiares por abandonar su antigua fe (Thielman 1994:123).

4:18 Qué bien que muestren interés en lo bueno siempre, y no sólo cuando estoy presente con ustedes.

Pablo no niega que los agitadores sean personas que muestran gran celo por su causa, pero les recuerda a los gálatas que el celo no es siempre una gran virtud. Saulo de Tarso, en su celo por la ley y las tradiciones de su pueblo, había perseguido, encarcelado, y maltratado a los cristianos (Gl 1:14). Los zelotes eran revolucionarios que asesinaban en el nombre de Dios a los que consideraban traidores, así como en nuestro tiempo los terroristas suicidas están dispuestos a terminar con las vidas de docenas y hasta miles de personas, incluyendo mujeres y niños. Es interesante reparar en que la mitad de las referencias al celo en el NT son negativas y la otra mitad positivas. En su celo por la casa de Dios Jesús fustigó a los mercaderes del templo (Jn 2:17), y Pablo declara en 2 Corintios 11:2: "El celo que muestro por ustedes, proviene de Dios; ustedes son como una doncella pura, a la que he comprometido en matrimonio con un solo esposo, que es Cristo."

En nuestra discusión de Gálatas 1:14 vimos que el celo se define como bueno o malo a base de su objeto. Los celos que motivaron a Saulo de Tarso a perseguir a los cristianos fueron perversos, porque estuvieron motivados por el deseo de ganar honra, prestigio, y poder para sí mismo, a expensas de los despreciables seguidores de un falso profeta crucificado. Los agitadores, en su afán por imponer la circuncisión a los gálatas, se sintieron motivados por el deseo de ganar prestigio y honra para sí mismos. De esta manera, ejemplifican un celo perverso. Los agitadores no se sienten motivados a servir, sino a que los sirvan. Los celos que deben motivar a los cristianos, en cambio, tienen por motivación el ejemplo de Cristo, quien sacrificó su vida para salvar a los pobres, débiles, y necesitados. Los gálatas mostraron el verdadero celo que agrada a Dios al abrir sus corazones y brazos para recibir a Pablo cuando visitó Galacia por primera vez. Lamentablemente, ahora se vieron tentados a emular el celo perverso de los agitadores y de la sociedad pagana, en vez del celo que observamos en la vida de Cristo y su siervo Pablo. De modo que en este pasaje el apóstol invita a todos los seguidores a redefinir su concepto del celo y emular a Cristo en ser celosos del amor (Lappenga 2012:775-796).

4:19 Hijitos míos, por quienes vuelvo a sufrir dolores de parto, hasta que Cristo sea formado en ustedes,

En 1 Corintios 4:14-15 Pablo compara la fundación de una nueva congregación con el nacimiento de un bebé. Por haber plantado la semilla del evangelio en Corinto, Pablo se consideró padre de los corintios. Él los había engendrado por medio de la proclamación de la cruz de Cristo, y así se consideró el padre espiritual de los corintios. En Gálatas se emplea también la metáfora del nacimiento de un bebé para describir el comienzo de la iglesia en Galacia, pero utilizando imágenes femeninas. Pablo habla de sí mismo como la madre de los gálatas que había sufrido dolores de parto en su trabajo de traer a los gálatas a la fe de Cristo. Ahora, por el falso evangelio que proclamaban los maestros judaizantes, los gálatas se habían vuelto hacia atrás. Su nacimiento como hijos de Dios quedó casi nulo. Es como si hubieran vuelto a la matriz, desde donde tendrán que volver a nacer. Por eso, como madre espiritual, Pablo sufre nuevamente dolores de parto espirituales. Lo que los enemigos del evangelio intentan hacer es malograr la nueva congregación e impedir el nacimiento de la nueva creación escatológica por la cual gime toda la creación (Ro 8:22). Al hablar de la formación de Cristo en la comunidad, el apóstol habla de la formación de la imagen de Cristo en la congregación (Fee 1994:374).

En 1 Tesalonicenses 2:7 Pablo habla también de su afecto y preocupación por el bienestar espiritual de los nuevos creyentes, cual los de una madre por sus propios hijos: "Los hemos tratado con ternura, con el mismo cuidado de una madre por sus hijos." En las palabras del apóstol escuchamos un eco del afecto de Jesús por los que hacen oídos sordos a su llamamiento: "¡Jerusalén, Jerusalén, que matas a los profetas y apedreas a los que son enviados a ti! ¡Cuántas veces quise juntar a tus hijos, como junta la gallina a sus polluelos debajo de sus alas, y no quisiste!" (Lc 13:34).

4:20 quisiera estar con ustedes ahora mismo y cambiar de tono, pues ustedes me tienen perplejo.

Aunque desea viajar a Galacia para estar con sus hijos espirituales en la crisis por la que están pasando, Pablo no promete visitarlos tal como hace en la mayoría de sus otros escritos. Esto nos indica que el apóstol se encuentra inmerso en un proyecto muy importante que no le permite dejar todo de lado y viajar. Tal vez esté preso. En 2 Corintios 11:23 dice que ha estado encarcelado muchas más veces que los falsos apóstoles que todo el tiempo se la pasan criticándolo a él y su ministerio.

EL ARGUMENTO ALEGÓRICO

4:21 Díganme, ustedes que quieren estar sujetos a la ley: ¿no han oído lo que dice la ley?

Con el imperativo "díganme" el apóstol comienza un nuevo argumento en contra de la insistencia de los agitadores de que los gálatas se circunciden. Es su último argumento, y resume todos los anteriores (Haman 2010:198). El argumento, o prueba, se basa en una interpretación alegórica y tipológica de la historia de Abrahán, sus dos mujeres y sus hijos Ismael e Isaac. Los que estudian la semántica dicen que con frecuencia se emplean parábolas o alegorías cuando un autor procura cuestionar una interpretación tradicional al ofrecer a sus lectores u oyentes una nueva manera de entender una cosa. Aunque muchos intérpretes se han quejado de lo difícil de los elementos alegóricos que se encuentran en los escritos del apóstol, otros afirman que es realmente sorprendente que haya tan pocas alegorías en las cartas de Pablo (Barclay 1995:106). Un experto en la literatura rabínica ha afirmado que las muchas alegorías que se encuentran en los escritos de los rabinos provienen de épocas posteriores a la del NT.

¿Por qué decidió el apóstol utilizar una alegoría basada en Génesis 16 en esta parte de su argumento? Puede haber sido porque los agitadores ya habían elaborado su propia alegoría basada en el mismo texto, como parte de su argumento para desacreditar a Pablo y su evangelio. Tal vez los agitadores declararon que Pablo y sus seguidores eran descendientes espirituales de Agar e Ismael, y que realmente eran gentiles y no verdaderos miembros de la familia de Abrahán (Longenecker 1990:218). De todos modos, Pablo invita ahora a los gálatas a escuchar su interpretación alegórica del relato de Génesis 16. Y su interpretación tiene que ver con Abrahán, quien para los judíos de su tiempo y del nuestro fue y es el personaje más destacado del AT, por ser la persona llamada por el Señor para ser tanto el fundador del pueblo de Dios como el ejemplo primordial de uno que confía en Dios y en su Palabra. Cuando en la antigüedad un autor decidía escribir acerca de alguien que había vivido en el pasado, por regla general era para poner a esa persona como modelo para emular, o como un ejemplo negativo para evitar. En el caso de Abrahán, el apóstol quiere presentarlo como un ejemplo positivo a seguir (Witherington 1998:217). Los agitadores habrán utilizado a Abrahán como un ejemplo de uno que fue justificado por sus obras y por su circuncisión; pero en su interpretación de la Tora el apóstol les presenta a Abrahán como el paradigma de aquel que es justificado por la fe.

Con su pregunta retórica "¿no han oído lo que dice la ley?" Pablo toma por sentado que sus oyentes y lectores sí la han oído. Debe notarse que el empleo de la palabra griega νόμος (ley) en este pasaje, es sinónimo de la Escritura. Se supone que los gálatas habían oído la lectura de la Tora en una de las sinagogas judías. Del libro de los Hechos sabemos de la existencia de sinagogas en Antioquía de Pisidia e Iconio. Es improbable que Pablo llevara consigo juegos completos de los rollos de la Tora para entregar uno a cada una de las nuevas congregaciones de Galacia. Hubieran pesado y costado demasiado. Como rabino, Pablo había aprendido de memoria una buena parte del AT, y podemos asumir que había compartido su conocimiento de las Escrituras con los nuevos creyentes de Galacia. Los gálatas también habrán oído algunas enseñanzas de la ley de parte de los agitadores, pero interpretadas según los intereses de éstos. Es poco probable que los gálatas oyeran o leyeran toda la ley de Moisés, y que conocieran todas las 613 diferentes leyes de las que hablaban los fariseos. Hasta podría ser que los gálatas ignoraran el hecho de que los obligarían a guardar todas esas leyes al circuncidarse.

Al no haber copias de los rollos de la Tora para el estudio en sus propias asambleas, muchos cristianos tuvieron que asistir a las reuniones de la sinagoga judía para escuchar la lectura de las Escrituras. Jesús alentó a sus discípulos a asistir a las sinagogas de los fariseos para oír la lectura de las Escrituras, pero sin hacer caso a las interpretaciones que ofrecían los fariseos: "Los escribas y los fariseos se apoyan en la cátedra de Moisés. Así que ustedes deben obedecer y hacer todo lo que ellos les digan, pero no sigan su ejemplo, porque dicen una cosa y hacen otra" (Mt 23:2-3).

La advertencia de Jesús de no seguir la interpretación de los escribas, pone de manifiesto que los discípulos del Señor contaron con la guía del Espíritu al interpretar las Escrituras cristológica y escatológicamente. Dicho de otra manera, los seguidores de Cristo aprendieron que todas las Escrituras no sólo señalan a Cristo, sino que también hallan su cumplimiento en él. Según esta interpretación cristológica, los eventos del pasado se ven como prefiguraciones y tipos de eventos futuros. Lo sucedido en la historia sagrada fue una prefiguración de algo parecido, pero más grande y más importante, en sucesos futuros. Quiere decir que lo que pasó no fue lo último sino algo penúltimo y, por lo tanto, provisional. Vendría el momento en que lo provisional y penúltimo serían absorbidos por lo último y definitivo, la venida del reino de Dios en la persona de Jesucristo. Para los escritores del NT, Jesucristo es la clave para la interpretación de la Tora. Uno de los dones carismáticos que el Espíritu otorgó a los apóstoles fue interpretar el AT cristológicamente. Es el don que emplea Pablo al presentar a los destinatarios de su carta la interpretación de Génesis 16. Según Harmon (2010:201), lo que tenemos en Gálatas 4:21-31 es una nueva lectura de Génesis 16 y 17 a través de la lente de Isaías 54:1: "Así ha dicho el Señor: '¡Regocíjate, mujer estéril, tú que no dabas a luz! ¡Eleva tu canto y da voces de júbilo, tú que nunca estuviste de parto! ¡Más hijos tendrá la desamparada que la casada!'" Tal nueva lectura del pasaje de Isaías depende, por supuesto, del don carismático de la interpretación que el apóstol recibió del Espíritu Santo.

Se supone que cuando Pablo escribió a los gálatas, los líderes de la sinagoga todavía les permitían estudiar las Escrituras. Al crecer el movimiento zelote ultranacionalista y antagónico a los gentiles, en algunas partes se prohibió el estudio de la Tora a personas incircuncisas. Las Sagradas Escrituras no debían tocarlas personas contaminadas e incircuncisas. La Mishná (Sanh 59a) declara que merece morir el incircunciso que se atreve a estudiar la Tora (Hengel 1989:199). Como Matatías y sus hijos, en algunas instancias los zelotes circuncidaron por la fuerza a los gentiles tomados prisioneros. El celo por la ley llegó al colmo en los años 66-70, durante el alzamiento de los zelotes en contra de Roma.

4:22 Porque está escrito que Abrahán tuvo dos hijos; uno de la esclava, y el otro de la libre.

Al comenzar a analizar la alegoría que nos presenta Pablo en Gálatas 4:21-31, tenemos que estar pendientes de lo que el apóstol quiere comunicar por intermedio de ésta. De acuerdo con la ley romana, a la que vivían sometidos los gálatas, los hijos de una concubina esclava nacían esclavos y no libres. Heredaban el estatus social de su madre, que seguía siendo esclava a pesar de haber dado a luz al hijo de un hombre libre. El estatus social de la madre determinaba el estatus del hijo. Con la ley romana, tanto una concubina esclava como sus hijos podían ser vendidos. En el antiguo Cercano Oriente, de donde proviene la historia de Abrahán, su esposa Sara, y su concubina Agar, los hijos de una concubina esclava y de padre libre heredaban el estatus del padre, no el de la madre. Consecuentemente, nacían como hijos libres y herederos de su padre. Fue el estatus del hijo libre el que determinaba el estatus de la madre y no a la inversa. Por eso, en el relato de Génesis, Sara se sintió amenazada por Agar e Ismael. Siendo ahora libres, no debían llevar la marca de un esclavo ni se los podía vender como tales, sino solamente echarlos fuera. En el antiguo Cercano Oriente las esposas estériles solían entregar una esclava de su propiedad al esposo a fin de que tuviera un heredero de la esclava. El hijo de la concubina esclava se consideraba hijo y heredero del padre y su legítima esposa, y no del padre y la concubina esclava. Hasta había padres, como Labán, que durante la ceremonia de la boda acostumbraban regalar esclavas a sus hijas con esta finalidad. De esta manera, se evitaba que el esposo divorciara a la hija aduciendo esterilidad. En su metáfora, Pablo no toma en cuenta estas consideraciones, pues su interés es ilustrar la situación de los gálatas en los términos de la ley romana y no ofrecer una exégesis histórica del Génesis (Elliot 2003:277).

Martyn cree que los maestros judaizantes se valían de la historia de Abrahán y sus dos mujeres en sus predicaciones, alegando que el hijo de la mujer libre representaba a los creyentes que habían aceptado su mensaje y que habían sido circuncidados. O sea, que por medio de la circuncisión los gentiles llegaban a ser verdaderos hijos adoptivos de Abrahán y herederos de las bendiciones prometidas al padre de los creyentes.

Pablo asume aquí que sus oyentes conocen esta historia. Por lo menos, es lo que afirman los intérpretes que creen que entre los destinatarios de su carta había un considerable número de creyentes judíos (Van Os 2008:61) y no solamente gentiles ignorantes del AT. La comparación que hace Pablo es, para Van Os, evidencia de que había judíos entre los destinatarios de la carta, un hecho que indica que estos vivían en el sur y no el norte de la provincia romana de Galacia. De acuerdo con la opinión del intérprete, la polaridad entre los dos hijos y las dos mujeres no tiene que ver con las diferencias entre judíos y gentiles, sino con los que prefieren vivir sometidos al viejo pacto y los que deciden vivir amparados por el nuevo.

ANEXO VII: LA MAGNA MATER DE ANATOLIA

La alegoría de las dos mujeres y las dos montañas, que ocupa el resto del capítulo cuatro, ha intrigado a los intérpretes desde el tiempo de los comentaristas patrísticos. Ciertos investigadores modernos, que han dedicado mucho tiempo al estudio de las religiones antiguas de Anatolia, opinan que en el argumento de Pablo se percibe una polémica no sólo en contra de las ideas de los maestros judaizantes, sino también de las antiguas deidades de Anatolia y sus cultos.

Desde la antigüedad la deidad principal de Anatolia había sido la *Magna Mater*, la gran Madre de los dioses (Μήτηρ Θεῶν), la que ha sido identificada con docenas de diosas regionales, locales, y nacionales, entre ellas Agdistis, Cibeles, Rea, Ma, Bellona, Anaetis, Artemisa y la diosa siria (*Dea Syria*). En otras palabras, la Madre de los dioses tiene muchos y diferentes nombres, pero las creencias, cultos, y ritos vinculados a ella son muy parecidos. Algunas de las creencias relacionadas con la Gran Madre provienen del tiempo de los hititas, o quizá aún antes. Las diferentes representaciones de la gran Madre de Anatolia casi siempre se identifican con una montaña alta; por lo tanto, la referencia a ella es la de la <u>Madre de los dioses</u>, y también la <u>Madre de la montaña</u> (Μήτηρ Ορεια). A la Gran Madre se la conocía como una diosa de la fertilidad, y también como la protectora de ciudades y la señora de las bestias, o sea, la diosa que ejerce autoridad sobre las fieras. Los animales salvajes, especialmente los leones, aparecen en la mayoría de las representaciones que tenemos de la Gran Madre.

En la época de Pablo el templo principal de la Gran Madre se encontraba en la ciudad de Pessino, en el norte de Galacia; pero había muchos otros templos por toda Anatolia desde el Mar Negro en el Norte hasta el Sur, incluyendo las ciudades sureñas visitadas por Pablo en su primer viaje misionero. Los historiadores suelen mencionar la ciudad de Pessino como un "estado eclesiástico o teocrático", pues era gobernada por los sacerdotes del templo de Agdistis. En muchos cultos dedicados a la Gran Madre, especialmente los de Cibeles, Rea y Agdistis, la diosa contaba con el servicio de un grupo de esclavos eunucos llamados los *galli*, hombres que se habían castrado para convertirse en esclavos de la diosa. Hay investigadores que opinan que Pablo, al hablar de Agar que da hijos para la esclavitud, tiene en la mira no sólo a los judaizantes y la circuncisión, sino también a Cibeles, la castración y los *galli*.

4:23 El hijo de la esclava nació conforme a una decisión humana; pero el hijo de la libre nació conforme a la promesa.

De acuerdo con el relato del Génesis, Dios había prometido a Abrahán un heredero, pero Sara y Abrahán se cansaron de esperar el cumplimiento de la promesa. Con frecuencia, cuando sienten la necesidad de la esperanza en Dios y sus promesas, los seres humanos recurren a la anticipación; por sus propios medios y acciones, o sea por la carne, tratan de anticipar la voluntad de Dios y hacer que se cumplan las profecías. Por ejemplo, en Romanos 12:19 el Señor declara: "No busquemos vengarnos, amados míos. Mejor dejemos que actúe la ira de Dios, porque está escrito: 'Mía es la venganza, yo pagaré, dice el Señor.'" En este pasaje el Señor prohíbe a los creyentes hacer justicia por sus propias manos y vengarse de sus enemigos. El creyente debe esperar la justicia de Dios; no es necesario que él se vengue de sus enemigos. El adversario recibirá su pago de Dios, o sea mediante las autoridades civiles establecidas por Dios, o directamente de Dios mediante un castigo como el que recibió el rey Herodes Antipas 1, según el relato de Hechos 12:20-25. En todo caso, los adversarios no arrepentidos recibirán su pago "cuando el Señor Jesús se manifieste desde el cielo con sus poderosos ángeles, entre llamas de fuego, para darles su merecido a los que no conocieron a Dios ni obedecen al evangelio de nuestro Señor Jesucristo" (2 Ts 1:7b-8). Sin embargo, sucede que los seres humanos se cansan de esperar en Dios, y en su desesperación procuran vengarse y derramar, por propia mano, la sangre del enemigo.

En el caso particular de Abrahán y Sara, los dos ancianos se cansaron de esperar el nacimiento del heredero que Dios les había prometido en Génesis 15:4. Siguiendo la costumbre de los pueblos cananeos y heteos entre los cuales vivían, los dos ancianos acordaron que Abrahán tomara la esclava egipcia de Sara para que tuviera un hijo de ella. Ese hijo sería entonces adoptado por Sara como propio y heredero de

Abrahán. Así nació Ismael, el primer hijo de Abrahán, de una esclava. Pero Ismael no nació de acuerdo con la promesa de Dios, sino porque Abrahán y Sara procuraron anticipar el cumplimiento de la promesa y hacer que se cumpliera por sus propios medios. Ismael nació por falta de fe, mas Isaac, el segundo hijo de Abrahán, nació por fe en la promesa de Dios.

Algunos comentaristas, como Martyn y Elliot, han notado que el verbo que escogió Pablo no es τίκτω, el verbo que normalmente señala lo que hace la madre al dar a luz, o sea, el papel de la mujer en el proceso del alumbramiento. El verbo que escogió el apóstol es γεγέννηται, un verbo que enfatiza el papel del padre al engendrar al hijo. De acuerdo entonces con la exégesis de Martyn y Elliot, lo que Pablo tiene en la mira no son los dos hijos de Abrahán y cómo nacieron, sino lo que éstos simbolizan en la alegoría del apóstol, o sea, las congregaciones fundadas por los maestros judaizantes y las congregaciones fundadas por Pablo, Bernabé, Silas, y Timoteo. Según esta manera de entender el significado de la alegoría, la persona que engendró hijos para la libertad es Pablo, y la mujer que da hijos para esclavitud representa a los agitadores. En varios otros textos Pablo se refiere a sí mismo como uno que ha engendrado hijos espirituales (1 Co 4:14-15 y Flm 10).

Las congregaciones establecidas por los maestros judaizantes fueron engendradas mediante la predicación de la circuncisión y la obediencia a los demás ritos de la ley de Moisés. En cambio, la fundación de las congregaciones establecidas por medio de Pablo y sus colegas se logró por medio de la proclamación del evangelio y del bautismo en el nombre de Jesús. Cualquiera congregación engendrada por medio de la circuncisión y la ley –vistas éstas como obras necesarias para la salvación– es una congregación ilegítima, una iglesia bastarda. Por otro lado, toda congregación que nace por la proclamación del evangelio, engendrada por la fe que el Espíritu Santo genera en los creyentes, es una iglesia verdadera, una congregación libre y legítima que heredará las bendiciones prometidas a Abrahán.

4:24 Lo cual es una alegoría, pues estas mujeres son los dos pactos; el uno proviene del monte Sinaí, el cual da hijos para esclavitud; éste es Agar.

Pablo les aclara a sus lectores y oyentes que lo que relata respecto a Abrahán y las dos mujeres es una alegoría. Es la única vez que encontramos la palabra griega "alegoría" en las Sagradas Escrituras. Al utilizar el término, el apóstol da a entender a sus lectores que las enseñanzas que extrae de los relatos del libro de Génesis no corresponden exactamente a la intención del autor humano de los relatos. Guiado por el Espíritu Santo, Pablo da a los relatos de Génesis 15-18 una interpretación nueva, para ayudar a los gálatas a entender y apreciar mejor en qué consiste su libertad cristiana. Dicho de otra manera, Moisés no escribió la historia de Abrahán, Agar, Ismael, e Isaac con la idea de enseñar a los israelitas acerca de los dos pactos o la libertad cristiana, pues Agar y Sara vivieron más de 500 años antes del establecimiento del pacto ratificado sobre el monte Sinaí (Schreiner 2010:300). Sin embargo, las historias en Génesis se prestan para enseñar a los gálatas que ellos llegaron a ser hijos de Dios, no por la circuncisión o las obras de la Tora, sino por el evangelio. Las historias de Génesis se prestan para tal fin, porque con toda probabilidad los agitadores se habían servido de la historia de Abrahán e Isaac para enseñar a los gálatas que la única manera de llegar a ser verdadero miembro del pueblo de Dios y heredero de las promesas divinas era mediante la circuncisión.

Muchos estudiosos creen que la alegoría empleada por Pablo es, en realidad, una mezcla de alegoría y tipología y no pura alegoría. La diferencia radica en que en la pura alegoría hay una fuerte tendencia hacia la desvalorización, el desprecio, y hasta el rechazo del sentido literal de un relato y el relieve del sentido secreto o espiritual del texto. Tales interpretaciones alegóricas comenzaron en Grecia unos cinco siglos antes de Cristo, en que se comenzaba con la interpretación alegórica de las obras de Homero y otros autores clásicos. En muchos casos la alegorización se debió al hecho de que los filósofos no pudieron aceptar que los dioses realmente fueran tan veniales, falibles e inmorales como en las obras de Homero y Hesíodo. En el tiempo de Pablo, los filósofos de la ciudad de Alejandría en Egipto habían alcanzado fama por sus interpretaciones alegóricas, entre ellos el gran rabino Filón de Alejandría. También en Jerusalén y Judea muchos rabinos del primer siglo emplearon interpretaciones alegóricas (Longenecker 1990:209). De modo que es muy posible que los agitadores de Galilea hubieran utilizado interpretaciones alegóricas en apoyo de sus argumentos. Muchos creen que lo que indujo a Pablo a interpretar alegóricamente la historia de Abrahán y sus dos mujeres, fue el hecho de que los agitadores ya habían presentado a los gálatas su propia interpretación alegórica de la historia (Longenecker 1990:208).

Más tarde, en la misma ciudad de Alejandría, el método alegórico lo emplearon algunos de los más famosos teólogos cristianos del tercer siglo, entre ellos Clemente de Alejandría y Orígenes. A diferencia de los filósofos griegos, en su uso de la alegoría Pablo no desprecia ni descarta el sentido (*sensus*) del texto. Para los autores bíblicos el sentido literal es de gran importancia, porque señala la presencia y la actividad del Creador en la historia de su pueblo y del mundo. Para Pablo, los eventos del pasado señalan y anticipan otros eventos o sucesos del futuro. Quiere decir que las alegorías de Pablo son tipológicas. Efectivamente, los intérpretes cristianos medievales, en su intento por preservar el énfasis tanto de la interpretación literal como la espiritual de un texto, solían afirmar que "el texto se puede entender en dos sentidos" [*hoc dupliciter intelligi potest*], (Levy 2011:39).

En cuanto a la función retórica de las alegorías, debe notarse que mientras que los mitos y los ritos que las acompañan tienden a apoyar el *status quo* cultural, las instituciones y las tradiciones, las parábolas y las alegorías, en cambio, cuestionan o ponen en duda las interpretaciones normativas (Aichile 2009:398). Por eso en las parábolas y alegorías empleadas por Jesús casi siempre se encuentra un elemento sorpresivo y hasta chocante o revolucionario, que invita al oyente a revaluar su manera de entender las cosas y verlas desde la perspectiva del reino de Dios. Así también la alegoría de Pablo cuestiona la manera tradicional de entender la esclavitud espiritual y la libertad cristiana, y pone en duda las enseñanzas de los agitadores y de todos los que creen que se puede conseguir una verdadera liberación por medio de la ley o el esfuerzo humano.

¿Cuáles son los dos pactos mencionados por Pablo en este pasaje? El primero, identificado con Agar y el monte Sinaí es, según la mayoría de los eruditos, el pacto o alianza que el Señor estableció con Israel en el monte Sinaí (Ex 19-24). El pacto celebraba la liberación de Israel de Egipto y su adopción como hijos de Dios. Pero las bendiciones que otorgaba a Israel dependían del cumplimento de los diez mandamientos y de los sacrificios, rituales y ceremonias ordenados en la Tora. El fracaso de Israel de vivir de acuerdo con las estipulaciones del pacto del Sinaí, trajo como consecuencia la pérdida de su libertad. La historia de Israel nos enseña que tanto las diez tribus del norte como las dos tribus del sur fueron deportadas a Asiria y Babilonia como esclavas. La ley que Israel recibió en el Sinaí no protegió a los descendientes de Abrahán de la esclavitud. Y no fue porque hubiese habido un defecto en la ley; el defecto reside en los seres humanos y su incapacidad de observar la ley. De acuerdo con lo que Pablo había enseñado más arriba, la ley prescribe lo que el ser humano debe hacer y no hacer, pero no le otorga el poder o la capacidad de cumplir con las demandas de la ley. Por lo tanto, hablando de los dos pactos, el autor de la Epístola a los Hebreos expresa: "Al decir 'nuevo pacto', se ha dado por viejo al primero; y lo que es viejo y anticuado está en vías de desaparecer" (8:13 NVI).

Siempre debemos tener presente que las demandas de la ley, según lo que llamamos su primer uso, en realidad corresponden a las demandas del prójimo necesitado, quien en su necesidad clama por justicia, misericordia, liberación de la opresión y explotación. Los que han sido liberados son libres, no para vivir para sí mismos, sino para liberar al prójimo. La ley no es un medio por el cual los hijos de Dios procuran su propia liberación y salvación, sino una medida para promover el establecimiento de una sociedad justa, igualitaria y humanitaria. Si entendemos la ley correctamente, en los diez mandamientos tenemos una verdadera teología de la liberación.

El segundo pacto mencionado por Pablo en este pasaje es, según muchos intérpretes, el nuevo pacto profetizado por Ezequiel y Jeremías y cumplido por Jesucristo. Otros eruditos, como Witherington (1998:332-333), prefieren identificarlo con el que fue establecido con Abrahán y que finalmente encontró su verdadero significado en el nuevo pacto establecido por Jesucristo. Nosotros, por nuestra parte, preferimos seguir a Pablo y al autor de Hebreos, y hablar de dos pactos bien distintos. Juan Bunyan, poco antes de su encarcelamiento, escribió un libro que lleva por título: "*The Doctrine of the Law and the Grace Unfolded* (Desarrollo de la doctrina de la ley y de la gracia). En dicha obra Bunyan califica a los dos pactos mencionados en las Escrituras como "el pacto de las obras" y "el pacto de la gracia". Según Bunyan, el pacto de las obras ya comenzó en el huerto de Edén, cuando el Creador puso su ley en el corazón de nuestros primeros padres. El pacto de la ley prometía vida a los que guardaban los mandamientos. Pero, puesto que todos los seres humanos cayeron en pecado, en vez de dar vida, el pacto de las obras ahora sólo acusa y condena al género humano por su rebelión y desobediencia.

Bunyan asevera que el pacto de la gracia se estableció cuando Dios prometió a Adán y Eva un salvador para librarlos de la maldición de la ley que habían violado. Todos los seres humanos, sean judíos o gentiles, declara Bunyan, están sujetos a la autoridad del pacto de las obras o del pacto de la gracia (1976:8). Todos los que procuran justificarse ante Dios a base de sus obras se encuentran sometidos al pecado (Ro 3:9), porque no han cumplido con todo lo que está escrito en el libro de la ley. "¡No hay ni uno solo que sea justo! (Ro 3:10). Ante las acusaciones y la condenación que proclama el pacto de las obras, el problema básico del género humano es: "¿Dónde encuentro al Dios misericordioso que me libre de la condenación de la ley, del poder del pecado y del presente siglo malo? (Gl 1:4). La solución a este problema de la humanidad no se encuentra en la circuncisión, ni en la observancia de días, meses y años, porque tales ceremonias son parte de un pacto provisional ya vencido que nunca pudo borrar el pecado o transformar la vida.

El nuevo pacto de la gracia, establecido por Jesucristo, no se basa en la sangre de becerros, corderos o toros, ni sobre las satisfacciones y penitencias que realizan los pecadores, sino en la sangre derramada por Jesucristo en la cruz, la que nos purifica y reconcilia con el Padre (Heb 10). Además, el nuevo pacto en la sangre de Cristo otorga a los creyentes la verdadera libertad, a diferencia de los pactos de los que leemos en la historia del antiguo Cercano Oriente. En la antigüedad, los conquistadores heteos, babilónicos, y asirios obligaban a los pueblos conquistados por sus ejércitos a suscribir pactos que los convirtieron en súbditos y esclavos. De manera parecida, los pactos que los conquistadores españoles procuraron imponer a los naturales del Nuevo Mundo mediante la lectura de la requisición, también trajeron como consecuencia la servidumbre de éstos. El pacto de la circuncisión que quisieron imponer los agitadores a los gálatas fue también un pacto que resultaría en otra forma de servidumbre, y no en la libertad que otorga el bautismo en el nombre de Jesús.

CRISTO NOS LIBERA DE TODO PACTO DE SERVIDUMBRE

En la actualidad hay muchas personas a nuestro derredor que se encuentran atrapadas en un sistema espiritual opresivo debido a las exigencias, demandas, y condiciones que tienen que cumplir por haber suscrito pactos con poderes espirituales pertinentes al presente siglo malo, o sea, a los débiles y pobres rudimentos mencionados en Gálatas 4:8-9. Hay miles y miles de hermanos hispanos que, para zafar de una situación difícil, han hecho un pacto con la Santa Muerte o uno de los espíritus de la Santería, el Vudú, la Umbanda o el culto a María Lionza. Muchos pastores que evangelizan en comunidades hispanas cuentan de las muchas personas que después de escuchar el mensaje de la nueva vida en Cristo, quieren renunciar al culto al cual pertenecen y ser cristianos de verdad, pero tienen miedo de lo que los espíritus puedan hacerles si no cumplen con las mandas, ofrendas, y sacrificios que prometieron ofrecer. Cuanto más tiempo una persona es devota de un culto como el de la Santa Muerte, más grandes y más costosas llegan a ser las exigencias y las mandas. Muchos siguen oprimidos porque recelan de la maldición y el mal de ojo de los espíritus. Sin lugar a dudas Pablo se encontró con situaciones parecidas durante su ministerio en Galacia. El apóstol tuvo que asegurarles a sus oyentes que el Espíritu que recibimos en el Bautismo es más fuerte que la Santa Muerte o cualquier chamán o curandero. El Padre envió a su Hijo para librarnos de los pactos hechos con los espíritus ocultos, y protegernos de sus poderes. Es la voluntad del Dios de la libertad que renunciemos a, y rompamos con todo pacto o compromiso hecho con los débiles y pobres rudimentos. No es pecado romper una promesa o voto que no cuadre con la voluntad del Padre ni con el bienestar del prójimo. En la antigüedad, las personas que habían hecho un voto o la promesa de ofrecer cierta cantidad de dinero o un sacrificio a una deidad, tanto temían la ira de dicho espíritu, que estaban dispuestos a vender hasta su propia virtud para conseguir las monedas prometidas a uno de los espíritus o dioses venerados por su pueblo. Por lo tanto, en el AT encontramos una legislación que procura desarraigar la costumbre de hacer votos o promesas a los espíritus o aún a Dios. A nuestros hermanos y vecinos hispanos tan dispuestos a hacer votos, hay que recordarles que la voluntad de Dios para con nosotros no es servidumbre, sino libertad. El Dios de la libertad quiere que seamos hijos de la libre y no de la esclava que da hijos para esclavitud. En el tiempo de la Reforma, Martín Lutero vio la necesidad de declarar que los votos para tomar el hábito y hacerse monje o monja no eran bíblicos y no concordaban con la voluntad de Dios para los cristianos. No era pecado, sino la voluntad de Dios, el no cumplir con un voto, promesa o pacto que no concordara con el evangelio.

4:25 Porque Agar es el monte Sinaí en Arabia, y corresponde a la Jerusalén actual, y ésta, junto con sus hijos, está en esclavitud.

De acuerdo con la alegoría de Pablo, Agar y el monte Sinaí en Arabia representan o corresponden a la Jerusalén actual, no a la Jerusalén celestial de la cual habla Hebreos 12:22 y Juan en el Apocalipsis. Al hablar de la Jerusalén actual, el apóstol tiene en la mira a quienes procuran justificarse ante Dios a base del cumplimiento de los mandamientos de la Tora. Todos los que así proceden realmente no son libres, sino esclavos como Agar. No son esclavos de otros seres humanos sino de la ley y de los poderes elementales del universo.

Existe una diferencia de opinión entre los eruditos en cuanto a la identificación concreta de la frase "la Jerusalén actual". Algunos opinan que Pablo tiene en la mira a los cristianos judíos que insistían en circuncidar a los gentiles. De Boer (2011:304) cree que Pablo tiene en la mira tanto a los agitadores de Galacia como a los líderes de la iglesia madre en Jerusalén que habían enviado a los nuevos predicadores a Galacia. De acuerdo con la interpretación de de Boer, el esposo de Agar (hablando alegóricamente) tendría que ser el líder de la iglesia madre, a saber, Santiago. Harmon (2010:180-181), discrepando con de Boer, aduce argumentos para identificar al esposo de la Jerusalén actual con la ley. Según nuestra opinión, tal interpretación es preferible porque pone de manifiesto el problema principal atacado por Pablo en Gálatas, a saber: los que procuran justificarse a base de la ley son hijos de la ley, y por lo tanto, esclavos de la ley y de los rudimentos de este mundo.

Hay intérpretes modernos que afirman que al hablar de la Jerusalén actual Pablo no piensa en la iglesia madre, ni en Santiago ni Pedro, sino solamente en los agitadores de Galacia. Los intérpretes modernos identificados con la llamada nueva perspectiva, afirman que en ningún momento quiso el apóstol identificar a la Jerusalén actual con la forma del judaísmo practicada por la mayoría de los judíos de la época del NT. De acuerdo con los teólogos de la nueva perspectiva, es una equivocación tanto teológica como histórica y moral, calificar al judaísmo como una religión de la ley y el movimiento cristiano como un exponente de la gracia y el amor. Esto lo han aseverado también muchos predicadores cristianos, incluyendo varios teólogos de la liberación.

Los reformadores e intérpretes patrísticos en realidad solían calificar a todos los judíos que no creían en Jesús como su Salvador y Mesías, como miembros de la Jerusalén actual. Los judíos, según los reformadores y los intérpretes patrísticos, son esclavos, puesto que procuran su justificación con la observancia de los preceptos de la Tora y no en la gracia y misericordia de Dios, que perdona y justifica a los pecadores. Tal interpretación, en la opinión de la nueva perspectiva, representa una caricatura de lo que realmente creía la mayoría de los judíos en la época del NT. Los defensores de la nueva perspectiva alegan que la mayoría de los judíos del tiempo de Jesús en realidad no procuraban justificarse ante Dios a base de su cumplimiento de la Tora, sino que confiaban para su salvación en la gracia y misericordia de Dios. Tal interpretación, sin embargo, ha sido cuestionada por muchos estudiosos judíos, quienes preguntan a los autores de la nueva perspectiva: "¿Qué hay de malo en justificarse a base del cumplimiento de lo que ordena la Tora?" En las parábolas de Jesús en los evangelios sinópticos (por ejemplo en Lucas 15), nos encontramos con judíos que sí procuraban justificarse a base de la observancia de la ley. En Filipenses 3:5-6 nos encontramos con un ex fariseo que había confiado en su propia justicia, es decir, su cumplimiento de las demandas de los mandamientos, pero que ahora entendía que aquello en lo que había confiado carecía de valor. El fariseo es Pablo (Westerholm 2002:312).

La profesora judía Paula Eisenbaum, por ejemplo, ha escrito un libro en el que manifiesta que el apóstol Pablo nunca fue cristiano. Según Eisenbaum, Pablo era un judío fiel a la Tora de Moisés, que enseñaba que los judíos reciben la salvación por medio de la Tora, mientras que los gentiles, que acumularon tantos más pecados que los judíos, necesitan ser salvados por Jesús, pues sus obras no son suficientes para garantizar la salvación. De acuerdo con esta manera de pensar, hay dos caminos de salvación: uno para los judíos y otro para los gentiles. La atrevida interpretación de Eisenbaum, sin embargo, no toma en cuenta la gran angustia que sufría Pablo por el rechazo de Jesús de parte de los judíos que no creían en él (Ro 9-11), ni toma en cuenta las palabras del apóstol en Filipenses 3:9 (Peterson 2012:92-93).

Los autores de la nueva perspectiva han desarrollado su tesis, por lo menos en parte, para defender a Pablo y a la iglesia primitiva de la acusación de ser antisemitas y haber sembrado las primeras semillas del antisemitismo y de los futuros holocaustos entre los cristianos gentiles. Por nuestra parte, apreciamos todo esfuerzo por querer erradicar cualquier brote de antisemitismo, tanto entre cristianos como entre paganos. En vez de ver el legalismo y la autojustificación como un problema específicamente judío, lo consideramos un problema del ser humano natural, quien por naturaleza quiere ser el autor de su propia salvación. El hombre, por naturaleza, no quiere rebajarse a aceptar la salvación como un don de Dios. A nuestro criterio, al interpretar la frase "la Jerusalén actual" desde una perspectiva misionera, tendríamos que concluir que tal frase representa a todos los que procuran justificarse a base de cualquier ley, ceremonia o buena obra, sean judíos, budistas, musulmanes, hindúes o supuestos cristianos. En nuestra opinión la Jerusalén de arriba, en cambio, es el número total de los que han sido justificados por Cristo y lo que él logró en la cruz.

4:26 Pero la Jerusalén de arriba, la cual es madre de todos nosotros, es libre.

Los maestros judaizantes deben haber enseñado a los conversos gentiles que llegaron a ser miembros de las iglesias fundadas por Pablo, que todavía eran esclavos de los impulsos pecaminosos del *yetzer ha ra,* porque no se habían circuncidado. En cambio, los miembros circuncidados de las congregaciones o sinagogas de los judaizantes eran verdaderamente libres. Pablo, en defensa del evangelio de la gracia justificante, enfatiza que es por medio de la proclamación del evangelio y la venida del Espíritu Santo que los verdaderos creyentes reciben en el Bautismo el poder de Cristo para resistir y luchar en contra de todo impulso pecaminoso o tentación satánica. Encontramos una idea semejante en 1 Pedro 3:20-21, en que se dice que el Bautismo nos salva, no quitando las inmundicias de la carne (del prepucio), como ocurre en el rito de la circuncisión, sino como la aspiración de una buena conciencia.

En muchas tradiciones religiosas las inmundicias atraen hacia una persona las fuerzas del mal, tales como la *yezter ha ra.* Los misioneros que evangelizan en sociedades musulmanas cuentan que muchas personas que habían cometido adulterio no temían provocar la ira de Alá, sino que antes bien temían que sus actos inmundos atrajeran a los demonios hacia ellos. Por lo tanto, los infractores suelen valerse de baños y otras ceremonias de purificación como una protección en contra de las fuerzas del mal. Los judíos místicos, conocidos como cabalistas, enseñan que la masturbación atrae hacia uno al demonio conocido como Lillit (Giller 2011:109). Según Éxodo 4:24-26, el Señor atacó a Moisés porque no había circuncidado a su hijo Gersón.

Es posible que los agitadores hayan dicho a los gálatas que la circuncisión y los ritos de purificación eran necesarios para protegerlos de los ataques de los demonios, del ángel de la muerte, y hasta de la ira del Señor.

LA JERUSALÉN DE ARRIBA

Aunque la Jerusalén celestial es una entidad futura que descenderá a la tierra cuando Cristo venga en su segunda venida *(parousia)*, la nueva Jerusalén ya está presente hoy, pues por medio de la acción del Espíritu Santo las bendiciones de la edad futura ya han comenzado a manifestarse en nuestro presente (Schreiner 2010: 303). Precisamente porque los creyentes han llegado a ser miembros de la Jerusalén de arriba por medio del Bautismo y la venida del Espíritu Santo, han quedado libres de las exigencias de la ley. La ley tiene vigencia para los que todavía pertenecen al siglo presente y la Jerusalén actual, pero no tiene vigencia para controlar ni para condenar a los que han cambiado su ciudadanía por la de la Jerusalén celestial.

Sin embargo, sería un error afirmar, como han hecho algunos, que la ciudadanía celestial de los cristianos implica un rechazo subversivo de la autoridad del Imperio Romano en asuntos cívicos y en el mantenimiento del orden en el mundo. Recordemos que en Romanos 13 y 1 Pedro 2:11-16 se exhorta así a los cristianos: "Muéstrense respetuosos de toda institución humana, se trate del rey, porque es el que gobierna, o de sus gobernadores, porque el rey los ha enviado para castigar a los malhechores y para elogiar a los que hacen el bien." Los cristianos son miembros del reino de Dios y de un reino terrenal al mismo tiempo, como lo expresa Pablo implícitamente en Filipenses 3:20. Es lo que también enseñaron los reformadores al desarrollar la doctrina de los dos reinos. Recordemos también que antes del tiempo de Pablo, los estoicos enseñaban que el filósofo tenía dos ciudadanías, la de la polis, y la otra de la ciudad cósmica (van Kooten 2012:528).

La figura del verdadero pueblo de Dios como "la Jerusalén de arriba" probablemente deriva del Salmo 87:5 (LXX 86). La misma figura se encuentra en Isaías 66:7-11, Hebreos 12:22, Apocalipsis 21:2-10 y el libro apócrifo de 2 Baruc 4:2 (Moule 1962:45). El libro apócrifo de 4 Esdras habla también de una nueva Jerusalén (8:52; 10:25-27). A la Jerusalén de arriba se la identifica como la madre de todos nosotros, la ciudad de Jerusalén después de la cautividad babilónica, una madre como la Sara del AT, estéril, sin hijos. En su comentario sobre Gálatas, Haimo de Auxerre (Levy 2011:113) dice que "con toda razón la iglesia es llamada nuestra madre porque los apóstoles, mártires, y predicadores santos que vivieron antes de nosotros nos han engendrado en la fe de Cristo por medio de su enseñanza, escritos, y ejemplos. El apóstol habla de lo mismo al expresar: 'Yo los engendré por medio del evangelio' (1 Co 4:15)".

Como ya hemos mencionado en otra parte de nuestro comentario, algunos autores opinan que al recurrir a la figura de la nueva Jerusalén como la madre de todos nosotros, Pablo podría haber escogido la metáfora como una alusión indirecta al culto de la *Magna Mater*, o sea, la gran madre de Anatolia, conocida por los habitantes de Galacia como Cibeles, Artemisa, Isis o uno de los muchos otros nombres con los que se adoraba a la madre de los dioses en la antigüedad. Según esta interpretación, el apóstol les decía a sus lectores y oyentes que la circuncisión equivaldría a volver a los elementos del universo y los poderes de las tinieblas, de los cuales la gran madre era el más conocido. Dicho de otra manera, la iglesia universal o invisible es la verdadera madre de los hijos y herederos de Dios. La verdadera madre de los creyentes no es ni la sinagoga, ni la Tora, ni la gran madre, sea cual sea su nombre. El abandono de la Jerusalén de arriba equivale, entonces, a un regreso a la esclavitud de los poderes ocultos del universo.

Al designar como la Jerusalén de arriba al número total de los que han sido justificados por Cristo, el apóstol en realidad ha descentralizado al nuevo movimiento cristiano. La mayoría de las grandes religiones se aglutinan alrededor de un centro geográfico, o sea, un lugar sagrado, eje territorial del movimiento. Para los mahometanos ese centro sagrado es la ciudad de la Meca, mientras que para los hindúes es Varanasi y para los budistas es Bodhgaya. En dirección hacia esas ciudades santas presentan los fieles sus oraciones. Hacia ellas millones de devotos salen en peregrinación. La mayoría de los samaritanos aún viven cerca del monte santo de Gerizim. Desde la época del rey David hace tres mil años, Jerusalén ha sido la ciudad santa de los judíos, la ciudad por la cual se han librado innumerables guerras y donde miles de fieles se congregan ante los muros de su templo destruido para entonar sus lamentos.

Pero para los seguidores de Jesús no existe un centro o lugar principal para la subsistencia del movimiento. Los discípulos de Cristo sí tienen una santa ciudad, la Jerusalén de arriba, la cual se encuentra en todo lugar donde hay dos o tres reunidos en el nombre del Señor. Fue Jesús, él mismo, quien descentralizó el movimiento cristiano al decirle a la samaritana: "Créeme, mujer, que viene la hora cuando ni en este monte (Gerizim) ni en Jerusalén adorarán ustedes al Padre... Pero viene la hora, y ya llegó, cuando los verdaderos adoradores adorarán al Padre en espíritu y en verdad" (Jn 4:21-23). Al principio del movimiento cristiano Jerusalén fue como el centro donde se encontraban los líderes de la iglesia primitiva. Pero desde ahí otras ciudades, como Alejandría, Constantinopla, Antioquía, y Roma se constituyeron en nuevos centros del movimiento. Con la invasión de los musulmanes muchos de estos lugares dejaron de ser centros del cristianismo, pero la fe echó raíces en otras tierras: Wittenberg, Ginebra, Londres; y de ahí siguió extendiéndose hacia otros lugares y regiones. En la actualidad el centro del movimiento cristiano se trasladó del llamado primer mundo hacia los pueblos del sur, hacia América Latina, África, y Asia, o sea, hacia el llamado mundo mayoritario. Entre otras cosas, la justificación por la fe quiere decir que los creyentes han sido liberados de las limitaciones que pretende ejercer sobre ellos cualquier lugar santo. En la historia del cristianismo los centros de autoridad y administración eclesiásticos han sido, muchas veces, focos de contaminación, apostasía, y herejía, mientras que los movimientos de reforma y renovación espiritual se encuentran en la periferia, en los campos misionales. Hoy en día la Jerusalén de arriba se encuentra no sólo en bellas catedrales góticas o imponentes basílicas romanas o bizantinas, sino también en los campos de refugiados, en las villas miseria de nuestras grandes ciudades y hasta en las cámaras de tortura, dondequiera que los discípulos de Cristo oyen su voz y llevan su cruz.

4:27 Porque está escrito: "Regocíjate, oh estéril, tú que no das a luz; Prorrumpe en júbilo y clama, tú que no tienes dolores de parto; Porque más son los hijos de la desolada, que los de la que tiene marido."

El texto del AT que se cita en Gálatas 4:27 es Isaías 54. En realidad, es la única cita directa del AT en la Carta a los Gálatas. En la liturgia de la sinagoga antigua este capítulo era la *haftarot* que correspondía a la lectura de Génesis 16, o sea el decimocuarto *seder* de Génesis. En muchas iglesias cristianas se suele utilizar un leccionario con una serie de lecturas fijas para cada domingo del año eclesiástico, que se repiten cada año o cada tres años. Incluyen una lectura del AT, un salmo, una porción de una epístola, y una porción del evangelio del día. El evangelio del día es considerado la lectura principal, mientras que las otras tres lecciones se las escoge porque, de alguna manera, brindan claridad al mensaje del evangelio del día. Al desarrollar sus liturgias y leccionarios los cristianos de los primeros siglos siguieron la práctica y tradiciones de los rabinos y de la sinagoga antigua. En la sinagoga antigua, y quizá también en el templo, se solía leer cada séptimo día una lectura de uno de los cinco libros de Moisés. La lectura se llama el *seder*. Para acompañar la lectura del *seder* y para brindarle claridad, además de desarrollar y aplicar su significado, se leía una selección de los profetas, lectura que se llama la *haftarot*. Se entonaba también un salmo de acuerdo con el tema del *seder*. En otras partes de la literatura rabínica la *haftarot* asignada para ser leída con Génesis 16 es Jeremías 33, un texto que habla de la promesa de la descendencia davídica.

Hay mucho debate entre los eruditos acerca de la fecha de estructuración del sistema trienal de lecturas bíblicas en la sinagoga. Muchos opinan que fue después de la destrucción de Jerusalén y del tiempo del NT. Hemos señalado la conexión establecida por los escribas entre Génesis 16 e Isaías 54, porque es posible que ésta existiera aun antes de la estructuración del sistema trienal de lecturas bíblicas para la sinagoga, puesto que el argumento de Pablo en Gálatas refleja algo de las discusiones que sostenían los rabinos respecto a la interpretación de Génesis 16. Si es así, al relacionar estos dos textos los escribas quisieron subrayar que después de la cautividad babilónica, Jerusalén se había quedado como Sara en el libro de Génesis, estéril, sin capacidad de tener prole. Aparentemente, la promesa de una gran descendencia nunca se cumpliría. Pero, puesto que para Dios nada es imposible, Jerusalén, como Sara, recibiría una gran descendencia, primeramente con el retorno de los judíos de la cautividad en Babilonia y, en segundo lugar, con el gran éxodo escatológico que ocurrirá en el día del Señor.

Puesto que para Dios nada es imposible, Sara, después de tantos años de esterilidad, tuvo gran regocijo con el nacimiento de Isaac, cuyo nombre significa risa. Después del retorno de los judíos de la cautividad, la ciudad de Jerusalén pudo regocijarse al escuchar una vez más las risas de niños jugando en sus calles. Pero de acuerdo con las homilías que se encuentran en el Talmud Babilónico, los descendientes de la promesa serán solamente los judíos circuncidados. Una homilía rabínica expresa que Abrahán era perfecto, excepto por el prepucio que le tenía que ser quitado. Otra homilía asevera que los malvados descenderán a la gehena por ser incircuncisos, pues la circuncisión salva de sus llamas. ¿Podría ser que los agitadores, utilizando argumentos semejantes, les dijeran a los gálatas que para ser perfectos como Abrahán, o para escapar del fuego de la gehena, les sería necesario circuncidarse? (Mann 1971:124-133). De todas maneras, en su exposición tanto de Génesis 16 como de Isaías 54, el apóstol Pablo asevera que la promesa de una descendencia dada a Abrahán y reafirmada en Isaías, encuentra su cumplimiento en la incorporación de los gentiles al nuevo Israel escatológico, no por medio del pacto de la circuncisión, sino por la circuncisión del corazón profetizada por Jeremías. Dicha circuncisión del corazón no es otra cosa que la justificación por la sangre de Cristo.

Pablo también cree que para Dios nada es imposible. El Señor es Dios que oye la oración de las estériles, como Ana (1 S 1:12-20), Rebeca (Gn 25:21), Raquel (Gn 30:22-24), y Elisabet (Lc 1:25). La Jerusalén de arriba había quedado estéril y desolada por largos siglos por el pecado del pueblo. Pero el tiempo de demora, esterilidad, y afrenta llegó a su fin con la venida del Siervo del Señor, quien tomó sobre sí el pecado del género humano y sufrió la maldición de la ley.

Jesús resucitó de los muertos para ser el primer hijo de la nueva Jerusalén. Ahora, todas las personas que nacen de nuevo por medio de la resurrección de Jesús, se cuentan entre los hijos de la Jerusalén de arriba. Por años la Jerusalén de arriba se había lamentado como una mujer estéril por la falta de hijos. Pero ahora, con la incorporación de tantos judíos y gentiles creyentes en el reino de Dios por medio de la proclamación del evangelio, la Jerusalén de arriba también prorrumpe en cantos de alegría por la entrada de los hijos a su tienda. La madre estéril tiene que ensanchar ahora su tienda para acomodar a tantos hijos nacidos por el Bautismo y la fe en Jesucristo. Los nuevos hijos y herederos de la promesa fueron añadidos al reino de Dios, no por la circuncisión ni por las demás ceremonias y ritos de la Tora, sino por el evangelio de la gracia justificante proclamado por misioneros como Pablo, Bernabé, Silas, y Timoteo. Por medio de la proclamación de ese evangelio el Espíritu Santo engendró la fe en los creyentes de las ciudades de Galacia, tanto judíos como gentiles.

Según Brigitte Kahl, a quien hemos citado ya varias veces en esta obra, es llamativo observar que la figura de la madre es dominante en la alegoría de Pablo. Aunque Abrahán parece ser el personaje central de la alegoría, quien se destaca es la madre: Sara, Agar, la Jerusalén actual, la Jerusalén de arriba, la estéril, y la que tiene muchos hijos. Incluso en el mismo capítulo cuatro, el apóstol habla de sí mismo como una madre que sufre dolores de parto. El énfasis en la figura sumisa y sufriente tiene la intención, según Kahl, de exhortar a los lectores de la carta a vivir un estilo de vida menos machista, menos patriarcal y menos violento. El modelo a imitar no es el del conquistador romano, sino el de Jesucristo y el del apóstol Pablo (Kahl 2000:42-43).

4:28 Así que, hermanos, nosotros, como Isaac, somos hijos de la promesa.

Así como el nacimiento de Isaac de una anciana estéril fue un milagro de la gracia y del amor de Dios, así el nuevo nacimiento de los gálatas como hijos de Dios y herederos de la promesa del Espíritu es un milagro más grande todavía. En vez de lamentar su falta de circuncisión, los gálatas, como Sara, deben regocijarse con el nuevo nacimiento como hijos de la promesa.

4:29 Pero como entonces el que había nacido según la carne perseguía al que había nacido según el Espíritu, así también sucede ahora.

Al hablar del que había nacido según la carne, el apóstol piensa en Ismael, el hijo que tuvo Abrahán de Agar, la esclava egipcia de Sara. A Ismael se lo designa como "nacido según la carne", porque Abrahán y Sara, según Génesis 16, decidieron tomar en sus propias manos el asunto del heredero sin consultar con Dios, y de esta manera proveer un descendiente que pudiera recibir la bendición divina. En la alegoría de Pablo, el hijo que nació según la voluntad humana, de dos seres falibles, representa a todos los que en el presente procuran asegurar su relación con Dios a base de la circuncisión y de la Tora, y no por medio de la fe en Cristo.

El que nació según el Espíritu (κατὰ πνεῦμα), en cambio, es Isaac. Que les nazca un hijo a un anciano y una anciana, estéril además, es, humanamente (κατὰ σάρκα) hablando, algo imposible. Pero para el Espíritu de Dios nada es imposible. Humanamente hablando, es también imposible que los gálatas, pecadores y gentiles, llegasen a ser adoptados como hijos de Dios y herederos de la bendición prometida a Abrahán. En la alegoría de Pablo, Sara es la madre de todos los gentiles y judíos que por medio del Bautismo y la fe en Cristo han recibido el perdón de los pecados y el don del Espíritu Santo. Agar, en cambio, representa a la Jerusalén actual, o sea, a todos los que basan su relación con Dios y su esperanza de bendición sobre la circuncisión y el fiel cumplimiento de todo lo que está escrito en el libro de la ley.

El relato del destierro de Agar e Ismael, en Génesis 21:8-21, no dice nada acerca de Ismael que persigue a Isaac. Lo que sí dice es que en el banquete que preparó Abrahán el día en que fue destetado Isaac, Ismael se burlaba de su hermano. En la literatura rabínica, sin embargo, Ismael procuraba deshacerse del nuevo heredero al arrojar flechas cerca de donde estaba Isaac y decir que sólo se trataba de un juego. Otros autores rabínicos han sugerido que Ismael intentó abusar sexualmente de su hermano menor. Autores como San Agustín y Lutero solían enfatizar que desde el tiempo de Caín y Abel la iglesia falsa siempre persigue a la iglesia verdadera, así como Saulo de Tarso, antes de haber encontrado a Cristo en el camino a Damasco, perseguía a la iglesia de Cristo. Para Lutero, las persecuciones desatadas en contra de la Reforma por la iglesia institucional fueron una nueva manifestación de esta realidad.

¿De qué manera habían sufrido persecución los hermanos de Galacia? Existen varias formas de explicar la referencia a la persecución:

(a) Louis Martyn (1997:445) opina que, al escribir estas líneas Pablo pensaba en el modo en que los catequistas que había dejado encargados de las iglesia de Galacia habían sido depuestos por los maestros de la circuncisión; y que no pensaba en la persecución de los cristianos por la sinagoga judía. Martyn (1997:452) cree que la expresión "el que había nacido según la carne" se refiere ante todo a las iglesias o misiones establecidas por los maestros judaizantes, y no al Ismael histórico. La carne en cuestión sería la carne de la circuncisión. La idea de engendrar un hijo y dar a luz, en esta discusión, son metáforas de la conversión y el establecimiento de nuevas congregaciones; son términos misioneros. Pablo piensa aquí en dos diferentes maneras de establecer o fundar una iglesia cristiana: (1) por medio de ritos y ceremonias como la circuncisión y las demás fiestas utilizadas por los maestros judaizantes; y (2) por medio de la proclamación del evangelio y la llegada del Espíritu Santo, que es el resultado del anuncio de la salvación en Cristo. Por medio de la recepción del Espíritu los gálatas creyentes llegaron a ser el Isaac contemporáneo.

(b) La persecución que se desató en contra de los gálatas podría haber sido la que se menciona en el texto occidental (*Codex Bezae*) de Hechos 13:50, donde dice que después del alboroto de Antioquía de Pisidia, los judíos de la sinagoga local afligieron en gran manera a los apóstoles y sus seguidores, y Pablo y Bernabé fueron expulsados de Antioquía por los magistrados de la ciudad. Esta era la ciudad principal de Pisidia, y colonia romana (Ramsay 1960:106-107). Entre las ciudades donde, según Hechos, se establecieron congregaciones en el sur de la provincia de Galacia, Antioquía de Pisidia fue la más grande y más importante. Fue la primera ciudad de Galacia del sur donde Pablo evangelizó. La persecución, entonces, la desencadenaron los líderes de las sinagogas locales de Galacia, que procuraban recuperar a los temerosos de Dios que habían abandonado la sinagoga para ingresar a las nuevas comunidades cristianas. Las severas persecuciones que sufrieron los nuevos creyentes gentiles de Tesalónica fueron obra de la sinagoga local (Thielman 2006:65-70). Varios estudiosos opinan que los agitadores de Galacia no fueron judaizantes (judíos mesiánicos que insistían en circuncidar a los gentiles) sino judíos incrédulos de la sinagoga local quienes, después del alejamiento de Pablo, comenzaron a infiltrarse en las nuevas congregaciones cristianas haciéndose pasar por creyentes para engatusar a los gálatas con la finalidad de hacerlos volver a la sinagoga y aceptar la circuncisión (Mattlock, s.f.: 1-10).

(c) Frank Thielman y otros más, opinan que la persecución consistió en los azotes aplicados a quienes enseñaban que la circuncisión, la celebración de las fiestas judías, y las leyes sobre alimentos no eran necesarias para la incorporación de gentiles al pueblo de Dios (1994:123). En 2 Corintios 11:24 Pablo habla de haber recibido cinco veces azotes de los judíos, probablemente por un decreto de los ancianos de una sinagoga judía. También leemos en el libro de los Hechos que en varias ocasiones unos extremistas judíos se pusieron de acuerdo en quitarle la vida al apóstol (Hch 9:23-25; 23:12-22; 25:1-3). Para evitar una persecución semejante, los agitadores prefirieron acomodarse a la práctica de las sinagogas judías. Lenkersdorf también cree que aquí Pablo piensa en la persecución de la incipiente iglesia cristiana por los judíos en general.

(d) Según Gordon Fee (1994:415), los perseguidores fueron los nuevos maestros o agitadores que con su insistencia en circuncidar a los gálatas estaban luchando contra el Señor Jesucristo, así como Pablo en el camino a Damasco, en que el Señor le preguntó: "Saulo, Saulo, ¿por qué me persigues? (Hch 9:4).

(e) Otros intérpretes, como Martín Hengel, opinan que los nuevos maestros de Galacia temían la persecución y represalias de los miembros de grupos de judíos excesivamente nacionalistas como los zelotes, que consideraban que los judíos que no observaban la circuncisión, las fiestas judías y las reglas sobre comidas prohibidas, eran traidores a la fe de sus padres y merecedores de la muerte. En la opinión de John M. G. Barclay, el hecho de que azotaran a Pablo por orden de la sinagoga indica que el apóstol fue considerado un apóstata, uno que merecía ser excomulgado (1995:117). En los años antes del levantamiento de tales grupos en contra del Imperio Romano en el 65 dC, el movimiento revolucionario creció ostensiblemente entre los judíos de la diáspora y en Judea, donde hasta los saduceos se sintieron intimidados por sus actividades. Esto, según Hengel, podría explicar la lapidación de Santiago, el hermano de Jesús y líder de la comunidad mesiánica de Jerusalén en el 62 dC. O sea que los sumos sacerdotes quisieron mostrar a todo el mundo y especialmente a los excesivamente nacionalistas, su oposición a los que apoyaban a los infractores de la ley. Hengel cree además que Pedro dejó de comer con los gentiles incircuncisos de Antioquía para no causarles problemas con los zelotes a Santiago y los creyentes de Jerusalén (Hengel 2010:65).

4:30 Pero ¿qué dice la Escritura? "Echa fuera a la esclava y a su hijo, porque el hijo de la esclava no heredará con el hijo de la libre."

Según el relato de Génesis 16, para resguardar a Sara e Isaac de las burlas de Agar e Ismael, Abrahán ordenó que la esclava y su hijo fueran echados fuera. Ahora, para evitar que los gálatas fueran amedrentados, escarnecidos y perseguidos por los agitadores, Pablo exhorta a los que han sido fieles al evangelio a hacer caso a la voz de Sara de Génesis 21:10 y echar fuera a la esclava y su hijo.

¿Quién es la esclava que los gálatas debían echar afuera? Y, ¿quién es el hijo de la esclava? Según Betz (1979:250), la esclava y su hijo representan a todos los judíos que no reconocen a Jesús como su Salvador y Mesías. De acuerdo con J. Louis Martyn, la esclava representa a los maestros judaizantes, mientras que el hijo de la esclava representa a los miembros de la iglesia que aceptaron el evangelio espurio de los maestros judaizantes, y se circuncidaron. Según el mismo intérprete, el hijo de la libre a la cual Pablo se refiere, representa a los gálatas que siguieron siendo fieles al evangelio que el apóstol les proclamó (Martyn 1997:446). En cambio, Elliot, según su teoría de una triple analogía, asevera que en la alegoría de Pablo la esclava Agar es (1) la ley como medio de salvación, (2) los maestros judaizantes, y (3) la Gran Madre de Anatolia (Cibelis/Agdistis), mientras que su hijo es a la vez (1) Ismael, (2) los gálatas circuncidados, y (3) Atis, el hijo y esclavo de Cibelis/Agdistis y representante de todos los *galli*, los sacerdotes eunucos de la Gran Madre (Elliot 2003:274). Según Elliot, Pablo exhorta a los gálatas a echar fuera no sólo a los maestros judaizantes y sus discípulos, sino también todo lo relacionado con la vieja religión de los galos y frigios, en particular a la diosa/esclava Agdistis y su hijo Atis, y a todos los que se identifican con él.

Longenecker cree que los agitadores infiltrados en las comunidades cristianas de Galacia, habían pedido que fueran echados de sus iglesias los líderes y miembros que habían sido fieles a Pablo y su evangelio. Lo hicieron alegando que el apóstol y los suyos eran hijos ilegítimos, así como lo fue el hijo de Agar. Según Longenecker, utilizando el mismo texto de Génesis empleado por los agitadores, Pablo declara ahora que los hijos ilegítimos son todos los que le han dado la espalda al mensaje de la *sola gratia*, y ahora confían en la ley (1990:217).

En desacuerdo con las interpretaciones de Betz, Martyn, Longenecker, y Elliot, Schreiner (2010:306) cree que Pablo no pide la excomunión de nadie, sino que afirma tan sólo que los agitadores y sus discípulos, por confiar en la ley y no en el evangelio, no recibirán la herencia prometida. Según nuestro criterio, tal interpretación no explica la razón por la que el apóstol escogió un imperativo tan fuerte como "echa fuera" (Ἔκβαλε). Nosotros creemos que Pablo pidió a sus oyentes y lectores que expulsen de sus congregaciones a los agitadores que causaban las dificultades y divisiones entre ellos. No pidió la expulsión de los judíos del seno de la iglesia, como han creído equivocadamente ciertos intérpretes con tendencias antisemitas. Ni pidió tampoco la expulsión de los hermanos que se circuncidaron, engañados por los agitadores. El apóstol escribió su carta para hacerlos volver al redil del evangelio de la pura gracia (Matera 1992:178).

Susan Eastman opina que esta expresión tan fuerte se refiere a la enseñanza de los perturbadores y los métodos misioneros empleados por ellos, pero no a los gálatas que ellos engañaron. Según Eastman, los gálatas que hicieron caso a los perturbadores eran hermanos caídos que debían ser restaurados por las oraciones y consejos de los hermanos fieles. Según su óptica, los hermanos caídos eran los mismos hermanos de los que Pablo habla en Gálatas 6:1-2. A los gálatas fieles se los exhortó a sobrellevar las cargas de los que habían caído, al compartir con ellos el contenido de la Carta a los Gálatas (2006:309-336). Dicho de otra manera, los gálatas que se circuncidaron incitados por los agitadores, no cometieron un pecado imperdonable. Todavía había esperanza para ellos si se volvían al evangelio verdadero.

4:31 De modo, hermanos, que no somos hijos de la esclava, sino de la libre.

Por tanto, los gálatas que no siguieron el falso evangelio de la circuncisión que esclaviza, son hijos de la verdadera iglesia de Dios, la iglesia invisible compuesta por todos los verdaderos creyentes de todos los tiempos y pueblos. Siendo ya herederos que recibieron la promesa del Espíritu, no necesitan la circuncisión para obtener lo que ya tienen.

Muchos estudiosos de la Biblia han observado que en toda su discusión acerca de las dos mujeres y sus dos hijos, el apóstol nunca menciona a Sara por nombre. Esto significa, según Witherington, que en este pasaje no tenemos una interpretación tipológica, sino una alegoría propiamente dicha. En una alegoría, cada elemento debe tener un significado definido. Hemos visto en la alegoría que los dos montes representan los dos pactos, el pacto con Abrahán y el pacto con Moisés. Además, la esclava representa a los agitadores que quieren circuncidar a los gálatas y hacerles aceptar la ley de Moisés. Los hijos de la mujer libre son los creyentes gentiles que basan su fe solamente sobre Cristo y su cruz. Pero, pregunta Witherington (1998:355-356),

¿a quién representa la mujer libre? O sea, ¿quién es Sara en la alegoría del apóstol? La respuesta de Witherington es que Sara representa al apóstol que trajo el evangelio de la libertad a Galacia e hizo de los gálatas sus hijos espirituales. Según la óptica de Witherington, el apóstol Pablo es la madre espiritual de los gálatas. Tal identificación de Pablo con Sara podría explicar que el apóstol hable de sí mismo como una mujer que está sufriendo dolores de parto hasta que Cristo se forme en sus hijos (Gálatas 4:19).

En resumen, ¿cuál es el mensaje que Pablo quiere transmitir a los gálatas y a nosotros a través de la alegoría de las dos mujeres y sus hijos? Sobre todo, el apóstol quiere que sus lectores se encuentren entre los hijos de la mujer libre, es decir, entre los que fundan la seguridad de ser verdaderos hijos de Abrahán y de Dios sobre la cruz de Jesucristo. Los que procuran asegurar su pertenencia al pueblo de Dios a base de cualquier cosa que no sea la absolución, la amnistía, y el don del Espíritu, que son nuestros por la cruz de Cristo, se hacen a sí mismos hijos de la esclava, es decir, esclavos de las demandas de leyes, tradiciones, y condiciones imposibles de cumplir. Los que procuran la seguridad de ser hijos de Dios en la cantidad de méritos ganados, o en las peregrinaciones realizadas, o en el número de indulgencias compradas, nunca tendrán la seguridad que buscan, porque no saben si todo eso es suficiente. Se verán impulsados a cumplir con más requisitos, hacer más votos, rezar más rosarios, recibir más visiones, conseguir más dones espirituales, ayunar más, mortificar más sus cuerpos, andar más en astral o hablar más en lenguas, ofrendar más dinero o colocar más imágenes sobre el altar familiar. Pero al hacer todas estas cosas, e incluso más, con el fin de hacerse hijos de la libre, tanto más seguirán siendo hijos de la esclava, porque a fin de cuentas todo lo que hacen se realiza por compulsión de la ley y de los rudimentos del mundo y no por amor al prójimo. Los hijos de la libre, en cambio, honran a Dios y sirven al prójimo, no para ganar el estatus de hijos, sino porque en Cristo y por medio de su cruz han sido adoptados como hijos.

El esclavo se esfuerza, se sacrifica, se obliga a sí mismo para ver si por medio de la observancia de todo lo que la ley demanda, puede tal vez lograr su libertad. La ley, debido a que siempre demanda, no puede producir amor. Sólo el amor produce amor.

Solamente la justificación que recibimos en Cristo puede producir el amor hacia Dios y el prójimo. Esto se ilustra cabalmente en un evento en el ministerio de nuestro Señor. En Lucas 7:36-49 leemos de una visita de Jesús a la casa de Simón el fariseo, un hombre que con sus oraciones, ofrendas, ayunos, y observancia de la ley de Moisés procuraba la perfección. Pero todos sus esfuerzos por observar la ley no produjeron en él verdadero amor al Hijo de Dios y al prójimo. Observamos su falta de amor en que no recibió a Jesús con un beso, ni ungió su cabeza con aceite, ni le dio agua para lavarse los pies, según demandaban la tradición y las normas de la hospitalidad de su época. En cambio, una mujer pecadora que entró sin invitación al banquete, se arrojó a los pies de Jesús y comenzó a regar con lágrimas sus pies, y los enjugaba con sus cabellos, y besaba sus pies y los ungía con perfume. Según Jesús, la mujer pecadora que mostró tanto amor hacia el Señor, no lo hizo porque quiso salvarse con lo que hacía, sino porque había sido perdonada, salvada, y adoptada como hija. Jesús le dice: "Tu fe te ha salvado." La pecadora no se salvó por las obras de la ley, sino por su fe. Simón el fariseo en cambio, a pesar de todas sus obras, no se salvó porque le faltaba la fe; y esa fe es la que produce el verdadero amor (Newbigin 1969:56). Simón el fariseo, en vez de procurar la restauración de una pecadora caída con un espíritu de mansedumbre (Gálatas 6:1-2), la juzgó mientras se justificaba a sí mismo por no ser como ella. Abusamos de la ley cuando la empleamos para compararnos con otros y utilizar tales comparaciones para justificarnos ante nosotros mismos y ante Dios. La ley, empleada debidamente, debe obrar en nosotros la contrición, nunca la jactancia.

TERCERA PARTE

CAPÍTULOS 5 Y 6

EL VERDADERO EVANGELIO PRODUCE UNA REAL TRANSFORMACIÓN DE LA VIDA

GÁLATAS 5

Con el capítulo cinco comienza lo que muchos investigadores consideran la tercera división o parte principal de la Carta a los Gálatas. Lo común es referirse a los capítulos 1 y 2 como la sección histórica y a los capítulos 3 y 4 como la sección doctrinal. La tercera división se ha denominado exhortación ética, o la parte parentética de la epístola. En esta parte, capítulos 5 y 6, el apóstol determina de modo preciso el modo en que los gálatas deben vivir como hijos adoptivos de Dios liberados del pecado, de la muerte, de la condenación de la ley, y del dominio de todo espíritu maligno. Como ya ha sido dicho con anterioridad, el erudito alemán Hans Dieter Betz, quien dedicó mucho tiempo al estudio de la retórica grecorromana, cree que las tres divisiones principales de Gálatas corresponden a las categorías retóricas de *exordium* (cps 1 y 2); *probatio* (cps 3 y 4) y *parenthĕsis* (cps 5 y 6) (Betz 1979:255).

En términos doctrinales, podríamos decir que la tercera división trata principalmente de la santificación, mientras que la segunda trata principalmente de la salvación o justificación; y la primera trata del esbozo del problema, o sea de la ley. Sin embargo, esta sección parentética conforma la conclusión del argumento principal de Gálatas. Aquí, por primera vez el apóstol encara directamente el problema de la circuncisión y la insistencia de los agitadores de que los gálatas se circunciden. Hasta ahora el apóstol aludió a la circuncisión en su exposición del evangelio, pero en los capítulos 5 y 6 declara categóricamente, sin pelos en la lengua, que la circuncisión de nada les aprovechará en su relación con Cristo. En esta última parte de su carta Pablo les dice a los gálatas que por el Espíritu Santo que recibieron en su Bautismo y por oír el evangelio con fe, pueden librarse de las obras de la carne y producir todo el fruto del Espíritu Santo; y todo sin la necesidad de la circuncisión. No se logra vencer los deseos de la carne por medio de la circuncisión, sino por andar en el Espíritu

(Matera 1988:82-88). Es el mismo argumento que presenta Pedro en su primera carta (3:21): "Todo esto es símbolo del bautismo (el cual no consiste en lavar las impurezas del cuerpo sino en el compromiso ante Dios de tener una buena conciencia) que ahora nos salva por la resurrección de Jesucristo." La frase "no consiste en lavar las impurezas del cuerpo" es una clara alusión a la circuncisión que consiste en la amputación de una parte pequeña del cuerpo humano.

5:1 Manténganse, pues, firmes en la libertad con que Cristo nos hizo libres, y no se sometan otra vez al yugo de la esclavitud.

Según el profesor Betz y su interpretación retórica de la carta, con el 5:1 comienza la última parte del discurso del apóstol, la *exhortatio*. Habiendo presentado sus argumentos, ahora en los capítulos 5 y 6 el apóstol exhorta a sus lectores y oyentes a actuar a base de lo que acaba de comunicarles.

Hay comentaristas que creen que en Gálatas 5:1 Pablo tiene en mente una forma de emancipación de esclavos vigente en ciertas partes del Imperio Romano en tiempos del NT. Se trata del caso en que un esclavo que hubiera logrado ahorrar el dinero suficiente para su emancipación, podía conseguir su libertad. La ley impedía que comprara su propia libertad, pero le permitía entregar el dinero para su emancipación a la tesorería del templo del dios Apolo o uno de los otros dioses venerados en el Imperio. De esta manera el esclavo pasaba a ser propiedad del "dios", o sea, podía vivir en libertad o para la libertad como esclavo de Apolo. Se tiene conocimiento de esta práctica por inscripciones encontradas en el santuario de Apolo en Delfos. Se ha sugerido que Pablo, conociendo la práctica, les dice a los gálatas que ellos, habiendo sido comprados por el sacrificio de Cristo, ahora son la propiedad o esclavos de Cristo (Witherington 1998:340).

Otros dicen que tenemos que entender lo que el apóstol expresa sobre la libertad, a la luz de lo que escribe Isaías acerca de la vocación del Siervo del Señor, en los capítulos 40-55 del libro que lleva su nombre (Harmon 2010:208-209). Esta parte del libro de Isaías procura brindar consuelo y ánimo a los cautivos que se encuentran en Babilonia desesperanzados, ansiando la liberación. Isaías les asegura que el tiempo de su liberación ha llegado y que es el momento de comenzar un nuevo éxodo hacia la tierra prometida, para edificar sobre el monte Sión una nueva Jerusalén y un nuevo templo. El nuevo éxodo se hizo posible gracias a los padecimientos del Siervo del Señor, que entregó su vida por las rebeliones de los descendientes de Abrahán. Interpretando las profecías de Isaías a la luz de la cruz y resurrección de Jesucristo, Pablo demuestra a sus lectores y oyentes que ellos han sido liberados de la maldición, de los espíritus elementales del universo, de la condenación de la ley, de la necesidad de cumplir con las ceremonias de la ley mosaica, y del poder de la carne. Por medio de Cristo los gálatas recibieron la libertad; ahora tienen que aprender a vivir en libertad como parte de la nueva creación que ha comenzado a consumarse en los que recibieron el Espíritu de Cristo. Habiendo sido liberados de toda servidumbre espiritual, los siervos del Siervo pueden ahora servirse los unos a los otros.

En griego, la frase "en la libertad (τῇ ἐλευθερίᾳ) con que Cristo nos hizo libres" viene antes del imperativo "manténganse... firmes", así como traduce la Biblia de Jerusalén: "Para ser libres nos libertó Cristo." Esto indica que el tema principal de la sección es la libertad. El caso del sustantivo libertad es dativo y, según Betz, debe considerarse como un dativo de propósito o destino (1979:256). El hecho de que en el original griego el verbo indicativo "nos hizo libres" viene antes del imperativo "manténganse, pues, firmes", indica que los seres humanos no son capaces de liberarse a sí mismos. Por propio esfuerzo no pueden librarse de la esclavitud de la ley, del pecado, de la muerte, y los rudimentos del presente siglo malo. Tienen que ser librados por Cristo antes de poder luchar en favor de la libertad. El creyente no lucha para lograr su propia libertad, sino que con la ayuda del Espíritu lucha para no perder la salvación y su libertad. Es en este sentido que tenemos que interpretar todos los textos del NT que hablan de la guerra espiritual, del soldado cristiano o de la iglesia como ejército de Cristo. Cuando cantamos el himno *Estad por Cristo firmes*, o leemos el *Progreso del Peregrino* de Bunyan, o leemos de las muchas batallas en las *Crónicas de Narnia*, tenemos que recordar que nuestra lucha nunca tiene como meta ganar la salvación. Ésta fue ganada para nosotros por la lucha que sostuvo Cristo por nosotros en la cruz. El imperativo en plural debe recordarnos que se nos exhorta a estar firmes como una congregación de hermanos y hermanas unidos en un esfuerzo común en que todos se necesitan mutuamente, para que ninguno caiga en la garras del león rugiente que procura atacar primeramente al cordero que se separó del grupo.

Encontramos la frase "Manténganse... firmes", nuevamente en Efesios 6:14: "Por tanto, manténganse firmes y fajados con el cinturón de la verdad", etc. En Efesios, el enemigo que procura atacar a los creyentes es el diablo. Sin duda alguna, el apóstol reconoce la presencia del diablo también en el intento de los agitadores por seducir a los gálatas y sujetarlos nuevamente a la esclavitud de la ley y de los poderes del presente siglo malo. El imperativo, segunda persona plural, "manténganse firmes (στήκετε οὖν)", indica además que no todos los gálatas habían sido seducidos por las enseñanzas de los maestros intrusos. El ataque de los enemigos de la fe puede ser muy duro, pero con el Espíritu que vino a los gálatas en su Bautismo, pueden obtener la victoria. De modo similar el Espíritu vino a uno de los hombres valientes del rey David, de quien leemos en 2 Samuel 23:11-12: "Le seguía Samá hijo de Age, el ararita. Los filisteos se reunieron en Lehí, donde había un sembradío de lentejas, y el ejército israelita huyó por temor a los filisteos. Pero Samá se paró en medio de ese terreno y lo defendió; derrotó a los filisteos, y el Señor les dio una gran victoria. El verbo griego que la Septuaginta emplea en este texto para traducir "se paró", es el mismo que usa Pablo cuando exhorta a los gálatas: "Manténganse... firmes."

Ciertamente, la libertad o la liberación es uno de los temas principales en la carta de Pablo a los gálatas y también en todas sus epístolas. La importancia tan crítica de la libertad se debe a que los seres humanos no nacen libres, ni son libres, cosa que en el pasado muchos dieron por sentado y muchos lo creen aún hoy. Los adversarios de Jesús afirmaron que por ser descendientes de Abrahán jamás habían sido esclavos de nadie. Pero Jesús les respondió: "De cierto, de cierto les digo, que todo aquel que comete pecado, esclavo es del pecado" (Jn 8:33-34). Aunque el ser humano fue creado libre, perdió su libertad al ser tentado por la serpiente y tomar la fruta prohibida y comerla.

El ser humano, que desde el huerto de Edén intentó librarse de su Creador, se ha dejado esclavizar de muchas maneras y está sometido a la autoridad de diferentes amos, poderes y fuerzas que lo reducen a la esclavitud. El filósofo ruso Nicolás Berdyaev, en su libro sobre la esclavitud y la libertad (1943:6-7), trata por extenso el tema de la esclavitud del ser humano sujetado a la sociedad, a los valores culturales, al estado, a la guerra, a la nación, al espíritu burgués (la propiedad y el dinero), a la revolución, a la naturaleza, al sexo, a la belleza, y a sí mismo. Todas estas fuerzas pueden resumirse bajo el rótulo de los rudimentos de este mundo. La nueva persona en Cristo tiene el llamamiento de luchar en contra de tales fuerzas para no perder su libertad en Cristo. En la historia de América Latina leemos de los conquistadores que lograron esclavizar a tantas almas en otras tantas regiones, y a fin de cuentas quedaron esclavizados por su propia codicia al oro de las Indias y su afán por satisfacer por medio de las armas su delirio de grandeza.

Cierta vez un conocido analista político recordó a sus oyentes que la famosa estatua de la libertad de Nueva York representa a la libertad como una bella mujer que alza una antorcha. "Esta representación de la libertad como una mujer" –dijo el analista– "nos recuerda que la libertad es algo muy bello, pero a la vez muy frágil, algo que necesita ser protegido y defendido en contra de todos los que quisieran comprometer su virtud y pureza." El analista tenía en mente la libertad política, pero Pablo habla aquí de la libertad que tenemos en Cristo, y de la necesidad de defender esa libertad. Por lo tanto, el apóstol advierte a sus lectores del peligro de abusar de su propia libertad y, de esta manera, perderla y volver a su estatus antiguo, el de la esclavitud. Existe el peligro de que la misma libertad que nos dio Cristo, sirva como una coyuntura o pretexto para la carne.

Se puede comprometer y hasta perder la libertad cuando se la interpreta como la libertad o la licencia para anteponer la voluntad de nuestra carne a la voluntad de Dios y la necesidad del prójimo. Así pensaban las personas que, según Romanos 6:1, solían decir: "Seguiremos pecando, para que la gracia abunde." En tiempos del apóstol hubo personas, lo mismo que las hay hoy, que aseveraban que se puede pecar a propósito, sin temer las consecuencias, porque Dios siempre nos perdonará. Además, decían, no existe pecado que no pueda ser perdonado, y es el deber de Dios perdonarnos cada vez que pecamos. El que piensa así es como el esclavo que acaba de ser puesto en libertad, y prestamente va y se vende nuevamente a su antiguo amo. Tales personas pueden compararse con bueyes que, después de ser desatados del yugo y pesada carga, procuran ser sujetados nuevamente. Según Lutero, cuando a estos bueyes ya no les restan fuerzas para llevar la carga, se los lleva al matadero. Según el Reformador, es lo que hace la ley con sus esclavos (1964:7).

El esclavo o prisionero encadenado no tiene la libertad de hacer lo que se le antojare o de ir a donde le placiere. No tiene la libertad ni el poder de ir a buscar al que cayó en manos de los asaltantes y ayudarlo, como hizo el buen samaritano con el viajero judío que encontró a la vera del camino. Pero una vez libre de su cadenas, el que estuvo encadenado ahora puede servir a su prójimo necesitado, no por obligación sino libre y voluntariamente. El hombre libre también puede escoger en su libertad tomar un camino equivocado, así como sucedió con muchos de los peregrinos que en el libro de Bunyan se perdieron y nunca llegaron a la ciudad santa. Hay personas que usan su libertad para tomar el camino de las drogas, abusar de las bebidas alcohólicas o de la pornografía. Cuando la persona emplea su libertad para ir por uno de esos senderos, pierde su libertad y se encuentra esclavizada de nuevo, sin libertad y sin poder liberarse por sí sola. Lamentablemente, muchas de estas personas no se arrepienten y así se pierden.

Una segunda manera de comprometer la libertad que tienen los creyentes en Cristo se da cuando se considera que la obra de Cristo y del Espíritu Santo es insuficiente para perdonarnos, purificarnos, transformarnos, y mantenernos en comunión con Dios. Cuando esto sucede se procura completar la obra de Cristo y del Espíritu Santo con ceremonias como la circuncisión, la observancia de ayunos, peregrinaciones, días, meses, y años, y de esta manera volver a sujetarse a leyes de las que hemos sido liberados.

EL YUGO DE ESCLAVITUD

Puesto que Cristo ha librado a los gálatas, el apóstol no quiere verlos sujetados otra vez al yugo de la esclavitud (ζυγῷ δουλείας). En el NT la palabra yugo tiene dos significados principales. En varios textos se lo emplea para designar un par de balanzas para pesar trigo y otros granos. En el último libro del NT, el que montaba el tercer caballo del Apocalipsis llevaba en su mano una balanza. La idea que transmite es que no habrá trigo para pesar debido al hambre y la escasez. Cuando no hay trigo para pesar, hay muerte. En otros textos ζυγός significa un yugo de madera que se emplea para uncir a dos animales de carga (Allison 1991:289; Rengstorf 1964:896-901). En sentido metafórico la misma palabra se usa para representar una relación de dependencia absoluta, o sea, las obligaciones y hasta los castigos que se nos imponen. Recordemos que en Jeremías 28 el profeta lleva un yugo de madera para simbolizar que Judá sería sometido al dominio del Imperio Babilónico. El profeta Jananías, uno de los opositores de Jeremías, se adelantó para quebrar el yugo que cargaba Jeremías. Con esto Jananías quiso señalar la pronta liberación de Israel de su servidumbre en Babilonia. Fue entonces que Jeremías expresó: "Tú has hecho pedazos yugos de madera, pero yo voy a reponerlos con yugos de hierro" (Jer 28:13). El yugo de hierro al cual se refiere Jeremías representa, entonces, la sumisión de los israelitas al dominio de Babilonia, y también la suerte que le toca a Israel por su idolatría, infidelidad, e injusticias. En el libro deuterocanónico de Eclesiástico leemos la siguiente declaración: "Para grandes trabajos ha sido creado todo hombre, un yugo pesado hay sobre los hijos de Adán, desde el día que salieron del vientre de su madre, hasta el día de su retorno a la madre de todo" (40:1 BJ).

En 1 Timoteo 6:1 Pablo dice que los esclavos no pueden hacer lo que les dé la gana porque están bajo el yugo, es decir, sometidos a la autoridad de sus amos, y tienen que sujetarse a la voluntad de otros. En este pasaje yugo quiere decir obediencia, sumisión, y servidumbre.

Los escribas y rabinos judíos solían hablar tanto del yugo del gobierno como del yugo de la Tora. El yugo del gobierno es la obediencia que los ciudadanos les deben a sus reyes, gobernantes, y magistrados, mientras que el yugo de la Tora quiere decir la exigencia de cumplir con todo lo escrito en la ley de Moisés, además de las exigencias de la tradición oral de los escribas y fariseos. Haciendo referencia a estas exigencias, y especialmente a la exigencia de circuncidar a los creyentes gentiles, Pedro explica a los hermanos reunidos en el concilio de Jerusalén: "Dios no hizo ninguna diferencia entre ellos y nosotros (es decir entre los judíos y los creyentes gentiles), sino que por la fe purificó sus corazones. Entonces, ¿por qué ponen a prueba a Dios, al imponer sobre los discípulos una carga que ni nuestros padres ni nosotros hemos podido llevar?" (Hch 15:8-9). En esta cita de la declaración de Pedro queda claro que no es la circuncisión y las demás ceremonias de la ley lo que purifica al ser humano sino la fe. Hoy día numerosas religiones y sectas siguen exigiendo muchas ceremonias, ritos, y purificaciones para purgarse exterior e interiormente. Una investigadora cuenta que hoy día en Indonesia muchas mujeres musulmanas se ponen el *jilbab*, o velo, porque creen que el velo quita las impurezas y hace que la mujer sea aceptable ante Alá, del mismo modo que los maestros judaizantes creían que la circuncisión hacía al hombre aceptable ante Dios.

En su misión entre las mujeres de Indonesia, la autora del estudio sobre el uso del velo en aquel país, suele relatar la historia de la mujer que padecía de hemorragias, de Mateo 9:20-22. Por su padecimiento fue considerada impura e indigna por los fariseos del tiempo de Jesús, y lo mismo sería considerada impura por los musulmanes hoy día. Pero Dios, según Hechos 15:8-9, nos purifica por medio de la fe en Cristo Jesús, y no por rituales, ceremonias, ritos, y leyes (Jefferies 2011:227-237). Estas leyes, según el mensaje de Pedro, constituyen una carga imposible de llevar. En vez de exigir que cumplamos con dicha carga, Jesús manifiesta: "Lleven mi yugo sobre ustedes, y aprendan de mí, que soy manso y humilde de corazón, y hallarán descanso para su alma" (Mt 11:29). El yugo que Cristo exhorta a llevar no consiste en la mortificación y negación de la carne, en las penitencias o el voto monástico. Según Lutero, el yugo de Cristo consiste en la cruz que sus seguidores llevan por el amor de Cristo (Walther 1972:63-64). Para San Agustín, el yugo que los discípulos de Cristo deben llevar es un ligero yugo de amor (Plumer 2003:207).

Al hablar de la libertad y la liberación y tratarlas como los temas principales de la Carta a los Gálatas, debe quedar en claro lo que la liberación no quiere decir en los escritos de Pablo y en el resto del NT. En primer lugar, la liberación no consiste en que el espíritu o alma del ser humano se libera de su cuerpo mortal, o sea, de la parte material de su ser, según se enseña en muchas religiones orientales y en muchas sectas gnósticas tanto antiguas como modernas. En segundo lugar, la liberación proclamada tanto por Jesús como por Pablo, no es una liberación política o socioeconómica, como la que procuraban los celotes judíos que años más tarde tomaron las armas en una guerra de liberación del yugo de los romanos. A lo largo de los siglos, diferentes grupos, a saber, Hong Xiuquan y la Rebelión de Taiping (Spence 1996:134-136), Antônio Conselheiro en Canudos, Tomás Müntzer (1489-1525) y la Guerra de los campesinos de Alemania, trataron de justificar sus guerras de liberación a base de los escritos del NT, alegando una identificación con Jesucristo y su reino.

En nuestro contexto hispano algunos teólogos (pero no todos) que se identifican con la Teología de la Liberación, han justificado el uso de la violencia para lograr una liberación social y política. En la película *Misión*, producida en 1986, los dos protagonistas del drama, el padre Gabriel y el hermano Rodrigo Mendoza, representan las dos corrientes presentes en la Teología de la Liberación de la década de los 80, uno buscando la liberación a base de la Palabra y los sacramentos (el padre Gabriel) y el otro, por medio de una rebelión armada (Rodrigo Mendoza). Al final de esta película o alegoría moderna, mueren los dos protagonistas en defensa de su congregación de indígenas guaraníes. El padre jesuita Daniel Berrigan, quien ayudó a producir la película, mostró sus simpatías liberacionistas al filmar al padre Gabriel recibiendo una ráfaga mortal mientras lleva el cáliz eucarístico, para simbolizar que Cristo está con los que rechazan la violencia y procuran la liberación por medio de la Palabra y los santos sacramentos. Es interesante recordar que el padre Berrigan fue encarcelado en la época de la Guerra de Vietnam por incendiar una oficina de reclutamiento del ejército de los Estados Unidos.

En lo que sigue, el apóstol ataca a los dos enemigos más grandes de la liberación que asediaron a los gálatas: (1) la circuncisión como un medio de salvación y, (2) las obras de la carne.

5:2 Miren que yo, Pablo, les digo que si se circuncidan, de nada les aprovechará Cristo.

Con la frase "Miren que yo, Pablo", el apóstol exhorta muy solemnemente, con todo el peso de su autoridad apostólica, a sus lectores a considerar con seriedad su situación ante la exigencia de los agitadores de que se dejen circuncidar. No se trata de una adiáfora, o algo opcional, sino de la salvación. Si se procura la salvación por el cumplimiento de las ceremonias y ordenanzas de la ley, se desecha la salvación por medio de la cruz de Cristo. La salvación eterna de los gálatas está en juego, están en peligro de perder esa salvación. En las cartas de Pablo no existe una doctrina que diga: "Una vez salvo, siempre salvo". Si la pérdida de la salvación fuese una imposibilidad, Pablo no habría tenido que pasar por tanta agonía respecto a la situación creada en Galacia. La realidad es que uno puede comenzar la carrera y no llegar a terminarla.

La frase "si se circuncidan", en tiempo presente, parece implicar que todavía hay miembros de las congregaciones que no se han dejado circuncidar; los maestros judaizantes no han podido convencer a todos a circuncidarse. En lo que sigue, Pablo advierte tanto a los no circuncidados como a los que ya han recibido la circuncisión, acerca de las consecuencias negativas de procurarla como un medio para asegurarse la salvación, o complementarla. Los gálatas aún no circuncidados deben entender que si se dejan circuncidar, podrían ser considerados por los líderes de la sinagoga local como miembros de ésta y sujetados a la disciplina de la sinagoga. El hecho de que Pablo cinco veces recibió de los judíos cuarenta azotes menos uno (2 Co 11:24) fue porque era un judío circuncidado y sujetado a la disciplina de la sinagoga. Recordemos que Jesús advirtió a sus discípulos que serían azotados en las sinagogas (Mt 10:17). En el Talmud se menciona que cinco de los principales seguidores de Jesús fueron condenados por la sinagoga y ejecutados (Instone-Brewer 2011:275-276). Un creyente en Jesús incircunciso se vería librado del peligro de ser condenado como hereje y castigado, o hasta ejecutado por los ancianos de una sinagoga hostil al movimiento cristiano. Tal hostilidad campaba en las sinagogas de Tesalónica, Corinto y Antioquía de Pisidia. Recordemos que cuando perseguía a los creyentes judíos, Saulo de Tarso tuvo autoridad para castigar y hasta matar. Es otra razón por la cual sería prudente para los gálatas incircuncisos mantenerse firmes en la libertad que tenían, o sea, estar incorporados al pueblo restaurado de Dios sin circuncidarse.

Aunque hemos hablado de la circuncisión en nuestra discusión del argumento del apóstol, ésta es la primera vez que el verbo circuncidar aparece en la Carta a los Gálatas. En 2:6, 9 el apóstol había usado el sustantivo circuncisión como un término usado para señalar a los judíos en general. Para apreciar mejor las implicaciones de lo que Pablo enseña en lo que sigue, será útil hacer una síntesis del modo en que los habitantes del Imperio Romano entendían la circuncisión, un rito practicado no sólo por los judíos, sino también por muchos otros pueblos. En términos antropológicos, podríamos clasificar la circuncisión como un símbolo multivalente, o sea, algo que significa más que una sola cosa.

EL SIGNIFICADO DE LA CIRCUNCISIÓN

Como símbolo multivalente, la circuncisión ha tenido y todavía tiene más de una función o significado en las sociedades donde se practica dicho rito.

(1) Entre muchos judíos la circuncisión actuaba y aún actúa como un rito de entrada a la comunidad judía. Es la ceremonia que hace de un varón un miembro de dicha comunidad, una persona sujetada a todas las leyes que rigen dentro de esa comunidad; en este caso, a los diez mandamientos y a las demás leyes que componen la ley de Moisés. Los fariseos encontraron en la Tora 613 diferentes leyes y ordenanzas.

(2) Entre muchas tribus africanas la circuncisión cumple la función de un rito de transición mediante el cual un varón pasa del estado social de niño al estado de adulto o guerrero. En estas socie-

dades la circuncisión se aplica al alcanzar el joven la pubertad. Siendo muy dolorosa, la circuncisión es vista como una prueba de la hombría del varón y su capacidad de soportar el sufrimiento sin llorar como un niño. Después de la circuncisión los varones pueden vivir en la casa grande de los hombres y ya no en las viviendas especiales para mujeres y niños.

(3) Según algunos investigadores, como Goodenough y Boyarin, la circuncisión cumplía con la función de una iniciación y preparación para participar en experiencias místicas. Ayudaba a los iniciados a entrar en la esfera mística, dándoles acceso a poderes divinos. También les ayudaba a quitar los obstáculos que impedían al místico alcanzar la visión de Dios (visión beatífica). Según Goodenough, en tiempos del NT existían no sólo misterios helénicos sino también misterios judíos (Elliot 2003:238).

(4) Para escritores judíos como Filón de Alejandría, la circuncisión también cumplía una función higiénica: ayudaba a prevenir enfermedades y a promover la fertilidad (Elliot 2003:240).

(5) Muchos profetas del AT se referían a la circuncisión como un símbolo del corazón purificado. Para ellos, el prepucio era un símbolo de la carne y las obras de la carne. La extirpación del prepucio debe recordarle al miembro del pacto la necesidad de extirpar de su corazón todos los deseos carnales. El prepucio era como la mala levadura que contaminaba toda la masa. Algunos rabinos hasta aseveraban que Moisés nació circuncidado.

(6) En la opinión de muchos autores judíos y aparentemente también en la opinión de los maestros judaizantes de Galacia, la circuncisión ayudaba al circuncidado a resistir el *yetzer ha ra*, o sea, el impulso malo (Martyn 1997:493-494). Todos los hombres nacen con el *yetzer ha ra* y éste los incita a la avaricia, la codicia, y la idolatría. En los escritos rabínicos el *yetzer ha ra* está relacionado con el prepucio; por lo tanto, para resistir el impulso malo son necesarios tanto la circuncisión como la ley de Moisés. En algunos escritos el impulso malo es visto como un equivalente de επιθυμία (véase el artículo en CBQ 44 1982:606-621).

(7) La circuncisión también es vista como un sacrificio. Así como uno recibe el perdón por el derramamiento de la sangre de toros y becerros, así también es purificado, limpiado, y perdonado por la sangre derramada en la ceremonia de la circuncisión. Algunos autores creen que así funcionaba la circuncisión en Éxodo 4:24-26 (Elliot 2003:243).

(8) La circuncisión puede interpretarse como una castración diminuta, o sea, el trozo o diezmo de carne que se quita representa todo el miembro. Como ya hemos mencionado en otras partes de nuestro estudio, los hombres que querían servir a la Madre de los dioses como sus sacerdotes y esclavos, tenían que castrarse y ofrecer su masculinidad a la diosa como ofrenda y sacrificio. En otras sociedades, los que aspiraban a ser sacerdotes no necesitaban castrarse sino solamente circuncidarse, como en el caso de los sacerdotes egipcios. Quizá algunos gálatas se circuncidaron esperando recibir los mismos poderes divinos que, según decían, recibían los sacerdotes de Cibeles y Agdistis al castrarse.

(9) La circuncisión puede interpretarse como un rito mágico de iniciación al estilo de las ceremonias celebradas en algunas de las llamadas religiones de misterio o sectas gnósticas. Vista la circuncisión desde esta perspectiva, no es necesario solicitar un cambio de conducta o de moralidad de parte del iniciado, pues la ceremonia actuaba *ex opere operato*. Los rabinos enseñaban, como bien sabía Pablo, que la circuncisión obligaba al circuncidado a cumplir con todas las prescripciones de la ley. Los rabinos enumeraban 613 leyes y ordenanzas a las cuales quedaban ligados los circuncidados. Los sectarios de Qumran tenían más leyes aún. Algunos eruditos, como el alemán Schmithals, han propuesto la teoría de que existían grupos judeocristianos que no exigían del circuncidado la observancia a las ordenanzas. O sea, que para ellos la circuncisión prefiguraba solamente los sacrificios, ofrendas vanas, incienso, holocaustos, ceremonias, procesiones, y días de ayuno denunciados por los profetas del AT (Is 1:11-20), porque eran vistos como una profilaxis que alejaba las enfermedades, malas cosechas, e invasiones, pero

no como fruto de una vida dedicada a Dios y al prójimo (Betz 1979:260). Como veremos más adelante, Pablo acusa a los agitadores de no observar lo que ordena la ley (6:13).

Como es dable apreciar, de todas las interpretaciones presentadas arriba, la circuncisión es lo que los antropólogos llaman un símbolo multifocal o polivalente, pues su significación cultural cambia según la cultura de las personas, sea griega, romana, judía, frigia, gala, o hispana. Una parte del trabajo del comunicador transcultural de la Palabra de Dios es la búsqueda de símbolos impactantes, capaces de transmitir conceptos, ideas y verdades de una cultura a otra. Aunque la circuncisión sea un símbolo poderoso, capaz de despertar una gran variedad de ideas y emociones, el apóstol decidió no intentar reciclar la circuncisión como un componente antropológico, dándole un nuevo significado, como habían hecho los judíos con tantos elementos culturales de los pueblos paganos en derredor de ellos. Casi todas las fiestas celebradas por los hebreos en tiempos del AT en honor a Dios, tuvieron sus raíces históricas en fiestas paganas celebradas en honor a otras deidades. Al entrar en la tierra de Canaán y ponerse en contacto con los pueblos indígenas y sus celebraciones religiosas, los hebreos no adoptaron estas fiestas, sino que más bien tomaron las fiestas de los antiguos cananeos, y después de reciclarlas, cambiarlas, y transformarlas radicalmente, hicieron de ellas vehículos que expresaron su fe en el Señor. Los galos, en cambio, adoptaron las prácticas y fiestas de los dioses de Frigia después de su invasión de Anatolia.

En el proceso de trasformación, adaptación, y reciclamiento, los hebreos dieron un nuevo significado a cada una de las fiestas que celebraban los antiguos cananeos, relacionando cada fiesta con uno de los grandes acontecimientos en la historia de la salvación, tales como el éxodo, la peregrinación por el desierto, el don de la Tora, etc. De esta manera se contextualizó la fe de Israel, dando a cada fiesta o ceremonia tradicional un nuevo significado consonante con su fe en el Señor y la historia de la salvación. Sin embargo, en su trabajo de evangelización entre los gálatas, Pablo decide no conservar la circuncisión dándole un nuevo significado y de esta manera emplearla como un símbolo para comunicar la fe. Quizá todo intento de cambiar el significado de la circuncisión y, de esta manera conservarla, hubiera dejado la puerta abierta para demasiados malentendidos e interpretaciones equivocadas. En cambio el apóstol, juntamente con el resto de la iglesia primitiva, escogió como el símbolo más importante de la nueva fe un componente cultural capaz de provocar en los destinatarios del mensaje un fuerte sentimiento de afrenta, repudio, y rechazo. El símbolo escogido fue el que el apóstol presentó a los gálatas en su primera visita: la cruz de Cristo (Gálatas 3:1). Hay un conocido himno que dice: "En el monte Calvario estaba una cruz, emblema de afrenta y dolor; y yo amo esa cruz do murió mi Jesús, por salvar al más vil pecador; ¡Oh, yo siempre amaré esa cruz; en sus triunfos mi gloria será; y algún día, en vez de una cruz, mi corona Jesús me dará!" (Mil Voces, 142).

Según la opinión de algunos intérpretes de la Biblia, Pablo pudo rechazar la circuncisión genital hecha con manos humanas, porque en Cristo los creyentes gentiles habían recibido una circuncisión mejor, una circuncisión espiritual del corazón hecha sin manos. Es la circuncisión de la cual hablaba el profeta Jeremías cuando proclamó (4:4) "¡Circuncídense en honor del Señor! ¡Quiten de su corazón lo que en él hay de pagano!" Para los judíos el prepucio era un símbolo de la inmundicia, del pecado, de la *yetzer-ha-ra*, y de las obras de la carne. Lo que desea el profeta en la escritura citada aquí es que de los varones de Judá sea extirpado no un pequeño pedazo de la carne que simbolizaba o representaba la inmundicia, sino el pecado. De acuerdo con el NT, la extirpación del pecado ocurre cuando en el Bautismo el pecador recibe, en la fe, el perdón de Dios y el don del Espíritu Santo.

En el Bautismo el creyente participa en la crucifixión de Cristo. Por medio de ella se extirpa del creyente el pecado. Los que por fe reciben el perdón de Cristo y el don del Espíritu, reciben la circuncisión de Cristo de la cual habla Pablo en Colosenses 2:11 y en Filipenses 3:3 donde declara: "Porque nosotros somos la circuncisión, somos los que servimos a Dios en el Espíritu, los que nos gloriamos en Cristo Jesús y no ponemos nuestra confianza en la carne." En otras palabras, los gentiles que creen en Cristo y son bautizados reciben la circuncisión espiritual del corazón de la cual habló Jeremías, y por lo tanto no necesitan otra circuncisión hecha con manos. Por esto los creyentes judíos y los creyentes gentiles pueden recibirse los unos a los otros (Ro 15:7), porque ambos reciben la circuncisión de Cristo, y por medio de ésta son hermanos, compañeros, y miembros del mismo Israel de Dios del cual habla Pablo en Gálatas 6:16 (Garroway 2012:303-322). Son compañeros en el sentido original de la palabra, los que comparten el mismo pan, y en un sentido muy especial el pan de la vida que reciben tanto judíos como gentiles cuando se reúnen para celebrar juntos la Eucaristía.

LA CIRCUNCISIÓN DESDE UNA PERSPECTIVA LATINOAMERICANA

En la década de 1960 nació en muchas partes del mundo una versión moderna de lo que se ha denominado el judaísmo mesiánico. Al principio, el movimiento comenzó como un esfuerzo por evangelizar a los millones de judíos del mundo que todavía no reconocen a Jesús como su Mesías y Salvador. Los organizadores del movimiento creyeron que lo que había impedido la evangelización de los judíos en el pasado había sido la resistencia de muchos de ellos de abandonar sus tradiciones, prácticas religiosas, costumbres, y su sinagoga con su liturgia y actividades sociales y familiares. Según esta manera de pensar, existía entre los judíos una situación similar a la que encontramos en la Carta a los Gálatas.

Como hemos notado arriba, los judaizantes creyeron que había dos etapas por las que tiene que pasar un gentil para alcanzar la salvación plena y ser incorporado al pueblo de Dios. La primera etapa era la renuncia, de parte del prosélito, a su identidad como griego, romano, árabe o egipcio. En otras palabras, el prosélito tenía que convertirse en judío, circuncidarse, observar las ceremonias y los días de fiesta además de evitar las comidas proscritas por la ley de Moisés. El proceso de volverse judío rompía muchos de los lazos familiares, sociales, y tribales del prosélito. Los gentiles que admiraban el monoteísmo y la vida justa que llevaban muchos judíos, se mostraban renuentes a aceptar la circuncisión y el abandono de muchas de sus tradiciones. Prefrieron seguir asistiendo a la sinagoga como temerosos de Dios, sin convertirse en judíos. Según los judaizantes, la segunda etapa de la conversión consistía en ser bautizado y confesar a Jesús como Señor y Mesías.

El argumento de Pablo en Gálatas es que no hay dos etapas en la salvación. No es necesario para el creyente griego o romano renunciar a su identidad como tal y convertirse en judío antes de recibir el Bautismo y ser contado como miembro del nuevo Israel. Un gentil es adoptado como descendiente de Abrahán, heredero de la promesa del Espíritu, e hijo de Dios, cuando confiesa a Jesús como su Señor y recibe el Bautismo en nombre de Cristo. No es necesario renunciar a las costumbres, familia, tribu o clan de uno para ser contado entre los santos. Mencionamos todo esto porque en la evangelización de América muchos frailes y misioneros también sostuvieron la idea de una conversión en dos etapas. Para ser considerado un buen cristiano, un indígena debía convertirse primero en buen español, portugués o inglés. Tenía que vestirse como europeo, y no vivir en una choza sino en una villa. Tenía que aprender a adorar a Dios en un idioma civilizado, con una liturgia importada y celebrada con instrumentos y cantos "cristianos" y no diabólicos. Después de ser "circuncidado" de esta manera y llegar a ser un buen español, el indígena podía tomar el segundo paso y convertirse en un buen cristiano. Las diferentes formas de imperialismo cultural por las que han tenido que pasar muchos nuevos creyentes en nuestro continente, obraron como un equivalente funcional de la circuncisión. La misiología bíblica seguida por el apóstol Pablo en Gálatas y sus demás epístolas no requiere que los nuevos conversos abandonen toda su cultura, tradiciones, música, costumbres, y hasta sus nombres. La evangelización no es la imposición de una cultura foránea a los nuevos conversos, como lo hace el islam. El argumento de Pablo en Gálatas fomenta una misiología basada en la encarnación y está caracterizada por el afán de contextualizar las buenas nuevas en las culturas de todas las naciones.

Los líderes del movimiento mesiánico (*Judíos para Jesús*) creyeron que con la creación de sinagogas mesiánicas se podría atraer a muchos judíos tradicionales y llevarlos a confesar su fe en Yeshua (Jesús). Una sinagoga mesiánica se define como una congregación que se identifica como una sinagoga y no como una iglesia cristiana. En dicha sinagoga se sigue la liturgia tradicional con sus lecturas, cantos, y organización interna. Se celebran las fiestas y ceremonias tradicionales incluyendo la circuncisión, no como un sacramento obligatorio, sino como una tradición valiosa y una manera de identificarse con la cultura hebrea. El líder de la congregación se identifica como rabino mesiánico. La diferencia principal entre la sinagoga mesiánica y la sinagoga tradicional es que en la sinagoga mesiánica se celebra el bautismo en nombre de Jesús, se cree que Jesús es el Mesías y se incluyen en la liturgia lecturas del NT.

El grupo de judíos mesiánicos más conocido es una organización llamada "Judíos para Jesús", fundada por Moishe Rosen en 1973. La organización tiene su sede en San Francisco, California, pero con sinagogas afiliadas en ciudades como Nueva York, Londres, Chicago, Río de Janeiro, Los Ángeles, Miami, etc. Muchas otras organizaciones que se consideran parte del movimiento de judíos mesiánicos se encuentran esparcidas por el mundo, especialmente en América Latina. En muchas partes estas organizaciones y sinagogas han atraído a personas no judías interesadas en sus costumbres, fiestas, doctrinas, y música. Algunos de los cantantes evangélicos más populares de América Latina han incorporado melodías hebreas a su repertorio. En algunos casos varias congregaciones mesiánicas han adoptado ideas y prácticas sumamente legalistas, las que, como las ideas de los nuevos maestros de Galacia, niegan el carácter de las buenas nuevas y constituyen un evangelio diferente.

Hace unos años, en Caracas, toda una familia que asistía a la misma congregación a la que asistíamos nosotros, llegó a convertirse al mesianismo influida por un supuesto rabino mesiánico. Convencidos de que la circuncisión era necesaria para la salvación, no sólo se dejaron circuncidar, sino que también se mudaron a Israel para esperar la llegada del Mesías. En la ciudad de San Carlos de Zulia, en Venezuela, encontramos una sinagoga mesiánica compuesta no por judíos de raza, sino por venezolanos convencidos de que era necesaria la circuncisión, la celebración de las fiestas tradicionales y la adoración en el séptimo día. Originalmente, la sinagoga había sido una iglesia

Pentecostal que, poco a poco, adoptó las características de una sinagoga judía.

He llegado a creer que la popularidad del movimiento mesiánico entre cristianos, especialmente entre los de un trasfondo pentecostal o carismático, radica en que uno de los afanes o preocupaciones principales de muchos cristianos carismáticos es la pérdida de los dones espirituales que constituyeron una parte muy importante de su vida de creyentes. Creyentes que en el pasado hablaban mucho en lenguas, o que profetizaban con frecuencia, ahora están preocupados porque ya no reciben visiones ni hablan en lenguas ni profetizan como antes. Hace años se hizo muy popular un cántico llamado "Hazme volver a tu río, Señor". El río en cuestión era el Espíritu Santo, y los que lo cantaban expresaban su deseo de poder manifestar sus dones espirituales como antes, cuando eran nuevos creyentes. El temor latente en muchos hermanos carismáticos es que la pérdida de algunas experiencias carismáticas pueda significar la pérdida de la fe salvadora y las bendiciones divinas.

Este fenómeno de perder o de ver menguar las manifestaciones externas de ciertos carismas no es algo nuevo ni algo que inquiete solamente a cristianos que se identifican como pentecostales o carismáticos. En el transcurso de los siglos, muchos de los llamados cristianos místicos han practicado una infinidad de ejercicios espirituales, meditaciones, ayunos, oraciones, mortificaciones de la carne, y otras disciplinas, para experimentar una unión más íntima con Cristo, una manifestación de los estigmas o la visión beatífica. La visión beatífica consiste en que el alma es arrebatada al séptimo cielo para ver la *shekhiná*, o sea a Cristo en su gloria. Los que experimentaron algunas de dichas manifestaciones espirituales, con frecuencia se quejan de que llega un tiempo en que cesan todas las experiencias. El período de la aparente ausencia de Dios en la vida del místico se denominaba "la noche oscura del alma", título que lleva una de las obras más famosas de uno de los más reputados místicos, San Juan de la Cruz, el discípulo de Santa Teresa de Ávila, la más renombrada de las místicas españolas.

Según mi parecer muy particular, creo que muchos de los hermanos pentecostales de San Carlos de Zulia tuvieron su propia "noche oscura del alma", o sea, estaba menguando la manifestación de ciertos dones o supuestos dones espectaculares del Espíritu Santo en sus vidas y ministerios. Según mi hipótesis, llegó el momento en que llegaron a creer que se podía experimentar una renovación de estos dones y regresar al río del Espíritu Santo por medio de la circuncisión y la adopción de los ritos, ceremonias, ayunos y reglas de la dieta del Antiguo Pacto. Con el paso de los años tales grupos tienden a exigir a sus miembros el cumplimiento de más y más ordenanzas y reglas. Algo similar podría haber ocurrido entre los miembros de las iglesias fundadas por Pablo en Galacia, donde el Espíritu Santo y sus dones fueron una parte importante de la vida de los hermanos. Entre otras cosas, los maestros usurpadores procuraban convencer a los gálatas de que para no perder al Espíritu era necesaria la circuncisión y la observancia de ciertas tradiciones de la ley de Moisés. El remedio que necesitan los que están experimentando su propia noche oscura del alma es, aprender a andar por fe y no por vista, y no cansarse de hacer el bien (Gl 6:9), aunque, debido a la oscuridad, sea difícil ver los resultados del bien que hacen.

Creo que algo parecido ocurre con las personas que han sido atraídas a las campañas de los llamados predicadores de la prosperidad. Después de un tiempo de seguir el "evangelio de la prosperidad", comienzan a preocuparse por no haber recibido la prosperidad prometida por los apóstoles del movimiento. Los fieles comienzan a preguntarse: "¿Por qué sigo con tantos problemas, deudas, enfermedades, y miseria? ¿Qué me falta? ¿Qué tengo que hacer para que me lleguen las bendiciones prometidas?" A muchos les ocurre lo que podríamos llamar una versión moderna de la "noche oscura del alma". Tales personas podrían ser engañadas fácilmente por maestros que promulgan alguna forma de circuncisión: "No tienes la prosperidad porque te falta cumplir con un rito, una celebración, un sacrificio o una manda. Tienes que circuncidarte, bautizarte de nuevo, tocar el manto sagrado que el apóstol acaba de traer de Jerusalén; tienes que entregar a la iglesia un treinta por ciento de todo lo que ganas y tienes depositado en el banco; tienes que poner sobre el altar de la Santa Muerte un ramo de flores todos los días etc., etc.".

5:3 Y otra vez testifico a todo hombre que se circuncida, que está obligado a cumplir toda la ley.

De las palabras de Pablo es evidente que los maestros judaizantes no habían exigido a los gálatas el cumplimiento de toda la ley de Moisés, sino tan sólo la circuncisión y alguna que otra ordenanza. En su estudio de la ley mosaica, los escribas y fariseos habían encontrado 613 diferentes leyes; algunas tienen que ver con ceremonias y sacrificios, otras con alimentos prohibidos y permitidos, otras con vestimentas y aún otras con asuntos morales y éticos. Aparentemente, para no asustar a sus potenciales conversos con tantas leyes y ordenanzas, los maestros judaizantes no exigieron el cumplimiento de todas las leyes, cosa que hacían algunos fariseos. Los agitadores de Galacia más bien escogieron lo que consideraron las leyes más importantes. Tal vez más tarde, después de circuncidar a sus conversos y después de un buen lavado de cerebro, pensaban exigirles poco a poco el cumplimiento de las demás leyes. Pero el que busca su justificación a base de la ley, no cuenta con la libertad de escoger cuáles leyes debe observar y cuáles no. Al tomar sobre sí el yugo de la ley el prosélito se obliga a obedecer toda la ley, lo que Martyn llama "la ley plural" (1997:470). Santiago 2:10 dice: "Porque cualquiera que cumpla toda la ley, pero que falte en un solo mandato, ya es culpable de haber fallado en todos." El exegeta alemán Hans Hübner cree que lo que se afirma en Santiago 2:10 corresponde a una de las enseñanzas del gran rabino Shammai, fundador de una de las dos grandes escuelas de rabinos del tiempo de Jesús (Westerholm 2004:168).

En el capítulo 2 del escrito apócrifo el *Testamento de Aser,* encontramos una fuerte denuncia en contra de los que no guardan algunos de los requisitos de la ley, pero no obstante se creen buenos judíos porque guardan otras exigencias de la ley mosaica. Tales miembros de la sinagoga son dignos de condena porque tienen dos caras, una limpia y otra sucia. La cara sucia se esconde detrás de la cara limpia. Aparentemente, este capítulo del *Testamento de Aser* se escribió porque había personas de la época del NT que creían que bastaba con observar solamente algunas de las exigencias de la ley, pero no todas. El *Testamento de Aser,* en sintonía con Gálatas 4 y Santiago 2:10, insiste en la necesidad de guardar toda la ley. Entre otras cosas declara: "Otro roba, comete injusticia, defrauda, pero se apiada de los pobres. También esto tiene dos caras, pero el conjunto es malo... Otro adultera y fornica, mas se abstiene de alimentos...Obra el mal mientras ayuna... Los tales son como cerdos o liebres, que son medio puros, pero en realidad son impuros" (Díez Macho 1987:42).

Los rabinos enseñaban que el prosélito tenía la obligación de cumplir todas las leyes, igual a cualquier israelita. Por implicancia, tal obligación tenía que ver no solamente con las 613 leyes que se encuentran en la Tora escrita, sino también con la ley oral, o sea, las tradiciones de los fariseos acerca de las cuales Jesús y los fariseos tuvieron unos cuantos roces (Moore 1958:1.331). Así como en *El Progreso del Peregrino* Cristiano descubrió el camino de la legalidad, al principio parece muy fácil, pero mientras más se transita esa senda, más y más difícil se pone y al final se hace imposible llegar al final del camino.

Muchos creen que los agitadores les habían dicho a los gálatas que Pablo, para conseguir más conversos, o por falta de tiempo, no les había enseñado todo el evangelio, sino sólo una parte. Consecuentemente, tocaba a los maestros judaizantes suplir lo que Pablo había omitido: la necesidad de la circuncisión y la observancia de los meses, los tiempos, y los años (4:10). Sin embargo, en realidad fueron los maestros judaizantes los que dejaron de lado una enseñanza muy importante: el que busca asegurar su salvación por medio de la circuncisión queda bajo la obligación de cumplir toda ley. Pablo, en cambio, al anunciar en su sermón en Antioquía de Pisidia de que "la ley de Moisés no pudo justificarles todos esos pecados" (Hch 13:39), añadió un detalle de suma importancia, del que los maestros judaizantes hicieron caso omiso. Ante los ancianos de la iglesia de Éfeso reunidos en Mileto Pablo manifestó lo siguiente: "Por tanto, puedo asegurarles que estoy limpio de la sangre de todos, pues no me he negado a anunciarles el plan de Dios" (Hch 20:26-27).

En sus predicaciones, enseñanzas, y escritos el apóstol no hizo caso omiso de ninguna enseñanza de Jesús. De esta manera, Pablo es para nosotros el modelo de lo que es ser un buen misionero del evangelio. Porque el evangelio, a diferencia del gnosticismo (rosacruces, masones, mormones) no tiene doctrinas, prácticas, y ceremonias secretas a las que tienen acceso un círculo cerrado de iniciados solamente. Jesús declaró: "Porque no hay nada oculto que no llegue a manifestarse; ni hay nada escondido que no salga a la luz" (Mc 4:22). El surgimiento del fenómeno de los "cultos de carga" en el Pacífico, se debe a la creencia de que los misioneros ocultaron a los pueblos indígenas el secreto de cómo conseguir de Dios y los antepasados fallecidos los bienes materiales (la carga), de los cuales gozan los blancos (Hiebert 1983:390-391). Parece que hay algo en el ser humano caído en pecado que quiere creer que en todos los movimientos religiosos existen enseñanzas secretas y prácticas ocultas que otorgan gran poder, autoridad, y riqueza a los "iniciados". Tales "cultos de carga", sin embargo, no surgieron del entorno del apóstol Pablo, porque en vez de proclamar y practicar un evangelio de prosperidad, el apóstol proclamó y vivió una teología de la cruz.

LA HISTORIA DEL REY IZATES Y LA CIRCUNCISIÓN

Hay una historia en el libro *Las Antigüedades de los Judíos,* escrito por Flavio Josefo, que puede ayudarnos a entender la manera de pensar de los agitadores de Galacia. Es el famoso relato de la conversión del rey Izates (1-55 dC) de Adiabena, quien fue convertido a la fe del Dios verdadero por un comerciante judío llamado Ananías. Ananías, temiendo que los súbditos pudieran rebelarse si Izates se circuncidaba, no insistió con la circuncisión del rey. Así, al principio, Izates, no se circuncidó. Ananías le enseñó que podía seguir adorando al Dios de Israel sin la circuncisión. Sin embargo, otro judío llamado Eleazar, que vino a visitar al rey, lo encontró leyendo la Escritura. Al saber que Izates no había sido circuncidado, Eleazar lo amonestó así: "Tú ignoras que estás cometiendo la mayor ofensa contra las leyes y por consiguiente contra Dios. No basta con sólo leerlas; es necesario, ante todo, cumplir lo que ordenan. ¿Hasta cuándo seguirás incircunciso? Si hasta ahora no has leído lo que dice la ley sobre la circuncisión, léelo de inmediato para saber lo enorme de tu impiedad." Cuando hubo oído esta palabra, el rey no demoró por más tiempo el cumplimiento de la circuncisión. Se retiró a otra cámara, mandó buscar un médico y éste le practicó lo que había sido prescrito (Josefo 1989:76). Es probable que los agitadores de Galacia usaran argumentos similares a los que empleó Eleazar para convencer a Izates de la necesidad de la circuncisión y el cumplimiento de la ley de Moisés. Izates y su madre, la reina Elena, son famosos en la historia de los judíos por la gran ayuda que prestaron a los judíos durante el tiempo de la gran hambruna que azotó a Palestina en los años antes de la guerra con Roma. Más tarde la reina Elena se trasladó a Jerusalén, donde construyó un palacio dentro de la ciudad.

5:4 Ustedes, los que por la ley se justifican, se han desligado de Cristo; han caído de la gracia.

Los que procuran afirmar o asegurar su salvación a base de la observancia de la ley de Moisés o de cualquiera otra ley, nunca alcanzarán la confianza que tanto desean, porque nunca podrán estar seguros de haber guardo toda la ley con la obediencia perfecta que Dios demanda. En nuestras vidas no sólo cometemos faltas y transgresiones públicas que podemos observar, sentir, y por lo tanto confesar, sino que también hay pecados ocultos de los que no tenemos conciencia. El salmista declara: "¿Acaso hay quien reconozca sus propios errores? ¡Perdóname por los que no puedo recordar!" (Sal 19:12). El joven rico con el cual se encontró Jesús, en Lucas 18:18, le dijo al Maestro que había guardado todos los mandamientos desde su juventud y por lo tanto había hecho lo necesario para heredar la vida eterna. En realidad el joven rico no había guardado ni el primer mandamiento, porque había hecho de sus posesiones un ídolo. Los que son sinceros consigo mismos, siempre tendrán en lo más íntimo de su ser la pregunta, la inquietud, la voz que dice: "¿Has hecho lo suficiente? ¿Has guardado la ley perfectamente? ¿Has olvidado uno de los mandamientos?"

Caer de la gracia implica la antítesis del Bautismo, pues por medio del Bautismo uno es hecho miembro del pueblo de Dios, mientras que caer de la gracia equivale a la expulsión de un miembro del cuerpo de Cristo y la entrega de ese miembro al reino de Satanás (Käsemann 1969:71). Vemos aquí que una de las razones principales del apóstol al escribir esta carta fue, precisamente, rescatar a las congregaciones de Galacia de caer de la gracia, una posibilidad que angustió mucho al apóstol (3:1; 4:19; 5:12). Si fuera verdad, como afirman algunos, que es imposible perder la salvación después de haber confesado a Cristo como su Salvador, no le hubiera sido necesario al apóstol escribir una carta pletórica de emoción, pasión, y angustia. La gracia de la cual el apóstol habla aquí no es una aptitud, un carisma o una virtud del creyente, sino el amor y la misericordia inherente en el carácter de Dios, quien por medio de Cristo no nos paga conforme a lo que somos y lo que hemos hecho. Encontramos advertencias respecto al peligro de caer de la gracia, no sólo en los escritos de Pablo, sino también en Juan 15:6 y en 2 Pedro 2:22. Las Escrituras ofrecen testimonio de que el ser humano no puede hacer nada para justificarse ante Dios, pero sí puede malograr su justificación (Barrett 1986:66). El autor de la Epístola a los Hebreos habla de los que "se vuelven atrás y se pierden" (10:39).

5:5 Pues nosotros por el Espíritu aguardamos, por fe, la esperanza de la justicia;

Nuestra seguridad de salvación no depende de nuestra observancia de toda la ley, sino de la promesa de Dios de justificar a los que basan su confianza de salvación no sobre lo que han hecho, sino sobre lo que Jesús hizo en la cruz para su salvación. En su Bautismo los creyentes ya han sido declarados justos por Dios cual anticipación del juicio final. La absolución que recibieron al salir de las aguas es una anticipación de la declaración pública que hará Cristo ante todo el universo el día del juicio final. El sustantivo justicia o justificación debe entenderse como un genitivo de aposición, o sea, la esperanza que consiste en la justificación (Schreiner 2010:316). Habiendo recibido la garantía de lo que será el veredicto final y decisivo, los creyentes con gozosa confianza, y no con preocupación y temor, pueden esperar el día en que el Hijo del Hombre vendrá para juzgar a los vivos y los muertos. No sólo el apóstol Pablo habla de la promesa de la salvación futura. Hebreos 9:15 describe a los creyentes como los llamados para recibir "la promesa de la herencia eterna".

El veredicto final será la confirmación y ratificación de la promesa de completa salvación que reciben los redimidos. La proclamación de ese veredicto a todo el mundo no ha sido dada todavía. Lo que se espera aún no es visible, porque una esperanza que se ve no es esperanza. En esta vida siempre tenemos que tener en cuenta que la salvación tiene una dimensión futura. El don de la justificación es algo que recibimos en el presente, pero la confirmación pública de nuestra salvación se hará en aquel día, así como queda indicado en Romanos 5:9: "Con mucha más razón, ahora que ya hemos sido justificados en su sangre, seremos salvados del castigo por medio de él." Cuando los creyentes reciben la absolución de Cristo en su Bautismo, el Espíritu Santo les trae el futuro veredicto de salvación al presente (Barrett 1985:63-65). De acuerdo con Juan 3:17-21, la condenación también tiene una dimensión doble: el que rechaza a Cristo en el presente ya se ha condenado a sí mismo por rechazar la única luz capaz de rescatarle del poder de la oscuridad. La condenación en el día del juicio final será una confirmación y ratificación de su rechazo de la luz. Es interesante notar que sólo en este versículo de Gálatas encontramos la palabra esperanza (ἐλπίς), lo que nos indica que la lista del fruto del Espíritu de Gálatas 5:22-23 es incompleta. Aquí, en Gálatas, Pablo no nos ofrece una descripción de todo lo que implica la esperanza. Para entender mejor las dimensiones de la esperanza tanto de los creyentes como de la creación entera, será necesario leer y meditar sobre lo que Pablo escribe en Romanos 8 y 1 Corintios 15.

5:6 Porque en Cristo Jesús nada valen la circuncisión ni la incircuncisión, sino la fe que obra por el amor.

La salvación no viene por medio de la circuncisión ni por el rechazo de ésta, sino por medio de la fe en Cristo Jesús. El Espíritu produce, por medio de esta fe que es el resultado de su presencia en la vida de los creyentes, el fruto del Espíritu del cual habla el apóstol en el versículo 22 de este mismo capítulo. El primer fruto de la fe es el amor. Pero no es el amor el que produce la fe, sino que Jesucristo produce el amor por medio del Espíritu. El amor no es la causa de la justificación del creyente, sino más bien una evidencia de una fe verdadera. Si la justificación fuera el resultado de nuestro amor, entonces la salvación sería por obras. Pero como Pablo enfatizó tanto en Gálatas como en Romanos y Efesios: somos justificados por fe sin las obras. Al decir esto, Pablo quiere recalcar que la fe no es una obra del creyente, pues el creyente no la crea. La fe la obra el Espíritu Santo en el creyente por medio de la proclamación del evangelio y la celebración de los sacramentos. El creyente no confía en su fe, sino en Cristo.

Se ha dicho que la fe es como el ojo, pues el ojo de uno puede fijarse en todo, menos en sí mismo. Una fe que confía en sí misma y no en Cristo, realmente no es una fe verdadera, sino otra forma de la justificación por obras. Hay que recordar que la frase justificación por fe es otra manera de decir justificación por Cristo. La justificación implica salvación, y nuestra salvación consiste en la unión con Cristo, el Padre, y el Espíritu Santo. La justificación produce amor porque la Santa Trinidad ha venido para hacer su morada en lo más íntimo del creyente, pues Dios es amor. Este amor no es producto de la circuncisión o de la falta de ésta. Sería un error jactarse o sentirse superior a otros por estar circuncidado o por no estarlo.

En cuando a la fe que obra por el amor, la Apología de la Confesión de Augsburgo declara: "Mas no por eso se ha de creer que por la confianza en ese amor, o por causa de ese amor, conseguimos perdón de pecados y reconciliación, así como tampoco conseguimos perdón de pecados por otras obras que siguen, sino por la fe sola; en efecto: sólo por la fe propiamente dicha se consigue remisión de pecados, porque la promesa no se puede recibir sino por la fe" (Meléndez 1989:97).

Para Santo Tomás de Aquino la fe que obra por amor se designa *fides formata* o sea una fe formada o informada por el amor. La doctrina de la fe informada por amor desempeñó un papel muy importante en el Concilio de Trento y en la polémica de la Iglesia Romana en contra de los reformadores. Para Aquino la fe obra por amor cuando genuinamente y en justicia amamos al prójimo así como nos amamos a nosotros mismos (Mt 22:40) (Riches 2008:250). En otras palabras, es el amor que da valor a la fe y hace que la fe sea genuina. En realidad, es la fe que hace que el amor sea genuino, porque sin la fe es imposible agradar a Dios; sin la fe es imposible amar a Dios. Por lo tanto no es correcto afirmar, como han hecho algunos, que la fe y el amor obran juntos, como dos manos, para producir la justificación del pecador. Son como dos manos, sí, pero no en el sentido de que son las dos causas de la salvación. La fe es la mano que recibe y se apropia el don gratuito de la salvación, mientras que el amor es la mano que reparte las bendiciones de Dios y el mensaje de liberación a otros. Para dar, es necesario recibir primero. El amor es uno de los frutos que produce la fe (Riches 2008:260). Pero este amor, según lo que el apóstol dice aquí, es mucho más que un sentimiento, una emoción, una idea, una teoría o una pasión; es un poder que toma al cristiano cuando recibe el Espíritu del Hijo de Dios (Betz 1979:264). Es un poder porque el amor es la esencia del Dios Trino.

5:7 Ustedes corrían bien; ¿quién les impidió el no obedecer a la verdad?

Aquí, lo mismo que en 1 Corintios 9:24, el apóstol habla de la vida cristiana como si fuera una carrera, como las maratones tan populares de los Juegos Olímpicos y muchas otras competencias celebradas en días del Imperio Romano. La carrera del creyente comienza en el Bautismo y termina con la muerte o la segunda venida de Jesucristo. Lo importante de la carrera es llegar a la meta y no abandonar durante el recorrido, o volverse atrás. En Filipenses 2:16 el apóstol manifiesta: "Para que… yo pueda gloriarme de que no he corrido ni trabajado en vano." Casi al final de su vida Pablo escribió: "He peleado la buena batalla, he acabado la carrera, he guardado la fe. Por lo demás, me está reservada la corona de justicia, que en aquel día me dará el Señor" (2 Ti 4:7-8). En este pasaje, acabar la carrera equivale a no perder la fe. Si se pierde la fe, se pierde tanto la carrera como la corona de justicia. Las persecuciones, sufrimientos, y cruces que los creyentes tienen que soportar con frecuencia, pueden ser obstáculos, trampas, y tropiezos en el camino de los corredores. Por lo tanto, el autor de la Epístola a los Hebreos escribe a un grupo de creyentes perseguidos y oprimidos que enfrentan la tentación de abandonar la carrera: "Por lo tanto, también nosotros, que tenemos tan grande nube de testigos a nuestro alrededor, deshagámonos de todo peso y del pecado que nos asedia, y corramos con paciencia la carrera que tenemos por delante" (Heb 12:1). Así como los receptores de la Carta a los Gálatas, los lectores y oyentes de la Epístola a los Hebreos enfrentan la tentación de volver al judaísmo. Pablo exhorta a los suyos a obedecer a la verdad. La verdad es el evangelio; obedecer a la verdad no es otra cosa que creer en el evangelio.

Sabemos por experiencia que hay muchos que comienzan y nunca alcanzan la meta. En el libro *El Progreso del Peregrino,* la gran mayoría que salió de la Ciudad de la Destrucción nunca alcanzó a entrar en la Ciudad Celestial. Los obstáculos, trampas, persecuciones, y tropiezos hicieron que muchos abandonaran la carrera. En la carrera de los gálatas también hay obstáculos y tropiezos que amenazan con hacerlos caer y no dejarles terminar la maratón. Dichos obstáculos no son solamente las persecuciones que sufren por causa de su fe en Cristo, sino también las enseñanzas de los maestros judaizantes. Lo que preocupa al apóstol con esta comparación de la vida cristiana como una carrera es que los gálatas no están corriendo bien; no están produciendo el fruto del Espíritu. Hay poca evidencia del fruto del amor en sus vidas; más bien están mordiéndose y devorándose los unos a los otros. Por lo tanto Pablo pregunta ¿quién les impidió?" La respuesta obvia a la pregunta es: los agitadores de Galacia. Betz (1979:264), basándose sobre textos como Romanos 15:22 y 1 Corintios 9:12, cree que Pablo probablemente piensa en Satanás. La interpretación de Betz cuadra bien con la de Bunyan, pues todas las trampas, obstáculos, y falsos hermanos que encuentra el peregrino en su progreso hasta la ciudad celestial le habían sido enviados por el enemigo.

5:8 Esta persuasión no procede de aquel que los llama.

Pablo califica las enseñanzas de los maestros judaizantes como esta persuasión, RV, BJ; instigación, NIV; cosa, VP; consejo (Bultmann 1968:9). El vocablo griego es πεισμονὴ, una palabra tardía y rara que no se encuentra en los manuscritos antes del tiempo del NT. Deriva de un verbo que se traduce como persuadir, o convencer. De modo que podríamos traducir este sustantivo con la palabra persuasión, convicción, argumento, enseñanza, o en el contexto en el cual se encuentra, como herejía. Lo que Pablo les dice a los gálatas es que el argumento o enseñanza que insiste en la circuncisión de los creyentes gentiles es una herejía que no tiene su origen en Dios, quien llamó a los gálatas a creer en las buenas nuevas.

5:9 Un poco de levadura fermenta toda la masa.

Lo que el apóstol calificó como una "persuasión" en el versículo anterior, ahora se lo llama levadura (ζύμη). En las Escrituras la levadura sirve, con frecuencia, como un ejemplo de algo muy pequeño capaz de efectuar un cambio grande, para bien o para mal. En una de las parábolas de Jesús (Mt 13:33; Lc 13:21) la levadura es símbolo del reino de Dios que se establece no mediante un golpe militar o una revolución, sino por una transformación interna de los corazones humanos a base de la proclamación de las buenas nuevas. En otros pasajes se habla de una levadura contaminada que echa a perder toda la masa en la cual había sido introducida. En estos textos la levadura es como un símbolo de una mala influencia o falsa doctrina. En 1 Corintios 5:6 Pablo exhorta a los corintios a expulsar de la congregación al hombre que vivía con su madrastra. El hombre era la mala levadura cuya presencia amenazaba contaminar y corromper a toda la congregación (la masa). En Marcos 8:15; Mateo 16:6, y Lucas 12:1 Jesús advierte a sus discípulos acerca del peligro de la levadura de los fariseos, saduceos, y herodianos, es decir, acerca de sus enseñanzas, doctrinas, y estilo de vida (Windisch 1964:902-906).

En Gálatas 5:9 la levadura perversa que fácilmente podría contaminar toda la iglesia, es la enseñanza que impone como añadidura al sacrificio que ofreció Jesús en la cruz, la circuncisión o cualquier otro rito, ceremonia u obra humana. Según Lutero, nuestra carne siempre busca la propia liberación por medio de recursos y esfuerzo propios. Es que nuestro viejo hombre es renuente a admitir que sea incapaz de lograr su propia liberación. Es demasiado humillante para nuestro orgullo y nuestra imagen, tener que confesar nuestra incapacidad espiritual. Por lo tanto, nuestro viejo Adán se siente tentado a rechazar el vino, la leche, y el pan de la vida que se ofrece sin dinero y sin precio (Is 55:1-2). El viejo Adán cree equivocadamente que el favor de Dios puede comprarse mediante sacrificios, ceremonias, ayunos, circuncisión, y otras obras humanas, cuya finalidad es aplacar la ira de Dios y hacernos merecedores del favor divino (Lutero 1972:251). A fin de cuentas, ésta es la levadura que amenaza con corromper y contaminar la masa de la iglesia.

Tanto en tiempos de Pablo como hoy día, la doctrina de la gracia justificante ha sido el enemigo mortal del orgullo de todo ser humano, sea judío o gentil, rico o pobre, hombre o mujer. San Agustín (Plumer 2003:169) recalca que una de las razones que motivaron a Dios a entregar la ley a Israel fue destruir su orgullo. Si Israel hubiera sido escogido por ser un pueblo santo, justo, y sin pecado, no habría necesitado recibir una ley escrita en dos tablas de piedra. En 1 Timoteo 1:9 el apóstol declara: "También sabemos que la ley no fue dada para el justo, sino para los transgresores y desobedientes, para los impíos y pecadores, para los irreverentes y profanos, para los parricidas y matricidas, para los homicidas, para los fornicarios, para los sodomitas, para los secuestradores, para los mentirosos y perjuros, y para todo lo que se oponga a la sana doctrina." En Romanos 10:11-25 Pablo siente la necesidad de recordarles a los creyentes gentiles a no sentirse superiores a los judíos, pues fue por pura gracia y no por ningún mérito humano que ellos, siendo olivos silvestres, fueron injertados al olivo santo de Dios.

5:10 Yo confío respecto de ustedes, en el Señor, que no pensarán de otro modo; pero el que los perturba, quienquiera que sea, llevará la sentencia.

Pablo expresa aquí su confianza en la derrota final de los maestros intrusos y el rechazo de su levadura contaminante. La confianza del apóstol se basa no tanto en los gálatas, sino en el Señor quien les dará la sabiduría y el entendimiento para no abandonar el evangelio que aprendieron de Pablo.

El apóstol no menciona el nombre de la persona que está perturbando a los gálatas. Podría ser el líder de los maestros intrusos, o la persona que los envió a Galacia. Evidentemente es una persona importante de cierto renombre, pero en las epístolas de Pablo raras veces se mencionan los nombres de su oponentes a fin de no darles más publicidad. Algunos comentaristas han sugerido que el líder de la oposición podría haber sido uno de los doce apóstoles, pero el texto no ofrece una base para semejante conjetura (Lenkersdorf 1960:93).

La sentencia que llevará el perturbador no es una que el apóstol le aplicará en su próxima visita a Galacia, sino la que recibirá del Hijo del Hombre cuando venga en gloria para juzgar a los vivos y a los muertos. En 1 Tesalonicenses el apóstol habla de la venida del Señor para pagar con eterna condenación a los que están atribulando a los creyentes de Tesalónica. En Mateo 18:7 dice Jesús: "¡Ay del mundo por los tropiezos! Es necesario que vengan tropiezos, pero ¡ay de aquél por quien viene el tropiezo!"

5:11 Y yo, hermanos, si aún predicara la circuncisión, ¿por qué habría de padecer todavía persecución? En tal caso, se habría quitado el tropiezo de la cruz.

El empleo del adverbio griego ετί traducido en nuestras versiones como aún (RVR; BJ) o todavía (NIV; BP), ha inducido a un investigador a concluir que, al comienzo de su carrera como misionero, el apóstol Pablo, al igual que los judaizantes, pedía que sus conversos gentiles se circuncidaran. Durante este tiempo no sufrió ninguna persecución. Pero algo sucedió para cambiar el parecer y la práctica misionera del apóstol. A partir de este cambio de opinión, el apóstol comenzó a sufrir persecución. El hecho de que todavía padece persecución es evidencia de que no cambió su práctica (Campbell 2011:325-347). Los que favorecen esta interpretación nos recuerdan que en la historia de las misiones encontramos ejemplos de misioneros que por sus experiencias y por la dirección del Espíritu, se sintieron motivados a considerar como equivocadas las ideas y prácticas con que comenzaron sus carreras de misioneros. Entre los ejemplos que se citan se menciona: (1) la prohibición absoluta de toda forma de poligamia; (2) la prohibición total de participación en ritos que honran a los ancestros; (3) la prohibición del uso de tambores, flautas, maracas, marimbas, danzas, y otros elementos indígenas en las celebraciones litúrgicas; (4) la prohibición del uso de nombres y títulos indígenas para la divinidad; (5) la prohibición de la adaptación de vestimentas indígenas por parte de los misioneros, como en el caso de Hudson Taylor.

En muchos casos tales cambios en la práctica misionera provocaron ásperas controversias entre los misioneros en cuestión y sus respectivas agencias o sociedades misioneras. En algunos casos los misioneros acusados de haber contextualizado demasiado su proclamación y práctica misionera fueron tildados de herejes y perseguidos como tales, como en los casos de Matteo Ricci en la China y Roberto de Nobili en la India.

Otros intérpretes insisten con que en este versículo el apóstol habla hipotéticamente y que en ningún momento había insistido en la circuncisión de los conversos gentiles (Martyn). Otros investigadores opinan que Pablo se refiere al tiempo antes de su conversión, o sea, que durante su tiempo de fariseo Saulo insistía en la circuncisión de los conversos al judaísmo y su conformidad a los requisitos ceremoniales de la Ley de Moisés (Leitzmann; Schlier; Bruce).

La persecución a la cual se refiere Pablo es probablemente la flagelación pública a la que fue sometido en varias ocasiones por la sinagoga, por haber enseñado que la circuncisión no era necesaria para los gentiles bautizados. En 2 Corintios 11:24 el apóstol declara: "Cinco veces he recibido de los judíos treinta y nueve azotes." Recordemos que en Gálatas 4:19 Pablo había comparado tales persecuciones con el maltrato que había sufrido el pequeño Isaac de manos de su hermano mayor, Ismael.

Al hablar del tropiezo de la cruz, el apóstol se refiere a la dificultad que tiene el ser humano de aceptar el hecho de que sólo por la gracia de Dios manifestada en la cruz de Cristo recibimos el perdón de los pecados, la promesa del Espíritu y la esperanza de la vida eterna. El hombre natural siempre se cree capaz de justificarse ante el juez supremo, y que por su piedad, sus sacrificios, sus obras de caridad o sus lágrimas de remordimiento es capaz de contribuir en algo a su liberación de los poderes ocultos y de su propia perversidad. La declaración de que Jesús es el único camino que conduce al Padre es para el hombre natural un tropiezo, un escándalo, una ofensa, porque da al traste con todas las ilusiones que nos forjamos acerca de nuestra supuesta bondad innata. Por medio del mensaje de la cruz el fariseo que conocemos como Saulo de Tarso, murió; aquel escriba autosuficiente que creía que podía justificarse a sí mismo, fue crucificado. El que se jactaba de sus logros dentro del judaísmo aprendió a vivir, no por confiar en el cumplimiento de las obras de la ley, sino por la fe en el Hijo de Dios que lo amó y se entregó por él.

5:12 ¡Ojalá se mutilaran quienes los perturban!

De acuerdo a los judíos, un hombre castrado no podía entrar al templo. Para muchos gentiles, la circuncisión se veía como una castración diminuta o un símbolo de la castración. El emperador romano Adriano prohibió tanto la circuncisión como la castración. Los sacerdotes de Cibeles, los llamados *galli*, y los de otras representaciones de la Gran Madre de Anatolia y también de la India, tenían que castrarse para servir como esclavos y zánganos de la diosa. Pablo desea que los que exigen la circuncisión de los gálatas vayan a unirse con los *galli*, los sacerdotes de la Gran Madre. El templo principal de la Gran Madre en la provincia romana de Galacia se encontraba en Pessino, la ciudad principal de los galos étnicos. En varias partes de esta obra hemos mencionado a los *galli* como una organización extraña pero importante en la vida religiosa de los galos y los demás habitantes de Anatolia de la época de Pablo. En el siguiente anexo ofrecemos algunos datos y observaciones respecto a los *galli*, con la esperanza de aclarar un poco más el trasfondo religioso de los destinatarios originales de la Carta a los Gálatas.

ANEXO VIII: LA MAGNA MATER, ATIS, Y LOS *GALLI*

El personaje central del culto a las varias manifestaciones de la Gran Madre de las Montañas de Anatolia y otros pueblos orientales no era un hombre, sino una mujer. Era la suma sacerdotisa que tuvo a sus órdenes un grupo de hombres que habían dedicado sus vidas como esclavos al servicio de la Gran Madre. Estos esclavos eran conocidos como los *galli*. En una danza violenta celebrada ante la imagen de la diosa, los *galli*, en un arranque de frenesí, solían castrarse a sí mismos con el fin de ofrecer su masculinidad a la Gran Madre. Después, como zánganos de la diosa, estos sacerdotes eunucos solían dirigir tanto las celebraciones en el templo de la diosa como también las procesiones sumamente flamígeras y ruidosas por la vía pública.

Las bandas o fraternidades de los *galli* solían peregrinar de pueblo en pueblo, pidiendo limosnas para la diosa, danzando, profetizando, y ofreciendo curar a los enfermos con el poder que afirmaban haber recibido de la diosa. Muchas personas daban limosnas a los *galli* porque temían sus poderosas maldiciones. En las obras de muchos escritores grecorromanos encontramos descripciones de las actividades de los sacerdotes de Cibeles, por ejemplo en la famosa novela de Apuleyo: "El asno de oro."

Aunque el culto a la Gran Madre había existido por más de seis mil años antes del Imperio Romano, los libros sibilinos relatan que el culto a Atis y Cibeles llegó a Roma, oficialmente, en el 204 aC, cuando el gobierno pidió al rey Átalo de Pérgamo que enviara a Roma la Magna Mater del Monte Ida. Esta representación de la diosa, labrada de un pequeño meteorito, fue solicitada para apoyar a los romanos en la guerra contra Aníbal. En 191 aC, se construyó un templo para Cibeles sobre el Palatino, en el centro de Roma. La importancia que llegó a tener el culto de Cibeles para los romanos, se manifiesta en el hecho de que se encuentra la imagen de la diosa en monedas acuñadas en Roma, y que en la ciudad se celebraban dos festivales en su honor: el Día de Sangre y la *Megalensia* (Townsley 2011:717-718). En Roma, al igual que en otras partes del mundo, la Magna Mater, representada por sus múltiples apodos, Isis, Afrodita, Artemisa, Ishtar etc., era servida por un séquito de sacerdotes castrados.

Con frecuencia estos sacerdotes eunucos operaban como prostitutos en los diferentes ritos y ceremonias que se celebraban en el templo de la diosa. En el AT (1 R 14:24; 15:12; 22:26; 2 R 23:7) leemos de la existencia de tales sacerdotes castrados entre los cananeos, condenados por los profetas y denunciados como <u>perros</u>. En Deuteronomio 23:18 leemos: "No lleves a la casa del Señor tu Dios la paga de una ramera, ni el precio de un perro, para cumplir con un voto." El apóstol Pablo tuvo que haber tenido algunos enfrentamientos con tales sacerdotes de la Magna Mater en sus viajes por Galacia, Grecia, y Roma. Hay eruditos que creen que Pablo se refería a ellos cuando escribió Romanos 1:18-32 (Townsley 2011:718-726). Las actividades de Pablo en Éfeso provocaron la ira de los que fabricaban réplicas del templo de la diosa Diana (Hch 19:23-41). El hecho de que Pablo catalogó a los agitadores de Galacia en la misma categoría que los *galli*, es una muestra del desprecio que sentía por los maestros intrusos.

En la India existen aún hoy agrupaciones de sacerdotes ambulantes muy parecidos a los *galli* del tiempo de Pablo. Estos eunucos consagrados, llamados *hijra*, dedican sus vidas al servicio de la diosa madre y, como los *galli*, van de pueblo en pueblo mendigando, profetizando, y vendiendo sus servicios como curanderos, adivinos, magos, y prostitutos. Los *hijra* han existido por miles de años a pesar del esfuerzo de los gobernantes y del pueblo por restringir sus actividades. En el Kamasutra se encuentra una descripción de los *hijra* y sus actividades.

La llegada de un grupo de *galli* a un pueblo siempre fue, en tiempos del apóstol Pablo, un gran acontecimiento. Al son de tímpanos, flautas, y címbalos, entraban al pueblo con sus vestimentas ostentosas y estrambóticas sumamente llamativas, todas de brillantes colores. Sus vestimentas no se parecían a la ropa que solían llevar los hombres en la calle, sino a las de las mujeres, pero no decentes sino exóticas y decadentes. Al entrar en procesión, algunos de ellos en trances extáticos, profetizaban, mientras que otros se sajaban con cuchillos y ostentaban ante los espectadores sus cicatrices y las marcas de su castración, todo en un marcado contraste con la manera en que el apóstol Pablo hizo su entrada en Galacia. Porque así se expresó el apóstol: "Bien saben ustedes que, debido a una enfermedad del cuerpo, les anuncié el evangelio al principio, y ustedes no me despreciaron" (Gl 4:13-14). Y en Corinto: "Estuve entre ustedes con tanta debilidad, que temblaba yo de miedo" (1 Co 2:3).

5:13 Hermanos, ustedes han sido llamados a la libertad, sólo que no usen la libertad como pretexto para pecar; más bien, sírvanse los unos a los otros por amor.

Hasta ahora Pablo ha tratado de la ley y el legalismo, mostrando a los gálatas que la ley puede llegar a convertirse en una gran amenaza para nuestra libertad en Cristo, lo que ocurre cuando ponemos nuestra confianza en la ley como un camino de salvación, o como algo que juntamente con la obra de Cristo es imprescindible para la salvación o la obtención del Espíritu y sus dones. Pero la ley y el legalismo no son los únicos enemigos de nuestra libertad en Cristo; hay otro enemigo: el libertinaje, o sea, el abuso de la libertad. Cristo pagó el precio para librar a los cristianos del sometimiento a la ley, no para servirse a sí mismos y hacer lo que les plazca, sino para ser hijos y herederos de Dios que ahora sirvan al que los redimió. Fueron rescatados del poder del odio para amar a Dios y a los demás. El que vive para servirse a sí mismo realmente no es libre, sino un esclavo de su viejo Adán, su vieja naturaleza humana. Es esclavo de su propio ego, en otras palabras, un egoísta. Estar liberado de la ley no quiere decir estar independizado de Dios y de las necesidades, problemas, y sufrimientos de nuestros semejantes. Los que son esclavos de los rudimentos, de las fuerzas espirituales ocultas, y del impulso maligno, no son libres para servir al prójimo, a la humanidad, y a la creación que gime pidiendo su liberación. Así pues, Pablo exhorta ahora a los que han sido liberados de la servidumbre, a que se sirvan los unos a los otros como esclavos en el amor de Cristo. El imperativo presente <u>sírvanse</u> (δουλεύτε) implica una actividad continua: sigan sirviéndose los unos a los otros en amor (de Boer 2011:340).

El patriarca José no fue liberado de la cárcel de Potifar para servirse a sí mismo, sino para salvar a los israelitas y también a los egipcios, incluyendo al mismo Potifar y su esposa. Los hijos de Israel que sirvieron como esclavos en Egipto, no fueron liberados de su cruel servidumbre y de los ídolos de los egipcios para servir al becerro de oro y entregarse a toda clase de vicios. Fueron liberados para servir al Señor y ser un pueblo santo de hermanos y hermanas, llamados a servirse el uno al otro. Pablo y Silas no fueron liberados de la cárcel en Filipos para huir y dejar al pobre carcelero librado a su suerte. Fueron liberados para proclamar el evangelio también al carcelero y a los de su casa. Libertad no quiere decir independencia sino servicio. Se nos libera de las cadenas del odio para ser esclavos del verdadero amor. Nos sacaron de la prisión de la desesperación para compartir la esperanza que tenemos en Cristo. La duda e incredulidad nos tuvieron encadenados, pero hemos sido comprados a precio de sangre para servir al que nos justifica por medio de la fe en su Hijo. Los que interpretan mal su liberación e intentan independizarse del que nos salvó, terminarán siendo esclavos de otros demonios, fantasías, ideologías, y formas de autoengaño.

En una ocasión Lutero comparó al ser humano con un caballo de raza al galope por una selva llena de simios malvados que saltaban de los árboles procurando caer sobre la silla, con el fin de obligar al pobre a correr por donde ellos querían que corriese. Finalmente uno de los simios logró caer sobre la silla. El caballo, enloquecido, procuraba librarse del simio montado en su silla; brincaba, saltaba, y caracoleaba en el intento de desalojarlo. Pero tan pronto como el caballo lograba librarse del simio que tenía encima, otro más grande y malo tomaba su lugar. Finalmente vino el dueño del caballo, espantó a los simios y montó sobre él. El reformador usó este ejemplo para destacar que sólo cuando Cristo llega a ser nuestro amo y rey quedamos liberados de todas las fuerzas malignas, tanto externas como internas, que procuran esclavizarnos.

La palabra <u>pretexto</u> traducida aquí como <u>ocasión</u> en la RVR, puede entenderse como una base de procedimientos, o sea, el centro de operaciones o punto de partida de las fuerzas hostiles que batallan en contra del reino de Dios. Dios estableció su reino en el corazón del creyente al invadirlo para librarlo de las fuerzas del pecado, el diablo, la muerte, y la ley. Al echar fuera del corazón del creyente a estos poderes del eón presente, Dios no dejó al cristiano a la deriva, sino que por medio del Espíritu Santo Cristo vive ahora dentro de su corazón y establece allí su reino. El reino de Dios viene a nosotros cuando por medio de la proclamación del evangelio y el Bautismo el Espíritu Santo obra en nosotros la fe en Cristo y comienza su obra de santificación. Pero las fuerzas ocultas que fueron echadas fuera del cristiano en su Bautismo siempre procurarán volver, así como el espíritu malo regresó con siete espíritus peores que él, en la historia que Jesús relató en Lucas 11:24-26. Los espíritus rebeldes quieren volver y establecer una base de operaciones, un campamento de guerrilleros desde el cual extender su radio de acción y recuperar finalmente todo lo perdido.

Cuando el creyente llega a creer que la libertad de la ley significa licencia para hacer lo que le dé la gana, entonces se le entrega al enemigo esa base de operaciones desde la cual luchará para hacerle volver a los elementos de los cuales fue liberado. En Romanos 3 y 6 Pablo habla de este malentendido. Al enemigo Pablo lo llama carne. Como hemos visto arriba, el sustantivo carne (σάρχ) se utiliza a veces como sinónimo de la circuncisión y otras veces como sinónimo de la debilidad del ser humano en el plano físico. En Gálatas 5, el mismo término tiene una connotación mucho más siniestra, pues designa un poder cósmico y satánico que se opone a Dios y al establecimiento de su reino. Dicho de otra manera, en este pasaje carne significa tanto una personificación del impulso maligno del cual solían hablar los rabinos, como también el egoísmo y orgullo innatos del ser humano caído en su rebelión en contra del Creador. Esta carne, según 5:24 tiene pasiones y deseos. En 1 Juan 2:16 también se habla de los deseos de la carne, los deseos de los ojos y la vanagloria de la vida, nombres que Bunyan dio a las mujeres perversas que intentaron tentar al joven Esperanzado en su libro *El Progreso del Peregrino*. La frase deseos de la carne se utiliza a veces en la literatura como sinónimo de la *yetser-hara*, la inclinación al mal (Marcus 1982:612).

5:14 Porque toda la ley se cumple en esta sola palabra: "Amarás a tu prójimo como a ti mismo."

En cuanto al cumplimiento de la ley, un creciente número de comentaristas modernos hacen una distinción importante entre guardar o hacer (ποιεῖν) la ley, y "cumplir con la ley. Según esta distinción, guardar la ley tiene que ver con la obligación de los que viven sujetos a obedecer los mandamientos de la Tora. El cumplimiento de la ley, en cambio, es el resultado de andar en el Espíritu (DeSilva 2011:260). Cuando Pablo habla de los cristianos que cumplen la ley, no prescribe lo que tienen que hacer los creyentes, sino que describe lo que hacen los cristianos por medio del Espíritu que vive en ellos (Westerholm 2004:434).

Otro comentarista moderno, Martinus de Boer (2011:344), dice que para entender el pasaje tenemos que tener en cuenta que la frase "toda la ley". En Gálatas 5:3, no es la misma ley a la que Pablo se refiere en Gálatas 5:14, en que dice: "Porque toda la ley se cumple en esta sola palabra". Según de Boer, en 5:3 Pablo habla de la ley mosaica con todas sus exigencias y proscripciones, mientras que en 5:14 la frase "toda la ley" designa las Escrituras y todas las promesas que ellas contienen. Dicho de otra manera, en 5:3 se habla de un código legal y en 5:14 de las promesas divinas. O sea, cuando los creyentes se aman los unos a los otros se ve el cumplimiento de las promesas acerca del amor que Dios había profetizado en las Escrituras del AT. Para de Boer, entonces, el sustantivo ley en 5:14 debe entenderse como un sinónimo de promesa. Según tal interpretación, las palabras de Levítico 19:18: "Amarás a tu prójimo como a ti mismo", las entiende Pablo no como un mandamiento a obedecer, sino como una promesa que se cumple cuando el Espíritu de Cristo vive en el creyente (de Boer 2011:350).

Fue el mismo Jesús quien enseñó a sus seguidores que la ley se puede resumir y cumplir en una sola palabra o frase (Mt 22:40; Ro 13:8 ss). El amor al prójimo es el fruto del amor de Dios para con nosotros. El amor de Dios para con nosotros produce nuestro amor a él, y el amor a él se expresa en el amor al prójimo (Cullmann 1950:229). En ese amor se cumple todo lo que procuraban las ordenanzas, mandamientos, y reglas de la ley de Moisés (Ro 13:8-10). El que anda en el Espíritu y ama al prójimo como a sí mismo realmente no necesita la ley, porque hace lo que la ley procura, sin la ley. Pero no debemos creer que es muy fácil amarnos los unos a los otros como Cristo nos amó. Un comentarista expresa que andar en el amor de Cristo requiere del creyente más esfuerzo, más sufrimiento, y más empeño que en el cumplimento de todo lo que está escrito en la ley de Moisés (Dunn 1993:292).

En su discusión acerca de la ley de Cristo, San Agustín pregunta: ¿Por qué habla el apóstol aquí de amar al prójimo como a sí mismo y no de amar a Dios con todo el corazón, alma, y mente, como dice Jesús en Mateo 22:37? En respuesta a su propia pregunta, Agustín afirma que sólo los que aman a Dios con todo el corazón, mente, y alma pueden amar al prójimo como a sí mismos. Además, amar a Dios con todo el ser es posible solamente porque Dios, en Cristo y su cruz, nos ha amado primero (Plumer 2003:207).

5:15 Pero si ustedes se muerden y se devoran los unos a los otros, tengan cuidado de no consumirse también los unos a los otros.

Muchos lectores de las cartas de Pablo deben haber presenciado luchas entre animales salvajes en los estadios o arenas de su ciudad. Tales peleas entre leones, osos, toros, y lobos, fueron uno de los deportes populares patrocinados por los emperadores y gobernantes del Imperio para mantener entretenido al populacho, del mismo modo en que hoy día muchos se divierten presenciando peleas de gallos o de perros bravos. Al presentar sus memorias y cuentas, los emperadores se jactaban de haber patrocinado tales eventos crueles y sangrientos, llamándolos buenas obras hechas para el pueblo. Con frecuencia los escritores de la antigüedad comparan la mala conducta de los seres humanos con el comportamiento de las bestias salvajes. Describen cómo las bestias primeramente se muerden entre sí, y después se laceran y rasgan la carne el uno al otro. Finalmente, terminan matándose mutuamente (Witherington 1998:384). Los apologistas cristianos de los primeros siglos de la era cristiana condenaron rotundamente estos espectáculos y la sed de sangre que provocaban, como también las luchas entre gladiadores. Aquí Pablo compara estos espectáculos con la ferocidad que se manifiesta en las luchas entre facciones religiosas. La historia nos enseña que algunas de las atrocidades más terribles se cometen en las llamadas guerras religiosas, en que los bandos literalmente se consumen los unos a los otros. Pablo sabe por experiencia propia que un supuesto celo por Dios puede llegar a ser una ocasión para la carne.

James D. G. Dunn cree que al escribir este pasaje Pablo podría haber estado pensando en las innumerables luchas y guerras civiles que tuvieron lugar en las ciudades y territorios en que vivían los lectores y oyentes de sus cartas. La historia está repleta de relatos de conflictos civiles en las ciudades griegas de Acaya y Asia Menor, en que diferentes facciones de ciudadanos luchaban entre sí por el control de la polis, o para arrebatar el gobierno del dominio de los tiranos y las oligarquías que oprimían al pueblo (1993:293). Desde nuestra perspectiva hispana podríamos recordar que después de las guerras de independencia del siglo XIX, los caciques militares que con mucha valentía habían logrado liberar a nuestros países, comenzaron a morderse los unos a los otros en un casi interminable ciclo de intrigas, conspiraciones, insurrecciones, guerrillas, guerras sucias, y conflictos civiles entre liberales y conservadores, federalistas y centralizadores, burgueses y proletarios. Si no dejamos que el Espíritu nos guíe, se reproducirán luchas semejantes en el seno de las iglesias que fueron sembradas para enseñar a nuestros pueblos a vivir juntos en armonía, paz, y amor mutuo.

Cuando los miembros de una comunidad religiosa comienzan a odiarse los unos a los otros, a morder y devorar a los que deben ser sus hermanos en la fe, esa comunidad se destruye a sí misma. Para Pablo, Juan, y los demás autores del NT, la iglesia es mucho más que una institución humana o un grupo de personas que han decidido asociarse o afiliarse a ella. La iglesia, como anticipación y portadora de la nueva creación escatológica, es parte del evangelio. La iglesia no sólo proclama las buenas nuevas, sino que es, de suyo, parte de la buena nueva que proclama; ella es la esposa del Cordero, el cuerpo de Cristo, el templo que no se construye con ladrillos y troncos de madera, sino con piedras vivas, y que tiene como fundamento a Jesucristo. Hemos visto que en Gálatas 1:8-9 Pablo pronuncia su anatema sobre cualquiera persona o ángel que intente proclamar un evangelio pirata, distorsionado o falsificado. Y en 1 Corintios 3:17, el mismo apóstol anuncia que los que con sus divisiones destruyen, distorsionan, y falsifican lo que debe ser la iglesia, también están bajo maldición: "Si alguno destruye el templo de Dios, Dios lo destruirá a él, porque el templo de Dios es santo, y ustedes son ese templo." Un poco más adelante veremos que las obras de la carne denunciadas por el apóstol son principalmente las que intentan desbaratar la unidad de la iglesia y violar su santidad. En resumen, una iglesia en la cual no brilla el amor de Cristo, está proclamando un evangelio falso.

LAS OBRAS DE LA CARNE Y EL FRUTO DEL ESPÍRITU (5:16-26)

5:16 Digo, pues: Vivan según el Espíritu, y no satisfagan los deseos de la carne.

El remedio divino para los deseos de la carne no es la ley, sino el Espíritu Santo. Por sí misma, la ley puede dar a conocer cuáles son los deseos y los frutos de la carne. Además, puede advertirnos acerca de las consecuencias de satisfacer los deseos de la carne; sin embargo, no puede darnos el poder para vencer estos deseos. El Espíritu, en cambio, no sólo nos da la victoria sobre la carne sino que también produce el fruto del amor, y de esta manera cumple con lo que exige la Tora. En este sentido el Espíritu reemplaza a la Tora (Fee 1994:428-429).

El verbo andar (RVR), [vivir RVC], se utiliza con mucha frecuencia en el AT para señalar una vida conforme a la voluntad y el carácter de Dios. Aquí, en 5:16, el apóstol utiliza el verbo andar o vivir como un imperativo iterativo (περιπατεῖτε), que conlleva la idea de seguir andando en los caminos de Dios (Fee 1994:429). Así, la vida ética del creyente en Cristo queda resumida a andar en el Espíritu; y por medio de andar en el Espíritu y en el poder del Espíritu, se libra de la esclavitud de la carne. Hay que recordar siempre que la palabra carne no sólo designa a seres mortales con toda su fragilidad ante el Dios todopoderoso, sino al género humano caído en pecado en su estado de rebelión en contra de Dios. Debe notarse también que en griego la palabra espíritu (πνεύματι) no lleva el artículo el. Este uso o fórmula sin el artículo siempre indica en las cartas de Pablo que el apóstol está hablando del Espíritu Santo del Dios vivo que conocemos como la tercera persona de la Santísima Trinidad. El apóstol nos llama a vivir en la esfera del Espíritu Santo, y no en la de la carne.

Queda claro de lo que el apóstol nos enseña en este pasaje, que en esta vida siempre tendremos que luchar en contra de los deseos de la carne. Dicho de otra manera, no alcanzaremos la perfección, la santificación completa o una vida desprovista de los deseos de la carne, antes de la segunda venida de Cristo. Durante el siglo XIX, como parte del llamado movimiento de santidad, muchos cristianos se esforzaron, mediante muchas oraciones, ayunos, y vigilias, por alcanzar un estado de santificación total. Se consideraba este estado de santificación total como la segunda gran bendición de Dios que podía recibir el creyente después de la justificación. Después de recibir dicha segunda bendición, el creyente podría vivir sin pecado, sin una lucha constante en contra de los deseos de la carne y sin la necesidad de arrepentirse. Durante este período se formaron nuevas denominaciones catalogadas como iglesias de la santidad, y que dejaron su huella en el desarrollo del movimiento evangélico en el mundo hispano. De este movimiento surgieron himnos y cantos tales como *Más santidad dame* y *Sed puros y santos,* himnos que siguen gozando de popularidad en muchas iglesias en América Latina.

La lucha entre el Espíritu y la carne de la cual habla Pablo en este pasaje, tiene como uno de sus objetivos la santificación del creyente y de la iglesia. Al decir esto, debemos tener en cuenta que la santificación es un proceso, no un estado posible de alcanzar en esta vida. Aunque el creyente no vive sometido al poder de la carne, la carne siempre está en nosotros y siempre procurará apartarnos del amor de Cristo y del amor de nuestros hermanos en Cristo. En Romanos 7:14-25 Pablo expresa elocuentemente lo duro de la batalla en contra de la carne en su propia vida: "No entiendo qué me pasa, pues no hago lo que quiero, sino lo que aborrezco... De modo que no soy yo quien hace aquello, sino el pecado que habita en mí. Yo sé que en mí, esto es, en mi naturaleza humana, no habita el bien; porque el desear el bien está en mí, pero no el hacerlo. Porque no hago el bien que quiero, sino el mal que no quiero... ¡Miserable de mí! ¿Quién me librará de este cuerpo de muerte?"

En Filipenses 3:12, casi al fin de su carrera mortal, Pablo expresa lo siguiente: "No es que ya lo haya alcanzado, ni que ya sea perfecto, sino que sigo adelante, por ver si logro alcanzar aquello para lo cual fui también alcanzado por Cristo Jesús." Todo esto quiere decir que nadie queda eximido de la lucha en contra de los deseos de la carne, lucha a la cual el apóstol nos convoca en los versículos que siguen. Por dura que sea la lucha, el creyente no debe desesperar o desanimarse, porque el que lucha con él y en él, es más poderoso que el enemigo.

En 1 Juan 4:4 está escrito: "Hijitos, ustedes son de Dios, y han vencido a esos falsos profetas, porque mayor es el que está en ustedes que el que está en el mundo." El que está con los creyentes en su lucha en contra de los deseos de la carne y las fuerzas de la oscuridad, es el mismo Espíritu Santo de quien habla Pablo en los versículos que siguen. Éste es el Espíritu que equipa a los fieles con toda la armadura de Dios, de la que habla el apóstol en Efesios 6:10-20. En Romanos 8 el Espíritu Santo es la respuesta a la angustiada pregunta de Pablo en Romanos 7:24, pues es él que nos librará de "este cuerpo de muerte".

El hecho de que un cristiano siente dentro de su ser la terrible lucha entre el Espíritu de Cristo y los deseos carnales del viejo Adán, no debe ser causa de desesperación y desánimo. Que esté luchando no quiere decir que uno ha dejado de ser discípulo de Cristo, o que haya perdido su salvación. Todo lo contrario. El enemigo nos ataca porque sabe que somos de Cristo, mientras que deja en paz a los que ya son suyos. La lucha que sentimos por dentro es una señal de que el Espíritu está vivo dentro de nosotros. ¡Ay de nosotros cuando ya no hay más lucha!, porque puede ser una señal de que estamos muertos espiritualmente. La lucha entre la carne y las fuerzas de la oscuridad dentro de nosotros, seguirá hasta que hayamos sido llevados a la presencia del Señor.

5:17 Porque el deseo de la carne se opone al Espíritu, y el del Espíritu se opone a la carne; y éstos se oponen entre sí para que ustedes no hagan lo que quisieran hacer.

Con el correr de los siglos los estudiosos de la Carta a los Gálatas han tenido largas discusiones en cuanto a la naturaleza e identidad de la carne y el Espíritu en pugna en este pasaje. El término carne en particular se presta a una gran variedad de usos o significados, tanto en las Escrituras como en la literatura de la época. En algunas partes de la Escritura carne (σάρξ) designa la parte material o física del ser humano y de las bestias (lo que cubre los huesos). En textos como Mateo 16:17 carne es casi sinónimo de humano o de mortal. Pablo a veces utiliza el término carne para la circuncisión. Con frecuencia carne también se utiliza en la Biblia y fuera de ella, para señalar un comportamiento libertino, la desintegración social o el conjunto de todos los vicios sexuales. En otros textos carne se entiende como la sede de los deseos y emociones humanos, y en particular de los deseos sexuales desordenados o pecaminosos.

Aunque en algunos textos bíblicos carne puede referirse al aspecto exterior de la vida, no es, sin embargo, su significado en Gálatas 5. En Gálatas 5:16-26 carne se entiende como la parte del ser humano no gobernada por el Espíritu de Dios, la parte de nuestra existencia, nuestra sociedad, y nuestro ser, que todavía está bajo la influencia de los poderes cósmicos rebeldes o los deseos egoístas de nuestro viejo Adán. Es todo lo que está orientado hacia el presente siglo malo y no hacia la nueva creación. Carne es, a la vez, toda actividad en la que no opera el Espíritu Santo.

En las Escrituras, el término espíritu también tiene una variedad de significados, como por ejemplo, el espíritu del ser humano, el Espíritu de Dios u otros espíritus. Después de haber discutido las diferentes maneras de entender ambos términos, carne y espíritu, procuraremos determinar en qué consiste la naturaleza de la lucha a la que se refiere el apóstol en este pasaje.

En primer lugar, no se trata de la guerra entre el cuerpo, o la parte física del ser humano, en contra del espíritu, o la parte espiritual no física, del mismo ser humano. Al afirmar esto, se rechaza la idea muy difundida en muchas filosofías y religiones, de que el espíritu del ser humano es una chispa divina que se encuentra separada de la Divinidad y atrapada dentro de un cuerpo o cárcel de carne que no fue creado por Dios sino por un espíritu inferior, un demiurgo o el diablo en persona. Según esta manera de entender la guerra espiritual, el espíritu lucha por librarse de las trabas de la carne con el fin de volver a Dios, al Nirvana o a Brahma, así como una gota que cae en el océano y se funde con él.

En segundo lugar, la lucha entre carne y espíritu no se entiende en términos de la doctrina de los dos *yetzer*, de los cuales leemos en muchos escritos rabínicos, en los rollos del Mar Muerto, y en obras apócrifas como el *Testamento de los Doce Patriarcas*. De acuerdo con esta enseñanza, los seres humanos nacen con dos inclinaciones o impulsos, llamados respectivamente la *yetzer-ha-tov* (la inclinación al bien) y la *yetzer-ha-ra* (la inclinación al mal). Los dos impulsos, o fuerzas, luchan dentro de las almas de las personas, conduciéndolas hacia el bien o hacia el mal. Por medio de la circuncisión, el estudio de la Tora y las obras de caridad, se exhorta al individuo a dar su apoyo al *yetzer-ha-tov* y de esta manera obtener la victoria sobre los malos deseos, los vicios y la condenación eterna. Es posible, no obstante, que para Pablo el término carne haya incluido el concepto que otros han llamado la inclinación al mal.

De acuerdo con una serie de investigaciones antropológicas llevadas a cabo en México, los curanderos y chamanes populares también mantienen una doctrina semejante a la de los dos impulsos de los rabinos. Según esta creencia, todas las personas tienen un lado maligno y otro benigno. El diablo, al actuar por medio de los brujos y hechiceros, penetra el lado maligno del ser humano por medio de ritos, oraciones, encantaciones, y acciones satánicas, y de esta manera produce un estilo de vida caracterizado por lo que Pablo llama las obras de la carne. Se cree que el impulso maligno o su influencia pueden venir tanto de la naturaleza del ser humano como de la de los brujos. Los brujos reciben su poder de los pactos celebrados con el diablo o con un hechicero más poderoso (Kiev 1969:38-39).

Hay una tercera interpretación de la oposición entre carne y espíritu, en contra de la cual han tenido que luchar los teólogos cristianos. Se trata de la interpretación de los maniqueos y otros grupos dualistas, que afirman que existen dos dioses o fuerzas de igual poder, a saber: Zurván, el dios de la luz y Ahrimán, el dios de las tinieblas. Esta religión fundada por el profeta y sabio persa Maní (215-276 dC), enseña que todos los seres humanos están predestinados a ser seguidores de la luz o de las tinieblas. Los hijos de las tinieblas son los de la carne; comen carne, toman vino, y tienen relaciones sexuales. Los hijos de la luz, en cambio, se abstienen y huyen de las obras de la carne para buscar refugio en la luz de Zurván. Antes de su conversión, San Agustín de Hipona pertenecía a esta secta. Después escribió un libro en contra de los maniqueos y sus enseñanzas. Esta religión se extendió por todo el Imperio Persa y llegó hasta la China. A través del esfuerzo de sus misioneros, las enseñanzas de los maniqueos han penetrado en varias ramas del budismo, zoroastrismo, cristianismo, e islamismo. Hasta en la serie de películas de ciencia ficción muy conocidas, que llevan por título *La Guerra de las Galaxias*, los protagonistas hablan de las dos fuerzas, la del bien y la del mal, que son los dos lados de la misma realidad. Pero no son éstas las dos fuerzas que Pablo tuvo en mente al escribir la Carta a los Gálatas.

Una cuarta manera inadecuada de entender la oposición entre carne y espíritu, se encuentra en los escritos de varios teólogos de renombre que vivieron en los siglos después de la era patrística y antes de la Reforma. Según San Juan Crisóstomo, carne y espíritu representan los dos principios, opiniones, filosofías, juicios éticos o caminos, entre los que el creyente tiene que escoger, con la ayuda de su libre albedrío y el Espíritu Santo (Riches 2008:269-270), del modo en que el lector del libro de Proverbios tiene que escoger entre hacer caso al llamado de la Sofía (la Dama Sabiduría) o al de la Ramera (las falsas filosofías de la vida que conducen a la muerte).

Según nuestro parecer, la lucha entre la carne y el Espíritu es la que se libra entre nuestro viejo hombre y el Espíritu de Cristo que hemos recibido en nuestro Bautismo. Es la batalla entre nuestra vieja naturaleza y la nueva naturaleza, o sea, la nueva vida que el Espíritu Santo va creando en nosotros. El Espíritu Santo es el espíritu de la vida y libertad, quien nos ha sido enviado para librarnos de la muerte y guiarnos hacia esa manifestación de Cristo en gloria, el momento en que llegaremos a ser semejantes a él, porque le veremos tal como él es (1 Jn 3:2). Los que son guiados por el Espíritu se mueven de la muerte hacia la vida. Las obras y las tentaciones de la carne que el apóstol especifica, representan, en cambio, un movimiento hacia atrás, de la libertad a la esclavitud, de la vida a la muerte (Wingren 1964:27).

5:18 Pero si ustedes son guiados por el Espíritu, no están ya sujetos a la ley.

Con esta declaración el apóstol expresa con énfasis que el creyente recibe el impulso y el poder de amar y apoyar al prójimo, del Espíritu Santo que mora en él. El Espíritu es quien motiva al creyente y no el temor al castigo ni el deseo de ganar méritos. Puesto que el creyente ha sido liberado por los méritos de Cristo, no necesita trabajar para ganar méritos. Puesto que Cristo ha sufrido en su lugar la maldición de la ley, el creyente ha sido liberado del temor a la maldición y es libre para servir a Dios y al prójimo por amor. El Espíritu, no la ley, es la fuerza motriz en la vida de los hijos de Dios. No estar sujetados a la ley significa no encontrarse bajo la maldición de la ley. Implica, a la vez, que la ley y el diablo han perdido su derecho de condenar a los que tienen a Cristo como abogado y defensor (Ro 8:33-34; Ap 12:10).

No obstante, no estar sujetados a la ley no quiere decir que los cristianos puedan arrancar de sus Biblias el capítulo 20 del libro de Éxodo y olvidar lo que dicen los diez mandamientos. El Espíritu Santo, que vive en medio de la congregación cristiana y en el corazón de cada creyente, es quien nos impulsa a ocuparnos del prójimo en sus necesidades, sufrimientos, y angustias. Los diez mandamientos nos señalan las necesidades del prójimo, abren nuestros oídos al clamor de los oprimidos, los cautivos, las víctimas de la injusticia. Los mandamientos nos indican quiénes deben ser objeto del amor, la compasión, la misericordia, y el perdón que Dios nos ha regalado. Los mandamientos nos indican dónde encontrar las heridas, llagas y angustias de ese prójimo de quien Pablo nos habla en 5:14. El Espíritu Santo guía a los creyentes a consagrarse a la liberación del prójimo, así como el Espíritu estuvo en Jesús (Lc 4:18) para pregonar libertad a los cautivos. Los diez mandamientos constituyen una parte importante de cualquier teología de la liberación. Es parte de la función del llamado primer uso de la ley, presionar o compeler a todos los seres humanos a actuar en contra de sus propios intereses y en beneficio del prójimo (Wingren 1961:150). Cuando los creyentes, guiados por el Espíritu, se dedican a servir al prójimo, no por obligación, sino impulsados por el amor de Cristo, entonces se cumplen los mandamientos. Por esto Pablo pudo decir en 5:14: "Porque toda la ley se cumple en esta sola palabra: 'Amarás a tu prójimo como a ti mismo.'"

Estar bajo la ley, en consonancia con lo que el apóstol dijo en 3:23, quiere decir encontrarse sometidos al poder del pecado, así como lo estuvieron los israelitas en el AT (Schreiner 2010:247). El creyente no necesita la ley como un medio de ganarse el favor de Dios, asegurarse la salvación o protegerse en contra del mal de ojo y los espíritus malignos. Quien necesita las obras de amor y caridad del creyente es el prójimo. Para apoyar al prójimo en sus aflicciones, necesidades, y angustias, el amor de Cristo y el Espíritu estimulan al creyente a observar los mandamientos. De esta manera el creyente pone de manifiesto que el Espíritu que ha recibido en su Bautismo no es comparable con los espíritus que reciben los devotos de Dionisio, Cibeles o Afrodita, o los espíritus que anhelan recibir los devotos de la santería, el vudú o la umbanda. Los frutos que produce el Espíritu de Cristo en el creyente nos hacen pensar más bien en las cuatro virtudes cardenales de la filosofía helenista: prudencia, dominio propio, coraje, justicia (Barclay 1988:124).

LAS QUINCE OBRAS DE LA CARNE

5:19 Las obras de la carne se manifiestan en adulterio, fornicación, inmundicia, lascivia.

Las obras de la carne mencionadas en el versículo 19 son, según los judíos, vicios típicos de los gentiles incircuncisos y de impulso malo. Se creía que la práctica de la circuncisión en los varones ayudaba vencer la tentación al pecado sexual. Así también, los devotos de la Gran Madre de Anatolia creían que la castración de los sacerdotes de la diosa impedía que éstos cayesen en esta clase de pecado, pues los esclavos de la diosa tenían que ser puros. Sin embargo, los historiadores que escribieron acerca de los misterios de Cibeles y Atis, dicen que los soldados romanos que sirvieron en Galacia preferían a los *galli* como objeto de sus pasiones homosexuales, y que también los *galli*, por razones económicas, aceptaron tal relación. Los ritos y ceremonias como la circuncisión de los judíos y la castración practicada en los misterios, no son el remedio para el libertinaje.

Las obras de la carne que se mencionan en 5:19 tienen que ver con pecados y aberraciones sexuales que, desde la perspectiva del AT y el judaísmo, caracterizaban al mundo pagano en general, y a los simposios o banquetes paganos en particular. Muchos autores creen que los vicios clasificados aquí como obras de la carne han sido tomados de las listas de vicios en circulación en las sinagogas de la diáspora y los manuales para catecúmenos de la iglesia primitiva. Otros autores opinan que los vicios mencionados en la lista de Gálatas 5 tienen una relación especial con los cultos paganos celebrados por los gálatas antes de conocer el evangelio.

Los vicios enumerados aquí en Gálatas como obras de la carne, son llamados obras de las tinieblas o de la oscuridad en Romanos 13:12. Esta designación nos llama la atención debido a que Pablo considera que estas obras no surgen solamente del corazón depravado de nuestro viejo Adán o del impulso malo, sino también de las fuerzas ocultas que luchan en contra de Dios y su reino. En Efesios 6:12 el apóstol expresa: "La batalla que libramos no es contra gente de carne y hueso, sino contra principados y potestades, contra los que gobiernan las tinieblas de este mundo, ¡contra huestes espirituales de maldad en las regiones celestes!" En nuestra lucha en contra de los vicios antisociales y antipersonales, encontramos muchas filosofías, reglas, manuales de conducta y programas de autorrealización, que procuran enseñarnos a emplear todas nuestras fuerzas y poderes latentes para vencer lo que Pablo llama las obras de la carne. Pero a diferencia de estas filosofías y programas, Dios nos ofrece algo más que palabras, más que consejos; nos ofrece el Espíritu. Aunque no sólo nuestra carne nos ataca, sino también las fuerzas ocultas de este siglo malo, el Espíritu lucha por nosotros, con nosotros y en nosotros. Lo que en Gálatas 5 Pablo llama el fruto del Espíritu, en Efesios 6 se llama la armadura de Dios.

El primer pecado que se menciona es *porneia* (πορνεία), de donde viene nuestra palabra pornografía en español, y que se traduce como adulterio, fornicación o inmoralidad sexual en nuestras versiones del NT. RVC traduce con dos términos –adulterio, fornicación– la primera obra de la carne. En el griego clásico la voz *porneia* viene de πόρνη, la palabra para prostituta. Los griegos la empleaban para la persona que vendía su propio cuerpo. *Porneia* se refiere, entonces, a las relaciones sexuales con una prostituta, una esclava o cualquier mujer sin honor que no vive protegida por un *kyrios*, es decir un esposo, padre, hermano mayor o protector. Los griegos hicieron una distinción marcada entre πορνεία y μοιχεία (*moijeia*). Esta última palabra significa tener relaciones sexuales ilícitas con una mujer virtuosa, o sea, una mujer casada o una virgen o viuda de buena familia. Tales relaciones fueron severamente sancionadas por los antiguos, porque perjudicaban a una tercera persona, a saber, el amo de la mujer. En la sociedad romana se permitía la *porneia*, pero no la *moijeia*, porque se la consideraba una violación del honor de una mujer de respeto y del honor de su amo o protector. Puesto que las prostitutas y las esclavas no se consideraban mujeres de respeto o de honor, tanto la ley romana como la griega permitían las relaciones sexuales de los varones con ellas. Al señalar la prostitución como una obra de la carne, Pablo se pronuncia en contra de las prácticas y normas de la cultura grecorromana, aunque para el Imperio la prostitución era una necesidad de prevención del adulterio. Para Pablo, en cambio, era el matrimonio la mejor forma de evitar tanto el adulterio como la prostitución (Harper 2012:363-383).

Puesto que los judíos y los cristianos consideraban pecado tanto la *porneia* como la *moijeia*, es decir el pecado contra el mandamiento que condena el adulterio, para los autores cristianos la palabra *porneia* llegó a señalar toda actividad sexual ilícita en que la motivación era la satisfacción egoísta de los deseos y pasiones sexuales de uno, sin tomar en cuenta al otro. En este sentido debemos entender el empleo del término en Gálatas. No encontramos el término *moijeia* en la lista de vicios, pero la palabra sí se encuentra en Juan 8:3 en la historia de la mujer sorprendida en adulterio. Para los cristianos, las relaciones sexuales son la celebración y afirmación de la unión y el amor que ambos cónyuges reciben como un don de su Creador, y no el disfrute de uno que se aprovecha del otro como un objeto o instrumento de placer. Algunos autores creen que, al utilizar el término Pablo tuvo en mente la prostitución sagrada que se practicaba en algunos cultos paganos, o las prácticas homosexuales de los eunucos de Cibeles.

El segundo vicio en la lista de Pablo es inmundicia (ἀκαθαρσία), un sustantivo que conlleva la idea de impureza, depravación, suciedad, y polución, tanto en un sentido físico como médico y también espiritual, y en particular desde una perspectiva ritual y ceremonial. Las personas que se dejaban poseer por espíritus extraños, o servían como médium, se consideraban ritualmente impuras. Ser poseído por un espíritu inmundo hacía que uno también fuese inmundo. Muchos de los milagros de Jesús tuvieron que ver con personas que tenían un espíritu inmundo y fueron liberadas de éste. Según las investigaciones de la renombrada antropóloga Mary Douglas, en casi todas las sociedades se consideraron impuras e inmundas las personas y cosas que difícilmente podrían clasificarse como una cosa u otra, como por ejemplo un murciélago que parece un ratón, pero también un ave. También se consideraron impuros, de suyo, los eunucos u homosexuales, porque no se podía decir con claridad si se trataba de un varón o de una mujer. Los *galli* –ya mencionados con anterioridad– eran doblemente inmundos, en primer lugar por estar poseídos por la manía o frenesí de la diosa, y en segundo lugar por encontrarse en un estado intermedio entre varón y mujer (Elliot 2003:314).

El tercer vicio mencionado por Pablo es la lascivia (ἀσέλγεια), un término que señala un exceso de violencia, acciones ofensivas, orgías, desorden, y vergüenzas. El término, igual que los dos primeros, caracteriza no sólo a los individuos, sino, visto desde la perspectiva del AT, a muchos cultos y misterios paganos. Josefo emplea el sustantivo en su descripción del comportamiento de los soldados zelotes durante los últimos días del sitio de Jerusalén por los romanos. De acuerdo con la descripción de Josefo, los soldados imitaban tanto la manera de vestirse de las mujeres como sus pasiones. De esta manera convirtieron a la Santa Ciudad en un burdel y la mancillaron de punta a punta (Longenecker 1990:255).

5:20 idolatría, hechicerías, enemistades, pleitos, celos, iras, contiendas, disensiones, herejías,

La cuarta obra de la carne, según la lista de 15 vicios en la 27ª revisión del NT griego de Nestle-Aland, es εἰδωλολατρία, la adoración de ídolos, o sea idolatría. Pablo y la iglesia primitiva consideraron idolatría el consumo de comidas sacrificadas a los ídolos. En la lista de los pecados denunciados por Pablo en su Epístola a los Romanos, señala la idolatría como el más grave y ofensivo de los pecados cometidos por los gentiles. Por este pecado Dios, en su ira, entregó a los hombres a la inmundicia y los demás vicios (Ro 1:18-26).

La quinta obra de la carne en la lista de Pablo es (φαρμακεία) *farmakeia,* traducida en la BJ, BP y la RVR como hechicería y en la VP y NVI como brujería. Se trata del arte de preparar drogas, venenos, y medicinas. Nuestra palabra farmacia viene de la misma raíz. En la antigüedad los brujos, magos, y hechiceros se dedicaban a preparar drogas, filtros, y pociones mágicas para ser empleados en la práctica de la magia. Con frecuencia se solicitaban los servicios de los hechiceros y brujos por su experticia en la preparación de venenos para deshacerse de enemigos y rivales. Basta con leer las historias de los emperadores romanos en las historias de Suetonio y Tácito, para apreciar la frecuencia con que se empleaba al veneno con el fin de asesinar. En Apocalipsis 9:21 y 18:23 la φαρμακεία se menciona como uno de los vicios que caracterizaban la ciudad de Roma. Tanto en la antigüedad como en el día de hoy, las drogas preparadas por los brujos brindan a los adictos una falsa paz y seguridad efímera, que nunca dará a los mortales la verdadera paz que nos brinda el Espíritu. La gran cantidad de encantamientos mágicos descubiertos en Éfeso, Pérgamo, y otros lugares del Imperio Romano, explican el alcance extenso de la hechicería en Anatolia y otras partes del Imperio. En el año 13 aC el emperador Augusto César –según escribe Suetonio– ordenó que fueran quemados unos 2000 rollos con fórmulas mágicas, encantamientos, y hechizos de toda clase (Arnold 1989:17). Hay que entender que en muchas sociedades los hechizos y maldiciones se consideran venenos, no químicos, sino venenos espirituales capaces de causar enfermedades, tragedias, y muertes. De hecho, en muchas partes del continente africano se cree que casi todos los accidentes, enfermedades, y muertes los causa la brujería (Harries 2012:135).

Otra evidencia de la popularidad y gran difusión de la hechicería en el Imperio Romano es la famosa novela *Las Metamorfosis* (*El asno de oro*) de Lucio Apuleyo, que trata de un joven llamado Lucio que quiere aprender a ser brujo. Por equivocarse en la ejecución de los encantos, el joven queda transformado en un asno. La novela relata todas las aventuras del joven Lucio y sus intentos por recuperar su forma original, hasta que la diosa Isis lo libera del encantamiento. Muchas de las prácticas y creencias de los antiguos hechiceros aún son parte de la hechicería y brujería practicadas en nuestro mundo hispano de hoy, ya que los mismos españoles y portugueses que trajeron al Nuevo Mundo la religión cristiana, también propagaron las formas de brujería y hechicería que sus antepasados habían aprendido de los antiguos pueblos que formaban el Imperio Romano.

El apóstol no habría incluido la brujería en su lista de obras de la carne si la hechicería y otras prácticas del ocultismo no hubieran existido en las comunidades en que vivían los destinatarios de su carta. Recordemos que en Hechos 13:6-7 el procónsul romano Sergio Paulo, que originalmente era de Antioquia de Pisidia, tenía en su entorno al brujo Elimas. La hechicería y la brujería tienden a ser más pronunciadas en sociedades tribales y comunidades donde no existen mecanismos adecuados para resolver los conflictos entre familias, entre patrones y clientes, entre diferentes grupos étnicos y entre los más poderosos y los más débiles. Los agraviados y los débiles que no pueden contar con el apoyo de los que administran la justicia y la ley, con frecuencia recurren al hechicero para arreglar cuentas con un adversario más poderoso. En tales sociedades la hechicería funciona como un fuerte instrumento de control social, debido a que las personas buscan moderar su comportamiento para no provocar a otros, y recurren entonces a la hechicería para vengarse. En sociedades donde abunda la brujería, las personas no sólo viven con el temor a ser víctimas de los hechizos, los chismes, el mal de ojo y las maldiciones de los otros, sino también con el temor de ser acusados de ser hechiceros o brujas.

En muchas partes del mundo, incluyendo América Latina, existe una manera sumamente efectiva para denigrar, marginar o eliminar a un rival, y esto es, acusarlo de practicar la hechicería o la magia negra. Recordemos que para desacreditar a Jesús, sus rivales le acusaron de echar fuera los demonios por el poder de "Beelzebú, príncipe de los demonios" (Mt 12:24). En Juan 10:20 leemos que muchos decían de Jesús: "Tiene un demonio, y ha perdido el juicio." Sabemos de casos en pleno siglo XXI, en que quemaron vivas a personas acusadas de practicar la hechicería. Durante el brote de cólera que ocurrió después del terremoto que destruyó la ciudad de Puerto Príncipe, en Haití (12 de enero de 2010), centenares de supuestos brujos fueron linchados por el pueblo, acusados de haber sido responsables de emplear el cólera como un medio para deshacerse de personas no gratas.

Lo que el apóstol Pablo procuraba en todas las regiones donde proclamaba las buenas nuevas, fue el establecimiento de comunidades gobernadas y guiadas por el Espíritu Santo, en que la conducta de los hermanos estuviera basada no sobre el temor a la brujería, las maldiciones o las fuerzas ocultas, sino sobre el amor de Jesucristo. La mejor defensa en contra de la hechicería no consiste en quemar brujas o en buscar a un hechicero más poderoso para deshacer los sortilegios hechos en contra de nosotros, sino en atacar las hostilidades, tensiones, celos, y envidias que alimentan la hechicería y el ocultismo. Los nuevos creyentes tendrán que aprender a no tener nada que ver con la hechicería, el ocultismo, los amuletos, los ensalmos, los encantos, la astrología, la necromancia y las demás artes satánicas; porque la práctica del ocultismo conduce a una nueva forma de esclavitud. El temor lleva a los seres humanos a refugiarse en el ocultismo, pero el amor perfecto echa afuera el temor. La iglesia tiene el llamamiento de ministrar no sólo a las víctimas de la brujería, sino también a los que han sido acusados falsamente de practicar la hechicería (Hiebert 1995:174).

Existe también una conexión estrecha entre la idolatría mencionada arriba como la cuarta obra de la carne y la preparación de drogas, puesto que en los misterios y en muchos templos paganos se solían emplear drogas para inducir visiones o alucinaciones, o para preparar al devoto para que lo posea el espíritu de un dios o demonio venerado en cierto lugar sagrado (Witherington 1998:398). En muchas partes de América Latina los chamanes, curanderos y babalaos emplean diferentes clases de drogas y toxinas para producir visiones o transportar al devoto a la esfera de los espíritus. Tales prácticas no sólo producen una desintegración de la personalidad del devoto, sino que también pueden traer como resultado que el devoto sea poseído por un espíritu inmundo.

La sexta obra de la carne en el texto griego de Gálatas es ἔχθραι, un sustantivo que significa enemistades u hostilidades. Esta obra de la carne y las siete que siguen, han sido clasificadas como pecados sociales, o sea, vicios que destruyen la comunidad. La preponderancia de estos vicios pone de manifiesto la preocupación del apóstol por la unidad de las comunidades cristianas en Galacia. Es muy probable que las enemistades mencionadas aquí sean las causantes de gran parte de la brujería y hechicería que discutimos arriba. Teniendo en cuenta la gran variedad de grupos étnicos y sociales de la Anatolia del primer siglo de la era cristiana, apreciamos mejor la existencia de tantas hostilidades y también pleitos, celos, iras, y contiendas mencionados por Pablo. En las ciudades donde Pablo plantó sus congregaciones en la provincia romana de Galacia leemos de griegos, romanos, judíos, galos, frigios, y numerosos grupos indígenas. Estos grupos lucharon durante siglos entre sí por el control de las tierras y recursos naturales de la región.

Los terratenientes ricos, tanto romanos como griegos, habían explotado despóticamente y hasta esclavizado a los otros grupos étnicos, provocando así resentimiento y hostilidad. Los mismos galos que siglos antes llegaron como invasores y sometieron a los antiguos habitantes de Anatolia, fueron sometidos después, primeramente por Pérgamo y después por Roma. Los sociólogos dicen que los grupos dominados por otros más fuertes, y que son incapaces de montar una revolución armada en contra de las élites dominantes, optan por otras formas de resistencia. Entres estas formas de resistencia están la hechicería que ya hemos mencionado, pero también el chisme, la calumnia, la transmisión de rumores, el disimulo, la ignorancia fingida, chistes, hostilidad, ratería, falsa complacencia, sabotaje, incendios premeditados, la fuga y la evasión del pago de los impuestos y las rentas. Estas actitudes han sido denominadas las armas de los débiles (Scott 1985:31). En la India la crítica amarga de los de las castas bajas en contra de sus superiores de las castas más altas, ha destruido las reputaciones de las élites. Los que hemos vivido en América Latina hemos sido testigos de la habilidad de los grupos de la oposición de inventar toda clase de chistes con la finalidad de desacreditar a los dictadores, presidentes, y otras figuras públicas y convertirlos en objetos de burla. Los rumores y los chistes son particularmente efectivos, porque se prestan para la amplificación, la exageración, y el desahogo (Scott 1990:144-145). Puede apreciarse cómo la existencia de tales actitudes o prácticas entre los miembros de una congregación compuesta de creyentes judíos, galos, frigios, griegos, y romanos pudo llevar a los miembros a morderse y comerse los unos a los otros (5:15). Ser crucificado con Cristo quiere decir, entre otras cosas, clavar en la cruz las hostilidades, celos, y envidias que antes caracterizaban la vida vivida en la carne. Vivir en el Espíritu es considerar a los demás como hermanos y hermanas en Cristo y no como miembros de una tribu, grupo étnico o grupo social diferente.

En la Biblia se emplea la palabra ἔχθραι para designar la enemistad que existía entre Poncio Pilato y el tetrarca Herodes Antipas. En Romanos 8:7, Efesios 2:14 y Santiago 4:4 el mismo sustantivo se utiliza con referencia a la enemistad entre la humanidad caída en pecado y Dios. En los escritos del NT, lo opuesto a la enemistad es ágape, el amor que es el fruto del Espíritu Santo (Longenecker 1990:255).

La séptima obra de la carne, ἔρις, pleitos, discordia en NVI; BJ y VP, se menciona nueve veces en el NT, todas en los escritos de Pablo. Este sustantivo también se traduce como reyertas (BP), disputas, contiendas o querellas. Es la palabra empleada por el apóstol en 1 Corintios 1:11 al hablar de los partidos entre los corintios, en que decían: "Yo soy de Pablo"; otros, "yo soy de Apolos"; otros, "yo soy de Cefas"; y aun otros, "yo soy de Cristo". Es probable que en el contexto de Gálatas el apóstol tuviera puesta la mira en los maestros intrusos y la discordia que sembraban y su esfuerzo por imponerles la circuncisión a los gálatas. La séptima obra de la carne parece ser todo lo opuesto al tercer fruto del Espíritu mencionado más adelante: la paz (Witherington 1998:400).

La octava obra de la carne es celos (ζῆλος), un término empleado por los antiguos para indicar una intensa emoción. Esta emoción puede ser un viva devoción a Dios, como la que demostró el profeta Elías al degollar a los profetas de Baal, o el celo de los celotes en su afán por establecer el reino de Dios mediante actos de violencia. Saulo de Tarso demostró ζῆλος cuando persiguió a los seguidores de Jesús. Pero en numerosas ocasiones este mismo Pablo fue víctima de los celos de los líderes de la sinagoga, incluso durante su primera visita a Antioquía de Pisidia. Leemos en Hechos 13:45, que cuando los judíos de Antioquía vieron la muchedumbre que se juntó para escuchar a Pablo, "se llenaron de celos, y rebatían lo que Pablo decía, y lo contradecían y lo maldecían". La palabra ζῆλος también se utiliza para designar la fuerte emoción de los celos provocados por las posesiones o la buena fortuna de otras personas, especialmente de los que, según nuestro criterio, no son merecedores de tal buena fortuna. En algunos contextos ζῆλος puede designar un arranque de furia, como en Hechos 5:17; 13:45 y Hebreos 10:27. Recordemos cómo el rey Acab celaba o codiciaba la viña de Nabot hasta el punto de causar su muerte y arrebatarle la viña (1 R 21). Cuando se codicia, el objeto de la codicia llega a ejercer dominio sobre el que codicia; las posesiones llegan a posesionar al ser humano creado para servir solamente a su Creador. Por esto el apóstol identifica la codicia con la idolatría (Col 3:5). Recordemos lo que pasó cuando Eva codició la fruta prohibida, o cuando los hijos de Israel codiciaron las ollas de carne que habían dejado atrás en Egipto (Nm 11:34). Éstos murieron de una plaga y fueron sepultados en un lugar llamado Kibrot-hataava, que quiere decir "los sepulcros de los codiciosos" (Murphy O'Connor 1982:110). Algunos creen que la octava obra de la carne tiene su lado opuesto en el cuarto fruto del Espíritu, μακροθυμία: la paciencia.

Después de los celos, vienen las <u>iras</u> (RVR), arrebatos de ira (NVI) θυμοί. Es <u>la novena obra de la carne</u>. Ira, θυμός, es un término que ocurre cinco veces en los escritos Pablo (Ro 2:8; Col 3:8; Ef 4:31; 2 Co 12:20) y diez veces en Apocalipsis. En Lucas 4:28, Hebreos 11:27 y las cartas de Pablo, con la excepción de Romanos, θυμός siempre designa la ira del ser humano, mientras que en Apocalipsis, con la excepción de 12:12, siempre designa la ira de Dios. Originalmente el término significaba un movimiento violento del aire, del agua, de la tierra, de los animales o del ser humano. Después llegó a designar también un impulso, una inclinación, un deseo, una disposición o una consideración (Büchsel 1965:167-168). Lo que Pablo tiene en mente aquí son arranques o estallidos de furia, que brotan del corazón como la erupción de un volcán. Estos arranques de ira son los que el hombre carnal es incapaz de controlar y que lastiman a otras personas y causan rupturas de relaciones en la familia, la iglesia, y la comunidad. Según el Zohar, o sea, la compilación de las tradiciones de la Cábala, la ira constituye el impedimento espiritual principal (Giller 2011:111). Pero este impedimento para la recepción de los poderes espirituales no se inhibe mediante la ley. En Romanos 4:15 Pablo declara que "la ley produce ira" (RVR), pues cuando la ley descubre el pecado, en vez de arrepentirse y cambiar su conducta, el transgresor se llena de ira en contra de la ley y en contra de Dios.

En un arranque de ira, Pedro le cortó la oreja al siervo del sumo sacerdote (Jn 18:10). En 1 Samuel 20:30-33 leemos que en otro arranque de ira el rey Saúl le arrojó una lanza a su propio hijo Jonatán con la intención de clavarlo a la pared. En 1 Samuel 25:13-34 leemos que David, en un arranque de ira, salió con sus hombres armados para exterminar a toda la casa de Nabal. De no ser por la sabia intervención de Abigail para detener a David, hubiera ocurrido una terrible tragedia. Los que somos de Cristo contamos con el Espíritu Santo para apaciguar la ira que procura apoderarse de nosotros. El Espíritu obra en nosotros a fin de que el sol no se ponga sobre nuestro enojo (Ef 4:26). La novena obra de la carne encuentra su respuesta cristiana en el quinto fruto del Espíritu: la benignidad (Witherington 1998:401).

La décima obra de la carne en la lista de Gálatas es ἐριθεῖαι, traducida como contiendas y en la NVI como rivalidades. Pero una traducción mejor sería: "repetidos actos de ambición egoísta". Entre los filósofos se empleaba el término para describir a los que ansiosamente procuraban para sí mismos un oficio político. Lo opuesto a esta obra de la carne es el sexto fruto del Espíritu: la generosidad hacia otros.

En cuanto a la undécima obra de la carne, la NIV traduce el término διχοστασίαι como sectarismos. La BJ por su parte prefiere traducirlo como disensiones y la BP como facciones. El sustantivo tiene que ver con divisiones y separaciones y con los que las causan. Es una palabra que se emplea con frecuencia en contextos políticos para señalar a los que provocaban divisiones y formaban nuevos partidos políticos en las ciudades y provincias de Anatolia y el resto del Imperio. En 1 Corintios 3:3 Pablo utiliza el mismo término con referencia a las personas que en Corinto habían formado partidos dentro de la congregación. En Romanos 16:17 el apóstol advierte a sus lectores a apartarse de los que causan divisiones y tropiezos en la iglesia en contra de la doctrina que habían aprendido.

El apóstol emplea la palabra griega αἱρέσεις, para designar la duodécima obra de la carne: secta (RVC tiene herejía). Es un término que en el tiempo del NT había llegado a designar una facción, secta, partido, escuela filosófica, herejía, cisma o una agrupación política. En el libro de los Hechos Lucas emplea el término para señalar a los saduceos y fariseos (15:5; 26:5). En 1 Corintios 11:19 se emplea el mismo sustantivo con referencia a las facciones o partidos que existían en la congregación de Corinto. La formación de cismas y partidos entre los creyentes es particularmente perjudicial para la obra de la evangelización, pues impide la edificación del cuerpo de Cristo.

5:21 envidias, homicidios, borracheras, orgías, y cosas semejantes a éstas. Acerca de ellas les advierto, como ya antes les he dicho, que los que practican tales cosas no heredarán el reino de Dios.

La decimotercera obra de la carne en la lista de Pablo es envidias (φθόνοι), un mal que se menciona también en varias otras listas de vicios (Ro 1:29; 1 Ti 6:4; 1 P 2:1). El mismo sustantivo se traduce también como malicia o celos (BP). En Mateo 27:18 se lo emplea para afirmar que fue por envidia que los líderes de los judíos entregaron a Jesús a Pilato. En Filipenses 1:15 el apóstol lamenta que algunos "predican a Cristo por envidia y por pelear". Fue por envidia que Adán y Eva comieron del fruto del árbol en medio del huerto, pues por comer del árbol quisieron ser como Dios (Gn 3:5).

Ya hemos tratado arriba acerca de cuán relacionadas están entre sí las envidias, las maldiciones y la preparación de venenos. Hemos visto que la hechicería y el mal de ojo producen tanto la envidia en el corazón humano como el temor de la envidia que otros nos tienen. Un antropólogo cristiano, con muchos años de experiencia en África, comenta que en muchas sociedades africanas casi todas las actividades sociales están gobernadas por el afán de no provocar la envidia de los espíritus u otros seres humanos. Por no provocar al espíritu de un difunto, todos tienen que hacer acto de presencia en el velatorio del fallecido. Se busca a los médicos tradicionales no tanto para atender al moribundo, sino para averiguar la identidad de la persona cuya influencia maligna pueda haber causado la enfermedad mortal. Muchos sienten temor hasta de relajarse, divertirse o tomarse unas vacaciones, por temor a provocar la envidia y el mal de ojo de los que carecen de recursos para hacer lo mismo. Siempre se ofrece algo de comer o beber a los que llegan de visita a una casa, para evitar que lleguen a envidiar lo que uno tiene. Rechazar la comida o bebida que se ofrece, pone de manifiesto que el visitante teme que su huésped quiera envenenarlo. Lamentablemente, la proclamación de un "evangelio de prosperidad" en África y otras partes del mundo, no sólo fomenta el establecimiento de una sociedad de consumo, sino que también estimula la envidia y hechicería de tantos pobres que no reciben los beneficios que ofrece el capitalismo y el neoliberalismo (Harries 2012:129-137). Sin duda fue también por envidia que los maestros intrusos atacaron a Pablo y su ministerio.

En algunas versiones del NT, como RVC, después de la palabra envidias y antes de borracheras, se coloca la palabra homicidios. Puesto que las versiones más antiguas de la Carta a los Gálatas no mencionan este vicio, las traducciones más nuevas (NVI, BJ, VP, BP) lo omitieron.

La penúltima obra de la carne en la lista es borracheras (μέθαι). La más conocida entre las varias advertencias en contra de la borrachera en las epístolas de Pablo, es Efesios 5:18-19: "No se emborrachen con vino, lo cual lleva al desenfreno; más bien, llénense del Espíritu. Hablen entre ustedes con salmos, himnos y cánticos espirituales; canten y alaben al Señor con el corazón." En el AT encontramos varios relatos de lo que pasa cuando se abusa del vino (Gn 9, Noé; Gn 19, Lot y sus hijas; Dn 5:1-31; 1 S 25:31-38, Nabal; 2 S 13:28-29; Nadab y Abiú, y el libro apócrifo Testamento de Judá 12:1-3). El término plural borracheras (μέθαι) se usa con frecuencia para nombrar las fiestas o simposios que se celebraban, no tanto en casas privadas, sino en los templos paganos y en las celebraciones públicas relacionadas con el culto imperial.

Varios autores, como por ejemplo Marcos Barth en su comentario sobre Efesios, creen que en sus denuncias contra la borrachera el apóstol alude a otro de los más populares misterios tanto de Anatolia como de otras partes del Imperio Romano, a saber, el culto a Dionisio, el dios del vino, la borrachera, la profecía y la santa locura producida en los devotos de Dionisio en sus orgías y ritos clandestinos. El autor griego Eurípides escribió uno de sus dramas más famosos, "*Las Bacantes*", referente a los devotos del dios del vino, conocido también como Baco, por su nombre romano. La mayoría de los que participaban en los misterios de Dionisio, también conocidos como bacanales, eran mujeres conocidas como ménades o bacantes. Las bacanales se celebraban de noche y en secreto. Durante las celebraciones, las ménades, enloquecidas por el vino, salían danzando, cantando, profetizando y corriendo enloquecidas por los bosques. Durante estas orgías las ménades intoxicadas por la manía o furia de su dios, destrozaban con sus dientes la carne viva de animales, como cabritos. Se cree que hasta practicaban la antropofagia, al comer la carne cruda de niños pequeños. Los misterios dionisíacos fueron introducidos en Roma unos 200 años antes de Cristo, pero después prohibidos por el senado romano no sólo por la conducta escandalosa de las bacantes, sino también por las intrigas políticas que se tramaban durante la celebración de las bacanales.

Las personas que participaban de las bacanales procuraban apoderarse del poder del dios para profetizar y componer canciones. Al emborracharse y consumir la carne de Dionisio, las bacantes, enloquecidas, se creían poseídas por el gran Dionisio. Según algunos investigadores, es posible que las personas que se emborrachaban durante la celebración de la Santa Cena en Corinto (1 Corintios 11:20-22), habían sido devotas de los misterios de Dionisio, o creían que por emborracharse durante la celebración de la Santa Cena, podían recibir el don de la profecía, las lenguas o el canto sagrado. Es probable que las autoridades romanas, basándose en información errónea, creyeran que las celebraciones cristianas de la Santa Cena eran una forma de los misterios de Dionisio, puesto que se hablaba de beber la sangre y comer la carne de Cristo. Entre muchas otras acusaciones, a los primeros cristianos se los acusó de canibalismo. (Evans 2008:181-200).

La última de las obras de la carne es orgías (κῶμοι), una palabra que deriva del nombre del dios griego de las festividades: Como (Κωμος). Al dios Como se lo veneró como el patrón de las parrandas nocturnas y la glotonería. Durante las festividades del dios, todo se permitía. Los hombres y mujeres no sólo comían, bebían, y fornicaban en exceso, sino que también solían intercambiar sus prendas de vestir. En la mitología, Como era el hijo y copero de Dionisio. Así, el término orgías se empleó para describir las festividades de Dionisio y de Como (Betz 1979:284). En su comentario de 1535, Lutero se queja de las personas de la época, cuyo dios era el vientre (Flp 3:19). Es legendaria la glotonería de los ricos de tiempos del Imperio Romano, según puede apreciarse al leer la descripción del banquete estrambótico de Trimalchio en la celebrada novela *El Satiricón,* del escritor latino Cayo Petronio.

La celebración de banquetes fue una de las actividades más esenciales para los miembros de los miles y miles de gremios, asociaciones civiles, y clubes religiosos y seculares, que abundaban en todas partes del Imperio Romano. Estos banquetes no solamente se destacaban por sus excesos, sino también por la competencia y las luchas entre sus miembros por conseguir los puestos de honor en las celebraciones. A los que se hicieron merecedores de ser honrados por beneficiar o servir a la comunidad, los escogían para ocupar los puestos de honor y, por supuesto, recibir las mejores viandas y los vinos más finos. Recordemos que para los antiguos era mucho más importante obtener honor, que riquezas y placeres de este mundo. Consecuentemente, los escritores de aquella época relatan que con frecuencia los banquetes solían engendrar envidias, celos, y la formación de partidos y facciones. De lo que leemos en 1 Corintios 11 y las Cartas de Santiago y Judas, la competencia por los mejores puestos también constituía un problema para algunas comunidades de creyentes (McRae 2011:165-181). Las frases "cosas semejantes a éstas" y "tales cosas", indican que la lista de las obras de la carne no está completa. Hay otras obras que el apóstol podría haber mencionado. Es probable que las obras que se mencionan en la lista del apóstol son las que más se evidenciaban en la sociedad a la que pertenecían los gálatas.

En nuestro análisis de la larga lista que detalla las obras de la carne, hemos notado que siete son típicas de otras listas que detallan los vicios de los gentiles, mientras que ocho de los vicios mencionados son pecados que producen discordia y desorden dentro de la comunidad de los creyentes. Éstas son las obras de la carne que llevan al canibalismo eclesiástico, en que "ustedes se muerden y se devoran los unos a los otros" (5:15). Se ha sugerido que las siete obras de la carne que hablan de los típicos vicios de los gentiles estaban incluidas en la instrucción catequética que Pablo y otros misioneros de la iglesia primitiva solían proporcionar a sus conversos. Los ocho vicios sociales, sin embargo, no se encuentran en la mayoría de las listas de vicios empleadas por la sinagoga o por los filósofos estoicos. Esto ha motivado a varios estudiosos a concluir que Pablo añadió estas ocho obras de la carne a su lista porque se referían directamente a la situación de las congregaciones de Galacia. Dicho de otra manera, los ocho vicios sociales apuntan a una comunidad dividida en guerras intestinas y en peligro de desintegración (Witherington 1998:405). Según Gordon Fee, el enfoque sobre la comunidad de los creyentes debe alertarnos respecto al hecho de que la preocupación principal del apóstol es la lucha entre el Espíritu y la carne dentro de esa comunidad de creyentes y no tanto la lucha en el corazón del creyente (1994:425). El Espíritu se siembra en la comunidad, y es allí donde se gana la victoria sobre la carne, en que "hagamos bien a todos" (6:10), en que "sobrelleven los unos las cargas de los otros" (6:2) y en que "si alguno es sorprendido en alguna falta, ustedes, que son espirituales, restáurenlo con espíritu de mansedumbre."

El apóstol termina su discusión de las obras de la carne con una severa amonestación: "los que practican tales cosas no heredarán el reino de Dios". Pablo añade que anteriormente había amonestado a los gálatas acerca de estas obras de la carne. Puesto que no encontramos la amonestación anterior en otra parte de su Carta a los Gálatas, el apóstol la debe haber hecho parte de la instrucción catequética que impartió a los gálatas mientras estaba con ellos en persona durante su primer o segundo viaje misionero. Se hace esta observación, por lo menos en parte, para expresar nuestra inconformidad con la opinión de quienes aseveran que Pablo no contó con tiempo suficiente en Galacia para brindar instrucción moral y ética a los nuevos creyentes. No es la única vez que Pablo y los demás escritores del NT aseveran que las obras de la carne cierran las puertas al reino de Dios. Encontramos amonestaciones similares en 1 Timoteo 1:8-10, 1 Corintios 6:9, Efesios 5:5 y Apocalipsis 22:15.

EL FRUTO DEL ESPÍRITU

5:22-23 Pero el fruto del Espíritu es amor, gozo, paz, paciencia, benignidad, bondad, fe, mansedumbre, templanza. Contra tales cosas no hay ley.

Es importante observar que al describir el andar o vivir en el Espíritu Pablo no comienza a hablar de los dones carismáticos o dones del Espíritu Santo que se detallan en 1 Corintios 12, Romanos 12 y Efesios 4. Los dones del Espíritu Santo, importantes por cierto, no son los que los creyentes en Cristo necesitan para vencer las obras de la carne, en particular las quince obras detalladas arriba. Lamentablemente, es posible abusar de los dones carismáticos y utilizarlos para promocionarse a uno mismo y menospreciar a los que carecen de los dones que algunos consideran como los más importantes. En su primera carta a los Corintios, Pablo trató esto como uno de los problemas principales. Pudo haber sido un problema entre los gálatas también, si es que algunos procuraban la circuncisión como un medio de conseguir más dones o para evitar la pérdida de los dones que ya tenían. En los últimos años nuestras iglesias cristianas han sido bendecidas con una gran cantidad de libros, estudios y cursos que describen los dones del Espíritu y procuran ayudar a los cristianos a descubrir sus dones y desarrollarlos. Según mi opinión, tanto énfasis en los dones carismáticos ha opacado en parte la importancia que dan todos los escritos del NT al fruto del Espíritu. Es bueno recordar con Lutero que Satanás puede imitar los dones carismáticos o abusar de ellos; pero no es el caso con los frutos del Espíritu. Por lo tanto, para detectar la presencia del Espíritu en una persona, una iglesia o un movimiento, es mejor fijarse en el fruto del Espíritu antes que en los dones carismáticos. Hasta Juan Wesley declaró que la marca crucial de la presencia del Espíritu en la vida de los creyentes no consiste en dones extraordinarios, sino en frutos ordinarios (Westerholm 2004:79).

Debe notarse que Pablo habla en 5:22 del <u>fruto</u> y no de los frutos del Espíritu. Es posible que se trate de un sustantivo colectivo (Schreiner 2010:348). Otra manera de explicar el singular <u>fruto</u> y no el plural <u>frutos</u> es que el amor (ágape) es el único fruto del Espíritu y que todas las otras virtudes mencionadas por Pablo son productos del ágape, o descripciones de lo que hace el ágape (de Boer 2011:362). Es notable también que de los nueve frutos del Espíritu mencionados en este capítulo, ninguno es producto de la ley o del esfuerzo de los seres humanos. Los frutos del Espíritu brotan en la vida de los creyentes por la operación del mismo Espíritu mediante la proclamación del evangelio y la celebración de los santos sacramentos. Jesús dijo a sus discípulos: "el que permanece en mí, y yo en él, éste lleva mucho fruto" (Jn 15:5).

La producción de fruto es una de las razones de ser de la nueva vida en Cristo. Juan el Bautista exhortó a sus oyentes a producir "frutos dignos de arrepentimiento" (Mateo 3:8). El varón justo, descrito en el primer salmo, "llegado el momento da su fruto". Jesús maldijo a la higuera estéril (un símbolo de Jerusalén y su templo) por no dar fruto (Mc 11:14). La Epístola a los Hebreos, al hablar del fruto que produce el Espíritu y el que produce la carne, declara: "Cuando la tierra absorbe la lluvia que le cae con frecuencia, y produce plantas útiles para quienes la cultivan, recibe la bendición de Dios; pero cuando produce espinos y abrojos, no vale nada; poco le falta para ser maldecida, y acaba por ser quemada" (6:7-8). En Judas 12, el autor sagrado califica a los falsos profetas de "árboles otoñales que no dan fruto; carentes de raíces, se han secado y vuelto a secar." En Filipenses 1:11, Hebreos 12:11 y Santiago 3:18, se habla del fruto de la justicia. El fruto del Espíritu del que habla Pablo en Gálatas 5 también podría ser llamado el fruto de la justicia, pues mana de la gracia justificadora, o sea, la justificación por la fe. Así, el fruto del Espíritu es la justicia activa o santificación de nuestro ser, producto de la justificación forense.

La lista de los frutos del Espíritu, aquí, no está completa. En otros escritos Pablo trata de otros frutos no incluidos aquí, principalmente la esperanza, la cual junto con el ágape y la fe es considerada uno de los dones más importantes y duraderos. En la lista de los frutos del Espíritu en 2 Pedro 1:5-7, se menciona además la piedad, la virtud, y el afecto fraternal; y en Romanos 12:13 el fruto de la hospitalidad (φιλοξενία), literalmente amor al extranjero. Algunos creen que los nueve frutos de la lista de Pablo son una descripción del carácter de Jesús, a cuya imagen el Espíritu nos conforma al promover el crecimiento del fruto del Espíritu (Dunn 1993:310). La presencia del Espíritu se pone de manifiesto en la vida del creyente, o en la vida de la congregación, principalmente mediante personas en quienes se refleja la imagen de Cristo, y no a través de milagros, visiones, y lenguas. En tanto que las obras de la carne demandan y procuran controlar y aprovecharse de los demás, los frutos del Espíritu procuran servir, apoyar, y ayudar.

Hemos visto en nuestro estudio de Gálatas, que las muchas citas y alusiones al libro de Isaías constituyen una de las características de esta carta apostólica. Indican, a la vez, el modo en que el Espíritu Santo ayudó a Pablo a ver que en las profecías del libro de Isaías hay dos pasajes que hablan de la venida desde arriba del Espíritu del Señor sobre el pueblo redimido, a fin de producir en ese pueblo muchos de los mismos frutos del Espíritu mencionados por Pablo en Gálatas 5. Los dos pasajes son Isaías 57:15-20 e Isaías 32:15-18. Las semejanzas entre Gálatas e Isaías indican que el apóstol vio en la venida escatológica del Espíritu en Galacia, el cumplimiento de dos importantes pasajes de Isaías que apuntan a Cristo y la nueva creación (Harmon 2010:218-221).

<u>El primer fruto del Espíritu</u> mencionado por Pablo es <u>ágape</u> (ἀγάπη), el amor de Dios que se manifestó en Jesucristo tanto en su encarnación como en su ministerio terrenal y en su sacrificio por nosotros en la cruz. El ágape, como los demás frutos del Espíritu, es una característica de la era mesiánica, o sea, de la vida en la tierra nueva

y los cielos nuevos del mundo del futuro. Pero en Jesucristo el ágape escatológico ha invadido el presente y llegado a ser una realidad en la vida de los creyentes que nos amamos los unos a los otros así como Cristo nos amó cuando dio su vida por nosotros en la cruz. El sustantivo ágape no se encuentra en el griego clásico ni en las obras de Josefo, pero sí constituye un término dominante en los escritos del NT, en el cual autores como Pablo y Juan se valieron de una palabra muy poco usada para llenarla de un nuevo contenido.

Es significativo que después del ágape, el segundo fruto del Espíritu sea gozo (χαρά). En tanto que en las celebraciones de muchas religiones se observan grandes expresiones o manifestaciones de alegría, debe notarse, al mismo tiempo, la falta de gozo. La alegría y el gozo no son sinónimos. La alegría es, en la mayoría de los casos, una emoción o sentimiento pasajero que se esfuma cuando llegan las enfermedades, los sufrimientos, y las persecuciones. El gozo, en cambio, es obra del Espíritu, que se manifiesta en la cercanía de Dios, su presencia con nosotros hasta en momentos de gran aflicción y peligro. Experimentamos el gozo de Cristo en nuestra conciencia cuando percibimos que Dios, que se nos acerca, viene como amigo, hermano y Padre, y no como enemigo, acusador o vengador. El gozo del que nos habla el apóstol es una de las características y marcas del mundo futuro y del cielo, en que los ángeles se regocijan por los pecadores arrepentidos. Pero en Cristo, las bendiciones del mundo futuro comienzan a manifestarse en nuestro presente para brindarnos consolación, fortalecimiento, y seguridad aun en medio de este siglo malvado (Allmen 1958:207). El gozo que los creyentes experimentan en el mundo actual es parcial e incompleto, pues es solamente un anticipo del gozo que experimentarán los fieles al pie del trono del Cordero (Ap 19:7). Pero porque Cristo está con nosotros, podemos regocijarnos en todas las circunstancias (1 Ts 5:16), así como Pablo y Silas cuando se encontraban encadenados en la cárcel en Filipos (Hch 16:25). La carta que envió el apóstol Pablo a los filipenses es el escrito bíblico en el que encontramos el mayor número de expresiones de gozo. En sólo cuatro capítulos la palabra gozo y sus derivados ocurren más de 30 veces en esa carta escrita por el apóstol mientras estaba en prisión.

Los antiguos gálatas necesitaban el don del gozo tanto como lo necesitan los habitantes de nuestro mundo moderno. No puede haber verdadero gozo cuando uno se encuentra esclavizado por los espíritus elementales del universo, el temor a la muerte o a las demandas y acusaciones de la ley. En cambio hay gozo cuando percibimos que, gracias a la resurrección de Cristo, la vida, no la muerte, tiene la última palabra en nuestras vidas. Hay gozo cuando nos damos cuenta de que nuestro destino está determinado por Cristo y su resurrección, y no por las estrellas y los poderes elementales del universo. Hay gozo en saber que Dios, que todo lo ha creado y que todo lo ordena, es Dios de ágape, gracia, y misericordia y no un juez implacable o *deus ocioso,* indiferente a nuestras necesidades y dolores. Hay gozo en saber que nuestro Dios es el Padre amoroso que dio con nosotros en la persona de su Hijo, y que no es el Alá de los mahometanos o el Buda, tan indiferente a todo lo que sufren los mortales en el tiempo y en el espacio.

<u>El tercer fruto del Espíritu</u> es <u>paz</u> (εἰρήνη). No es la falsa paz del Imperio Romano, la *pax romana* lograda por medio de la conquista e impuesta violentamente por los más poderosos sobre los más débiles. Ni es tampoco la paz que imperó en el continente americano después de la muerte de nueve décimas partes de su población a raíz de la conquista europea. "Techo, trabajo, y paz" fue el lema de la dictadura de Juan Vicente Gómez, quien gobernó Venezuela desde 1908 a 1935. Pero según la interpretación del pueblo, dicho lema significaba: "Trabajo forzado en la construcción de carreteras, techo en las cárceles y paz en el cementerio." La paz como fruto del Espíritu Santo es totalmente diferente, pues significa que los creyentes viven al amparo del gobierno de un Padre amoroso y no sometidos al dominio de un dictador depravado. El don de la paz quiere decir que la enemistad entre el Creador y sus criaturas ha cesado por causa del sacrificio del Hijo. También ha terminado la hostilidad entre judío y gentil porque Cristo es nuestra paz (Ef 2:14), quien de "dos pueblos hizo uno solo, al derribar la pared intermedia de separación". La paz que provee el Espíritu no consiste en la tranquilidad y serenidad que experimentan las personas cuando –como los estoicos– se retiran de la vida pública y de los afanes de la vida común a fin de escapar de todo lo que causa ansiedad y preocupación. La paz que proporciona el Espíritu más

bien transporta a los creyentes a las zonas de conflicto como pacificadores que procuran la *shalom* de la ciudad (Jer 29:7). En su entorno, los creyentes experimentarán tribulaciones, necesidades, angustias, tristeza, y deshonra, pero en sus conciencias habrá paz, paz con Dios y paz consigo mismos. Según la Apología de la Confesión de Augsburgo, la paz quiere decir que "tenemos conciencias tranquilas y alegres delante de Dios (Meléndez 1989:94).

Muchas investigaciones llevadas a cabo en los últimos años destacan que la palabra εἰρήνη era un término sobresaliente en el gran número de monumentos, estatuas, altares, inscripciones, escritos políticos, y monedas provenientes del tiempo de los doce césares y sus seguidores, todo producto de la máquina de propaganda del Imperio Romano. Es obvio que Roma procuraba presentarse ante todos los habitantes de sus territorios como la portadora de paz y seguridad para los pueblos del mundo. Los césares, y especialmente Augusto César, son celebrados como los salvadores escogidos por la providencia y la diosa Pax. Las crónicas que relatan las campañas de Augusto y sus sucesores prefieren no utilizar las palabras conquistar, derrotar o masacrar, sino pacificar. Un escritor asevera que el verbo latín *pacare* (pacificar) casi puede ser considerado el eslogan del Imperio. Para mantener la paz, el gobierno romano necesitaba ejércitos; y para mantener sus ejércitos necesitaba cobrar impuestos a los habitantes de sus territorios. Altares de la paz y templos que celebraban al César como el autor de la paz, se erigieron en todos los sitios donde los romanos habían ganado una batalla, incluyendo los campos donde tantos galos, hombres, mujeres, y niños fueron masacrados en lo que hoy día es Francia. La verdadera paz que ofrece Jesucristo, de la cual escribe Pablo en sus cartas, es muy diferente de la falsa paz del Imperio. En 1 Tesalonicenses 5:3 el apóstol advierte a sus lectores acerca de las consecuencias de confiar en la falsa paz de Roma: "cuando la gente diga: 'Paz y seguridad', les sobrevendrá la destrucción, como le llegan a la mujer encinta los dolores, y no escaparán" (Weima 2012:331-359).

Paciencia (μακροθυμία), el cuarto fruto del Espíritu Santo, se refiere a la firmeza de los fieles en medio de la persecución o la provocación. Μακροθυμία es la capacidad de soportar el odio y desprecio de los demás sin sentir o expresar rencor, maldiciones o deseos de venganza. Mientras que la ira tiene una mecha corta, la paciencia tiene una sumamente larga. La μακροθυμία no exige el "ojo por ojo, diente por diente", sino que exclama "Padre, perdónalos, porque no saben lo que hacen" (Lc 23:34). Μακροθυμία es lo que pide el mayordomo endeudado al rey, en Mateo 18:26: "Señor, ten paciencia conmigo, y yo te lo pagaré todo", o dicho de otra manera: "Oh rey, te imploro que no me trates con la severidad y dureza que mi conducta merece. Refrena, te ruego, la rabia y los deseos de venganza que justamente merezco. Perdóname". En la parábola de Jesús el deudor recibe el perdón completo de su deuda. Como en la parábola, la paciencia que Dios nos tiene al perdonar nuestras deudas, exige de nosotros la misma μακροθυμία ante las ofensas, abusos, y maltrato de los demás. Humanamente hablando, no encontramos dentro de nosotros el poder de tratar a los demás con la misma clase de paciencia con que Dios nos trata a nosotros. Por lo tanto, es necesario recibir el fruto del Espíritu Santo como una dádiva que necesitamos todos los creyentes que vivimos en un mundo dominado por los espíritus elementales del universo. Recibimos el poder de ejercer el fruto de la paciencia en nuestras vidas y nuestras comunidades de fe por medio de la paciencia que Dios tiene para con nosotros. La paciencia que Dios tiene con nosotros en Cristo es la fuente de la paciencia que tenemos los unos con los otros. La paciencia que otorga el Espíritu es particularmente necesaria para los que, como Pablo, procuran comunicar las buenas nuevas a todas las naciones (Horst 1967:374-387).

Después de la paciencia, se menciona la <u>benignidad</u>, (χρηστότης), como el quinto fruto del Espíritu. Este sustantivo se traduce como amabilidad (NVI, BP, VP), afabilidad (BJ). En el AT (LXX) la benignidad o amabilidad es una de las características de Dios Padre: "Señor, acuérdate de mí cuando tu <u>bondad</u> alcance a tu pueblo" (Sal 106:4). Pablo emplea el mismo término en Romanos 2:4 al preguntar: "¿No te das cuenta de que menosprecias la <u>benignidad</u>, la tolerancia y la paciencia de Dios, y que ignoras que su <u>benignidad</u> busca llevarte al arrepentimiento?" En Tito 3:4 el apóstol expresa: "Pero cuando se manifestó la <u>bondad</u> de Dios, nuestro Salvador, y su amor para con los hombres, nos salvó, y no por obras de justicia que nosotros hubiéramos hecho, sino por su misericordia, por el lavamiento de la regeneración y por la renovación en el Espíritu Santo." Se nota que en los textos citados la benignidad o amabilidad es casi equivalente a la gracia, o sea, la misericordia y afecto que se muestra a los que no son merecedores de la bondad de uno (Weiss 1974:489-492). El Padre no tenía la obligación de enviar a su Hijo para rescatar al mundo de la esclavitud; pero lo hizo por su benignidad. En la parábola de Mateo 20:1-16, el padre de familia que pagó a todos los obreros por un día completo de trabajo, es un ejemplo de esta benignidad. Cuando algunos se quejaron porque el señor pagó un jornal completo a los que habían trabajado una sola hora, éste les replicó: "¿O tienes envidia, porque yo soy bueno?" La benignidad y amigabilidad del Padre que experimentaron los gálatas, debía inducirlos a arrepentirse de las obras de carne y ser amables con todos, hasta con personas de otros grupos étnicos, clases, y condiciones sociales.

La base de la misericordia y bondad que marcan las vidas de los creyentes, es la bondad y misericordia que ellos mismos recibieron de Dios. El ser humano que vive según el lema de la supervivencia del más apto, no está predispuesto a mostrar bondad o misericordia a los demás. El conquistador y el machista consideran cualquier manifestación de misericordia una muestra de debilidad. Muy poca misericordia tuvieron Julio César y sus legiones con los galos que subyugaron en lo que hoy es Francia. Poca bondad mostraron Cortés y Pizarro a los naturales de México y el Perú. En un comentario sobre las bienaventuranzas del sermón del monte, el obispo alemán Ludwig Müller, uno de los líderes del *Movimiento para la Cristiandad Germana* (una organización pro nazi), escribió que el término misericordia tendría que ser eliminado de nuestras Biblias, pues la misericordia es un concepto antigermánico con el que nada tenemos que ver. Tal rechazo del quinto fruto del Espíritu llevó a los nazis y a los llamados cristianos germanos a permitir la exterminación de más cinco millones de judíos en los campos de concentración durante la Segunda Guerra Mundial (Walton 2013:211). Recordemos que en la parábola de los dos deudores, de Mateo 18:23-35, el siervo que no mostró misericordia para con su consiervo, desperdició la bondad que su Señor le había mostrado.

El sexto fruto del Espíritu es bondad, ἀγαθωσύνη. El término proviene de la Septuaginta e indica la excelencia moral y bondad de la persona buena (ἀγαθός) (Grundmann 1964:18). En el NT la bondad es, sobre todo, una característica de Dios (Ro 2:4; 11:22). En Mateo 19:16 Jesús le dice al joven rico: "¿Por qué me dices bueno? Ninguno hay bueno sino uno: Dios" (RVR). Si Dios no fuera bueno, nunca habría hecho nada por salvar al mundo. Según Tito 3:4, la salvación es una manifestación de la bondad de Dios: "Pero cuando se manifestó la bondad de Dios, nuestro Salvador, y su amor para con los hombres, nos salvó, y no por obras de justicia que nosotros hubiéramos hecho, sino por su misericordia, por el lavamiento de la regeneración y por la renovación en el Espíritu Santo." Porque Dios es bueno hace salir su sol sobre malos y buenos, y hace llover sobre justos e injustos (Mt 5:45). El fruto de la bondad se manifiesta en los creyentes cuando sus vidas reflejan la bondad de Dios en su trato los unos con los otros y con el prójimo. El fruto de la bondad se expresa concretamente en el cuidado de los enfermos y ancianos y en la entrega de limosnas a los pobres. En Gálatas 6:10 Pablo instruye a las congregaciones a compartir sus recursos económicos con los necesitados. El hecho de que la bondad se menciona aquí como un fruto, y no como un don del Espíritu, quiere decir que la bondad es algo que no se exige sólo a unos pocos creyentes que recibieron un don carismático excepcional; la bondad es más bien una característica de todo cristiano, sea rico o pobre, judío o gentil, mujer u hombre (Longenecker 2010:282-283).

En cuanto a la bondad y benignidad para con los necesitados, debemos llamar la atención a lo que enseña el apóstol respecto de los pobres y sus necesidades. En primer lugar, de ninguna manera enseña que los pobres y marginados sean miembros de segunda clase en el reino de Dios o en la comunidad cristiana. En segundo lugar, nunca enseña el apóstol que los pobres heredarán el reino de Dios por el simple hecho de ser pobres. Recordemos que en la Edad Media y más recientemente entre algunos teólogos de la liberación, la pobreza se consideraba un sacramento o medio de gracia. De acuerdo con esta manera de pensar, Dios puso a los pobres en el mundo con el fin de brindarles a los ricos una oportunidad de ganar méritos al dar limosnas a los necesitados. Hasta en el escrito conocido como *El Pastor de Hermas*, se exhorta a las personas acomodadas a dar limosna a los pobres, con el fin de conseguir entre ellos personas que orasen por los ricos, sabiendo que Dios escucha las rogativas de los pobres (Longenecker 2010:284). Finalmente, debe notarse que el apóstol nunca aconseja el establecimiento de comunidades cristianas en que todos estén obligados a entregar la totalidad de sus recursos a un fondo común para hacer frente a las necesidades de la comunidad. En otras palabras, Pablo nunca abogó en favor del establecimiento de alguna forma de comunismo primitivo, del modo en que se hizo en la colonia utópica de Jonestown, en el país sudamericano de Guyana. Allí más de novecientas personas murieron trágicamente el 18 de noviembre de 1978, envenenados por el pastor que fundó la colonia.

El sustantivo griego πίστις es el antepenúltimo fruto del Espíritu en la lista de Pablo. Este sustantivo puede traducirse como (1) fe, (2) fidelidad y (3) mayordomía (Poirier 2012:334-337). Cuando Pablo habla de πίστις en 1 Corintios 13, tiene en mente la fe que viene por oír el evangelio, la fe por la cual los creyentes reciben el perdón de los pecados y la promesa del Espíritu Santo. Esta fe es ciertamente un fruto del Espíritu Santo, tal como afirma el apóstol en Efesios 2:8. Pablo habla mucho de esta fe en Gálatas 2, 3, y 4. Pero aquí, en 5:23, al usar la palabra griega πίστις el apóstol piensa en la fidelidad, lealtad u honestidad (Lightfoot 1957:213; Lutero 1964:95; Schreiner 2010:350). Así es como se entiende la palabra πίστις en Tito 2:10. Se puede confiar que los que recibieron el fruto de la fidelidad cumplirán con sus responsabilidades. Hacía falta este fruto del Espíritu en las vidas de los gálatas, que comenzaron bien su carrera como cristianos, pero al poco tiempo se alejaron del que los llamó "por la gracia de Cristo, para seguir un evangelio diferente" (Gl 1:6). A pesar de todas las tentaciones y obstáculos que Satanás y sus agentes pusieron en el camino de Jesús, él Señor mostró gran fidelidad en cumplir con su misión y no volverse atrás.

La palabra griega que aparece en la lista de Pablo como el penúltimo fruto del Espíritu es πραΰτης. El término se traduce como mansedumbre también en RVR y BJ; humildad (NVI, VP, TLA); y modestia (BP). En el sermón del monte (Mateo 5:5) Jesús declara: "Bienaventurados los mansos, porque ellos heredarán la tierra." A fin de cuentas, no son los guerreros y conquistadores con su crueldad y violencia los que heredarán la tierra, sino los que son como Jesús, quien en Mateo 11:29 dice: "Lleven mi yugo sobre ustedes, y aprendan de mí, que soy manso y humilde de corazón." Así, en ocasión de la entrada triunfal de Jesús, el Mesías entró a la ciudad santa, no montado sobre un caballo de guerra al estilo de Judas Macabeo, Alejandro Magno o uno de los muchos conquistadores españoles, sino "manso, y sentado sobre una burra, sobre un burrito, hijo de animal de carga" (Mt 21:5). En este sentido, Jesús se distingue de los celotes de su tiempo, que convocaban a sus seguidores a tomar la espada para establecer el reino de Dios. Debe notarse, no obstante, que el fruto del Espíritu no revela, según creen algunos, una actitud de apatía, cobardía o temor. Los mansos no son personas enclenques o de carácter débil, sino valientes (Franzmann 1961:37-39). Es necesario un gran carácter para refrenar los deseos de venganza que uno siente y mostrar misericordia a los que lo han hecho sufrir. Se requiere gran valentía para deshacerse de privilegios, riquezas y honores y tomar la forma de siervo. Hace falta muchísimo valor para enfrentar a enemigos y opositores, confiando sólo en la verdad, y no en las armas. Uno puede ser verdaderamente manso solamente cuando confía en las promesas de Dios.

La amargura y arrogancia que caracterizan las disputas entre cristianos y judíos muy poco tienen en común con la mansedumbre y la humildad. El líder cristiano debe ser una persona "que corrija con mansedumbre a los que se oponen" (2 Ti 2:25). "Que no difamen a nadie ni sean pendencieros, sino amables; que muestren toda mansedumbre para con todos los hombres" (Tit 3:2). Santiago 1:21 exhorta a todos a que "reciban con mansedumbre la palabra sembrada, que tiene el poder de salvarlos". Al utilizar en Gálatas el término manso, el apóstol anima a sus oyentes y lectores de la iglesia de Cristo a no seguir el ejemplo de los revolucionarios judíos que diseminaron su mensaje de rebelión y violencia tanto en Judea como en la diáspora. En Gálatas 6:1 se llama a los espirituales a restaurar con espíritu de mansedumbre al hermano que ha sido sorprendido en alguna falta.

El último fruto del Espíritu en la lista en Gálatas es la voz griega ἐγκράτεια, templanza, traducida también dominio propio (NVI, BP, VP) y saber controlar los malos deseos (TLA). El dominio propio fue considerado por filósofos como Sócrates, Platón, Jenofonte y los estoicos, la fundación de toda virtud, pues consiste en la capacidad del ser humano de ser amo de sí mismo (Jervis 1999:150). Todas las palabras griegas que comienzan con la raíz εγκρατ, expresan el poder o domino que uno ejerce sobre sí mismo o sobre algo. Los filósofos suelen hablar de la necesidad de controlar el apetito para no caer en el vicio de la glotonería, o dejarse llevar por los impulsos sexuales.

El que tiene dominio sobre sí mismo es el hombre ideal, el hombre libre e independiente que controla todo, porque no se deja controlar por nada ni por nadie. Para los gnósticos, las personas espirituales son las que han aprendido a dominar las cosas materiales y así lograr la libertad (Grundmann 1964:339-342). En el NT, el dominio propio significa el poder del Espíritu Santo en el creyente, que le ayuda a no dejarse dominar por ninguna de las obras de la carne que tanto perjudican y destruyen la unidad de la iglesia y el amor mutuo. El dominio propio también aparece en la lista de las virtudes cristianas que encontramos en 2 Pedro 1:6. Según Hechos 24:25, al disertar sobre la fe de Jesucristo ante el gobernador romano Félix y su esposa Drusila, Pablo mencionó la justicia, el dominio propio y el juicio venidero. Lucas dice que a causa del discurso el gobernador se espantó, quizá porque las palabras del apóstol le hicieron ver que su falta de dominio propio le dejaba muy mal parado ante el juicio venidero. De acuerdo con 1 Corintios 9:25, el atleta necesita ejercer el autocontrol para ganar el premio y no quedar descalificado.

Pablo concluye su discusión acerca del fruto del Espíritu con la afirmación de que las personas en quienes se manifiestan las nueve expresiones del fruto del Espíritu, realmente no necesitan la ley mosaica, pues ya cumplen con el sentido espiritual de la ley.

5:24 Y los que son de Cristo han crucificado la carne con sus pasiones y deseos.

¿Qué quiere decir crucificar la carne? ¿Cómo se logra la crucifixión de la carne? ¿Se refiere, tal vez, a diferentes mortificaciones de la carne? Lutero habla del tiempo cuando era monje agustino en que, mediante ayunos, vigilias, y castigos corporales procuraba mortificar las pasiones y los deseos de la carne. Para los encratitas, los maniqueos, y otros grupos afines, crucificar la carne significaba abstenerse de comer carne, tomar vino y tener relaciones sexuales (Brown 1993:137; Riches 2008:266). Para los maestros judaizantes, la circuncisión y la observancia de la ley de Moisés fueron la mejor manera de crucificar la carne con sus pasiones y deseos, mientras que los devotos de los misterios de Cibeles y Atis procuraban crucificar los deseos carnales por medio de la castración.

La carne de la cual Pablo habla aquí, como en otras partes de sus escritos, no es el prepucio o el órgano reproductor del varón, aunque existe una relación bien estrecha entre ese órgano y la carne. La carne es el hombre mismo, o sea el viejo hombre, el hombre natural que no quiere andar por el Espíritu, sino que quiere controlar su propia vida y determinar su destino. El hombre natural quiere ser su propio dios, que conoce el bien y el mal. El hombre carnal procura idear ritos, cultos, ceremonias, sacrificios, mortificaciones, y hasta nuevas religiones por los que piensa realizarse, manifestar su independencia, dar significado a su existencia y por ende, redimirse a sí mismo. La carne es simplemente el ser humano sin el Espíritu. Como indica el uso del aoristo en este pasaje, el viejo hombre, hombre de carne sin Espíritu, fue crucificado en las aguas del Bautismo cuando el creyente murió con Cristo y juntamente con Cristo resucitó el nuevo creyente, quien, al salir de las aguas bautismales, exclamó: "¡Abba Padre!" El apóstol no exhorta al cristiano a crucificar la carne, sino que le recuerda que esa crucifixión tuvo lugar en el pasado cuando recibió el Espíritu en su Bautismo (de Boer 2011:367).

Por medio de fe en Cristo y el bautismo el creyente comienza a vivir por el Espíritu. Sigue crucificando la carne cuando por medio del Espíritu Santo les dice "¡No!" a las pasiones y deseos de su vieja naturaleza pecaminosa (Lutero 1964:97). Nótese en este pasaje que los que son de Cristo son los sujetos y no los objetos de la crucifixión del viejo yo; ellos participan activamente en la guerra contra todo lo que implica la palabra carne. Después de nacer de nuevo por el agua del Bautismo y el Espíritu Santo, el creyente colabora con el Espíritu en la guerra espiritual. Los reformadores solían enfatizar que solamente en la conversión se habla del monergismo, o sea, el hecho de que solamente actúa Dios y no el ser humano. Pero después de recibir el Espíritu Santo, el creyente participa de forma activa, juntamente con el Paracleto, en la santificación y la guerra espiritual. Dicho de otra manera, los que están en Cristo son sujetos y no solamente objetos de su propia crucifixión de la carne. El aoristo implica que la crucifixión de la carne es algo que comenzó en el pasado y que continúa en el presente. Los que están en Cristo tienen, de esta manera, el llamamiento de seguir crucificando cada nueva manifestación de la carne en sus vidas (Witherington 1998:412).

5:25 Si vivimos por el Espíritu, vivamos también según el Espíritu.

El verbo vivamos, que se traduce andemos en la RVR y andemos guiados en la NVI, es στοιχέω, que literalmente quiere decir ponerse en fila o marchar en fila o en serie. Es un verbo que con frecuencia se encuentra en contextos militares. El verbo στοιχέω viene de la misma raíz griega de la que viene el sustantivo rudimentos (Gl 4:3). En Gálatas 4:3 se usa la palabra rudimento con referencia a la fila o alineación de los poderes o principios elementales del universo, uno detrás del otro. En el pasado los gálatas se encontraban alineados con esos rudimentos, pero ahora como cristianos tienen el llamamiento de marchar al compás del Espíritu. Del verbo στοιχέω deriva la idea de andar o guiarse por una norma o regla. En Romanos 4:12 Pablo habla de seguir las pisadas de la fe de Abrahán, y en Hechos 21:24 el mismo verbo significa andar ordenadamente, guardar la ley. Aquí, en 5:25, Pablo exhorta a los gálatas a vivir su vida guiados por el Espíritu y no por la carne. La fuerza gramatical del verbo en subjuntivo implica que el apóstol exhorta a sus lectores a seguir guiándose por el Espíritu (de Boer 2011:372).

Al final del capítulo cinco y en el capítulo seis de Gálatas, abordamos lo que algunos denominan la sección ética de la Carta, o sea, la parte en que el apóstol trata de la santificación de los que componen la comunidad de fe. Nótese que no sólo en Gálatas, sino también en la mayoría de los escritos del apóstol, la santificación se trata después de la parte que habla de la redención de los pecadores por el sacrificio de Cristo en la cruz. En otras palabras, la santificación siempre sigue a la justificación, pues la santidad de vida del creyente y de la iglesia es producto de la justificación. Los creyentes no son perdonados y aceptados por Dios por vivir en santidad, sino que viven en santidad porque recibieron la redención de pura gracia. Los que no recibieron el perdón de los pecados y la promesa del Espíritu Santo son incapaces de vivir en santidad, porque sin el Espíritu Santo el ser humano está espiritualmente muerto.

En su comentario, Lenkersdorf (1960:109) recalca que los que viven y andan por el Espíritu no lo hacen mecánicamente, como un robot, sin estar conscientes de lo que dicen o hacen. Así es como actuaban los poseídos por espíritus extraños en los misterios de Dionisio, Deméter, y Cibeles, y como hoy en día sucede en los cultos del vudú, de la santería cubana, del candomblé y del culto a María Lionza. Los miembros de los cultos paganos están motivados por una voluntad ajena, por fuerzas ocultas y espíritus inmundos, a cortarse con lanzas, a participar en las orgías más repugnantes, y a consumir las viandas más asquerosas. Después de salir de su estado de éxtasis o de su trance o manía, no recuerdan lo que pasó durante la posesión. Es como dice Pablo en 1 Corintios 12:2 "Ustedes saben que, cuando no eran creyentes, se les llevaba hacia los ídolos mudos." Los que andan por el Espíritu están conscientes de lo que hacen; no van en contra de su propia voluntad, sino que más bien cooperan con el Espíritu por medio de quien viven y andan. Por eso Pablo exhorta a los gálatas a obedecer al Espíritu y resistir los deseos de la carne.

5:26 No nos hagamos vanidosos, ni nos irritemos unos a otros, ni sintamos envidia entre nosotros.

La <u>vanidad</u> no está incluida en la lista de las obras de la carne, pero es evidente que era uno de los grandes problemas entre las congregaciones de Galacia y estaba causando dificultades. Vanidad o vanagloria (κενοδοξία), en griego es una palabra compuesta, pues viene de las dos palabras (κενός) vacío y (δοξία) gloria, esplendor, magnificencia. Vanagloria, entonces, significa ilusión, orgullo, ambición, y la búsqueda de honor y gloria para uno mismo. Es un término que aparece con frecuencia en las listas de vicios que se encuentran en la literatura helenista. En la larga exposición de este versículo en el segundo comentario de Lutero sobre Gálatas, es evidente que el reformador consideraba esta obra de la carne como una de los más graves problemas de la sociedad y de la iglesia de su tiempo.

La vanagloria que causa discordia y envidia entre los seres humanos, y también entre los creyentes en Cristo, es producto de los deseos de la carne y de no andar en el Espíritu. Quizá los gálatas observaron tal conducta no espiritual en la manera de actuar de los agitadores y se sintieron tentados a vanagloriarse también. La vanagloria es vana porque carece de utilidad. La vanagloria consiste en atribuirse a sí mismo logros o dones espirituales que Dios nos ha reglado, no debido a una espiritualidad superior de nuestra parte, sino de pura gracia y misericordia. La vanagloria casi siempre provoca o irrita a otras personas, porque nuestro orgullo no tolera que otros sean iguales a nosotros, ya que procura que se nos prefiera, en menoscabo de los demás (Levy 2011:179). La vanagloria es capaz de causar molestias cuando uno se jacta de estar circuncidado, o cuando otros se jactan de no estarlo. Con frecuencia, como sucedió en la congregación de Corinto y probablemente en las congregaciones de Galacia también, la vanagloria se pone de manifiesto cuando unos se jactan de tener dones del Espíritu Santo que otros no recibieron, como por ejemplo: profecías, visiones, hablar en lenguas, o éxtasis. Sucede cuando no se tiene en cuenta que Dios no derrama sus bendiciones materiales y espirituales según el grado de santidad que supuestamente hemos alcanzado, sino a base del sacrificio de Jesucristo en la cruz.

C. K. Barrett (1985:78) nos recuerda que hay tres maneras de perder la libertad en Cristo. La primera es por medio del legalismo. La segunda es por aquiescencia. Y la tercera es por hacer del cristianismo pura emoción, éxtasis espiritual e inspiración carismática, sin preocuparse por la ética y el bienestar y crecimiento espiritual de nuestros hermanos y hermanas en el Señor. Ocurre cuando se preconizan los dones del Espíritu desestimando los frutos del Espíritu.

En Mateo 6 Jesús hace referencia a los que se jactaban de hacer las más largas oraciones, haber ayunado u ofrendado más que los demás en el cofre del templo. Éstos procuraban para sí los elogios y el favor de los seres humanos. Atacando la vanagloria de los escribas y fariseos, Jesús declara en Mateo 23:5: "Al contrario, todo lo que hacen es para que la gente los vea. Ensanchan sus filacterias y extienden los flecos de sus mantos." En Juan 8:54 el Señor proclama: "Si yo me glorifico a mí mismo, mi gloria nada es; pero el que me glorifica es mi Padre."

En tiempos de Lutero muchos se jactaban de haber hecho más ayunos y vigilias, más peregrinaciones, soportado más mortificaciones de la carne, y conseguido más méritos o indulgencias que otros. Hoy en día muchos se jactan de haber pasado más tiempo en oración o haber aportado más para la obra misionera que los demás; o se jactan de los títulos académicos o eclesiásticos que obtuvieron. Tal jactancia casi siempre produce malestar o envidia en los demás, o induce a competir para comprobar cuál hermano debe ser considerado el más santo, el más espiritual, el más humilde o el menos hipócrita. Tal vez los maestros judaizantes se jactaban de ser verdaderos seguidores de Dios por observar todas las leyes de Moisés. Pablo y sus discípulos, en cambio, sabían que estas leyes eran sólo una sombra de lo que había de venir.

En la comunidad de los creyentes la jactancia siempre crea competencia entre los hermanos y provoca facciones y divisiones. Jactarse uno de su espiritualidad no es vivir ni andar por el Espíritu, sino según la carne. Las obras de la carne no son sólo fornicación, idolatría, y borracheras, sino también pueden ser actividades que por sí son muy buenas, como la oración, el estudio de las Escrituras y la adoración en la casa de Dios. Al exhortar a los creyentes a luchar en contra de las obras de la carne mediante el fruto del Espíritu, el apóstol no se dirige a nosotros como individuos tan sólo, sino como comunidades de hermanos y hermanas unidas en Cristo, pues en la lucha contra la carne necesitamos apoyarnos y sostenernos mutuamente cual colaboradores que marchan juntos en el ejército de Cristo.

GÁLATAS 6

6:1 Hermanos, si alguno es sorprendido en alguna falta, ustedes, que son espirituales, restáurenlo con espíritu de mansedumbre. Piensa en ti mismo, no sea que también tú seas tentado.

Después de tratar asuntos teológicos o doctrinales, Pablo concluye su carta con una serie de exhortaciones morales o parénesis, al igual que en muchas de sus otras cartas, como Romanos, Filipenses, Colosenses, Efesios. Algunos estudiosos han expresado sorpresa y hasta asombro por la inclusión de estas exhortaciones morales en los últimos dos capítulos de Gálatas, después de haber hablado el apóstol tan despectivamente de la obras de la ley (Barclay 1988:74). Según nuestro parecer, la inclusión se debe al hecho de que la justificación siempre debe causar la santificación. Las verdaderas obras buenas fluyen de una fe verdadera. Una fe que no produce buenos frutos es una fe muerta en sí misma, que no justifica. Las buenas obras dan testimonio de la autenticidad de la fe del creyente.

En segundo lugar, la inclusión de las exhortaciones morales e instrucciones en la ética cristiana son particularmente importantes para los nuevos creyentes de los lugares de misión. El nuevo creyente no sólo pregunta: "¿Qué debo hacer para ser salvo?", sino también: "¿Cuáles son las normas morales que debo acatar en mi vida diaria para andar como un verdadero hijo de Dios?" Quizá, como sugieren algunos investigadores, los agitadores habían criticado al apóstol Pablo por no haber impartido suficiente instrucción catequética a los nuevos creyentes, a fin de ayudarlos a ordenar sus actividades diarias conforme a la voluntad divina. A nuestro parecer, es poco probable que Pablo hubiera fallado en este respecto. La base de tal instrucción ética y moral se encuentra en la tradición evangélica, es decir, en las enseñanzas de Jesús preservadas por los primeros cristianos en forma oral o escrita. Creemos que los primeros tres evangelios fueron escritos, por lo menos en parte, para impartir instrucción catequética a los nuevos discípulos. Así, por lo menos, cree David P. Scaer en su libro *Mateo enseña a la iglesia* (2006:56-68) y Arthur A. Just Jr. en el primer tomo de su comentario sobre Lucas (1996:11-13). Entre los eruditos no existe un acuerdo en cuanto a la fecha en que fueron escritos los evangelios sinópticos. Es posible que el apóstol haya utilizado una versión primitiva de uno de los evangelios durante su estancia en Galacia. Pablo brindó instrucción moral y ética a sus catecúmenos a base de la tradición evangélica.

Otra manera en que se impartió instrucción moral y ética a los nuevos creyentes en la iglesia primitiva fue a través de sermones. Por ejemplo, algunos opinan que 1 Pedro nació como una predicación para un grupo de recién bautizados, con el fin de impartirles instrucción moral respecto a las implicaciones éticas de su bautismo. La Epístola Universal de Santiago también parece haber sido redactada como un sermón. Aunque Gálatas fue escrita varios años antes de 1 Pedro, es probable que Pablo también se haya valido de los sermones para impartir instrucción moral a los gálatas. Recordemos que el *Catecismo Mayor* de Marín Lutero tuvo su origen en una serie de sermones catequéticos del Reformador. Debe subrayarse que la instrucción moral que encontramos en la Carta a los Gálatas no es algo ajeno al mensaje central de la Carta, sino una parte íntegra de la misma, pues en ella el apóstol nos ofrece algunos casos concretos de lo que significa "andar por el Espíritu". En Gálatas 6 el apóstol no cuenta ni con el tiempo ni con la oportunidad de impartir directrices morales acerca de todos los temas que encontramos en la filosofía helénica de su tiempo. El apóstol se limita a tocar tres temas que con frecuencia provocan discusión, diferencias de opinión, y divisiones en las congregaciones, tanto antiguas como modernas. Los tres temas son (1) ¿Cómo tratar con miembros de la congregación que cayeron en pecado? (2) ¿Cómo apoyar económicamente a los líderes de la comunidad cristiana? (3) ¿Cuáles son los requisitos para ser miembro de la comunidad con derecho a participar en la Cena del Señor? (Barclay 1988:169).

De acuerdo con la interpretación de algunos eruditos, en los últimos versículos del capítulo 5, Pablo parece aludir a algunas personas de entre los gálatas que se jactaban de su espiritualidad y de sus dones espirituales. Según la opinión de tales intérpretes, Pablo escribió su carta no sólo para refutar a los judaizantes, sino también en contra de este grupo de personas denominadas "los espirituales". Se dice que los miembros de este grupo de "espirituales" eran gnósticos, protognósticos o carismáticos libertinos, que causaban dificultades y hasta divisiones en las congregaciones. Puede ser que ciertas personas de Galacia solieran hablar de sí mimas como espirituales, πνευματικοί, pero de ahí a calificarlas como miembros de un segundo grupo opuesto al evangelio de Pablo, sería ir más allá de la evidencia que nos brinda nuestra carta (Barclay 1987:82). Preferimos creer que Pablo, al escribir a los Gálatas, tuvo en la mira solamente a un grupo de personas que estaban causando problemas en las congregaciones y no dos grupos, uno compuesto por los agitadores y otro por protognósticos cuyo lema fue: "Seguiremos pecando para que la gracia abunde" (Ro 6:1). David deSilva cree que lo más probable es que Pablo, al hablar de los que fueron sorprendidos en una falta, esté pensando en los hermanos que pecaron por error, negligencia, falta de vigilancia o debilidad y no por actos premeditados de rebeldía (2011:285). Lo más probable es que los hermanos espirituales fueran los mismos gálatas que anduvieron y vivieron por el Espíritu y no por las obras de la carne.

Sin embargo, aun los buenos discípulos que andan por el Espíritu pueden verse tentados a actuar de una manera que no refleje el Espíritu de Cristo, particularmente cuando a otros hermanos se los sorprende en algún pecado. Con demasiada frecuencia aparecen cristianos considerados espirituales, que ceden a la tentación de juzgar a los demás como carnales y hasta procuran llevar a cabo una limpieza de los miembros carnales de una congregación (Barrett 1985:79). Cuando un hermano da un traspié y cae en pecado, hasta puede haber hermanos muy espirituales que se sientan tentados a regocijarse por la caída de un hermano <u>débil</u> o <u>carnal</u>. La caída en pecado de un hermano puede tentarnos a querer expulsarlo de la hermandad en vez de ayudarlo o, al menos, no tratarlo con desprecio y desdén. En

1 Corintios 3 Pablo tuvo que recordar a los llamados espirituales de dicha congregación, que en realidad eran ellos los carnales y no los espirituales. Aquí, en su Carta a los Gálatas, el apóstol exhorta a los que son espirituales de verdad, a procurar restaurar al transgresor con un espíritu de mansedumbre y amor, así como Jesús nos enseña en Mateo 18 y en la parábola de la oveja perdida y la de la cizaña. Nunca debemos considerar que un hermano caído sea un caso totalmente perdido, un hijo pródigo demasiado alejado de la casa de su Padre como para merecer nuestras lágrimas, nuestras oraciones y todo lo necesario para reincorporarlo.

No deben tampoco algunos miembros de la iglesia considerarse tan perfectos o tan espirituales que no necesiten cuidarse de no caer. El apóstol amonestó a los confiados y autosuficientes corintios: "El que crea estar firme, tenga cuidado de no caer" (1 Co 10:12). La iglesia debe estar sumamente atenta a la fragilidad y vulnerabilidad de sus miembros y estar consciente de que una tentación repentina puede sorprender a un hermano y provocarle una caída. En tales circunstancias, hasta los hermanos espirituales pueden sentirse tentados a convertirse en acusadores, jueces implacables y verdugos del caído, en vez de ser hermanos queridos cuyo deber es incorporar al caído y conducirlo a los brazos del buen pastor (Schier 1975:313). La caída en pecado de un hermano brinda al creyente verdaderamente espiritual la oportunidad de ejercer el fruto de la humildad que recibió del Espíritu, al tratar al hermano caído con espíritu de humildad (πραΰτητος) y amor (Barclay 1988:157).

Desde el punto de vista de otros intérpretes de Gálatas, la referencia a los espirituales señala a los que ocupan un oficio eclesiástico y ejercen autoridad sobre sus subalternos o sobre los laicos. Para Bruno el Cartujo (Levy 2011:180), con quienes Pablo trata son los prelados, y para Lutero son los pastores de las parroquias. Para aquellos a quienes se les confiere el derecho de ejercer autoridad, siempre está latente la tentación de abusar de tal autoridad y no tratar a los demás como ovejas del redil que necesitan comprensión, consuelo, y amor antes que reproches, insultos, y hasta golpes. El pastor de almas necesita predicar y aplicar más evangelio que ley. Nosotros, por nuestra parte, creemos que las exhortaciones del apóstol no van dirigidas sólo a los pastores o a un grupo de supuestos espirituales, sino a todos los miembros de la comunidad cristiana, ya que todos los miembros del cuerpo son responsables por el bienestar físico y espiritual de los demás (Schlier 1975:313). Si un miembro sufre, todos sufren. Si un miembro cae en pecado, su caída perjudica a todo el cuerpo. En 1 Corintios 5 el apóstol amonesta a todos los miembros de la iglesia de no haber actuado en el caso del hombre que cohabitaba con la mujer de su padre. Sabemos que a fin de cuentas, el hombre incestuoso de 1 Corintios 5 fue excomulgado. Pero el fin que procura la excomunión siempre debe ser la restauración del pecador.

Otra manera de entender el término espirituales en este pasaje es, de acuerdo con 5:16-26, que los que son espirituales quedan identificados con quienes cuentan con la orientación y guía del Espíritu Santo y no se dejan influir ni por la ley ni por las obras de la carne. Estos son los miembros de las congregaciones de Galacia que siguieron fieles al evangelio de Pablo y rechazaron las enseñanzas de los agitadores. El verbo griego καταρτίζετε quiere decir restaurar o poner en orden, no excomulgar (Witherington 1998:422). De acuerdo con esta manera de entender el texto, el apóstol exhorta a los espirituales, es decir, a los que producen el fruto del Espíritu Santo, a restaurar a los miembros de la congregación que tropezaron por haber seguido el mensaje de los perturbadores. A pesar de las palabras duras que dirigió a los gálatas infieles, el apóstol no los entregó a Satanás. Ni tampoco quiere el apóstol que los hermanos espirituales dejen de orar o trabajar activamente por la restauración de sus hermanos en Cristo. Lo que los hermanos espirituales deben echar fuera y entregar a Satanás es la enseñanza que por error han abrazado los gálatas débiles en la fe. De acuerdo con esta interpretación, Pablo no pide la excomunión de los hermanos que han tropezado. Ellos son, más bien, ovejas extraviadas que deben ser buscadas con mansedumbre y ternura y devueltas a su buen pastor (Eastman (2006:332).

Restaurar a los caídos con espíritu de mansedumbre, sin embargo, no excluye sino que demanda la amonestación. No andamos en el Espíritu si hacemos la vista gorda a los errores de los que sufrieron una caída espiritual. Pablo exhorta a Timoteo (2 Ti 2:25) a que "corrija con mansedumbre a los que se oponen". En esa misma carta el apóstol nos recuerda que "toda la Escritura es inspirada por Dios, y útil para enseñar, para redargüir, para corregir, para instruir en justicia" (3:16).

6:2 Sobrelleven los unos las cargas de los otros, y cumplan así la ley de Cristo.

En los días del Imperio Romano, los que acostumbraban llevar las cargas de los otros eran los esclavos y los miembros de pueblos conquistados. En Mateo 5:41 Jesús habla acerca de los discípulos a quienes se obliga a servir como maleteros para llevar las cargas de un soldado u oficial romano por un kilómetro, según las estipulaciones del gobierno imperial. Esta ley fue considerada una de las más odiadas imposiciones de la ley romana (France 2007:221-222). En el sermón del monte Jesús pide a los suyos que no se quejen por causa de esta imposición, sino que gustosa y voluntariamente lleven la carga no sólo uno sino dos kilómetros. Al pedir a los gálatas a sobrellevar los unos las cargas de los otros, Pablo exhorta a sus hermanos de Galacia a hacerse esclavos los unos de los otros y de esta manera seguir a Cristo, quien tomó la forma de esclavo para librarnos de la esclavitud de los rudimentos del cosmos. Cristo nos libró de una onerosa esclavitud impuesta sobre nosotros, para que fuéramos libres para servirnos voluntariamente como esclavos los unos a los otros. Un esclavo es, por definición, uno que no vive para sí mismo, sino para servir a otros; y un cristiano es, por definición, uno que sigue el ejemplo o la ley de Cristo, quien nos llama a servir a los demás, así como él se hizo esclavo por nosotros y fue obediente hasta la muerte en una cruz. Cristo exhortó a sus discípulos a ser la sal de la tierra (Mateo 5:13). La sal es una sustancia que no existe para su propio bien, sino para beneficiar a los demás.

Es mucho más fácil aceptar la tarea de buscar a la oveja perdida que encontrar la manera de cargarla y llevarla nuevamente a la casa del Padre. Al encontrarnos cargados de culpa y pecado, Cristo no nos abandonó, dejándonos perecer aplastados por la pesada carga del pecado, la culpa, la vergüenza, y la condenación. Bruno el Cartujo nos recuerda que una de las formas de llevar las cargas de los pecadores perdidos es orar y ayunar, a fin de que los pecadores se arrepientan y encuentren el perdón de Cristo. Ésta debe ser la tarea de todos los cristianos, pero con especialidad la de los pastores (Levy 2011:180).

Cristo dejó la casa de su Padre para buscar lo que se había perdido y asumir nuestra carga. Quien fue liberado de su carga, ahora está libre para ayudar a los demás con sus cargas. La carga de cada uno puede tener diferentes matices; Lutero distingue entre cargas que se llevan por ignorancia y otras que se llevan por culpa (1964:391). Los que actúan por ignorancia necesitan que se les enseñe qué hacer, mientras que los descarriados necesitan que se les enseñe qué creer. Son tareas que asumen gozosamente los que andan por el Espíritu y el amor a Cristo sembrado por el Espíritu en sus corazones por el mensaje de la cruz. Los cristianos no viven para procurarse su propia comodidad, sino para cargar con las dificultades, problemas, y necesidades del prójimo. Así cumplen la ley de Cristo.

Hemos visto arriba que el apóstol atacó con denuedo el legalismo y empeño de los agitadores por imponer la ley de Moisés a los nuevos creyentes gentiles de Galacia. Ahora, sorpresivamente, habla de otra ley, la de Cristo. ¿Qué es la ley de Cristo? ¿Es un código legal aún más estricto y difícil de observar que los diez mandamientos, o más extenso que toda la legislación del antiguo pacto? ¿Se refiere al contenido del sermón del monte y las otras partes didácticas de los cuatro evangelios? Ante estas preguntas tenemos que recordar que Jesús no vino como un nuevo Moisés, para entregar al mundo un diferente código de leyes a base del cual el mundo será juzgado en el día final. Jesús vino para traernos la gracia, la verdad, y el Espíritu. En Juan 1:17 queda expresado: "La ley fue dada por medio de Moisés, pero la gracia y la verdad vinieron por medio de Jesucristo."

Las palabras "la ley de Cristo" deben entenderse a la luz de Gálatas 5:14 y Juan 15:12, dos pasajes que hablan del amor (ἀγάπη). Como ya hemos visto en 5:22, ágape es el primer fruto del Espíritu, no una obra de la ley. Al amor se lo puede llamar una ley en el sentido de la ley de la gravedad. El ágape es una fuerza que determina nuestra existencia y nuestras acciones. Pero el ser humano no puede causar el ágape por la fuerza de su voluntad o mediante técnicas espirituales como el yoga o la meditación trascendental. No puede porque es un fruto del Espíritu Santo que se manifiesta en la vida de la congregación cuando los miembros del cuerpo de Cristo llevan los unos las cargas de los otros, ya sean físicas, morales o espirituales (Barclay 1988:159). Según Thielmann (1994:127-128), Pedro transgredió la ley de Cristo al rehusarse a partir el pan con los creyentes gentiles de Antioquía, pues es la ley del ágape y no la ley de Moisés la que exhorta a los cristianos a llevar las cargas los unos las de los otros (Juan 15:12-13).

Puesto que en varios documentos antiguos griegos el sustantivo βάρος se emplea con referencia a cargas del tipo económico, hay estudiosos que creen que en Gálatas 6:2 el apóstol habla de asumir las deudas económicas de otros miembros de la comunidad cristiana, particularmente porque el verbo βαστάζειν (sobrellevar) puede significar hacerse responsable de la deuda de un hermano o amigo. Pocos autores creen que al exhortar a sus oyentes: "Sobrelleven los unos las cargas de los otros", Pablo tiene en mente la colecta para los santos pobres de Jerusalén. En nuestra discusión de la palabra griega *koinonía* en Gálatas 2:9, mencionamos la hipótesis de Julien Ogereau, de que Pablo, al promover la colecta para los santos, procuraba el establecimiento de una comunidad de bienes entre los creyentes gentiles de la diáspora y los judíos de Judea, con la finalidad de poner de manifiesto ante el mundo la diferencia entre los reinos de este mundo y el reino de Dios. Bruce Longenecker, en su libro sobre la amonestación apostólica de "acordarse de los pobres", opina que en este pasaje Pablo exhorta a sus lectores y oyentes a prestar apoyo económico no sólo a los miembros de la iglesia madre de Jerusalén, sino al prójimo necesitado, sea cristiano, judío o pagano. Según el mismo autor, la ley de Moisés encuentra su verdadero cumplimiento no en la circuncisión, sino cuando con amor y gratitud los seguidores de Cristo sobrellevan los unos las cargas de los otros (2010:218).

Aunque es probable que las deudas del prójimo sean una de las cargas que el apóstol tuvo en mente al dictar este pasaje, la mayoría de los intérpretes cree que no es la única, ni la más importante de las cargas del prójimo que, según la exhortación del apóstol, deben asumir los cristianos, pues la ley de Cristo comprende mucho más que deudas económicas. En las epístolas de Pablo y en las enseñanzas de Cristo, las deudas económicas simbolizan, con frecuencia, realidades más trascendentales (Witherington 1998:419-420). En el Padrenuestro, las deudas que pedimos nos sean perdonadas representan nuestros pecados. De igual manera, las cargas de las que se habla en Gálatas 6:2, pueden representar pecados cometidos en contra de nosotros. La ley de Moisés, la ley del karma o las leyes creadas por los hombres pueden exigir que se pague ojo por ojo, o diente por diente (Mateo 5:38). Pero tanto la ley de Cristo, como el ejemplo del mismo Cristo (Lucas 23:34), nos exigen perdonar hasta setenta veces siete (Mateo 18:22).

6:3 Porque el que se cree ser algo, y no es nada, a sí mismo se engaña.

Es posible que el pasaje aluda a los agitadores de Galacia y su supuesto complejo de superioridad. Sin embargo, no sólo los agitadores sino todos los seres humanos –particularmente los que ocupan posiciones de liderazgo en la sociedad y en la iglesia– pueden llegar a tener un concepto equivocado respecto de su propia importancia. Recordemos que los discípulos de Jesús discutieron entre sí acerca de cuál de ellos era el más importante en el reino de Dios. En la última cena con sus discípulos Jesús tuvo que lavar los pies de los suyos, porque cada uno de ellos se sentía demasiado importante como para humillarse y servir a los demás. Los que se niegan a vivir para servir al prójimo en sus luchas son culpables de arrogancia y orgullo espiritual, pues quieren vivir para sí mismos y no para el prójimo (Schreiner 2010:361). En su supuesta superioridad y santidad no quieren ensuciarse o contaminarse al tener contacto con los que se considera ser la gentuza, los mundanos, los débiles, los predestinados a condenación. Recordemos que las supuestas personas espirituales de Galilea rechazaron a Jesús porque en su amor por lo que se había perdido él buscaba a cobradores de impuestos como Zaqueo y Mateo, mujeres destrozadas, personas endemoniadas como María Magdalena y miembros de grupos subversivos como Simón el Zelote. Los fariseos y escribas censuraron a Jesús porque comía con publicanos y pecadores y les anunciaba el reino de Dios. Los que se creen demasiado santos como para poder tener contacto con los caídos, se engañan a sí mismos. Los que tienen un complejo de superioridad difícilmente podrán sobrellevar las cargas de los otros, porque realmente están más preocupados por su propia imagen que por el problema del prójimo. Uno realmente no puede identificarse con el hermano caído y ayudarle con su carga, si en su corazón desprecia al hermano agobiado por las cargas. El acto de levantar a un caído o de ayudarle con su carga, es una buena obra, pero esa obra puede convertirse en una obra de la carne si se realiza dictada por el orgullo o la jactancia.

6:4 Así que, cada uno ponga a prueba su propia obra, y entonces tendrá motivo de jactarse, pero sólo respecto de sí mismo y no por otro.

Las faltas o pecados de los creyentes a los que se hace referencia en el versículo 1 de este capítulo, pueden constituir otro problema para los lectores y oyentes de esta carta. Por tal motivo, en sintonía con muchos filósofos de su tiempo, Pablo anima a los gálatas a examinarse a sí mismos y no las vidas de los demás. Una de las maneras más fáciles de engañarse a sí mismo es compararse con otros (Betz 1979:302-303). Al fijarse en las faltas y pecados de los demás, uno puede verse inducido a considerarse un hijo de Dios ejemplar y superior. Pablo denunció esta manera de pensar en Romanos 2:17-22: "Ahora bien, tú te llamas judío (en lugar de judío podríamos poner "evangélico", "católico", "carismático" etc.), confías en la ley, y te enorgulleces de tu Dios. Conoces la voluntad de Dios y juzgas lo que es mejor porque la ley así te lo ha enseñado. Estás convencido de que eres guía de los ciegos y luz de los que están en tinieblas, instructor de los ignorantes y maestro de niños, y que tienes en la ley la clave del conocimiento y de la verdad. Pues bien, tú que enseñas a otros, ¿no te enseñas a ti mismo? Tú que predicas que no se debe robar, ¿robas? Tú que dices que no se debe cometer adulterio, ¿adulteras?... Tú que te sientes orgulloso de la ley, ¿deshonras a Dios quebrantando la ley?" Pablo bien podría haber escrito estas líneas pensando en la actitud de los agitadores de Galacia y sus discípulos. Pero también nosotros abusamos de la ley cuando nos valemos de ella para compararnos con los demás a fin de justificarnos ante Dios, el mundo, y nosotros mismos. Si empleamos correctamente la ley para examinarnos a nosotros mismos, concluiremos con el apóstol en Romanos 7:24: "¡Miserable de mí! ¿quién me librará de este cuerpo de muerte?" Si nos examinamos a la luz de la ley, veremos que solamente Cristo puede librarnos de lo que somos y de lo que hemos hecho. Así pues, el apóstol nos invita a escudriñar nuestra obra ante Dios, para ver si tendrá valor ante el Señor el día del juicio final (Barclay 1988:175).

6:5 porque cada uno llevará su propia carga.

El tiempo del verbo llevará (βαστάσει) es futuro, indicando que el apóstol vislumbra el día del juicio final. Entonces, la idea que Pablo quiere comunicar a sus lectores y oyentes es la siguiente: en tanto que aquí en nuestra vida presente tenemos el llamamiento de compartir las cargas, problemas, ansiedades, y dificultades de la vida de los demás, en el día final no podremos resolver la situación de aquellos que quedan condenados ante el trono de juicio de Cristo. Lázaro no pudo llevar una gota de agua al hombre rico que sufría sed en el infierno. Las cinco vírgenes prudentes no pudieron prestar algo de su aceite a las cinco vírgenes insensatas. Cada uno tuvo que llevar su propia carga, cada uno es responsable por sí mismo ante el gran trono blanco. La esposa fiel no puede arrepentirse o creer en lugar de su esposo incrédulo. En el día del juicio final cada pecador impenitente tendrá que cargar con el peso de sus propios pecados. Aun en esta vida presente y en particular con respecto a las cargas económicas, el creyente procurará llevar su propia carga dentro de lo posible y no ser una carga para la congregación. Una viuda o un huérfano que realmente no tienen recursos materiales para poder sobrevivir en una sociedad sin programas de ayuda social, deben recibir apoyo de la congregación. Pero las viudas y huérfanos que tienen familiares y patrones que pueden ayudarles en su necesidad, no deben procurar ayuda de la congregación si no es necesario (1 Ti 5:1-16).

6:6 El que recibe enseñanza en la palabra, haga partícipe de toda cosa buena al que lo enseña.

Lutero, Bruno y muchos otros intérpretes antiguos y medievales, creen que aquí el apóstol, habiendo hablado a los pastores y prelados en los versículos 1-5, ahora se dirige a los laicos y las cargas que ellos deben asumir, en especial la carga de apoyar con sus ofrendas y diezmos a los que les instruyen en el evangelio. Nosotros, por nuestra parte, creemos que las instrucciones en los versículos 1-5 tienen relevancia no sólo para los oficiales eclesiásticos, sino también para todos los creyentes, pues cada uno es guarda de su hermano y responsable por su bienestar espiritual.

Una de las cargas que sobrellevarán con gozo los que andan en el Espíritu, es el sostén de los maestros cristianos que se ocupan en enseñar la palabra de Dios. Lucas relata en Hechos 14:23 que Pablo y Bernabé, al salir de Galacia para Antioquía de Siria al final de su primer viaje misionero, nombraron ancianos de la localidad en cada una de las nuevas congregaciones: "También nombraron ancianos en cada iglesia, y luego de orar y ayunar los encomendaron al Señor, en quien habían creído." Estos ancianos residentes entre los gálatas fueron los responsables de enseñar la Palabra y celebrar los sacramentos. A fin de disponer de tiempo suficiente para estudiar las Escrituras, visitar a los enfermos, exhortar a los fieles y evangelizar sus comunidades, los ancianos tenían que ser sostenidos económicamente por la comunidad de los creyentes. El énfasis del apóstol en la necesidad de apoyar económicamente a los maestros de la Palabra es un indicio de la importancia que tuvo el estudio de la palabra de Dios en las primeras comunidades cristianas (Dunn 1993:327). El estudio de la Palabra tenía que ver con la interpretación cristológica de los libros del AT, y también con los relatos (escritos u orales) del ministerio, pasión, y resurrección de Jesucristo y de lo que enseñó a sus discípulos en sus parábolas, discursos, y exhortaciones.

Quizá los fieles, con las actividades de los agitadores, habían descuidado la manutención de los ancianos con comida, ropa, y dinero. Es posible también que los agitadores aconsejaran a los gálatas a no prestar ayuda a los ancianos que se mantuvieron fieles al evangelio que aprendieron de Pablo. De todas maneras, el apóstol les recuerda a los creyentes a no descuidar el sostén material de los maestros fieles. El descuido del sostén de pastores y maestros fieles que proclaman la palabra de Dios ha sido un problema para la óptima difusión del evangelio no sólo en Galacia sino en muchas partes del mundo y en todos los tiempos. Basta leer las amargas quejas de Lutero acerca de los miembros tacaños de las iglesias de Alemania, por haber dejado que sus pastores pasaran hambre y necesidades mientras que ellos se preocupaban primeramente por sus propias necesidades. Queda claro que Pablo no comparte la opinión de las denominaciones cristianas que enseñan que entre los cristianos no debe haber pastores u obreros que reciban un pago. En 2 Ti 5:17 Pablo recomienda que los ancianos que gobiernan bien, reciban un doble honorario por sus enseñanzas y predicación.

Como apóstol, profeta, y maestro, Pablo también tenía el derecho al sostén económico de parte de sus congregaciones, aunque nunca se valió de tal privilegio. Prefirió trabajar con sus manos en la fabricación de tiendas, para dar un buen ejemplo a los nuevos conversos gentiles que tenían la mala costumbre de desdeñar el trabajo manual y vivir a costa de un patrón o familiar acomodado, tal como solían hacer muchos sofistas, oradores populares, y clientes de las grandes familiares. Tanto en 1 Tesalonicenses 5:14 como en 2 Tesalonicenses 3:6, el apóstol ordena a los hermanos de la congregación a apartarse de los ociosos que no quieren trabajar: "Ustedes mismos saben cómo seguir nuestro ejemplo. Porque nosotros no vivimos entre ustedes de manera desordenada, ni comimos el pan de nadie sin pagarlo, sino que día y noche trabajamos muy duro y sin descanso, para no ser una carga a ninguno de ustedes" (2 Ts 3:7-8).

Al hablar aquí de la responsabilidad de los cristianos de apoyar con sus ofrendas a sus pastores y maestros y a los que padecen necesidad, el apóstol no dice nada acerca de la ofrenda para los hermanos pobres de Jerusalén. En sus cartas a los corintios y romanos, Pablo pide la colaboración de estas iglesias para la gran ofrenda de amor para sus hermanos judíos, ofrenda que se propone llevar él personalmente a Jerusalén, en compañía de una delegación de los creyentes gentiles. Esto nos indica que probablemente escribió su carta a los gálatas antes que las de los corintios y romanos, o sea, antes del 55 dC. Posteriormente los gálatas llegaron a saber de la colecta y participaron en el envío de socorro a los pobres de Judea y Jerusalén. Lo sabemos por la presencia de dos gálatas entre los delegados que ayudaron a llevar la ofrenda a Jerusalén, a saber, Gayo de Derbe y Timoteo de Listra (Hch 20:4). En 1 Corintios 16:1 Pablo manifiesta a los cristianos de Roma que había dejado órdenes a las iglesias de Galacia acerca de la ofrenda para los santos pobres de Jerusalén. Esto parece indicar que cuando escribió a los hermanos de Corinto desde Éfeso, aproximadamente en el año 54 dC, las iglesias de Galacia reconocían la autoridad apostólica de Pablo. Para los estudiosos que proponen una fecha temprana para la Carta a los Gálatas, implica que para el año 54 la crisis provocada por los intrusos ya había sido resuelta. Para los que postulan una fecha más tardía, Romanos 16:1 indica que para el año 54 la crisis aún no había estallado.

LOS ANCIANOS LOCALES EN UNA PERSPECTIVA MISIONERA

En sus numerosos escritos, el gran misiólogo anglicano Roland Allen dio gran importancia a la práctica del apóstol Pablo de dejar ancianos locales encargados de cada nueva congregación cristiana establecida, sin importar el tiempo que el apóstol trabajó en dicha localidad. Lo que consternaba a Allen fue el hecho de que, en su tiempo, hubo tantas iglesias establecidas en la China y otras partes del mundo, en que pasaban meses y hasta años sin poder celebrar la Santa Cena por la falta de pastores ordenados para celebrar el sacramento semanalmente. Según Allen, las congregaciones que no se reúnen semanalmente para estudiar la Palabra y celebrar la Eucaristía, son congregaciones que enfermarán, se debilitarán y no contarán con la capacidad de crecer numérica y espiritualmente. Debido a esto Pablo siempre preparaba un grupo de ancianos locales en cada congregación, y no un solo individuo. La preparación de dichos líderes no requería muchos años de estudio en una universidad o un seminario residencial, en el que el candidato pierde contacto con su gente y su cultura. Timoteo, Tito, y muchos otros, recibieron un aprendizaje práctico, como el que Jesús había brindado a los Doce. Allen afirma que lo esencial en tal aprendizaje es (1) una tradición o credo elemental; (2) instrucción en la administración de los sacramentos; (3) interpretación cristológica de las Escrituras del AT; y (4) un buen testimonio. Es notable que en los requisitos establecidos en las epístolas pastorales para la ordenación de ancianos, la mayor parte de éstos tiene que ver con la ética y la conducta moral del candidato. Probablemente Pablo estuvo solamente unos pocos meses en lugares como Listra y Derbe; pero al salir de Galacia, cada grupo contó con su propio grupo de ancianos ordenados para proclamar la Palabra y celebrar los sacramentos (Allen 1956:123-139). Aunque Roland Allen escribió sus primeros libros hace unos cien años, aún hay muchas congregaciones cristianas en América Latina en las que la jerarquía de la iglesia (sea Católica romana o Protestante) no aprendió los métodos misioneros del apóstol Pablo.

6:7 No se engañen. Dios no puede ser burlado. Todo lo que el hombre siembre, eso también cosechará.

La exhortación "No se engañen" se encuentra también en 1 Corintios 6:9; 15:33 y Santiago 1:16. En todos los pasajes donde ocurre, el escritor parece tener en mente el juicio final, o sea, los que se burlan de Dios segarán las consecuencias en el día del juicio. Se siembra para la carne cuando uno vive para sí mismo, sin prestar apoyo, ayuda, y sostén a los caídos. Se siembra para la carne cuando se deja pasar hambre y necesidad a los pastores que comparten el pan de la vida con los miembros de sus congregaciones. Se siembra para la carne cuando, para salvarse a sí mismos, los hermanos se olvidan de apoyar, visitar, y socorrer a los misioneros y evangelizadores que sufren persecución por su acción evangelizadora. Años más tarde, al final de su ministerio, el apóstol Pablo se encontraba preso en Roma esperando ser ajusticiado. Muchos cristianos de Roma, temiendo por sus propias vidas, dejaron de visitarlo y apoyarlo, para no identificarse con un criminal condenado. En 2 Timoteo 4:10, Pablo se queja de los que lo habían abandonado o traicionado: "Sólo Lucas está conmigo." Los que sólo piensan en sí mismos y su propio bien y no en ayudar a los demás con sus cargas, se engañan a sí mismos, porque aunque logren escapar de la persecución o los sufrimientos en esta vida presente, no podrán evitar cosechar su merecido en el día del juicio final.

6:8 El que siembra para sí mismo, de sí mismo cosechará corrupción; pero el que siembra para el Espíritu, del Espíritu cosechará vida eterna.

Considerado de manera general, cabe decir: "El que siembra para su carne, de la carne cosechará corrupción" (RVR). Los que llevan un estilo de vida dedicado a la glotonería, al abuso de bebidas alcohólicas, a las drogas, a la pornografía, al ocultismo, y otros hábitos y vicios destructivos, tarde o temprano cosecharán las consecuencias en el transcurso de su vida terrenal. Pero los que siembran para la carne cosecharán corrupción no solamente en la vida presente, sino también en el día del juicio final. Debe quedar claro que Pablo habla aquí del juicio final y no de la reencarnación. El dicho: "todo lo que el hombre sembrare, eso también segará", lo emplean también muchos gurúes y maestros orientales con referencia a la llamada ley del karma. Según varias religiones orientales, una de las leyes elementales del universo es que toda persona tendrá que sufrir las consecuencias de sus obras malas, si no en esta vida presente, entonces en una vida futura (renacimiento o reencarnación). Uno tiene que cumplir con su destino, y ese destino estará determinado por las buenas o malas obras hechas en reencarnaciones previas. En estos sistemas religiosos o filosóficos, la salvación consiste en ser liberado del eterno ciclo de reencarnaciones para llegar a ser parte del nirvana o Brahma. Muchos de los habitantes de Anatolia de la época de Pablo conocían estas doctrinas; por lo tanto el apóstol tuvo que dejar en claro que la corrupción que segarán los injustos no será algo que ocurrirá en una reencarnación futura, sino en la condenación eterna. Cualquiera que pensara que la liberación de que habla Pablo en esta carta referida a la liberación cristiana, fuera una liberación de la ley del karma, ha de saber que los seres humanos no tienen que pasar por miles o millones de reencarnaciones antes de encontrar la liberación. Uno de los colaboradores de Pablo declaró enfáticamente: "Y así como está establecido que los hombres mueran una sola vez, y después venga el juicio…" (Heb 9:27).

En realidad, la llamada ley del karma constituye uno de los rudimentos del mundo que tienen esclavizados a los seres humanos. A los que temían y aún temen las consecuencias de un karma adverso, es necesario recalcarles que nuestros errores y pecados, tanto pasados como presentes, fueron parte de la carga que sobrellevó y sufrió Cristo por nosotros en la cruz. La liberación en Cristo que proclama Pablo en la Carta a los Gálatas, es una emancipación de toda clase de ley opresiva, sea la ley del destino, de la predestinación a la condenación o la ley del karma. La ley que prevalecerá es la ley de Cristo que consiste en el amor.

6:9 No nos cansemos, pues de hacer el bien; porque a su tiempo cosecharemos, si no nos desanimamos.

Pablo promete a los que siembran para el Espíritu que segarán el bien en el día de Cristo. Por lo tanto, es necesario no cansarse o desmayar sembrando o haciendo el bien. También en 2 Tesalonicenses 3:13 el apóstol exhorta a los hermanos a no desmayar en hacer el bien: "Y ustedes, hermanos, no se cansen de hacer el bien." Está claro que Pablo tiene en mente el bien que hacen los hermanos al apoyar económicamente a sus pastores y maestros y a los cristianos necesitados. Pero el bien que deben hacer los hermanos no se ciñe a las necesidades de los miembros de la misma comunidad de fe. El bien que segarán los que siembran según el Espíritu no es el perdón de los pecados, la promesa del Espíritu o la vida eterna, puesto que estas bendiciones son nuestras gracias a la cruz de Cristo. Jesús murió y su cuerpo fue sembrado a fin de que pudiéramos cosechar la vida eterna. El perdón de los pecados y la promesa del Espíritu dependen de lo que sembró Dios, y no de lo que sembramos nosotros. El bien que segaremos, del cual Pablo trata en este versículo, tiene que ver con las bendiciones adicionales que recibirán los que fueron justificados por la fe, así como se enseña en Lucas 12:41-48, 1 Corintios 3:14 y Mateo 25:21. El tiempo de segar el bien que se promete aquí es el tiempo fijado por Dios, no el tiempo determinado por el ser humano. Es un tiempo indefinido que puede darse en esta vida presente o en el futuro reino de Dios. Estas consideraciones militan en contra de un supuesto evangelio de prosperidad, en que se espera una respuesta casi inmediata en forma de bendiciones materiales. La exhortación de no cansarse en hacer el bien parece indicar que el tiempo de segar no será pronto.

En su primera carta a Timoteo, Pablo expresa las mismas ideas sobre la generosidad cristiana que las que encontramos en Gálatas 6:9: "A los ricos de este siglo mándales que no sean altivos, ni pongan su esperanza en las riquezas, las cuales son inciertas, sino en el Dios vivo, que nos da todas las cosas en abundancia para que las disfrutemos. Mándales que hagan el bien, y que sean ricos en buenas obras, dadivosos y generosos; que atesoren para sí mismos un buen fundamento para el futuro, que se aferren a la vida eterna" (1 Ti 6:17-19). En 5:8 escribe: "porque si alguno no provee para los suyos, y especialmente para los de su casa, niega la fe y es peor que un incrédulo".

6:10 Así que, según tengamos oportunidad, hagamos bien a todos, y mayormente a los de la familia de la fe.

La expresión "así que" (ἄρα οὖν) indica que el imperativo "hagamos bien" es un resumen de todo lo que se dijo en Gálatas 5:13-6:10. La exhortación de hacer bien no es algo opcional, sino el resultado de todo lo que el apóstol ha manifestado en esta carta acerca de la justificación por la fe. La palabra oportunidad traduce el sustantivo griego (καιρὸν). En el NT este sustantivo indica un momento especial que Dios brinda al creyente para realizar una obra que contribuirá a que se haga la voluntad divina y adelantar de algún modo la historia de la salvación. En otras palabras, no les toca a los seres humanos determinar las oportunidades según su conveniencia, sino que éstas son dadas por Dios (Longenecker 1990:283).

El tiempo de sembrar para el Espíritu ocurre en la vida presente, antes de que venga la noche cuando nadie puede trabajar. El tiempo para el arrepentimiento y la fe es ahora. Pablo dice en 2 Corintios 6:2: "Y éste es el momento oportuno; éste es el día de salvación." En cada parte del tríptico que nos pinta Mateo en el capítulo 25 de su evangelio, podemos ver una escena en la cual algunos desmayaron y no aprovecharon de la oportunidad de sembrar el bien. Tanto las cinco vírgenes insensatas (Mt 25:1-13) como el siervo inútil (Mt 25:14-30), al igual que los que se encuentran a la izquierda del Hijo del Hombre (Mt 25:31-46), no perseveraron en hacer el bien y en sembrar para el Espíritu. Se cansaron de hacer el bien.

En este pasaje encontramos un nuevo término utilizado para designar la comunidad de los creyentes, a saber, "la familia de la fe" (οἰκείους τῆς πίστεως). La misma designación se encuentra en Efesios 2:19; 1 Timoteo 3:15; 5:8 y 2 Timoteo 2:19-21. La voz mayormente (μάλιστα) se emplea también en el griego informal para significar en otras palabras o a saber (Campbell 1995:157-160). Lo significativo de la designación "familia de la fe" es que indica que lo que une a griegos, romanos, judíos, bárbaros, hombres, y mujeres en una sola familia, no es la circuncisión ni ninguna otra obra o ceremonia humana sino la fe, la cual es obra del Espíritu Santo.

Lo que el apóstol pide es hacer bien a todos, no sólo a los que consideramos buenos. En el libro deuterocanónico de Eclesiástico (Ben Sira) se aconseja no "ayudar al malo", pues eso no trae ningún bien (12:1-4). A base del texto de Eclesiástico, muchos intérpretes medievales enseñaron que los diezmos y ofrendas deben entregarse solamente a los miembros del clero y no a cualquier persona según las ideas personales del laico. Pero Pablo, de acuerdo con las palabras de Jesús en Mateo 5:45, nos exhorta a hacer el bien a todos, hasta a nuestros enemigos: "para que sean ustedes hijos de su Padre que está en los cielos, que hace salir su sol sobre malos y buenos, y que hace llover sobre justos e injustos". A base de exhortaciones como ésta, muchas congregaciones y organizaciones cristianas tanto del pasado como del día de hoy, han incluido en sus actividades un ministerio social que procura proveer comida, ropa, techo, asistencia médica y apoyo en tiempos de tempestades, terremotos, inundaciones, y plagas. Desde los tiempos apostólicos los cristianos han recogido niños abandonados, alimentado a los hambrientos, atendido a las víctimas de plagas y enterrado a los muertos. Todo esto lo han hecho no como algo opcional o como una interpretación adiáfora, sino como parte integral de una vida guiada por el Espíritu. La exhortación apostólica de Gálatas 2:10 impulsa a los misioneros cristianos y sus comunidades a acordarse de los pobres, sin especificar cuáles. Bruce Longenecker (2010:276) opina que el mensaje acerca de un Dios bondadoso que se preocupa de los pobres y bendice a los que se acuerdan de ellos, habrá sido muy atractivo para muchos habitantes de las regiones visitadas por Pablo. Según Longenecker, debe haber sido uno de los factores que atrajeron al movimiento cristiano a muchas personas, no sólo a los pobres en busca de ayuda y consuelo, sino también a personas con recursos económicos que procuraban ocasiones y oportunidades para compartir sus bienes con los demás.

Sin embargo, en 6:10 el apóstol nos exhorta a dar preferencia a los de la familia de la fe. La exhortación concuerda con las instrucciones de Jesús, quien en Mateo 25:31-46 nos urge, so pena de condenación eterna, a ayudar a "éstos más pequeños", o sea, los discípulos que sufren persecución, hambre, cárcel, desnudez y sed por la causa de Cristo y su evangelio, especialmente los que sufren por haber proclamado el evangelio a las naciones en cumplimiento de la gran comisión de nuestro Señor (Scaer 2006:450-453; Gibbs 2000:220).

Es menester hacer bien a todos, no solamente a los cristianos, pero hay que dar prioridad a los de la familia de la fe. El término "familia de la fe" es, probablemente, una referencia a todos los que han sido incorporados a la familia de Dios mediante el Bautismo en el nombre de Jesús, y no una alusión a la iglesia madre de Jerusalén, como creen algunos. En realidad, la falta de una referencia concreta en esta sección de la carta, en que trata de las responsabilidades de los hermanos respecto a la economía, nos indica que Gálatas fue escrito antes de las cartas a los Corintios, en las cuales el apóstol exige a sus lectores a no olvidar a los santos necesitados de Judea y Jerusalén (Witherington 1998:435). En 1 Corintios 16:1 Pablo declara que había ordenado a las iglesias de Galacia a tomar parte en la colecta para los santos de Judea. Indica que Pablo tuvo un nuevo contacto con los gálatas, por carta o visita personal, después de escribir su Carta a los Gálatas. El hecho de que el apóstol pidió la colaboración de los gálatas en una fecha posterior, señala que éstos, o por lo menos la mayoría de ellos, se mantuvieron fieles al evangelio que proclamaba el apóstol, y que la carta logró el fin para el cual fue escrita.

LA CONCLUSIÓN DE LA CARTA

6:11 Miren con cuán grandes letras les escribo de mi propia mano.

Con esta declaración el apóstol da a entender a sus lectores que ha dejado de dictar la carta, y que ahora ha tomado la pluma en su propia mano para escribirles directamente y no mediante un secretario. No sólo les pide que se fijen en el estilo de escritura diferente sino también en el tamaño de las letras. ¿Por qué decidió Pablo escribir la conclusión de la carta con su propia mano? ¿Y porqué con letras tan grandes? Como ya hemos indicado con anterioridad, hay quienes atribuyen las letras grandes a una supuesta debilidad de los ojos del apóstol, como consecuencia de la luz brillante en la cual vio al Cristo resucitado en el momento de su conversión y llamamiento (Witherington 1998:441).

Están los que atribuyen las letras grandes al deseo del apóstol de enfatizar los puntos más importantes de su epístola en el resumen final, mientras que otros opinan que quiere dar a entender a sus lectores que la carta realmente es un escrito genuino de su hermano Pablo y no una epístola confeccionada por otros (Levy 2011:128). El apóstol no incluye en su carta el nombre del secretario o amanuense como suele hacerlo en sus otras cartas, tal vez porque los gálatas no lo conocían personalmente. La costumbre de emplear secretarios obedece, quizá, al deseo de enviar a sus oyentes y lectores una copia presentable, legible y bien armada. Una carta mal escrita por un escritor apurado podría causar confusión y hasta malas interpretaciones de parte de los lectores. Es algo que Pablo quería evitar a toda costa (Bailey 2011:493). El hecho de que espera que todos los destinatarios de su carta miren las letras tan grandes con las cuales concluye su misiva, indica que preparó una sola copia y que ésta fue llevada de congregación en congregación por un mensajero que la leyó ante cada comunidad de creyentes (Witherington 1998). Sólo más tarde se hicieron copias de la carta para enviarlas a otros lugares tanto de Anatolia como de Europa.

6:12 Todos los que quieren agradar a los demás los obligan a que se circunciden, solamente para no ser perseguidos por causa de la cruz de Cristo.

La frase griega εὐπροσωπῆσαι ἐν σαρκί se traduce agradar en la carne, en la RVR; dar una buena impresión, NVI; ser bien vistos en lo humano, BJ; quedar bien con la gente, TLA. Los estudios señalan que la frase, que literalmente indica una presencia física favorable, realmente debe entenderse como una referencia a la circuncisión vista desde la perspectiva de los agitadores. Para la mayoría de los griegos o romanos, la circuncisión no era vista como una presencia física agradable sino como una mutilación (Dunn 1993:336). En tanto que los agitadores quieren quedar bien con la gente y evitar la persecución, la preocupación primordial de Pablo es gloriarse en la cruz.

Según Pablo, la razón por la cual los judaizantes quisieron imponer la circuncisión a los creyentes de Galacia, gentiles o no gentiles, fue porque temían persecución, y no porque realmente estaban tan preocupados por el cumplimiento de la ley de Moisés. ¿De quién vendría la persecución en detrimento de los agitadores? Podría haber sido de parte de la comunidad judía local. Recordemos que los judíos de la sinagoga de Antioquía persiguieron a Pablo y a Bernabé, y los expulsaron de la ciudad. También fueron perseguidos en Iconio y apedreados en Listra (Hch 13 y 14). Podría ser que los agitadores hubieran querido mostrar a los líderes de las sinagogas que ellos en realidad eran judíos o prosélitos fieles a la ley de Moisés y, de esta manera, evitar conflictos y persecución de parte de la sinagoga. Es posible, como surgiere Betz, que los judaizantes nunca renunciaron su membresía en la sinagoga y no deseaban ser excomulgados de ésta (1979:316). Tal situación favorecería la teoría de que la carta fue escrita en el sur de la provincia de Galacia y no en el norte, pues no tenemos conocimiento de la existencia de una comunidad judía en el norte de Galacia que pudiera constituir una amenaza para la comunidad cristiana.

Otra opinión manifiesta que la persecución que temían los agitadores podría haber venido de parte de judíos que pertenecían al partido de los zelotes quienes, en el tiempo que medió entre la muerte de Jesús y la guerra con Roma (66-70 dC), crecieron en número e influencia tanto en Judea como en la diáspora (Schreiner 2010:377; Witherington 1998:447). Claro que no había zelotes en el norte de Galacia, pero los había en Judea, Alejandría, Antioquía de Siria, y otras partes en que estos podrían acusar a los judíos creyentes de esas localidades de infidelidad a la ley de Moisés por asociarse y, más que nada, comer con gentiles incircuncisos. Según leemos en los libros de los Macabeos, no sólo los miembros del partido de los zelotes sino otros judíos muy estrictos eran capaces de tomar parte en un linchamiento de otro judío considerado traidor a las tradiciones de su pueblo. Recordemos que hasta Pablo, según Hechos 21 y 22, casi fue linchado por una turba de judíos enfurecidos que no pertenecían a la secta de los zelotes. Hay que recordar que para muchos judíos el linchamiento de un traidor o apóstata no era considerado un pecado sino un deber (Hengel 1889:215-216).

Una tercera teoría propone que los judaizantes, siendo cristianos gentiles, quisieron identificarse como judíos circuncidados ante las autoridades romanas, para evitar ser reclutados como soldados en el ejército romano o participar en el culto imperial, puesto que los judíos estaban eximidos de tales actividades. Los gentiles incircuncisos, en cambio, estaban expuestos a sufrir persecución por negarse a afirmar su lealtad al espíritu del divino César (Kahl 2010:226; Wright 2012:375). Hay intérpretes que creen que los judaizantes prefirieron que los identificaran como judíos circuncidados y no como galos o celtas incircuncisos que pertenecían a la secta de un criminal crucificado por predicar la revolución en contra de Roma. Los que apoyan la teoría creen que los romanos temían que los galos y otras tribus que habían sido sometidas por el imperio, podrían ser incitadas a levantarse en contra de Roma por las enseñanzas mesiánicas de uno que era aclamado, no sólo como rey de los judíos, sino también como libertador mesiánico de todos los oprimidos y marginados de la tierra. ¿Podría ser –pregunta el obispo anglicano N. T. Wright– que las autoridades civiles presionaban a los judíos locales del sur de Galacia a que ellos, a su vez, presionaran a los cristianos gentiles a circuncidarse? (2012:375).

Sea cual fuere la identidad de los que infundían miedo a los judaizantes, lo importante para Pablo fue que los que procuraban obligar a los gálatas no eran sinceros, sino hipócritas, como Pedro cuando se negó a comer con los creyentes incircuncisos de Antioquía, no por convicción, sino por miedo a los delegados de Jerusalén. El verbo griego que se traduce como obligar (ἀναγκάζουσιν), es el mismo que se emplea en Gálatas 2:3-4, en que se describe a los que quisieron obligar a Tito a circuncidarse. Pablo utiliza el mismo verbo nuevamente en 2:11-14, al preguntarle a Pedro: "¿por qué obligas a los no judíos a hacerse judíos?"

6:13 Porque ni siquiera los mismos que se circuncidan cumplen la ley, aunque quieren que ustedes se circunciden para tener de qué jactarse.

El apóstol enfatiza nuevamente que la circuncisión no les ayudará a los gálatas a una fiel observancia de la ley. La prueba está en el hecho de que ni los propios judaizantes circuncidados guardan lo que prescribe la ley. El argumento del apóstol aparenta ser similar a lo que enseña más detalladamente en Romanos 2:17-29. Además, el deseo de observar la ley surge de un corazón que ama a Dios sobre todas las cosas y al prójimo como a sí mismo. Pero los judaizantes de Galacia, tanto como los escribas y fariseos denunciados en Mateo 6:1-18 y 23:1-36, no procuraban honrar a Dios sino honrarse a sí mismos y gloriarse de sus logros espirituales. Los agitadores presionaban a los gálatas porque querían gloriarse en la carne circuncidada de éstos, o porque quizá creían que así ganaban méritos ante Dios (Betz 1979:317).

Según de Boer, la frase "tener de qué jactarse", ("gloriarse en vuestra carne", RVR) podría indicar que los agitadores quisieron jactarse del número de nuevos conversos ganados por causa de ellos, o sea por la cantidad de circuncisiones practicadas en la carne de los gálatas. Recordemos que David procuraba caerle en gracia al rey Saúl y conseguir la mano de su hija, al entregarle al rey los prepucios de doscientos filisteos (1 S 18:27). De Boer (2011:401) cree que los agitadores procuraban gloriarse ante la comunidad por la cantidad de prepucios gálatas obtenidos por la circuncisión. Sea así o no, lo lamentable es que en muchas ocasiones los grupos que pretenden servir a Dios, compiten entre sí y procuran ganar honor y gloria para su causa, justificándose ante sí mismos y los demás. Ocurrió entre franciscanos y jesuitas en la China y la India, y agustinos y franciscanos en México. En América Latina hemos observado que algunas sociedades misioneras se jactan de haber ganado más almas que sus competidoras. Sería bueno recordar que la marca de un verdadero misionero no estriba en la cantidad de almas o prepucios que haya conseguido, sino tan sólo en la cruz de Cristo.

6:14 Pero lejos esté de mí el jactarme, a no ser en la cruz de nuestro Señor Jesucristo, por quien el mundo me es crucificado a mí, y yo al mundo.

Una de las características de las personas que vivieron en el mundo grecorromano era la búsqueda de honra personal y de ensalzamiento por sus hechos y logros. Por su naturaleza, también conocida como el viejo Adán o el viejo hombre, el ser humano suele jactarse, vanagloriarse, sentir orgullo por sus logros físicos, mentales, y espirituales. Pero Pablo se gloría sólo en la cruz de Cristo. Al morir en la cruz, Cristo no procuró honra, gloria, aceptación social, prestigio o ventajas para sí mismo. Todo lo contrario, la cruz de Cristo es una inversión de los valores del presente siglo malo y de los agitadores que pretenden gloriarse en la obras de la carne. La cruz es, de suyo, un juicio de las obras de la carne y de todo intento del viejo Adán de jactarse de sus logros. La cruz de Cristo no representa algo logrado por Pablo o por nosotros, sino un logro de Dios consumado para nosotros mediante el sacrificio de Cristo.

La muerte expiatoria de Cristo es la demostración contundente de la incapacidad del ser humano de librarse a sí mismo. Si el hombre hubiera sido capaz de salvarse a sí mismo, no habría sido necesaria la encarnación del Hijo de Dios, nacido bajo la ley para redimir a los que estaban bajo la ley, a fin de que recibiésemos la adopción de hijos. Por eso el apóstol escribe en Romanos 3:27: "Entonces, ¿dónde está la jactancia? Queda excluida. ¿Por cuál ley? ¿Por la de las obras? No, sino por la ley de la fe". Entonces, lo opuesto a la jactancia y la autoglorificación es la fe. Porque la jactancia y la autoglorificación se fijan en lo que hace el ser humano y confían en ello, en tanto que la fe se fija y confía en lo que Dios ha hecho por el hombre en la cruz de Cristo. Los que se jactan de sus logros y méritos ante Dios, realmente no entienden el mensaje de la cruz. Porque éste implica la crucifixión o muerte del viejo yo, el yo que busca su propia gloria. Al mismo tiempo, la crucifixión del viejo yo no es un acontecimiento único, puntual, sino progresivo (Harmon 2010:245), así como dice Lutero en su *Catecismo Menor* (1961:20-21): "El viejo Adán en nosotros debe ser ahogado por pesar y arrepentimiento diarios, y morir con todos sus pecados y malos deseos; asimismo, también cada día debe surgir y resucitar el nuevo hombre, para vivir eternamente delante de Dios en justicia y pureza."

6:15 Porque en Cristo Jesús nada valen la circuncisión ni la incircuncisión, sino una nueva creación.

Solamente aquí y en 2 Corintios 5:17 encontramos en el NT las palabras griegas καινὴ κτίσις traducidas nueva creación o nueva criatura. Cristo Jesús murió y resucitó, a fin de que el mundo dividido por la circuncisión y la falta de ésta, sea reemplazado por la nueva creación en la cual no existen barreras ni murallas para separar a los hijos de Dios (de Boer 2011:410). No por casualidad encontramos este pasaje sobre la nueva creación en el contexto de una discusión sobre la cruz de nuestro Señor Jesucristo, pues solamente por medio de la cruz y resurrección de Jesucristo puede haber una nueva creación (Harmon 2010:234).

La nueva creación de la que habla el apóstol, ¿es sólo otra manera de hablar de la justificación, algo que ocurre en la conversión y el Bautismo, o se refiere también a la renovación y transformación de todo el cosmos? ¿Se refiere la palabra creación sólo al individuo o también a los ríos, montañas, aire, campos, bosques, mares, y animales? O sea, ¿tenemos, como cristianos, el llamamiento de reflejar en nuestras vidas únicamente los valores del futuro reino de Dios, o también de preocuparnos por lo que sucede en nuestro medio con la flora, fauna, y ecología del planeta? ¿Hasta qué punto deben procurar los cristianos que el mundo en que vivimos refleje anticipadamente el momento en que "la creación misma será liberada de la esclavitud de corrupción, para así alcanzar la libertad gloriosa de los hijos de Dios? (Ro 8:21).

Un creciente número de pensadores cristianos modernos opina que las palabras de Pablo sobre la nueva creación tienen que ver con la restauración de la imagen de Dios en el ser humano y también con la restauración de toda la creación según los propósitos originales del Creador. A favor de tal interpretación se cita no sólo Romanos 8:19-23, sino también los pasajes de Colosenses que hablan de que Cristo vino para "reconciliar consigo todas las cosas, tanto las que están en la tierra como las que están en los cielos" (Col 1:20). Un autor expresó: "La nueva creación no es solamente algo para anticipar y disfrutar en la vida de la iglesia, sino una esperanza y mandato para la transformación de toda la creación" (Horrell 2010:3-30). O sea, como cristianos tenemos el llamamiento de cuidar de la creación y ayudar a sanar sus heridas como anticipación del retorno de Cristo, en que toda la creación será renovada, restaurada, y transformada (CTCR 2010:54). Nuestro viejo Adán se caracteriza por su deseo egoísta de explotar, violar, aprovechar, y hasta destruir no sólo a otros seres humanos sino también a la creación y sus recursos. El Espíritu Santo que hemos recibido por medio del Bautismo, actúa en nosotros para ahogar al viejo Adán y liberarnos para servirnos los unos a los otros y retomar nuestra vocación de ser buenos mayordomos de la buena creación de Dios.

En el libro de Isaías encontramos muchos pasajes, alusiones, y términos que pertenecen al campo semántico de la renovación del cosmos. Sin duda, interpretados a la luz de la cruz y de la resurrección de Cristo, estos pasajes inspiraron al apóstol en el desarrollo del tema de la nueva creación. Ya vimos en nuestro estudio la importancia del libro de Isaías para el entendimiento de la teología de Pablo. Los cuatro cantos del Siervo del Señor en Isaías, indican que la misión del Siervo es dar su vida por nuestros pecados y llevar a los gentiles a la luz de la salvación. Y no sólo esto, sino que su misión también es la renovación de toda la creación. En Isaías 49:8 se habla de la restauración de la tierra, y en Isaías 65:17 dice: "¡Fíjense bien! ¡Ya estoy creando nuevos cielos y nueva tierra! De los primeros, nadie volverá a acordarse, ni los traerá más a la memoria." En 35:7, Isaías proclama que "el páramo se convertirá en estanque, el sequedal en manantiales de agua, y en la guarida de los chacales crecerán cañas y juncos." En Isaías 32:15-16 dice que el Espíritu vendrá de lo alto, y "el desierto se convierta en campo fértil, y el campo fértil será visto como bosque." Tanto en Isaías como en Gálatas 5:18 y 5:25 la vida nueva y la nueva creación tienen su origen en el Espíritu (Harmon 2010:234-235).

Es interesante notar que el apóstol Pablo prefiere no hablar de la reencarnación (como los hindúes), ni del renacimiento (como los budistas), ni de la recreación (como los gnósticos), sino de una nueva creación. Los enfoques hindú, budista, y gnóstico no sólo se pronuncian en contra del materialismo, sino que son demasiado individualistas, pues tienden a excluir toda la maravillosa creación de Dios de la liberación de los poderes ocultos del universo.

De acuerdo con la interpretación antiimperialista de Brigitte Kahl, la nueva creación de la que Pablo habla en Gálatas se opone al Imperio Romano de Augusto César y también a todos los demás imperios antiguos y modernos, sean los de los aztecas, mayas, incas, asirios, babilonios, persas, macedonios, o los de los reyes católicos o los nuevos imperios capitalistas de nuestros días. Según la óptica de Kahl, (2010:165), el Imperio Romano fue creado a base de un sacrificio humano (la muerte de Remo), y tiene que ser renovado continuamente con más sacrificios humanos. La religión imperial de César fue globalizadora, misionera, monoteísta, y agresiva, que impregnó a las otras religiones del Imperio con una nueva lógica y deidad principal, el emperador deificado. La nueva creación que Pablo proclama en Gálatas representa la negación del ser imperial que procura triunfar sobre el otro para establecer y definir su propio yo. Ese yo imperial queda crucificado con el Cristo que vino para servir y no para ser servido ni para esclavizar a quienes se considera inferiores o bárbaros (los galos). Ese yo imperialista de Pablo fue crucificado en el camino a Damasco.

Lo que queda claro, incluso si no aceptamos todos los argumentos de Kahl y la escuela antiimperialista, es que no podemos identificar la nueva creación con cualquier imperio o reino de este mundo o sus leyes y normas. Para estar incluidos en la nueva creación no es necesaria la circuncisión, ni la falta de ésta. Según Betz (1979:320), la nueva creación puede entenderse como una nueva religión mundial, diferente tanto del judaísmo como de las antiguas religiones del paganismo. Las religiones antiguas, con sus normas, sacrificios, ceremonias y ritos de iniciación, pertenecen al presente siglo malo (1:4), mientras que la nueva creación pertenece al nuevo eón del Espíritu Santo.

6:16 Y a todos los que anden conforme a esta regla, que la paz y la misericordia sean con ellos, y con el Israel de Dios.

Pablo imparte su bendición a todos los que marchan al ritmo (στοιχέω) de la nueva creación, la cual ha amanecido con la resurrección de Cristo y la venida del Espíritu. Los que rechazan ser parte de la nueva creación porque prefieren poner su confianza en la ley y vivir bajo su yugo, corren el peligro de perder la bendición apostólica y caer bajo la maldición que pronunció Pablo en Gálatas 1:8-9.

Hay dos términos o frases, en este versículo, que han provocado mucha discusión entre los estudiosos. Los términos en cuestión son (1) esta regla BJ, RV-1960, VP; norma BP, NIV; (κανόνι) y (2) el Israel de Dios (Ἰσραὴλ τοῦ Θεοῦ).

LA REGLA DE PABLO

La palabra traducida regla o norma es un vocablo que designa una caña para medir, o sea un canon. Se mide algo con una caña o regla para determinar si tiene el tamaño correcto o corresponde a las normas establecidas. Llamamos canónicos los 27 libros del NT, porque corresponden a las normas establecidas por la iglesia antigua, a saber: (1) apostolicidad, (2) uso en las comunidades cristianas, (3) conformidad con los demás libros inspirados. Por eso, cuando hoy en día hablamos del canon del NT, nos referimos a los escritos del NT como una colección o una lista de libros que son normativos para la iglesia, que fueron examinados y pasaron el examen. Los escritos patrísticos también aplicaron este término a la regla de fe o al modelo de la enseñanza apostólica transmitida a la iglesia. Esta enseñanza, al ser colocada en un molde de declaración de principios o de fe, se conoció como el canon de la verdad. Por eso, Calvino en su comentario interpreta la palabra κανόνι como doctrina (2005:153). Es el sentido que Pablo le da al emplear la palabra κανόνι en Gálatas 6:16, o sea que los verdaderos creyentes ahora viven, actúan, y sirven a Dios y al prójimo, sin confiar en sus propios logros y méritos, sino en que han sido declarados libres de culpa por la cruz de Cristo y recibido la promesa de su Espíritu. Andar de acuerdo con la regla de Pablo es andar en el Espíritu. No es andar sujetados a un ayo, o a los rudimentos del mundo, sino andar en la libertad de los hijos revestidos de Jesucristo.

Al considerar el significado de la regla de Pablo, la ley de Cristo (6:2), la nueva creación o la fe que obra por el amor (5:6), debemos tener cuidado de no confundir tales expresiones con la imposición de una nueva ley que exige una nueva clase de obras meritorias, como por ejemplo, cuando se nos dice que el evangelio o la ley de Cristo consiste en imitar la praxis libertadora de Jesús de Nazaret en su confrontación con las fuerzas deshumanizadoras que esclavizan y oprimen a los seres humanos y la subsistencia de nuestro planeta. El evangelio no consiste en una imitación del Cristo libertador, sino en recibir de él la herencia prometida a los descendientes de Abrahán. Cristo no es una nueva Tora que vino a reemplazar la Tora de Moisés, como afirman algunos. No somos justificados porque imitamos la praxis de Jesús. Imitamos en parte la praxis de Jesús porque hemos sido justificados. Digo en parte, porque nadie puede imitar lo que realizó Jesús en la cruz cuando tomó sobre sí nuestras transgresiones y nos rescató de la condenación. La obra redentora de Cristo es única e inimitable. La obra de Cristo es la roca fuerte sobre la cual descansa nuestra justificación. Las buenas nuevas no tienen que ver con lo que hacemos sino con lo que recibimos. Si se enseña que se nos justifica por nuestra imitación de Cristo, entonces hemos convertido el evangelio en una nueva ley. Hay que subrayar que la expiación de nuestro pecado realizada por Jesucristo y la recepción del Espíritu Santo, no son el resultado de nuestra imitación de Cristo y su praxis libertadora. Nuestra imitación de Cristo (siempre imperfecta) y nuestra praxis libertadora son el resultado de la muerte, resurrección, y ascensión de Jesucristo.

EL ISRAEL DE DIOS

La expresión "el Israel de Dios" es una frase muy discutida que no se encuentra en ninguna otra parte del NT. El Israel de Dios puede entenderse como: (1) El nuevo y verdadero Israel restaurado de los últimos tiempos. O sea, este Israel de Dios está compuesto tanto por judíos como gentiles unidos por su fe en Jesucristo como Salvador y Mesías. (2) Un remanente de judíos cristianos dentro de la iglesia cristiana. (3) Todos los judíos étnicos que serán salvados en los últimos días antes de la segunda venida de Cristo. (4) Israel según la carne, o sea, todos los descendientes étnicos de Abrahán.

A nuestro parecer, la primera opción es la que corresponde al pensamiento del apóstol, pues la entidad designada como "el Israel de Dios" presupone un contraste con otra entidad, con un Israel que no necesariamente sea de Dios, un Israel que es de Dios sólo de nombre, pero no en verdad. Ya en los escritos de los profetas del AT y en los rollos del Mar Muerto se hacía una distinción entre los verdaderos adoradores del Señor y los circuncidados sólo físicamente, pero no de corazón. Preferimos asociar "el Israel de Dios" con otros términos que el apóstol ya había utilizado en su argumento, a saber, la Jerusalén de arriba, los hijos de la libre, la nueva creación y los hijos de la promesa. Debe ser evidente que Pablo también relaciona "el Israel de Dios" con los gálatas que se mantuvieron fieles al evangelio que les proclamó, es decir, creyentes mayormente gentiles, de ningún modo con los agitadores judaizantes. Es muy probable, como sugiere Longenecker (1990:298), que la expresión "el Israel de Dios" haya sido empleada primeramente por los agitadores, los cuales decían a los gálatas que para ser incluidos en "el Israel de Dios", era necesario que se circuncidaran. Lo que Pablo subraya aquí es, que los gálatas que confían en Cristo, que han sido bautizados en su nombre y que han recibido la promesa del Espíritu, ya pertenecen al Israel de Dios.

Según San Justino Mártir (100-165 dC.) en su *Diálogo con Trifón* (capítulo 122), la iglesia cristiana ha llegado a reemplazar al judaísmo como el verdadero Israel. También en la *Epístola de Bernabé* se estipula que el pueblo judío perdió su estatus como pueblo de Dios y fue reemplazado por la iglesia cristiana (Marcus 2012:386). Esta manera de entender la relación entre la emergente iglesia cristiana y el judaísmo ha sido denominada la teoría del reemplazo o supesecesionismo. Sin embargo, no todos los grupos cristianos de la antigüedad compartieron la teoría del reemplazo. La misma *Epístola de Bernabé* que hemos citado (4:6-7), ataca a los que mantienen que Dios no invalidó su pacto con Israel. En los escritos atribuidos a San Hipólito se mantiene que el pacto de Dios con Israel o el pueblo judío, todavía está en vigor esperando el día del arrepentimiento del pueblo judío. La idea o teoría de que Dios tiene dos pactos, uno con Israel y otro con la iglesia cristiana, aún tiene sus defensores hoy día. La *Epístola de Bernabé* mencionada aquí es un documento anexado al texto del *Codex Sinaiticus*. La epístola se escribió después de la destrucción del templo en el 70 dC, pero antes de la segunda revuelta de los judíos en contra de Roma (133-135 dC). Nunca fue considerada una parte del NT, pero por un tiempo gozó de cierta popularidad en algunos sectores de la iglesia primitiva.

La segunda opinión que merece nuestra consideración es la de de Boer, quien asevera que en este pasaje el apóstol desea impartir dos bendiciones distintas, una para todos los que siguen la regla de Pablo y otra para los judeocristianos de Palestina. Los que siguen la regla de Pablo son los hermanos gentiles de Galacia que confían plenamente en la gracia de Dios en Cristo y por lo tanto no ven como necesarias la circuncisión ni las otras exigencias de la ley de Moisés. La segunda bendición, de acuerdo con la interpretación de de Boer, es para los creyentes judíos de Judea y Jerusalén que creen en Cristo pero siguen practicando la circuncisión y muchos de los demás ritos relacionados con la ley de Moisés. En otras palabras, "el Israel de Dios" es la iglesia madre de Jerusalén (de Boer 2011:407-408). Según la opinión de algunos (Harmon 2010:137-138), es posible que en Gálatas 6:16 tengamos una alusión a Isaías 54:10, en que el profeta habla de la paz y la misericordia que no se apartarán del pueblo restaurado de Israel. Tomando en cuenta las muchas referencias a la segunda parte de Isaías en Gálatas, es probable que en este pasaje Pablo pida para el pueblo redimido en Cristo (la nueva creación) la misericordia y la paz escatológicas profetizadas por Isaías.

6:17 De aquí en adelante nadie me cause molestias, que yo llevo en mi cuerpo las marcas del Señor Jesús.

El sustantivo griego traducido marcas es στίγματα, de donde viene nuestra palabra estigma, o sea, la marca dejada en la piel con hierro candente, o las cicatrices producidas por una enfermedad como la viruela. Los amos de los esclavos solían marcar con hierros candentes a los esclavos fugitivos. El término στίγματα se emplea también con referencia a los tatuajes religiosos utilizados ampliamente en el mundo antiguo para marcar a los devotos con los símbolos de sus respectivos cultos (Betz 1979: 324). Parece poco probable que Pablo hubiera llevado un tatuaje para identificarse como cristiano. Los judíos por lo general rechazaron la costumbre de llevar tatuajes, porque eran considerados una desfiguración del cuerpo de un ser humano creado a la imagen de Dios. En la ley de Moisés se prohibió expresamente la práctica pagana de poner marcas en el cuerpo humano (Levítico 19:28).

Se suele usar el término estigma con referencia a las cinco heridas de Cristo crucificado. Se dice de San Francisco de Asís, que cuando meditaba sobre las heridas de Cristo se le aparecían *stigmata* en las manos, de los que manaba sangre. Para muchos estudiosos la mención de las cicatrices que llevaba Pablo en su cuerpo es una clara referencia a lo que ocurrió en Listra (Hch 14:19-20) cuando llegaron judíos de Antioquía e Iconio instando a los habitantes de Listra a apedrear al apóstol. Dice el libro de los Hechos que la multitud, después de lapidar a Pablo, "lo arrastraron y lo llevaron fuera de la ciudad, pues creían que estaba muerto" (Hoerber 2002:97). Sabemos que Pablo fue apedreado y lastimado en muchas ocasiones, según relata él mismo en 2 Corintios 11:23-33; pero el incidente de Listra es uno que los gálatas quizá presenciaron. En 2 Timoteo 3:11 el apóstol le recuerda a su querido discípulo las asechanzas, padecimientos, sufrimientos, y persecuciones que soportó en tres de las cuatro ciudades en que había trabajado en Galacia: Antioquía, Listra, e Iconio. Pero añade: "de todas me ha librado el Señor". Al hablar de llevar los στίγ ματα de Cristo, el apóstol emplea el mismo verbo griego βαστάζω, utilizado en otros textos para referirse a la acción de llevar o cargar la cruz (Betz 1979:325). Las cicatrices que Pablo llevó en su cuerpo lo marcaron como un soldado de Cristo que sufrió muchas heridas por haber cargado la cruz de Cristo. Es significativo que los agitadores no llevaban los στίγματα del Señor en sus cuerpos, porque ellos procuraban eludir la persecución por causa del Señor (Schreiner 2010:384).

Recordemos que durante las procesiones y celebraciones de la Gran Madre los *galli*, los esclavos castrados de Cibeles, exhibían ante el público las cicatrices en sus cuerpos como pruebas de su devoción a la diosa. Así como las cicatrices señalaban a los *galli* como esclavos de la diosa, los *stigmata* del apóstol marcaron a Pablo como esclavo de Jesucristo (Koehler 1958:167; Barrett 1985:90). Debe notarse que los στίγματα que llevaba el apóstol fueron marcas que otros dejaron en su cuerpo, mientras que los *galli* abusaron ellos mismos de sus propios cuerpos, para obtener prestigio y otros beneficios para sí. De modo similar muchos monjes, tanto budistas como cristianos, suelen abusar de sí mismos en un intento por expiar sus propios pecados y ganar méritos ante Dios. La cruz que llevan los seguidores de Cristo siempre se la imponen otros, nunca ellos mismos, pues todos debemos nuestra salvación a las heridas que recibió Cristo y no a la mortificación de nuestra propia carne.

El apóstol Pablo que anduvo entre los gálatas llevando los στίγματα de Cristo en su cuerpo, llega ahora a los gálatas por medio de la carta que les escribió con tanta pasión y lágrimas. La primera vez que Pablo llegó a Galacia, lo recibieron como un ángel de Dios a pesar de sus debilidades y enfermedad. Su deseo es que también ahora, carta mediante, su presencia sea recibida, no con rechazo, sino como una visita de Cristo (Betz 1979:325). Con esta esperanza, entonces, el apóstol imparte su bendición a sus queridos gálatas.

6:18 Hermanos, que la gracia de nuestro Señor Jesucristo sea con su espíritu. Amén.

Pablo tenía la costumbre de terminar todas sus cartas con una bendición en la que desea que la gracia (χάρις) de Jesucristo sea impartida a sus lectores y oyentes. El Amén al final de su misiva es un indicio de que quiso que la carta fuera leída públicamente ante la congregación (de Boer 2011:410). El término gracia en todas las bendiciones paulinas designa la salvación y todos sus beneficios: perdón, vida eterna, y el Espíritu Santo con todos sus frutos y dones. Hemos visto que en su salutación a los gálatas el apóstol pidió para ellos la gracia de Dios (1:3). En toda la extensión de la carta la gracia ha sido uno de los temas más destacados en la exposición del apóstol. Por la gracia de Dios Pablo fue llamado como apóstol; así también por la misma gracia, y no por la circuncisión o la ley, los gálatas, que en un tiempo estuvieron alejados de de Dios y su pueblo, fueron incorporados ahora al Israel de Dios. La palabra gracia es un resumen, en una sola palabra, de toda la carta de Pablo a los Gálatas (de Boer 2011:410). Aunque todas las bendiciones finales de Pablo incluyen la palabra gracia, esta bendición es la única que contiene la palabra hermanos (en vocativo, ἀδελφοί). La inclusión de tan hermosa designación fraternal expresa la esperanza del apóstol de que después de meditar acerca del mensaje de la carta, todos los lectores puedan añadir su propio amén y continuar firmes en su libertad en Cristo.

ANEXO IX: LAS CIUDADES PRINCIPALES DE GALACIA

Antes de enumerar y describir las ciudades de Galacia que Pablo eventualmente visitó durante sus primeros tres viajes misioneros, mencionaremos lo que estas ciudades tuvieron en común, y algunas de las posibles razones por las que el Espíritu Santo guió al apóstol a éstas y no a otras.

Según los estudios del gran misiólogo Roland Allen, las ciudades donde Pablo y sus colaboradores plantaron iglesias fueron centros de la administración romana y de la civilización griega, donde habitualmente había influencia judía. Las ciudades eran, además, centros de comercio y transporte que bien pudieron haber servido para evangelizar el interior de las provincias. En la mayoría de las ciudades se encontraba una sinagoga judía donde el apóstol pudo encontrar gentiles que adoraban al Dios verdadero, atraídos tanto por el estricto monoteísmo de los judíos como por las enseñanzas éticas de la Septuaginta, el AT en griego. Los gentiles que solían asistir a las reuniones de la sinagoga fueron, al parecer, las personas más abiertas al mensaje del evangelio y dispuestas a colaborar con Pablo y su equipo en la diseminación de las buenas nuevas. Fueron en su mayoría personas que conocían tanto la cultura grecorromana como la judía, y así ayudaron en la comunicación transcultural del mensaje de la cruz (Allen 1956:19-25). Se ha dicho que un misionero es uno enviado a transmitir el mensaje de salvación de una cultura a otra.

Según parece, el apóstol Pablo quiso que las congregaciones establecidas en las ciudades principales de las provincias de Galacia, Macedonia, Asia, y Acaya (Grecia), fueran centros para la evangelización de las ciudades, pueblos, aldeas, y zonas rurales de cada provincia. Siendo centros de comercio, las ciudades como Antioquía de Pisidia, Éfeso, Filipos, y Tesalónica solían atraer campesinos y artesanos del interior de las provincias para vender sus productos y comprar otros artículos de consumo. Muchos de los campesinos y artesanos llegaron a escuchar la proclamación de las buenas nuevas en estos centros de comercio, y después llevaron el mensaje de salvación a sus comunidades. Al escribir a los tesalonicenses, Pablo felicita a los hermanos de la nueva iglesia cristiana de Tesalónica por llevar el evangelio a cada rincón de Macedonia y hasta de Acaya: "Con ustedes como punto de partida, la palabra del Señor ha sido divulgada, y no sólo en Macedonia y Acaya, sino también en muchos otros lugares donde se sabe de la fe que ustedes tienen en Dios. Ya no es necesario que nosotros digamos nada" (1 Ts 1:8). Aunque Pablo tenía sus propias ideas de dónde era necesario plantar iglesias, con frecuencia el Espíritu Santo actuó para cambiar los planes del apóstol, como por ejemplo, cuando el Espíritu le prohibió ir a Asia o Bitinia, enviándolo antes bien a evangelizar a Macedonia (Hechos 16:6-10).

Todas las congregaciones a las que está dirigida la Carta a los Gálatas, se encuentran dentro de las fronteras de la provincia romana de Galacia. Como hemos visto anteriormente, existen dos teorías en cuanto a los destinatarios originales de la epístola, a saber, la teoría de Galacia del Sur y la Teoría de Galacia del Norte. A continuación brindamos un resumen de lo que sabemos de la historia, cultura, y religión de las ciudades en cuestión, tanto las del sur de la provincia romana de Galacia, como las del norte. En primer lugar trataremos las ciudades del sur.

Perge: Según el relato del libro de los Hechos, después de zarpar de Chipre y después del tiempo que pasaron con el gobernador Sergio Paulo, Pablo, Bernabé, y el joven Juan Marcos llegaron a Asia Menor, o mejor dicho a Anatolia, para comenzar la segunda fase de lo que los historiadores han llamado el primer viaje misionero de Pablo. Su primera escala en Anatolia fue Perge de Panfilia, una ciudad de la que, hasta ahora, no se han encontrado ruinas o alguna evidencia de una sinagoga judía. Perge se encuentra a once kilómetros del mar en una región pantanosa (Gonzáles 1992:205).

Aunque Lucas no dice si Pablo y Bernabé lograron, o no, establecer una congregación cristiana en Perge, sí sabemos que en esta ciudad hubo sucesos importantes que dejaron su impacto en el desarrollo del llamado primer viaje misionero de Pablo. En primer lugar, Lucas, el autor de los Hechos de los Apóstoles, dice que antes de salir de Perge para Antioquía de Pisidia, Juan Marcos, el sobrino de Bernabé, rompió con el equipo misionero. Se separó de ellos (es decir de Pablo y Bernabé), y volvió a Jerusalén (Hch 13:13). ¿Por qué? No lo sabemos. Podría haber sido porque no estuvo de acuerdo con la decisión de Pablo de asumir el liderazgo del equipo misionero. Los estudiosos del NT han observado que antes de este incidente Lucas siempre colocaba el nombre de Bernabé antes del nombre de Pablo, indicando así que Bernabé era el líder del equipo. Pero ahora, a partir de Perge, Lucas comienza a colocar el nombre de Pablo en primer lugar. ¿Será que el mismo Bernabé reconoció que los dones espirituales de liderazgo que Pablo había recibido, eran mayores que los de él? De todos modos, Bernabé aceptó, como la voluntad de Dios, que Pablo fuera el nuevo líder de la misión, sin protesta, evitando una lucha de poder. Lamentablemente, en la historia de las misiones se encuentran pocos misioneros como Bernabé. Otros han sugerido que Juan Marcos podría haber regresado a Jerusalén porque no estuvo de acuerdo con la decisión de Pablo de proclamar la Palabra en las sinagogas, en lugar de proclamar el evangelio directamente a los gentiles (Richard 1998:101-103).

Antioquía de Pisidia: La región de Pisidia se encuentra en el sur de Anatolia entre Licia al sur y Lidia al norte. Es una región montañosa, apartada y salvaje, una de las últimas en ser helenizadas. Sus habitantes, los pisidios, son los descendientes de un pueblo que ya se encontraba en Anatolia en el tiempo de los antiguos hititas. Los pisidios hablaban un idioma indoeuropeo que se perdió. Después de la muerte de Alejandro Magno los seléucidas tomaron control de Pisidia hasta el Tratado de Apamea en 188 aC, cuando el territorio pasó al control de los reyes de Pérgamo y un poco más tarde (103 aC) al dominio del Imperio Romano.

Los seléucidas fortificaron la ciudad de Antioquía de Pisidia militarmente para proteger sus territorios de los ataques de los galos y celtas, además de otros invasores. Los romanos, dándose cuenta de la importancia militar de Antioquía de Pisidia para controlar el sur de Anatolia, colonizaron la ciudad con veteranos de sus legiones. Los antiguos habitantes de Pisidia eran conocidos en la antigüedad como un pueblo sumamente belicoso (Mitchell 1993:I.72), pero en tiempos de Pablo la presencia de los colonos romanos y el proceso de helenización pacificaron la región y aceleraron la unificación de las muchas etnias que se encontraban en Pisidia y en el resto de la provincia de Galacia.

Ya antes de la época en que Pablo arribó a Galacia, la ciudad de Antioquía de Pisidia había sido refundada por César Augusto y reconstruida como una pequeña Roma con un templo imperial, pórticos, plazas, un arco de triunfo y una abundancia de templos y santuarios de las deidades veneradas por sus habitantes. Antioquía de Pisidia llegó a ser la segunda ciudad de la provincia romana de Galacia. El gran número de colonos italianos con que contaba le daba cierta ventaja sobre Ancira, la capital de la provincia. Como mencionamos arriba, entre los colonos italianos que se establecieron en Antioquía se contaba la familia de los Sergii Paulii a la que pertenecía el gobernador romano de Chipre, quien llegó a confesar a Jesús durante la visita de Pablo y Bernabé a Pafos (Mitchell 1993:II.7). Los colonos italianos fueron quienes introdujeron en Antioquía de Pisidia tanto el culto de *Iuppiter Optimus Maximus* como también el culto imperial.

Solamente tres ciudades romanas de Anatolia han sido excavadas en profundidad por los arqueólogos. Éstas son: Ancira, Pessino, y Antioquía de Pisidia. En todas se encontraron templos relacionados con el culto imperial. El culto imperial de Anatolia tuvo su comienzo en el año 29 aC, cuando Octaviano autorizó a los habitantes de Bitinia y Asia a erigir santuarios en todas las ciudades principales de sus respectivos territorios. En el 27 aC, Octaviano recibió el título de Augusto César (*Sebastos,* en griego). Para celebrar el acontecimiento se construyeron casi inmediatamente templos y santuarios en Éfeso y Filadelfia. Un poco más tarde, en particular durante el gobierno de Tiberio, cada ciudad principal llegó a tener su *Caesarium.* Uno de los templos más impresionantes fue el de Antioquía de Pisidia. El edificio, con su diseño occidental y sus columnas corintias llegó a ser, siglos más tarde, una iglesia cristiana. El edificio todavía existe hoy en día (Mitchell 1993:I.100).

Los cultos y otras actividades en el templo de Antioquía fueron mantenidos mediante las contribuciones y el patrocinio de la nobleza local. Las inscripciones encontradas en la ciudad indican que al principio los primeros sacerdotes del culto provenían de los colonos italianos. El honor de servir por algunos años como sacerdote del culto era algo que muchas personas codiciaban, pues era una manera efectiva, aunque costosa, de alcanzar honor, reconocimiento social y una oportunidad de escalar los peldaños de poder e influencia en el gobierno de la provincia. Los sacerdotes tenían que sacar de sus bolsas los fondos para costear las competencias atléticas, luchas de gladiadores, peleas entre animales salvajes, procesiones, liturgias, compra de animales para los sacrificios y la porción de aceite y banquetes para los pobres en los cumpleaños de los emperadores y los miembros de sus familias. Podríamos comparar los gastos que tenían que desembolsar los sacerdotes y otros patrones nobles para el culto, con los gastos que tiene que afrontar la persona elegida como presidente de una cofradía en uno de los pueblos tradicionales de México o Centroamérica. Hay que pagar por los adornos, las procesiones, los fuegos artificiales, la comida y la bebida. Aunque el presidente de la fiesta patronal gana mucho prestigio, muchas veces queda casi en bancarrota después de las festividades.

Las festividades unieron, al mismo tiempo, a los diferentes pueblos y tribus de Anatolia en el proceso de romanización de la provincia. Así también, en la época de la colonia en América Latina, la Iglesia Romana, así como el Imperio Romano en sus días, procuró unir a los numerosos pueblos y tribus indígenas en torno a un culto común en el cual se reconocía la autoridad absoluta de los conquistadores. En el templo del culto imperial de Antioquía de Pisidia hubo esculturas con bajorrelieves que celebraban las victorias obtenidas por Augusto César en la guerra con los de Pisidia (Mitchell 1993:I.102).

Los que rehusaban participar en el culto imperial eran considerados desleales al emperador y al Imperio. Como hemos indicado en otras partes de nuestro comentario, ésta debe haber sido la causa de muchas de las persecuciones de los primeros cristianos de Anatolia y otras partes. Algo semejante ocurrió en muchos países de nuestro continente. Los protestantes que rehusaban participar en las fiestas patronales fueron considerados culpables de las sequías, inundaciones, pestes, y otras calamidades, por haber provocado la ira de Dios y de los santos al no participar en el culto tradicional. Justo González (1992:210) cree que la fuerte oposición que experimentaron Pablo y Bernabé en Antioquía se debió, al menos en parte, al temor de los judíos de perder el control de la sinagoga del pueblo, si se permitía la incorporación de todos los temerosos de Dios y otros gentiles atraídos por el poder del evangelio que proclamaban los misioneros. Los judíos de Antioquía podrían llegar a ser una minoría en la casa de oración que ellos mismos habían fundado. Lo mismo, observa González, sucede hoy en día cuando los inmigrantes hispanos, asiáticos o africanos llegan a ser mayoría entre los que asisten a los oficios de una congregación en la que predominaban personas de origen europeo.

Se han visto –por ejemplo en la India– iglesias cristianas compuestas por personas de las castas superiores, que se incomodan cuando entran en su medio una mayoría de personas de las castas consideradas inferiores. Hasta en algunas iglesias protestantes de América Latina hemos observado intransigencia de parte de los antiguos miembros de la clase media a la asimilación de nuevos miembros de las clases populares o grupos indígenas. En contra de esta oposición –de parte de los que quieren mantener el sistema– a los considerados inferiores, incultos o ignorantes, lucha el apóstol en su Carta a los Gálatas, particularmente en Gálatas 3:28. El temor de perder el control no proviene del Espíritu, ni tampoco el temor que sentimos al encontrarnos entre los que son diferentes a nosotros. Tal temor no lo engendra el Espíritu, sino que es obra de la carne. El Espíritu procura que se reciban los unos a los otros como hermanos en el amor de Cristo. Pablo Richard, al escribir desde la perspectiva de la teología de la liberación, observa que la oposición en contra del evangelio de Pablo en Antioquía, Iconio, Listra, y otras partes, casi siempre provenía de personas de las clases dominantes preocupadas por las consecuencias, a corto y largo plazo, de un mensaje que en el culto ofrecía a los de abajo los mismos dones del Espíritu y los mismos privilegios de que gozaban con ostentación los de arriba (Richard 2000:101-103).

Antioquía de Pisidia gozaba no sólo del santuario de Cibeles y de un templo dedicado al culto imperial, sino también del santuario más importante del dios Men Askaeno en Anatolia. Las representaciones de este dios de la luna se destacan por su capa frigia y símbolos de la luna en cuarto creciente. Aun entre los colonos italianos, el dios Men Askaeno fue la divinidad más popular en la región de Antioquía de Pisidia (Mitchell 1993:II.29). Los dioses que predominaban en Pisidia, Frigia, y las regiones adyacentes, o sea en las partes donde Pablo y Bernabé establecieron congregaciones cristianas, fueron Júpiter, Men, Cibeles, y los dioses de la justicia (*Hosion kai dikaion*). Después de la evangelización de Antioquía y Listra, llevada a cabo por Pablo, la religión cristiana se extendió por todo el territorio de los antiguos pisidios y frigios, hasta que la mayoría llegó a confesar a Cristo (Porter 2008:143). Las áreas más resistentes al mensaje cristiano fueron las regiones donde hubo colonias de inmigrantes persas con sus cultos a varias deidades iraníes incluidas sus afiliaciones al zoroastrismo (especialmente en Capadocia).

<u>Iconio</u>: Después de su expulsión de Antioquía de Pisidia, Pablo y sus colaboradores llegaron a Iconio, una importante ciudad frigia ubicada a una altura de 1.030 metros sobre el nivel del mar en la región montañosa del sur de Anatolia, en lo que es la frontera entre Frigia y

Licaonia; o sea, que era la última ciudad frigia antes de llegar a Licaonia. La ciudad ha sido descrita como un jardín verde, rica, y próspera, ubicada al oeste de la gran pradera de Licaonia. Iconio es una ciudad muy antigua con una larga historia. Los historiadores griegos aseveran que allí reinaba el rey Nannakos antes del gran diluvio. La ciudad fue visitada por Jenofonte durante su *Anabasis* (expedición) (Ramsay 1965:214-218). Después de las conquistas de Alejandro Magno, Lisímaco gobernó y helenizó a Iconio. Los habitantes de la ciudad eran frigios de raza, pero griegos por su cultura. Algún tiempo después de su helenización, Iconio fue tomada por los seléucidas y un poco más tarde por los reyes de Pérgamo.

El general romano Pompeyo incorporó a Iconio a la provincia romana de Cilicia. Marco Antonio regaló la ciudad de Iconio a Amyntas, el último rey de Galacia, en el año 36 aC. Al morir Amyntas en el 25 aC, Iconio fue incorporada a la nueva provincia romana de Galacia. Los habitantes de la ciudad estaban divididos en cuatro tribus, según las deidades principales veneradas en la ciudad. Los arqueólogos hallaron las ruinas de un templo dedicado a Zeus Megistos e inscripciones dedicadas a Apolo y varias representaciones de la madre de los dioses de los frigios, incluyendo a la gran madre Agdistis y la Artemisa. Iconio contó también con un templo del culto imperial, además de una sinagoga judía.

Aparentemente, la presencia de una colonia de judíos en la ciudad impactó en cierto grado las ideas y costumbres de sus vecinos paganos, según lo evidencia el descubrimiento de monedas con temas bíblicos, lo que indica que los habitantes de la ciudad localizaron la historia de Noé y el diluvio en su región. Esto indica un proceso en el que se mezclaban las tradiciones locales con las que se enseñaban en la sinagoga (Mitchell 1993:II.33). Como lo revelan las inscripciones más tardías halladas en muchas partes de Anatolia y principalmente en Frigia, las ideas que se diseminaban en las sinagogas de la región prepararon a la población pagana para la expansión del evangelio cristiano. En efecto, las inscripciones indican la presencia en Anatolia de sectas heréticas que combinaban elementos tanto judíos como paganos y cristianos. Por la influencia de la sinagoga muchos paganos llegaron a aceptar que existe un solo Dios Supremo y que las deidades del paganismo son tan sólo espíritus o ángeles creados por el Dios Supremo. Se dice que los miembros de tales sectas adoraban al Dios de Israel y también a los ángeles creados por él (Mitchell 1993:II.36). La existencia en Iconio de una sinagoga y de mucha literatura judía en griego, pudo haber sido uno de los factores que preparó a los habitantes de la ciudad para la visita evangelizadora de Bernabé y Pablo.

En Iconio, Pablo y Bernabé anunciaron el evangelio tanto a judíos como a gentiles, y fundaron allí una congregación cristiana. Lucas dice en Hechos 14:1 que los apóstoles hablaron de tal manera "que una gran multitud de judíos y de griegos creyó". La persecución de los misioneros cristianos en Iconio no partió de los habitantes locales, como en Antioquía y Listra, sino que surgió por la llegada de los mismos judíos que habían causado problemas a Pablo en Antioquía y Listra. Según parece, Pablo y Bernabé pasaron más tiempo en Iconio que en Antioquía, hablando con valentía, dando testimonio de la palabra, sanando enfermos y realizando milagros (Hechos 14:3). Los de afuera fueron los responsables por las divisiones en Iconio y por la polarización del pueblo. Aunque semejante polarización fue profetizada por Jesús (Mateo 10:21), los apóstoles nunca tuvieron la intención de provocar divisiones, sino paz. Sin embargo, el rechazo del ser humano al mensaje de paz, reconciliación, y unión provoca división. El anciano Simeón, al tomar al niño Jesús en sus brazos, dirigiéndose a María, profetizó: "Tu hijo ha venido para que muchos en Israel caigan o se levanten. Será una señal que muchos rechazarán" (Lc 2:34).

Durante su viaje de regreso de Derbe a Antioquía de Siria, los apóstoles visitaron Iconio nuevamente, "y allí infundían ánimo a los discípulos y los alentaban a mantener la fe... También nombraron ancianos en cada iglesia" (Hch 14:21-23). En Hechos 15:41 y 16:1 leemos de una tercera visita de Pablo a Iconio. Tres años más tarde visitó Iconio por cuarta vez (Hch 18:23). Entre los años 220-240 dC se celebraron en Iconio varios sínodos en los que participaron los obispos de Galacia y Cilicia. En la *Historia Eclesiástica* de Eusebio hay una lista de los obispos de Iconio, que comienza a partir de principios del siglo III (Schnabel 2004:I.1111-1112). Iconio también fue escenario de una obra apócrifa del siglo II que por un tiempo gozó de gran popularidad en las iglesias orientales. La obra, *Los Hechos de Pablo y Tecla*, relata cómo Pablo llevó a la bella virgen Tecla a la fe en Cristo y la exhortó a vivir una vida de castidad y ascetismo y a dedicarse enteramente a la proclamación de la fe.

Listra: En Listra, Bernabé y Pablo encontraron a un hombre cojo de nacimiento, que jamás había podido caminar. Pablo se dio cuenta de que el cojo tenía fe para ser sanado y le dijo con voz fuerte: "Levántate, y apóyate sobre tus pies. Y aquel hombre dio un salto y comenzó a caminar" (Hch 14:8-11). La gente que había observado el milagro, "comenzó a gritar en lengua licaónica: Los dioses han bajado en forma de hombres, y nos están visitando. A Bernabé lo llamaron Júpiter, y como Pablo era el que hablaba, a él lo llamaron Mercurio." En lo que Lucas escribe acerca del incidente, notamos que Pablo y Bernabé no entraron primero en una sinagoga del pueblo, sino que proclamaron el mensaje al aire libre. Quizá en Listra no había suficiente número de judíos para la formación de una sinagoga. Notamos también que muchos de los habitantes de Listra hablaban una lengua que no era arameo ni griego, sino uno de los idiomas antiguos de Anatolia. El programa de helenización no había logrado desplazar la antigua lengua de sus habitantes. Sin embargo, observamos que en el pueblo había un templo dedicado al dios griego Zeus, al que los romanos llamaban Júpiter. La gente identificó a Pablo con Hermes (Mercurio), el mensajero de los dioses, el que llevaba la palabra. A la vez creyeron que Bernabé era Júpiter disfrazado de ser humano, probablemente porque Bernabé era más alto y fornido que Pablo. Hermes era considerado el patrono divino del arte, de la comunicación, y de la interpretación correcta de la palabra. De su nombre deriva nuestra palabra hermenéutica, el arte de la interpretación. Es interesante notar también que en la antigüedad uno de los epítetos para Hermes era εὐαγγέλος, el que trae buenas nuevas. Y uno de los papeles de Zeus fue el de ofrecer protección a los extranjeros que se encontraban lejos de su patria de origen (Martin 1995:155).

En vez de llamar la atención a la gente acerca de su error, los sacerdotes del templo de Júpiter también creyeron que los dioses habían llegado al pueblo en la semejanza de seres humanos. A diferencia de lo que enseñaban los filósofos griegos, los sacerdotes y la gente común creían que los dioses, en vez de evitar todo contacto con los seres humanos y con el mundo de la materia, intervenían en el mundo de los mortales y se preocupaban por ellos. Según el poeta Ovidio (Publius Ovidius Naso, 43 aC–17/18 dC) en su libro *Metamorphoses*, los dioses Júpiter (Zeus) y Mercurio (Hermes) visitaron cierta vez un pueblo de Frigia, disfrazados de mortales. Todos los habitantes de la aldea los maltrataron y no les ofrecieron hospitalidad. Finalmente, una pareja de ancianos, Filemón y Baucis, los recibió e invitó a pasar la noche en su humilde hogar. El próximo día los dioses destruyeron el pueblo con fuego, pero al hogar de la pareja anciana lo transformaron en un bello templo (Gaventa 2003:207). Tal vez los habitantes de Listra, recordando la leyenda, creyeron que nuevamente los dioses visitaban un pueblo de Frigia.

La diferencia entre la historia de Hechos 14 y la de *Metamorphoses* de Ovidio es que en la primera se trata de seres humanos tomados por dioses, mientras que en la segunda se trata de dioses en forma de seres humanos. Ambos relatos tienen varios elementos en común con la historia relatada en Génesis 19, la visita de los dos ángeles a la casa de Lot en Sodoma. La confusión de los habitantes paganos de Listra acerca de la identidad de Pablo y Bernabé, nos muestra que en los pueblos más pequeños de Anatolia, el programa de helenización promulgada tanto por griegos como por romanos no había logrado suprimir la cosmovisión y cultura folclórica de sus habitantes. Aunque había templos de dioses griegos y romanos, las creencias respecto a éstos no correspondían a las de los filósofos grecorromanos, sino a las de la religiosidad popular, una situación semejante a la que encontramos en muchas partes de América Latina.

En cuanto a la lengua licaónica que hablaban los habitantes de Listra al clamar a sus dioses, no hay referencia a este idioma fuera de Hechos 14. La mayoría de los historiadores cree que era una de las muchas lenguas neoanatolianas, de origen indoeuropeo, tal vez una forma de Luwian, un idioma afín al heteo (Porter 2008:147-148). La ciudad de Listra se encontraba en medio de un valle, construida sobre un cerro pequeño a una altura de 1155 metros sobre el nivel del mar. Fue fundada por César Augusto como la *Colonia Felix Gemina Lustro,* una base militar para proteger al Imperio Romano de ataques o invasiones provenientes del Oriente. Por tanto, la ciudad debe haber tenido un contingente considerable de soldados romanos (Ramsay 1965:223-227).

Derbe: Después de haber sido apedreado Pablo en Listra, él y Bernabé llegaron a Derbe. La ciudad de Derbe se encuentra en el extremo sureste del llano de Licaonia, en lo que en tiempos de Pablo fue la frontera oriental del Imperio Romano (Ramsay 1907:385). El nombre Derbe es de origen licaónico. Por muchos años la ciudad fue un pequeño reino macedonio que tardíamente quedó incorporada a una de las provincias vecinas. Según sabemos, en Derbe no había elementos romanos; los habitantes de la ciudad eran judíos, griegos, y nativos. Los griegos en realidad no eran descendientes de colonos de Grecia, sino frigios y licaonios que habían adoptado las costumbres, educación e idioma de los griegos (Ramsay 1965:451). En el tiempo del NT se criaban grandes cantidades de ovejas y chivos en los llanos de Licaonia y los alrededores de Derbe. Ubicada en la carretera imperial y en la frontera del Imperio, Derbe debió su prosperidad no sólo a sus manadas de chivos y ovejas, sino también a los impuestos y tarifas que tenían que pagar los viajeros y comerciantes que pasaban por la ciudad. Por las inscripciones en monedas encontradas en la región, se sabe que dos de las deidades veneradas en la localidad fueron Hércules y la diosa de la Buena Fortuna (Ramsay 1907:385-404).

De 2 Timoteo 3:11 sabemos que Derbe fue la única ciudad evangelizada por Pablo en el sur de Galacia en la que el apóstol no experimentó persecuciones y padecimientos. En Hechos 20:4 se menciona a un tal Gayo de Derbe, que fue uno de los delegados que acompañaron a Pablo en su viaje a Jerusalén para entregar la ofrenda de las iglesias paulinas para los pobres. A este Gayo no debe confundírselo con otros tres Gayos mencionados en el NT: Gayo de Macedonia (Hechos 19:29), Gayo de Corinto (Romanos 16:23) y el Gayo a quien está dirigida la Tercera Carta de Juan (v 1). La presencia de Gayo entre los delegados parece indicar que las iglesias de Galacia se habían mantenido fieles a Pablo y su evangelio, y que la Carta a los Gálatas había logrado convencerlos, o por lo menos a un grupo importante de ellos, a rechazar los argumentos de los intrusos. Otro ayudante de Pablo que podría haber sido nativo de Galacia es Crescente, mencionado en 2 Timoteo 4:10.

Ancira: Es la primera y más importante de las ciudades del norte de Galacia, donde algunos historiadores y comentaristas creen que Pablo estableció las congregaciones a las cuales fue dirigida su Carta a los Gálatas. En el tiempo de Pablo Ancira era la capital de la provincia romana de Galacia. En tiempos del NT era una ciudad cosmopolita con una población estimada en unas 200.000 personas y una gran abundancia de templos y santuarios, siendo el más destacado el del culto imperial. Por lo que sabemos, en tiempos del NT no había judíos en Ancira.

La ciudad, según la evidencia arqueológica, data de la edad de bronce y de la época de los hititas. Aproximadamente por el año 1000 aC los frigios comenzaron a establecerse en Ancira y sus alrededores. Cuando la antigua capital de Frigia, Gordium, quedó destruida por un terremoto, hubo una emigración importante de sobrevivientes de ésta a Ancira. Los frigios reinaron en Ancira hasta que fueron conquistados por Lidia y después por los persas. Después de la invasión de los galos y celtas en el 276 aC, Ancira llegó a ser el centro tribal de la tribu gala de los Tectosages. Augusto César la conquistó en el 25 aC. Durante el reinado de Tiberio se construyó un gran templo del culto imperial. En la lista de los ciudadanos prominentes que fueron sumo sacerdotes del culto imperial, aparecen los nombres de muchos miembros de la vieja aristocracia celta, que se valieron de su participación en el culto imperial como un medio de ganar honor, prestigio, e influencia dentro de la sociedad y el nuevo sistema (imperial) (Mitchell 1993:I.108-109).

Aunque con el culto imperial menguó la influencia de las viejas costumbres, tradiciones, y lealtades de los habitantes de la ciudad, San Jerónimo, en su comentario sobre Gálatas, afirma que los gálatas todavía hablaban el mismo idioma celta que algunos *treveri* que él había encontrado de niño. Hay historiadores que creen que se seguía hablando el galo en algunas partes de la región de Ancira hasta la invasión de los árabes en el siglo VII (Porter 2008:142). En los libros de historia leemos de la persecución y el martirio de muchos cristianos de Ancira en tiempos del emperador Dioclesiano, pero nada acerca de la actividad de San Pablo en la fundación de la iglesia en la ciudad. Algunos historiadores, como Martyn, que apoyan la teoría de Galacia del Norte, dicen que es así porque a pesar de los esfuerzos de Pablo, los agitadores convencieron a los miembros de las iglesias paulinas del Norte a judaizarse, y consecuentemente las iglesias paulinas dejaron de existir. La historia eclesiástica de Eusebio y los otros padres de la iglesia antigua no lo mencionan.

Lo que sí sabemos es que en el siglo IV después de Cristo Ancira llegó a ser una ciudad mayormente cristiana, donde se realizaron varios importantes concilios. Ancira, con su nuevo nombre turco, Ankara, es hoy la capital de la república turca y la segunda ciudad más grande de Turquía.

Pessino: La segunda ciudad del norte de Galacia que se menciona como uno de los pueblos donde Pablo estableció una congregación cristiana. Ubicada en una alta planicie de Anatolia a una altura de 950 metros, la ciudad de Pessino se encontraba en una intersección de rutas de caravanas. Por muchos siglos fue un gran centro religioso gobernado por la oligarquía del culto de Cibeles, la deidad más venerada de la antigua Anatolia. En Pessino se encontraba el santuario de Cibeles, la más famosa de las diosas madres adoradas en Anatolia, la Gran Madre del Monte Dindymus. El santuario de Cibeles en Pessino era sagrado tanto para los Átalos como para los Galos. El objeto más sagrado era una piedra negra o meteoro, llevado a Roma en el año 204 aC y colocado en el Templo de la Victoria para garantizar la victoria de los romanos sobre sus adversarios en la Segunda Guerra Púnica. El emperador Julián el apóstata visitó el santuario de Cibeles durante su campaña en contra de los persas en el 362 dC. Aquí, Julián le escribió a Callixeine, nombrándola sacerdotisa de la Gran Madre de los Frigios a más de su designación como sacerdotisa del más santo Deméter, título que ya ostentaba (Mitchell 1993.II:21-22).

Pessino contaba también con un templo del culto imperial y santuarios donde se adoraba a Zeus, Eros, Afrodita, Apolo, la Artemisa, Asclepio, y Cibeles (Mitchell 191993:II.4). La primera noticia que tenemos de una comunidad cristiana proviene de un obispo llamado Demetrio de Pessino, quien apoyaba a San Juan Crisóstomo (Schnabel 2004:1135). Los obispos de Pessino asistieron a los Concilios de Éfeso en 431 y 449 y de Calcedonia en 451.

Tavia: Los que proponen la teoría de Galacia del Norte afirman que Pablo probablemente también haya establecido una de sus congregaciones en Tavia, un poblado que ya existía cuatro mil años antes de Cristo. Ubicada tan sólo a 20 kilómetros de Hattusha, la vieja capital del gran imperio Hititas, la ciudad de Tavia, o Tavium, llegó a ser el centro de la tribu gala de los Trocmi. En Tavia se encontaba el más importante santuario de Zeus de toda Galacia, con una colosal estatua del dios en bronce. Además, las monedas encontradas en la región llevan la imagen del Zeus de Tavia. En los talleres de fundición de la ciudad los artesanos trabajaban los metales que abundaban en la región. En las montañas cercanas había minas de cobre, zinc, hierro, y plata. Al igual que Ancira y Pessino, Tavia no se menciona en la Biblia.

BIBLIOGRAFÍA

Agustín de Hipona

1949 *The Confessions of Saint Augustine.* New York: The Modern Library.

Aichele, George; Miscall, Peter; Walsh, Richard

2009 "An Elephant in the Room: Historical-Critical and Postmodern Interpretations of the Bible." *Journal of Biblical Literature.* Vol. 128:2, pp. 383-404.Atlanta: Society of Biblical Literature.

Allan, John A.

1963 *La epístola a los gálatas.* Buenos Aires: Methopress.

Allen, Roland

1956 *Missionary Methods. St. Paul's or Ours?* Chicago: Moody Press.

1960 *The Ministry of the Spirit: Selected Writings of Roland Allen.* ed. David M. Paton. Grand Rapids: William B. Eerdmans Publishing Company.

Allison, Dale C. & Davies, W. D.

1991 *The Gospel According to Saint Matthew.* Vol. 2. Edinburgh: T & T Clark.

Allmen, J. J. Von, ed.

1958 *A Companion to the Bible.* New York: Oxford University Press.

Arnold, Clinton E.

1989 *Ephesians: Power and Magic.* Cambridge: Cambridge University Press.

1996 "Returning to the Domain of the Powers: Stoicheia as Evil Spirits in Galatians 4:3, 9." *Novum Testamentum.* XXXVIII:1, pp. 55-76. Leiden: E. J. Brill.

2005 "I am astonished that you are so quickly turning away (Gal. 1:6): Paul and Anatolian Folk Belief" *New Testament Studies.* 51:3, pp. 429-449. Cambridge: Cambridge University Press.

2010 *Ephesians.* Grand Rapids: Zondervan.

Bailey, Kenneth E.

2011 *Paul through Mediterranean Eyes: Cultural Studies in 1 Corinthians.* Downer's Grove: IVP Academic.

Barclay, John M. G.

1987 "Mirror-Reading a Polemical Letter: Galatians as a Test Case." *Journal for the Study of the New Testament.* Issue 31, pp. 73-93. Sheffied: JSOT Press.

1988 *Obeying the Truth.* Edinburgh: T & T Clark.

1995 "Paul among Diaspora Jews: Anomaly or Apostate?" *Journal for the Study of the New Testament.* Issue 60, pp. 89-120. Sheffield: Sheffield Academic Press.

Barclay, William

1984 *Gálatas y Efesios.* Buenos Aires: Ediciones La Aurora.

Barrett, Charles Kingsley

1985 *Freedom & Obligation: A Study of the Epistle to the Galatians.* Philadelphia: The Westminster Press.

Barton, John

2012 "Confusion and Communion: Christian Mission and Ethnic Identities in Post Genocide Rwanda." *Missiology.* Vol. XL:3, pp. 229-248. La Mirada, California: American Society of Missiology.

Behm, Johannes

1964 "ανάθεμα" en *Theological Dictionary of the New Testament.* Vol. 1, pp. 354-356. Grand Rapids: William B. Eerdmans Publishing Company.

Berdyaev, Nicolas

1957 *The Beginning and the End.* New York: Harper Torchbooks.

Best, Ernest

1986 "Paul's Apostolic Authority?" *Journal for the Study of the New Testament.* Issue 27, pp. 3-25. Sheffield: JSOT Press.

Betz, Hans Dieter

1979 *Galatians.* Philadelphia: Fortress Press.

Blank, Rodolfo

1992 *The Law in Roman Catholic Liberation Theology*. Ann Arbor: University Microfilms Dissertation Service.

1999 *El Evangelio de Juan*. Saint Louis: Editorial Concordia.

Braaten, Carl E.

2011 "A Lutheran Affirmation of Natural Law" en *Natural Law: A Lutheran Reappraisal*. ed. Robert C. Baker, pp. 3-15. Saint Louis: Concordia Publishing House.

Bray, Gerald L. ed.

2011 *Reformation Commentary on Scripture: Galatians, Ephesians*. Downers Grove: IVP Academic.

Bring, Rangar

1961 *Commentary on Galatians*. Philadelphia: Muhlenberg Press.

Brondos, David

1991 "The Cross and the Curse: Galatians 3:13 and Paul's Doctrine of Redemption." *Journal for the Study of the New Testament*. Issue 81, pp. 3-32. Sheffield: Sheffield Academic Press.

Brown, Peter

1993 *El Cuerpo y la Sociedad*. Barcelona: Muchnik Editores S. A.

Büchel, Friedrich

1964 "εχαγοράζω" en *Theological Dictionary of the New Testament*. Vol. I, pp. 124-128. Grand Rapids: William B. Eerdmans Publishing Company.

1965 "θυμός" en *Theological Dictionary of the New Testament*. Vol. II, pp. 167-168. Grand Rapids: William B. Eerdmans Publishing Company.

Bultmann, Rudolf

1952 *Theology of the New Testament*. Vol. 1. London: SCM Press Ltd.

1968 "πεισμονή" en *Theological Dictionary of the New Testament*. Vol. VI, pp. 1-11. Grand Rapids: William B. Eerdmans Publishing Company.

Bunyan, Juan

1966 *El Peregrino*. Buenos Aires: Editorial La Aurora.

1976 *The Doctrine of Law and Grace Unfolded*. Oxford: Claredon Press.

Calvino, Juan

2005 *Commentary on Galatians and Ephesians*. Grand Rapids: Baker Book House.

Campbell, Douglas A.

2011 "Galatians 5:11: Evidence of an Early Law-observant Mission by Paul?" *New Testament Studies*. Vol. 57:3, pp. 325-347. Cambridge: Cambridge University Press.

Campbell, R. Alstair

1995 "καὶ μάλιστα οἰκείων – A New Look at 1 Timothy 5:8." *New Testament Studies*. Vol. 41:1, pp. 157-160. Cambridge: University of Cambridge Press.

Carson, Donald A; Moo, Douglas J. & Morris, Leon

1992 *An Introduction to the New Testament*. Grand Rapids: Zondervan.

Ciampa, Roy E.

1998 *The Presence and Function of Scripture in Galatians 1 and 2*. Tübingen: Mohr Siebeck.

2011 "Examined the Scriptures? The Meaning of ανακρίνοντες τας γραφάς in Acts 17:11." *Journal of Biblical Literature*. Vol. 130:3, pp. 527-541. Atlanta: Society of Biblical Literature.

Comblin, José

1977 *The Meaning of Mission*. Maryknoll, New York: Orbis Books.

Cranfield, C. E. B.

1991 "The Works of the Law in the Epistle to the Romans." *Journal for the Study of the New Testament*. Issue 43, pp. 89-101. Sheffield: JSOT Press.

1993 *La Epístola a los Romanos*. Buenos Aires: Nueva Creación.

CTCR

2010 *Together With All Creatures.* Saint Louis: Commission on Theology and Church Relations of the Lutheran Church – Missouri Synod.

Cullmann, Oscar

1950 *Christ and Time.* Philadelphia: The Westminster Press.

Dahl, Nils Alstrup

1977 *Studies in Paul.* Minneapolis: Augsburg Publishing House.

Das, A. Andrew

2001 *Paul, the Law and the Covenant.* Peabody, Massachusetts: Hendrickson Publishers Inc.

Davies, W. D.

1965 *Paul and Rabbinic Judaism.* London: S.P.C.K.

Davis, Basil S.

1999 "The Meaning of προεγράφη in the Context of Galatians 3:1." *New Testament Studies.* Vol. 45:2, pp. 194-212. Cambridge: University of Cambridge Press.

de Boer, Martinus C.

2011 *Galatians.* Louisville: Westminster John Knox Press.

De Lacey, D. R.

1987 "Jesus as Mediator." *Journal for the Study of the New Testament.* Issue 29, pp. 101-121. Sheffield: JSOT Press.

deSilva, David A.

1993 "Measuring Penultimate against Ultimate Reality: An Investigation of the Integrity and Argumentation of 2 Corinthians." *Journal for the Study of the New Testament.* Issue 52, pp. 41-70. Sheffield: JSOT Press.

2011 *A Sri Lankan Commentary on Paul's Letter to the Galatians.* Oregon: Cascade Books.

Diez Macho, Alejandro ed.

1987 *Testamentos de los Doce Patriarcas, hijos de Jacob.* Vol. 5 de Apócrifos del Antiguo Testamento. Madrid: Cristiandad.

Dodd, Brian J.

1996 "Christ's Slave, People Pleasers and Galatians 1:10." *New Testament Studies.* Vol. 42:1, pp. 90-104. Cambridge: Cambridge University Press.

Dodds, Adam

2012 "The Centrality of the Church's Missionary Nature." *Missiology.* LX:4, pp. 393-407. La Mirada, California: American Society of Missiology.

Dunn, James D. G.

1992 Yet Once More – 'The Works of the Law': A Response" *Journal for the Study of the New Testament.* Issue 46, pp. 99-117. Sheffield: JSOT Press.

1993 *The Epistle to the Galatians.* London: A & C Black.

1996 *The Acts of the Apostles.* Valley Forge: Trinity Press International.

2012 "Review of Galatians: A Commentary by Martinus C. de Boer." *Review of Biblical Literature.* Atlanta: Society of Biblical Literature.

Eastman, Susan G.

2006 "Cast Out the Slave Woman and her Son: The Dynamics of Exclusion and Inclusion in Galatians 4:30." *Journal for the Study of the New Testament.* Vol. 28:3, pp. 309-336. London: Sage Publications.

Elliot, Susan

1999 "Choose Your Mother, Choose your Master: Galatians 4:21-5:1 in the Shadow of the Anatolian Mother of the Gods." *Journal of Biblical Literature.* 118, pp. 661-683. Atlanta: Scholars Press.

2003 *Cutting Too Close for Comfort.* London: T & T Clark International.

Elmer, Ian Jeffrey

2007 *The Galatian Crisis in its Broader Historical Context.* Fitzroy, Victoria Australia: Australian Catholic University.

Fairchild, Mark R.

1999 "Paul's Pre-Christian Zealot Associations: A Re-examination of Gal. 1:14 and Acts 22:3." *New Testament Studies.* Vol. 45:4, pp. 514-532. Cambridge: Cambridge University Press.

2012 "Turkey's Unexcavated Synagogues" *Biblical Archaeology Review.* 38:4, pp. 34-41. Washington D.C.: Biblical Archaeology Society.

Fee, Gordon D.

1994 *God's Empowering Presence: The Holy Spirit in the Letters of Paul.* Peabody, Massachusetts: Hendrickson Publishers Inc.

2007 *Pauline Christology.* Peabody, Massachusetts: Hendrickson Publishers Inc.

Filson, Floyd V.

1958 *Abriendo el Nuevo Testamento.* Buenos Aires: Editorial La Aurora.

Fitzmyer, Joseph A,

2003 *Los Hechos de los Apóstoles.* Vol. II. Salamanca: Ediciones Sígueme.

Flor, Paulo F.

2009 *Epístola aos Gálatas.* Porto Alegre: Editora Concórdia.

France, Richard Thomas

2007 *The Gospel of Matthew.* Grand Rapids: William B. Eerdmans Publishing Company.

Franzmann, Martin H.

1961 *Follow Me: Discipleship According to Saint Matthew.* Saint Louis: Concordia Publishing House.

1961b *The Word of the Lord Grows.* Saint Louis: Concordia Publishing House.

Garlington, Don

1997 "Role Reversal and Paul's Use of Scripture." *Journal for the Study of the New Testament.* Issue 65, pp. 85-121. Sheffield: Sheffield Academic Press.

Garroway, Joshua D.

2012 "The Circumcision of Christ: Romans 15:7-13." *Journal for the Study of the New Testament.* Vol. 34:4, pp. 303-322. London: Sage Publications.

Gaventa, Beverly Roberts

2003 *The Acts of the Apostles.* Nashville: Abingdon Press.

Gerhardsson, Birger

1998 *Memory & Manuscript.* Grand Rapids: William B. Eerdmans Publishing Co.

Georges, Jayson

2010 "From Shame to Honor: A Theological Reading of Romans for Honor-Shame Contexts." *Missiology.* Vol. 38:3, pp. 295-308. Saint Louis: American Society of Missiology.

Gibbs, Jeffrey A.

2000 *Jerusalem and Parousia.* Saint Louis: Concordia Academic Press.

Giller, Pinchas

2011 *Kabbalah: A Guide for the Perplexed.* London: Continuum International Publishing Group.

Goddard, A. J. & Cummins, S. A.

1993 "Ill or Ill-Treated? Conflict and Persecution as the Context of Paul's Original Ministry in Galatia (Galatians 4:12-20)." *Journal for the Study of the New Testament.* Issue 52, pp. 93-126. Sheffield: JSOT Press.

González, Justo L.

1992 *Hechos.* Miami: Editorial Caribe.

Grant, Beth

2011 "Comparative Leadership Development." *Missiology.* Vol. 39:2, pp. 191-204. Saint Louis: American Society of Missiology.

Gregerman, Adam

2009 "A Lack of Evidence for a Jewish Christian Countermission in

Galatia." *Institute for Christian and Jewish Studies*. Vol. 4. Baltimore, MD.

Grundmann, Walter

1964a "ἀγαθωσύνη" en *Theological Dictionary of the New Testament*. Vol. 1, p. 18. Grand Rapids: William B. Eerdmans Publishing Company.

1964b "ἐγηράτεια" en *Theological Dictionary of the New Testament*. Vol. 2, pp. 339-342. Grand Rapids: William B. Eerdmans Publishing Company."

Hanson, A. T.

1988 "The Origin of Paul's Use of παιδάγωγος for the Law." *Journal for the Study of the New Testament*. Issue 34, pp. 71-76. Sheffied: JSOT Press.

Hardin, Justin K.

2008 *Galatians and the Imperial Cult*. Tübingen: Mohr Siebeck.

Harmon, Matthew S.

2010 *She Must and Shall Go Free: Paul's Isaianic Gospel in Galatians*. Berlin: Walter de Gruyter GmbH & Co.

Harper, Kyle

2012 "*Porneia*: The Making of a Christian Sexual Norm." *Journal of Biblical Literature*. Vol. 131:2, pp. 363-383. Atlanta: Society of Biblical Literature.

Harries, Jim

2012 "Witchcraft, Envy, Development and Christian Mission in Africa." *Missiology* XL:2, pp. 129-139. La Mirada, California: American Society of Missiology

Hauck, Fredrich & Schulz, Siegfried

1969 "πραΰς" en *Teological Dictionary of the New Testament*. Vol. 5, pp. 645-651. Grand Rapids: William B. Eerdmans Publishing Company.

Hemer, Colin J.

1990 *The Book of Acts in its Setting of Hellenistic History*. Winona Lake, Indiana: Eisenbrauns.

Hengel, Martin

1974 *Judaism and Hellenism,* Volume One. London: SCM Press.

1989 *The Zealots*. Edinburgh: T & T Clark.

1997 *Paul between Damascus and Antioch: The Unknown Years*. Louisville:

Westminster John Knox Press.

2010 *Saint Peter: The Underestimated Apostle*. Grand Rapids: William B. Eerdmans Publishing Company.

Hiebert, Paul G.

1983 *Cultural Anthropology*. Grand Rapids: Baker Book House.

Hiebert, Paul G. & Meneses, Eloise

1995 *Incarnational Ministry*. Grand Rapids: Baker Books House.

Hoerber, Robert G.

2002 *Introducción al Nuevo Testamento*. Saint Louis: Editorial Concordia.

Horrell, David G.

2010 "A New Perspective on Paul? Rereading Paul in a Time of Ecological Crisis. *Journal for the Study of the New Testament*. Vol. 33:1, pp. 3-30. London: SAGE Publications.

Horst, J.

1967 "μακροθυμία" en *Theological Dictionary of the New Testament*. Vol. 4, pp. 374-387. Grand Rapids: William B. Eerdmans Publishing Company.

Humann, Roger J.

1990 "James 2 and the Background to Galatians: a Hypothesis." *Lutheran Theological Review*. Vol. II:2, pp. 22-34. St. Catherines, Ontario: Lutheran Theological Seminary.

Hunn, Debbie

2009 "Habakkuk 2:4b in its Context: How far Off Was Paul?" *Journal for the Study of the Old Testament*. Vol. 34:2, pp. 219-239. London: SAGE Publications.

Instone-Brewer, David

2011 "Jesus of Nazareth's Trial in the Uncensored Talmud." *Tyndale Bulletin* 62:2, pp. 269-294. Cambridge: Tyndale House.

Jefferies, Louise

2011 "The Rise of the *Jibabisasi* in Indonesia." *Missiology* .Vol. 39:2, pp. 227-238. Saint Louis: American Society of Missiology.

Jeremias, Joachim

1967 *The Prayers of Jesus*. London: SCM Press Ltd.

1969 *Jerusalem in the Time of Jesus*. London: SCM Press Ltd.

Jervis, L. Ann

1999 *Galatians*. Peabody, Massachusetts: Hendrickson Publishers.

Josefo, Flavio

1989 *Las Antigüedades de los Judíos*. Barcelona: Editorial Clie.

Just, Arthur A. Jr,

1996 *Concordia Commentary, Luke 1:1-9:50*. Saint Louis: Concordia Publishing House.

Kahl, Brigitte

2000 "No Longer male." *Journal for the Study of the New Testament*. Issue 79, pp. 37-49. Sheffield: JSOT Press.

2010 *Galatians Re-Imagined*. Minneapolis: Fortress Press.

Kiev, Ari

1969 *Curanderismo: Mexican-American Folk Psychiatry*. New York: The Free Press.

Koehler, J. Ph.

1957 *The Epistle of Paul to the Galatians*. Milwaukee: Northwestern Publishing House.

Koptak, Paul E.

1990 "Rhetorical Identification in Paul's Autobiographical Narrative. Galatians 1:13-2:14" *Journal for the Study of the New Testament*.

Issue 40, pp. 97-113. Sheffield: JSOT Press.

Lappenga, Benjamin J.

2012 "Misdirected Emulation and Paradoxial Zeal: Paul's Redefinition of the 'Good' as Object of ζῆλος in Galatians 4:12-20." *Journal of Biblical Literature.* 131:4, pp. 775-796. Atlanta: Society of Biblical Literature.

Lenkersdorf, Carlos H.

1960 *Comentario sobre la Epístola a los* Gálatas. México D. F.: Editorial El Escudo.

Levison, John R.

2011 "Stoic Physics and the Christ-event: A Review of Troels Engberg-Pedersen, Cosmology and Self in the Apostle Paul: The Material Spirit." *Journal for the Study of the New Testament.* Vol. 33:4, pp. 415-432. London: Sage Publications Ltd.

Levy, Ian Christopher

2011 *The Letter to the Galatians.* Grand Rapids: William B. Eerdmans Publishing Company.

Lewis, Alvin T.

2005 *Orinoco! God at work in Venezuela.* Middletown, Wisconsin: Xulon Press.

Lieu, Judith M.

1994 "Circumcision, Women and Salvation" *New Testament Studies.* Vol. 40:3, pp. 358-370. Cambridge: Cambridge University Press.

Lightfoot, J. B.

1957 *The Epistle of St. Paul to the Galatians.* Grand Rapids: Zondervan Publishing House.

Litwa, M. David

2012 "Transformation through a Mirror: Moses in 2 Cor. 3:18." *Journal for the Study of the New Testament.* Vol. 34:3, pp. 286-297. London: Sage Publications.

Longenecker, Bruce W.

1999 "Until Christ is Formed in You": Superhuman Forces in Moral Character in Galatians. *Catholic Biblical Quarterly.* 61:1, pp 92-108. Washington D.C. Catholic Biblical Association of America.

2010 *Remember the Poor.* Grand Rapids: William B. Eerdmans Publishing Company.

Longenecker, Richard N.

1990 *Galatians.* Dallas: Word Books Publisher.

Lutero, Martín

1961 *Catecismo Menor.* Saint Louis: Editorial Concordia.

1963 *Lectures on Galatians 1535 Chapters 1-4.* Saint Louis: Concordia Publishing House.

1972 *Lectures on Isaiah, Chapters 40-66.* Saint Louis: Concordia Publishing House.

1983 *Comentario de la carta a los Gálatas (1519).* Buenos Aires: Editorial Paidós.

1983b "La posición del cristiano frente a la ley de Moisés." *Sermones.* Tomo IX. Buenos Aires: Editorial Paidós.

2009 *Segundo comentario a Gálatas 1535.* Saint Louis: Editorial Concordia.

Lynch, Chloe

2012 "In 1 Peter 5:1-5, who are the πρεσβύτεροι and what is said about their role?" *Expository Times.* 123:11, pp 529-540. London: Sage Publications.

Mackenzie, Ed

2012 "Mission and the Emerging Church: Pauline Reflexions on a New Kind of Missiology." *Missiology.* XL:3, pp. 315-328. La Mirada, California: American Society of Missiology.

Mann, Jacob

1971 *The Bible as Read and Preached in the Old Synagogue.* New York: KTAV Publishing House, Inc.

Marcus, Joel

1982 "The Evil Inclination in the Epistle of James." *Catholic Biblical*

Quarterly. 44:4, pp. 606-621. Washington D.C.: Catholic Biblical Association of America.

2012 "Israel and the Church in the Exegetical Writings of Hippolytus." *Journal for Biblical Literature.* 131:2, pp. 385-406. Atlanta: Society for Biblical Literature.

Martin, Luther H.

1995 "Gods or Ambassadors of God?" *New Testament Studies.* Vol. 41:1, pp. 152-156. Cambridge: Cambridge University Press.

Martin, Troy W.

1995 "Apostasy to Paganism: The Rhetorical Stasis of the Galatian Controversy". *Journal of Biblical Literature.* Vol. 114:3, pp. 437-461. Atlanta: Scholars Press.

1996 "Pagan and Judeo-Christian Time-Keeping Schemes in Gal. 4:10 and Col 2:16." *New Testament Studies.* Vol. 42:1, pp. 105-119. Cambridge: Cambridge University Press.

1999 "Whose Flesh" What Temptation? (Galatians 4:13-14) *Journal for the Study of the New Testament.* Issue 74, pp. 65-91. Sheffield: Sheffield Academic Press.

2003 "The Covenant of Circumcision (Genesis 17:9-14) and the Situational Antithesis in Galatians 3:28." *Journal of Biblical Literature.* Vol. 122:1, pp. 111-125. Atlanta: Scholars Press.

Martyn, J. Louis

1979 *Galatians.* New Haven: Yale University Press.

Mason, Steven D.

2012 "Getting a Handle on Holistic Christian Mission: The Contribution of Isaiah 61 as a Discrete Old Testament Voice." *Missiology.* XL:3, pp. 295-313. La Mirada, California: American Association of Missiology.

Matera, Frank J.

1988 "The Culmination of Paul's Argument to the Galatians: Gal. 5:1-6:17." *Journal for the Study of the New Testament.* Issue 32, pp. 79-91. Sheffield: JSOT Press.

1992 *Galatians.* Collegeville, Minnesota: The Liturgical Press.

Mattlock R. Barry

Sin fecha "Jews by Nature: Paul, Ethnicity and Galatians." *tandtclark.typepad.com /Davies_FS_Files/Davies_FS_Matlock.pdf*

McFarland, Orrey

2012 "Whose Abraham, Which Promise? Genesis 16:6 in Philo's *De Virtutibus* and Romans 4." *Journal for the Study of the New Testament.* Vol. 35:2, pp. 1107-129. London: Sage Publications.

McGavran, Donald Anderson

1957 *The Bridges of God.* London: World Dominion Press.

McGee, Gary B,

2010 *Miracles, Missions & American Pentecostalism.* Maryknoll, N.Y.: Orbis Books.

McGovern, Deirdre

2009 "Dissent in a Contemporary Catholic Context." *Expository Times.* 121:1, pp. 15-23. London: SAGE Publications.

McRae, Rachel M.

2011 "Eating with Honor: The Corinthian Lord's Supper in Light of Voluntary Association Meal Practices." *Journal of Biblical Literature.* Vol. 130:1, pp. 165-181. Atlanta: The Society of Biblical Literature.

Meléndez, Andrés ed.

1989 *Libro de Concordia.* Saint Louis: Editorial Concordia.

Meneses, Eloise Hiebert

2009 "The Birds of the Air." *Missiology.* 37:3, pp. 369-384. Saint Louis: American Society of Missiology.

Mil Voces

1996 *Mil voces para celebrar: Himnario metodista.* Nashville: Abingdon Publishing House.

Minnen, Peter Van

1994 "Paul the Roman Citizen." *Journal for the Study of the New Testament.* Issue 56, pp. 43-52. Sheffield: Sheffield Academic Press.

Mitchell, Margaret M.

2012 "Peter's 'Hypocrisy and Paul's Two Hypocrites' at the Foundation of Earliest Christianity?" *New Testament Studies.* Vol. 58:2, pp 213-234. Cambridge: University of Cambridge Press.

Mitchell, Stephen

1993 *Anatolia: Land, Men and Gods in Asia Minor.* Vol. I. Oxford: Clarendon Press.

1993b *Anatolia: Land, Men and Gods in Asia Minor.* Vol. II. Oxford: Clarendon Press.

Mitternacht, Dieter

2003 "Mark Nanos, The Irony of Galatians". *Swedish Journal of Theology.* Vol. 79, pp. 60-62.

Morris, Leon

1956 *The Apostolic Preaching of the Cross.* Grand Rapids: William B. Eerdmans Publishing Company.

Munck, Johannes

1959 *Paul and the Salvation of Mankind.* London: SCM Press Ltd.

Murphy-O'Connor, Jerome, OP

1982 *Becoming Human Together: The Pastoral Anthropology of St. Paul.* Wilmington, Delaware: Michael Glazier.

Newbigin, Leslie

1963 *Set Free to be a Servant.* Madras: The Christian Literature Society.

O'Brien, Kelli S.

2006 "The Curse of the Law (Galatians 3:13): Crucifixion, Persecution and Deuteronomy 21:22-23." *Journal for the Study of the New Testament.* Vol. 29:1, pp. 55-76. London: Sage Publications.

Ogereau, Julien M.

2012 "The Jerusalem Collection as Κοινωνία: Paul's Global Politics of Socio-Economic Equality and Solidarity." *New Testament Studies.* 58:3, pp. 360-378. Cambridge: Cambridge University Press.

Padget, James Carleton

1996 "Jewish Proselytism at the time of Christian Origins: Chimera or Reality?" *Journal for the Study of the New Testament.* Issue 62, pp. 65-103. Sheffield: Sheffield Academic Press.

Pagán, Samuel

2000 *Experimentado en Quebrantos.* Nashville: Abingdon Press.

Pastor Ramos, Federico

1977 *La libertad en la Carta a los* Gálatas. *Madrid*: EAPSA.

Pelikan, Jaroslav

1978 *The Growth of Medieval Theology.* Chicago: University of Chicago Press.

Peterson, Brian

2012 *Interpretation.* Vol. 66:1, pp. 92-93. Thousand Oaks, California: Sage Publications.

Pijoan, José

1978 *Historia del mundo.* Tomos 3 y 4. Barcelona: Salvat editores, S. A.

Plumer, Eric, ed.

2003 *Augustine's Commentary on Galatians.* Oxford: Oxford University Press.

Poirier, John C.

2012 "The Meaning of Πίστις in Philippians 1:27. *Expository Times.* Vol. 123:7, pp. 334-337. London: Sage Publications.

Porter, Stanley E.

2008 "The Languages that Paul Did Not Speak." *Paul's World.* Ed. Stanley E. Porter, pp. 131-150. Leiden: Brill.

Ramsay, William M.

1907 *The Cities of St. Paul.* London: Hodder and Stoughton.

1960 *St. Paul the Traveler and the Roman Citizen.* Grand Rapids: Baker Book House.

1965 *A Historical Commentary on St. Paul's Epistle to the Galatians.* Grand Rapids: Baker Book House.

Reiher, Jim

2012 "Galatians 3:28 – Liberating for Women's Ministry? *Expository Times.* 123:6, pp. 272-277. London: Sage Publications.

Rengstorf, Karl Heinrich

1964 "ζύγος" en *Theological Dictionary of the New Testament.* Vol. 2, pp. 896-901. Grand Rapids: William B. Eerdmans Publishing Company.

Richard, Pablo

2000 *El movimiento de Jesús antes de la iglesia.* Santander: SAL TERRAE.

Riches, John Kenneth

2008 *Galatians through the Centuries.* Oxford: Blackwell Publishing.

Rius-Camps, Josep

1989 *De Jerusalén a Antioquía: Génesis de la Iglesia Cristiana.* Córdoba: Ediciones El Almendro.

Russell, Walt

1990 "Who Were Paul's Opponents in Galatia?" *Bibliotheca Sacra.* 147, pp. 329-350. Dallas: Dallas Theological Seminary.

Scaer, David P.

2006 *Mateo enseña a la iglesia.* Saint Louis: Editorial Concordia.

Schlier, Heinrich

1974 *La carta a los Gálatas.* Salamanca: Ediciones Sígueme.

Schmid, Konrad

2012 "The Canon and the Cult: The Emergence of Book Religion in Ancient Israel and the Gradual Sublimation of the Temple Cult." *Journal of Biblical Literature.* Vol. 131:2, pp. 289-305. Atlanta: Society of Biblical Literature.

Schnabel, Eckhard J.

2004 *Early Christian Mission: Paul and the Early Church.* Vol. 2. Downers Grove: InterVarsity Press.

2008 *Paul the Missionary.* Downers Grove: InterVarsity Press.

Schreiner, Thomas R.

1989 "The Abolition and Fulfillment of the Law in Paul." *Journal for the Study of the New Testament.* Issue 35, pp. 47-74. Sheffield: JSOT Press.

1993 "Did Paul Believe in Justification by Works? Another Look at Romans 2." *Bulletin for Biblical Research.* 3, pp. 131-158. Institute for Biblical Research.

2010 *Galatians.* Grand Rapids: Zondervan.

Schrenk, Gottlob

1964 "προεγράφη" en *Theological Dictionary of the New Testament.* Vol. 1, pp. 771-772. Grand Rapids: William B. Eerdmans Publishing Company.

Schweitzer, Albert

1955 *The Mysticism of Paul the Apostle.* New York: The Macmillan Company.

Scott, James C.

1985 *Weapons of the Weak.* New Haven: Yale University Press.

1990 *Domination and the Arts of Resistance.* New Haven: Yale University Press.

Segundo, Juan Luis

1986 *The Humanist Christology of Paul.* Maryknoll, New York: Orbis Books.

Shanks, Hershel

2012 "Brother of Jesus." Inscription is Authenticated. *Biblical Archaeology Review.* 38:4, pp. 26-33. Washington D. C.: Biblical Archaeology Society.

Silva, Moisés

2001 *Interpreting Galatians.* Second edition. Grand Rapids: Baker Academic.

Snodgrass, Klyne

1988 "Spheres of Influence: A Possible Solution to the Problem of Paul and the Law." *Journal for the Study of the New Testament.* Issue 32, pp. 93-113. Sheffield: JSOT Press.

Spence, Jonathan D.

1996 *God's Chinese Son: The Taiping Heavenly Kingdom of Hong Xoiquan.* New York: W. W. Norton & Company.

Stanley, Christopher D.

1996 "Neither Jew nor Greek: Ethnic Conflict in Graeco-Roman Society." *Journal for the Study of the New Testament.* Issue 64, pp. 101-124. Sheffield: Sheffield Academic Press.

Sumney, Paul

1993 "Paul's 'Weakness': An Integral Part of his Conception of Apostleship." *Journal for the Study of the New Testament.* Issue 52, pp. 71-91. Sheffield: JSOT Press.

Tamez, Elsa

2003 "Carta a los Gálatas" en *El Comentario* Bíblico Latinoamericano, Nuevo *Testamento*. Ed. Armando J. Levoratti. Estella (Navarra): Editorial Verbo Divino.

Tenney, Merrill Chapin

1954 *The New Testament: A Survey*. Grand Rapids: William B. Eerdmans Publishing Company.

1964 *Gálatas: la carta de la libertad cristiana*. Grand Rapids: Editorial TELL.

Theilman, Frank

1994 *Paul & the Law*. Downers Grove: InterVarsity Press.

2006 *Teología del Nuevo Testamento*. Miami: Editorial Vida.

Thiselton, Anthony C.

2009 *The Living Paul*. Downers Grove: InterVarsity Press.

Townsly, Jeramy

2011 "Paul, the Goddess Religions, and Queer Sects: Romans 1:23-28."

Journal of Biblical Religion. Vol. 130:4, pp. 707-728. Atlanta: Society of Biblical Literature.

Trebilco, Paul

2011 "Why Did the Early Christians Call Themselves ἡ ἐκκλησία?" *New Testament Studies*. Vol. 57:3, pp. 440-460. Cambridge: Cambridge University Press.

van den Toren, Benno

2012 "The Relationship between Christ and the Spirit in a Christian Theology of Religions." *Missiology*. XL:3, pp. 263-280. La Mirada, California: American Society of Missiology.

van Kooten, George H.

2012 "Ἐκκλεσία τοῦ Θεοῦ: The Church of God and the Civic Assemblies (ἐκκλησίαι) of the Greek Cities in the Roman Empire: A Response to Paul Trebilco and Richard A. Horsley." *New Testament Studies*. 58:4, pp. 522-548. Cambridge: Cambridge University Press.

van Os, Bas

2008 "The Jewish Recipients of Galatians." *Paul, Jew, Greek and Roman*. Ed. Stanley E. Porter, pp. 51-64. Leiden: Brill.

van Tranh, Nyugen

2012 "Dismantling Cultural Boundaries: Missiological Implications of Acts 10:1-11:18." *Missiology*. XL:4, pp. 455-466. La Mirada, California: American Society of Missiology.

van Voorst, Robert E.

2010 "Why is there no Thanksgiving Period in Galatians? An Assessment of an Exegetical Commonplace." *Journal of Biblical Literature*. Vol. 129:1, pp. 153-172. Atlanta: Society of Biblical Literature.

Walther, C. F. W.

1972 *Ley y Evangelio*. Buenos Aires; Iglesia Luterana, Sínodo de Missouri.

Walton, Steve

2013 "What is Progress in New Testament Studies?" Expository Times. Vol. 1254:5, pp. 209-226. London: Sage Publications.

Weima, Jeffrey A. D.

2012 "Peace and Security (1 Thess 5:3): Prophetic Warning or Political Propaganda?" *New Testament Studies.* 58:3, pp. 331-359. Cambridge: Cambridge University Press.

Weiss, Konrad

1974 "χρηστότησες" en *Theological Dictionary of the New Testament.* Vol. 9, pp. 483-492. Grand Rapids: William B. Eerdmans Publishing Company.

Westerholm, Stephen

2004 *Perspectives Old and New on Paul.* Grand Rapids: William B. Eerdmans Publishing Company.

2006 "Justification by Faith is the Answer: What is the Question?" *Concordia Theological Quarterly.* Vol. 70:3/4, pp. 197-218. Concordia Theological Seminary: Fort Wayne.

Williams, Sam K.

1987 "Justification and the Spirit in Galatians." *Journal for the Study of the New Testament.* Issue 29, pp. 91-100. Sheffied: JSOT Press.

Wilson, Mark

2009 "The Route of Paul's First Journey to Pisidian Antioch." *New Testament Studies.* Vol. 55:4, pp. 471-483. Cambridge: Cambridge University Press.

Windisch, Hans

1964 "ζύμη" en *Theological Dictionary of the New Testament.* Vol. 2, pp. 902-906. Grand Rapids: William B. Eerdmans Publishing Company.

Wingren, Gustaf

1961 *Creation and Law.* Edinburgh: Oliver and Boyd.

1964 *Gospel and Church.* Edinburgh: Oliver and Boyd.

Winter, Ralph D.

1981 "The Two Structures of God's Redemptive Mission" en *Perspectives on the World Christian Movement,* pp. 178-190. Ed. Ralph D. Winter & Steven C. Hawthorne. Pasadena: William Carey Library.

Witherington III, Ben

1991 "The Influence of Galatians on Hebrews." *New Testament Studies.* Vol. 37:1, pp. 146-152. Cambridge: Cambridge University Press.

1998 *Grace in Galatia.* Grand Rapids: William B. Eerdmans Publishing Company.

Wright, Nicholas Thomas

1996 "Paul, Arabia and Elijah (Galatians 1:17)." *Journal of Biblical Literature.* 115:4, pp. 683-692. Atlanta: Scholars Press.

2006 *Evangelio y Teología en Gálatas, 2ª revisión.* Publicado originalmente en *Evangelio en Pablo, Estudios en Corintios, Gálatas y Romanos* por Richard N. Longenecker. 1994. ed. (http://notasteologicas.freefronthost.com)

2012 "Paul in Current Anglophone Scholarship." *Expository Times.* 123:8, pp. 367-381. London. Sage Publications.

Young, Stephen L.

2012 "Romans 1:1-5 and Paul's Christological use of Hab. 2:4 in Rom. 1:17: An Underutilized Consideration in the Debate." *Journal for the Study of the New Testament.* Vol. 34:3, pp. 277-285. London: Sage Publications.

Ziegler, Roland

2011 "Natural Law in the Lutheran Confessions" en *Natural Law: A Lutheran Reappraisal.* Ed. Robert C. Baker, pp. 65-78. Saint Louis: Concordia Publishing House.

ABREVIATURAS DE VERSIONES BÍBLICAS UTILIZADAS EN ESTA OBRA

BAG	Bauer, Arndt, Gingrich. Greek-English Lexicon of the NT, 1957. Chicago.
BJ	Biblia de Jerusalén – Descleé de Brouwer, Bruxelles, 1966.
BP	Biblia de Peregrino – traducción de Luis Alonso Schökel, Bilbao, Ed. Mensajero.
LXX	La Septuaginta – o versión de los 70, la traducción del AT al griego.
NVI	Santa Biblia – Nueva Versión Internacional. Miami, Editorial Vida, 1999.
RVR	Reina Valera Revisada - La Santa Biblia, revisión de 1960. Sociedad Bíblica Americana.
RVC	Reina Valera Contemporánea – La Santa Biblia, Sociedades Bíblicas Unidas, 2009, 2011
TLA	Traducción en lenguaje actual – La Biblia, 2008, Sociedades Bíblicas Unidas.
VP	Versión Popular, Dios habla hoy, 2 edición, Sociedad Bíblica Americana, 1979.